KB154724

Korean
말말말
사전

Korean 말말말 사전

발행일	1판 1쇄 2024년 3월 15일
지은이	지현숙, 오승영, 이기영, 한선화, 박아름, 김지영, 허경원
영어 감수	Jocelyn Clark
녹음 편집	이루오, 박채민
펴낸이	박영호
기획팀	송인성, 김선명, 김선호
편집팀	박우진, 김영주, 김정아, 최미라, 전혜련, 박미나
관리팀	임선희, 정철호, 김성언, 권주련
펴낸곳	(주)도서출판 하우
주소	서울시 중랑구 망우로68길 48
전화	(02)922-7090
팩스	(02)922-7092
홈페이지	http://www.hawoo.co.kr
e-mail	hawoo@hawoo.co.kr
등록번호	제2016-000017호

ISBN 979-11-6748-124-5 13710

값 26,000원

🎧 **MP3 다운로드** www.hawoo.co.kr 접속 후 '자료실'에서 다운로드

Korean
말말말
사전

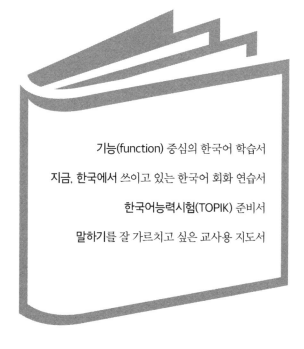

기능(function) 중심의 한국어 학습서

지금, 한국에서 쓰이고 있는 한국어 회화 연습서

한국어능력시험(TOPIK) 준비서

말하기를 잘 가르치고 싶은 교사용 지도서

도서
출판
眞雨

서문

　인간의 의사소통에서 '기능(function)'은 언어를 사용하여 달성되는 의사소통의 목적을 의미한다. 우리는 처음 만난 사람에게 자신을 소개하거나, 목적지에 빠르게 가기 위한 교통편을 묻거나, 지구 열탕화와 같은 주제에 대해 토론을 하는 등 다양한 의사소통 기능을 수행하며 살고 있다. 이렇게 다른 사람과 의사소통을 하는 일은 지극히 일상적이지만, 모국어가 아닌 목표언어로 의사소통을 원활하게 하는 일이 그리 쉽지는 않다. 이 책은 기능을 중심으로 한국어 말하기 문법을 익혀 능숙한 의사소통 참여자가 되기 위한 학습서이자 한국어 선생님을 위한 교육문법서이다.

　아마도 어떤 사람은 질문할 것이다. '말하기 문법'이 따로 있어? 문법이 하나이지, 말하기 문법과 쓰기 문법이 별도로 있다고? 그렇다. 1970년대 이후 최근까지 많은 언어학자들은 '구어 문법'과 '문어 문법'의 차이를 연구해 왔고, 구어 문법은 말하기 문법, 담화 문법 등의 다양한 이름으로 다루어졌다. '-고자, -도록, -(이)며'와 같은 것이 기존의 문어 문법이라면, 이 사전에서 다루는 '난리났네 난리났어, 대박!, 뭣이 중헌디?'와 같은 표제어들은 말하기(구어) 문법 항목에 해당한다고 할 수 있다.

　이 세상에 아무런 맥락 없이 존재하는 말하기란 없다. 언제, 어디에서, 어떤 사람과 말을 하는가가 분명해야 올바른 말하기를 할 수 있다. Harris(1990)는 "랑그와 빠롤, 코드와 메시지, 언어 능력과 언어 수행이라는 이원론을 비판하고 발화는 항상 맥락 안에서 파악되어야 한다."고 하며 말하기에서 맥락의 중요성을 강조하였다. 이러한 관점에 동의하여 본서는 말하기 문법 항목이 사용되는

'맥락'을 분명히 하고자 했으며 '맥락'과 '기능'이 전형적으로 결합하는 예문들을 엄선하여 제시하였다.

이 책이 설명하고 있는 말하기 문법과 예문들은 한국어가 모국어인 화자들의 언어 경험이 빚어낸 표현 형식을 구체화한 것이다. 이 사전에 포함된 800개의 표제어를 선정하기 위하여 저자들은 일상 대화의 전사 자료, 텔레비전 관찰 다큐·예능 프로그램, 영화·드라마 대사, 50종의 한국어 말하기·듣기 교재 등을 분석하였다. 또 800개의 표제어마다 유사 표현을 1~7개 제시하여 약 2,300개의 말하기 문법 항목을 다루었다. 한국어로 의사소통하는 사람이 실제로 사용하는 구어를 폭넓게 반영하면 할수록 이 책의 실제성, 학습 유용성, 교수 가능성이 높아진다고 믿기 때문이다.

외국어 학습 환경의 변화로 진정한 구어 의사소통이나 말하기 문법을 공부하고 연습하여 사용할 기회는 점점 줄어들고 있다. 오랜 기간 동안 교육 현장에서 한국어를 가르쳐 온 집필진과 언어 직관이 뛰어난 영어 전문가가 머리를 맞대고 수많은 토론과 수정을 거듭하여 나온 이 사전이 한국어 학습자와 교수자 모두에게 좋은 참고서가 된다면 참으로 기쁠 것 같다.

이번에도 하우출판사 대표님께 신세를 많이 졌다. 이 사전이 나오기까지 여러모로 애써 주신 하우 편집자님들께도 고개 숙여 감사드린다.

저자를 대표하여,

지현숙

이 책의 사용법

〈Korean 말말말 사전〉은 일차적으로 한국어를 배우는 외국인의 말하기 숙련도를 향상시키기 위한 자가 학습서이다. 한국어를 능숙하게 잘 말하려면 많은 문법들을 정확하게 아는 것도 중요하지만 한국인이 자주 쓰는 표현들을 빠르게 이해하고 상황과 맥락에 맞게 쓸 줄 알아야 한다. 이와 같은 생각으로 이 사전의 집필진은 한국어 구어 말뭉치를 구축하고 빈도, 유용성, 실제성, 학습 가능성, 교수 가능성 등의 기준에 따라 말하기 문법 항목들을 추출하여 800개의 표제어로 압축하였고 유사표현 2,300개를 제시하였다.

이 책의 1부는 '의사소통 기능'을 중심으로 하여 말하기 문법 항목을 재구하여 제시한다. 의사소통 기능은 Omaggio(2001)를 참조하여 한국어의 특성에 맞게 재분류하였다. 만약 집들이를 앞두고 있다면 '초대하기'를, 친구가 고민이 있어 보이면 '상담하기'를, 중요한 전화를 걸어야 한다면 '전화하기' 기능을 찾아 해당 말하기 문법들을 공부하도록 설계하였다. 이 책의 2부는 '사전'의 형식을 띠고 있다. 제2부가 가나다 순서로 배열된 것은 사용자의 편의성을 높이기 위함이다.

이 책은 무엇보다도 한국어 말하기와 듣기 숙련도를 높이는 데 유용할 것이다. 이 책으로 공부할 때 특정한 기능을 잘 수행해야 하는 시간을 앞둔 학습자라면 1부를 펼쳐서 예측되는 '기능' 분류 항목을 선택하여 집중적으로 공부하면 된다. 2부의 내용은 처음부터 끝까지 통독하며 읽어 보는 것이 가장 좋다. 특히 예문은 음성 파일을 들으면서 여러 번 소리 내어 읽어 보기를 권장한다.

〈Korean 말말말 사전〉에 등장하는 말하기 문법 항목들은 엄밀히 말해서 사전적 정의가 불가능한 것도 적지 않다. 구어로 된 의사소통은 '누구와 어디에서, 언제, 무엇을 말하는가'에 따라 그 의미가 매번 달라지기 때문이다. 이를 고려하여 가장 흔히 사용되는 상황·맥락에서의 일반적인 정의 순으로 그 의미를 설명했으며 가급적 비격식체와 격식체로 구분하고 의미당 두 개씩의 예문을 제시하였다. 예문의 실제성을 높이기 위하여 영화, 드라마, TV 예능 프로그램이나 다큐 등에서 사용된 대화문을 포함시키고 그 출처를 밝혔다.

이 책으로 한국어 말하기(구어) 문법을 가르치려는 교사가 있다면 일종의 교수문법(teaching grammar)으로 활용하면 좋을 것이다. 특히 초임 한국어 교사가 특정 기능이나 말하기 문법 항목을 어떻게 다루어야 할지 막막하거나, 말하기 및 듣기 수업을 담당하면서 기존의 문법서에서 다루지 않은 회화체 표현들을 어떻게 설명할지 알고 싶다면 이 책이 도움이 될 것이다. 3부에서는 실제 한국어 수업에서 말하기 문법을 가르치기 위한 교수 모형도 초급과 중급, 고급 모두 제시하였으니 본인의 수업에 지혜롭게 적용하고 응용하기 바란다.

본서에서 다룬 말하기 문법 항목이 한국어 말하기를 온전히 담아내기엔 턱없이 부족하다는 것을 잘 안다. 이 사전이 디딤돌이 되어 양질의 한국어 말하기 교육서가 더 많이 나올 수 있기를 고대한다.

차례

서문 ·· 4

이 책의 사용법 ·· 6

1부 기능 중심 말하기 문법
Functional Speaking Grammar

11

Engaging in Social Activities 사회적 교류 ······························· 12

Expressing & Determining Intellectual Attitudes 이성적 태도의 표현 ······· 16

Imparting & Seeking Factual Information 사실적 정보의 전달과 확인 ······· 25

Expressing & Determining Moral Attitudes 도덕적 태도의 표현과 결정 ····· 26

Expressing Emotional Attitudes 감정적 태도의 표현 ····························· 30

Getting Things Done 과업 수행 ·· 35

Managing Communication 의사소통의 운영 ································· 38

Telephone Behavior 전화 응대 ··· 40

2부 말하기 문법, 기역부터 히읗까지
Speaking Grammar from ㄱ to ㅎ

43

3부 한국어 수업에서 말하기 문법 가르치기 ·········· 425
Teaching Speaking Grammar in Korean Classes

한국어 수업지도안 1 ································· 426
한국어 수업지도안 2 ································· 430
한국어 수업지도안 3 ································· 434
한국어 수업지도안 4 ································· 437

찾아보기 ·· 441
저자 소개 ··· 472

1부

기능 중심 말하기 문법

Functional Speaking Grammar

1부 기능 중심 말하기 문법

〈Korean 말말말 사전〉 1부에서 기능을 분류한 틀은 Omaggio(2001) 〈Teaching language in context〉를 참조하였다. 이 책의 집필진은 대기능(big function)을 '사회적 교류, 이성적 태도의 표현, 사실적 정보의 전달과 확인, 도덕적 태도의 표현과 결정, 감정적 태도의 표현, 과업 수행, 의사소통의 운영, 전화 응대'의 8개로 나누었다. 그 다음 2부에서 설명한 800개의 한국어 말하기 문법 항목(표제어)을 일일이 사정하여 총 97개의 세부 기능에 배치하였다.

Engaging in Social Activities
사회적 교류

Greeting 인사하기

Contact me. **연락해(요).**

Drop by more often. · Swing by more. **자주 놀러 와(요).**

Glad to meet you. **처음 뵙겠습니다.**

Good bye. **안녕히 계세요.**

Good night. · Sweet dreams. **잘 자(요).**

Great job. · Thank you for your hard work. **수고 많으셨습니다.**

Happy New Year! **새해 복 많이 받으세요.**

Have a good weekend. **주말 잘 보내세요.**

Have you eaten? · Did you eat? **식사하셨어요?**

How have you been doing? **잘 지냈어(요)?**

I think I need to leave now. **이제 가 봐야 할 것 같아(요).**

I won't go far. **멀리 안 나갈게(요).**

I'm doing well. · Everything is going well. 잘 지내(요).

I'm going to leave now. 이제 그만 일어날게(요).

Let's hang out again! · Let's hang out often. 자주 보자! · 자주 봅시다!

No need to walk me out. 나오지 마(세요)!

See you around. 또 봐(요).

See you next time. 다음에 봬요.

Take care. · Bye. · So long. 잘 있어(요).

Take care. · Bye. 잘 가(요).

Getting to know each other 친교하기

How old are you? 연세가 어떻게 되세요?

I'm easy. 가리는 거 없어(요).

Is there anything fun going on? 뭐 재미있는 일 없어(요)?

Thank you for coming. 와 주셔서 고맙습니다.

The weather is very nice. 날씨가 참 좋네(요).

What do you do (for a living)? · What's your occupation? 직업이 뭐예요?

What do you do? 무슨 일 하세요?

What do you usually do in your spare time? 시간 나면 보통 뭐 해(요)?

What food do you like? 좋아하는 음식이 뭐야? · 좋아하는 음식이 뭐예요?

What year were you born? 몇 년생이야? · 몇 년생이세요?

What's your hobby? · What do you do in your free time? 취미가 뭐야? · 취미가 뭐예요?

Where have we met before? · Haven't we met before? 어디서 만난 적 있지(요)?

Inviting 초대하기

Do you have time this weekend? 주말에 시간 되세요?

Shall we have dinner together? 저녁 식사 같이 하실래요?

I'll treat you. · It's on me. 제가 살게요.

I'll treat you. · It's on me. 제가 한턱낼게요.

Introducing 자기 소개하기

Glad to meet you. 반갑습니다.

Glad to see you. 만나서 반가워(요).

I appreciate your help. · I'm counting on you. 잘 부탁드립니다.

Gifting·Receiving gifts 선물하기·선물받기

I don't know you may like. 맘에 들지 모르겠어(요).

It's no big deal... 이거 별거 아닌데(요)...

Thank you. 고마워(요).

This is for you. 널 위해 준비했어.

What did you prepare this for? 뭘 이런 걸 다.

Having a conversation at the table 식탁에서 대화하기

Enjoy your meal. 맛있게 드세요.

Help yourself. 많이 드세요.

It was good. 맛있게 먹었어(요).

Thank you for the food. 잘 먹겠습니다.

Thank you for the meal. 감사히 먹겠습니다.

The food is out of this world! · Delicious! 음식이 참 맛있네(요)!

Why did you prepare so much? 뭘 이렇게 많이 차리셨어요?

Would you like some more? 좀 더 드시지 그래요?

You're such a good cook. · You have great cooking skills. 음식 솜씨가 참 좋으시네요.

Expressing gratitude 감사 표현하기

Thank you for everything you've done (for me). 그동안 감사했습니다.

I don't know how to thank you. 어떻게 감사드려야 할지 모르겠어요.

I owe you big time. · I'm indebted to you. 신세 많이 졌습니다.

I'll never forget it. 죽어도 못 잊을 거야. · 죽어도 못 잊을 거예요.

We had a really good time. 정말 즐거웠어(요).

Thank you a lot. 눈물 나게 고마워(요).

Thank you so much for everything. 정말 고마웠습니다.

Thank you. 고마워(요).

You made my day. 덕분에 즐거웠어(요).

Giving a compliment 칭찬하기

Amazing. · How cool! 정말 멋지다.

How are you so good at this? 어쩜 이렇게 솜씨가 좋아(요)?

Incredible. · Wow, that's really something. 정말 대단하다.

It is fab! · It is epic! 대박!

It's good! 좋은데(요)!

That's great! · Awesome! 멋지다!

You're looking fancy. 굉장히 있어 보여(요).

Offering a toast 건배 제안하기

Bottoms up! · Cheers! 건배!

Cheers! 위하여!

Celebrating 축하하기

Congratulations on your graduation. 졸업 축하해(요).

Good for you! · That's great news! 잘됐네(요)!

Happy Birthday. 생일 축하해(요).

Expressing concern 우려 표현하기

Looks like that's going to cause some trouble... 저러다 큰일 날 텐데...

If you persist you're going to get sick. 이러다 병나겠다.

Is there a problem? 무슨 일 있어(요)?

There's something going on, right? 무슨 일 있는 건 아니지(요)?

Will everything be alright? 아무 일 없겠지(요)?

Will it be okay? 별일 없겠지(요)?

You don't look so good. · The color is drained from your face. 안색이 별로 안 좋아 보여(요).

Making jokes & teasing 농담하기 · 놀리기

Don't flatter me. 비행기 태우지 마(세요).

Famous last words. 어련하겠어(요).

You're kidding, right? 장난으로 하는 말이지(요)?

Expressing & Determining Intellectual Attitudes
이성적 태도의 표현

Expressing support & opposition 찬성 · 반대 표현하기

Although you have a point... 그 말도 일리가 있지만...

Any opponent opinions? · Any disagreements? 반대 의견 없으신가요?

I agree with that idea. 저도 그 생각에 동의해요.

I don't think so. · I have a different idea. · I don't agree with that. 저는 그렇게 생각 안 하는데요.

I don't think so. · I have a different idea. · I don't agree with that. 저는 그렇게 생각하지 않습니다.

I don't think so. · I'm afraid I disagree. 저는 생각이 좀 다른데요.

I have a slightly different opinion. · I don't think so. 제 생각은 조금 다른데요.

I thought the same. · That's what I was thinking. 저도 같은 생각이에요.

I'm all for it! · I couldn't agree more! 대찬성!

I'm dead set against it! 결사반대! · 결사반대야! · 결사반대예요!

It looks good, but... 좋긴 한데(요)...

It's just right. 딱 좋아(요).

No way! · Absolutely not! · I'm absolutely against it! 절대 반대! · 절대 반대해요!

Not necessarily. 꼭 그런 건 아니야. · 꼭 그런 건 아니에요.

Over my dead body! 내가 죽기 전엔 안 돼(요)!

That's a good idea. 좋은 생각이다.

Prohibiting 금지하기

Don't do anything! · Stop it. 하지 마(세요)!

Don't fool around. · Stop messing around. 장난하지 마(세요).

Don't show off. · Don't toot your own horn so much! 잘난 척하지 마(세요)!

Stop whining. 투덜대지 좀 마(세요).

Criticizing 비판하기

You're showing off. 잘난 척하고 있네.

Look who's talking. 사돈 남 말 하고 있네.

Expressing understanding 이해 표현하기

As far as I understand 제가 이해하기로는

Did you get it? · Do you understand? 알아들었어(요)?

Do you understand what I mean? 무슨 말인지 이해했어(요)?

I didn't get it. · I didn't understand it. 못 알아들었어(요).

Admitting (positive·negative) 시인하기(긍정·부정)

I can accept that. 네 말이 맞아.

No, it's not! 아니라고(요)!

Nonsense! 천만에(요)!

Not this. · This doesn't work. 이건 아니야. · 이건 아니에요.

Probably not. 아닐 거야. · 아닐 거예요.

You're right. 맞는 말이야. · 맞는 말이에요.

Accepting·Rejecting an invitation & offer 초대·제안을 수용하기·거절하기

Anytime is fine with me. 난 아무 때나 괜찮아(요).

As you say. 말씀대로 할게요.

Do as you please. · As you wish. · Suit yourself. 좋을 대로 해. · 좋을 대로 하세요.

I have a prior engagement that day. · I already have other plans that day. 그날은 선약이 있어서(요).

I won't do it. · I don't want to do it. 안 할래(요).

I'll think about it. 한번 생각해 볼게(요).

I'm afraid that's difficult. 그건 좀 곤란해(요).

I'm sorry but I can't. 미안하지만 못하겠어(요).

I'd appreciate that. 그래 주면 고맙지(요).

I'll have to think about it a little more. 좀 더 생각해 볼게(요).

It's going to be difficult for me to make it today. 오늘은 힘들겠는데(요).

No, thanks. 고맙지만 사양할게(요).

That sounds good. 그게 좋겠다.

That would be good. 그게 좋을 것 같아(요).

That's enough. · No, thank you. 됐어(요).

There's nothing I can do. · I can't help it. 저도 어쩔 수가 없어요.

Whenever. 언제든지(요).

Would you, please? 그래 줄래(요)?

Would you, please? 그렇게 해 줄래(요)?

Yes, I would like to! 나야 좋지(요)!

Suggesting action 행동할 것을 제안하기

Everything goes better on a full stomach. 금강산도 식후경 · 금강산도 식후경 이라는데(요).

Do it after having meals. 밥 먹고 합시다.

Go away. · Get lost. 저리 가(요)!

Please let me through. 좀 지나갈게(요).

Right now! · Right away! 지금 당장!

Expressing intent 의도 표현하기

I didn't mean to... 그럴 생각은 없었는데...

I mean... 내 말은

I mean... · What I'm saying is... 제 얘긴...

I'll do it for you. · Let me help you. 제가 해 드릴게요.

What I want to say is... 제가 하고 싶은 말은...

What I want to say is... 제가 드리고 싶은 얘기는...

Finding out intent 의도 알아보기

What do you mean by that? 그게 무슨 뜻이야? · 그게 무슨 뜻이에요?

What do you mean? 그게 무슨 말씀이세요?

What do you want to do? 어떻게 할래(요)?

What's your point? 하고 싶은 말이 뭐야? · 하고 싶은 말이 뭐예요?

You don't want to, do you? 싫다는 거지(요)?

Warning 경고하기

Don't ask for trouble! · Don't waste your time on pointless actions! 쓸데없는 짓 하지 마(세요)!

Don't let it happen again. · Don't do this again. 다음부턴 그러지 마(세요).

I am going to scold/punish you/her/them. 가만 안 둬(요).

I said don't bother me! · Did I not say don't bother me? 귀찮게 하지 말랬지?

If you keep doing this, you're going to ruin it. 이러다 망해(요).

You just wait and see! 두고 봐(요)!

You'll be in big trouble. · That's going to be a problem. 그러다 큰일 나(요).

Finding out whether remember it or not 기억·망각 여부 알아보기

(Does this) Ring a bell? · Do you remember? 기억 나(요)?

Does that not ring a bell? · Don't you remember? 기억 안 나(요)?

Expressing possible & impossible 가능·불가능 표현하기

Can you do it? 할 수 있겠어(요)?

I don't think it will work. 안 될 거 같은데(요).

I'm afraid I can't. 힘들 것 같아(요).

It's not your/their day. 오늘은 힘들겠는데(요).

Expressing needs 요구 표현하기

I need more time to consider. 생각할 시간을 좀 줘. · 생각할 시간을 좀 주세요.

I think I need some (more) time. 시간이 좀 필요할 것 같아(요).

Could you wait for a minute? 잠시만 기다리시겠어요?

Please wait a minute. 잠깐만 기다리세요.

Expressing conviction & doubt 확신·의심 표현하기

Even without looking, it's obvious. 안 봐도 뻔해(요).

I don't know if this is correct. 이게 맞는 건지 잘 모르겠어(요).

I don't think it will be like that. 아닐걸(요).

I'm telling you. · I told you so. 제 말이 틀림없다니까요.

I don't believe it. · It can't be! 그럴 리(가) 없어(요).

I doubt it. · Really? 과연 그럴까(요)?

I'm sure. · I don't think I'm wrong. 틀림없을걸(요).

Impossible. · No way. 그럴 리가(요).

It won't work like that. 그렇게는 안 될걸(요).

It's obvious. · No surprise, huh? 뻔하지 뭐.

It's obvious. 보나 마나야. · 보나 마나예요.

Not a chance! · That's not possible. 그런 일은 없을걸(요)!

Asking for permission 허락 구하기

Do you mind if I sit here? · May I sit here? 여기 앉아도 될까(요)?

Excuse me. 실례해도 될까요?

Is this seat taken? 이 자리 비었어(요)?

Expressing difficulties 어려움 표현하기

I don't think it will work. 안 될 거 같은데(요).

I've got mountains of work to do. 할 일이 산더미야. · 할 일이 산더미예요.

It's nearly impossible. · You're reaching for the stars. 하늘의 별 따기야. · 하늘의 별 따기예요.

Expressing ease 용이함 표현하기

A piece of cake. 누워서 떡 먹기야. · 누워서 떡 먹기예요.

It's a piece of cake. 식은 죽 먹기야. · 식은 죽 먹기예요.

Expressing beliefs & views 신념·견해 표현하기

As far as I'm concerned 내가 볼 때는 · 내가 볼 땐

I don't think so. · Not necessarily. 그건 아니라고 생각해(요).

I'm not sure but... · It's not certain but... 확실치는 않지만...

In my opinion · In my experience 내 생각에는 · 내 생각엔

Just to add one more thing 한마디 덧붙이자면

Comparing 비교하기

(It's) Neck and neck. 막상막하야. · 막상막하예요.

That's better. 그게 더 나아(요).

What's the difference? 뭐가 달라(요)?

What's the difference? 차이가 뭐야? · 차이가 뭐예요?

What's the difference? 어떤 차이가 있어(요)?

Denying facts & circumstances 사실·상황 거부하기

I can't accept it. 저는 못 받아들이겠어요.

I can't admit it. 인정 못하겠어(요).

I don't want to hear it. 별로 듣고 싶지 않아(요).

Assessment (forecasts·inferences) 평가하기(예측·추론)

I/You don't stand a chance. 가망 없을 거 같아(요).

It wasn't bad. 나쁘진 않았어(요).

Hesitating 주저하기

Go or not? · Shall I/we go or not? 갈까(요) 말까(요)?

I am caught in the middle. · I can't decide. 이러지도 저러지도 못하겠어(요).

I'm not really sure how to do it. · I don't know how. 어떻게 해야 할지 잘 모르겠어(요).

Shall I do it or not? 할까 말까?

Describing & explaining 묘사하기·설명하기

(Someone) can keep a secret. · (Someone) is a man of few words. 입이 무거워(요).

(Someone) has a big mouth. 입이 가벼워(요).

Catch on quick. 눈치가 빨라(요).

Have wide contacts. 발이 넓어(요).

I'm easily influenced. · I'm quite gullible. 제가 귀가 좀 얇아요.

Liberal. · Generous. [Lit. "hand is large"] 손이 좀 커(요).

Your standards are high. · You're choosy. 눈이 높아(요).

Giving examples & citing 예시하기·인용하기

For example 예를 들면

For example 예컨대

Categorizing & cataloging 분류하기·목록화하기

Firstly · First of all 우선

Next 그다음으로는

Manifesting knowledge 앎·모름을 나타내기

I am aware of that. 잘 알고 있습니다.

I don't know.(information) · I'm not following.(understanding) 잘 모르겠는데(요).

I don't know a thing. 1도 몰라요.

I have no idea. · I don't know. 잘 모르겠습니다.

I have no idea. · I don't know. 난 몰라(요).

I'm a layperson. · I don't know anything about that. 저는 문외한이라서(요).

Coming up with a solution 해결책 제시하기

The solution is as follows. 해결 방안은 다음과 같습니다.

What if I do this? · What if I do it this way? 이렇게 하면 어떨까(요)?

Declaring 선언하기

About to be sold out! · Almost done! 마감 임박!

I'm ready. · I'm all set! 준비 완료!

Let's call it a day! 오늘은 여기까지(요)!

Now I'll start my presentation. 지금부터 발표를 시작하겠습니다.

The exam is over. · Time's up. 시험이 끝났습니다.

This is the end of my presentation. 이상으로 발표를 마치겠습니다.

Protesting 항의하기

Are you passing this off as an apology? 이게 사과로 될 일이야? · 이게 사과로 될 일이에요?

What do you mean by that? 그게 무슨 말씀이세요?

Dissuading 만류하기

Don't do that. · Don't be like that. 그러지 마(세요)!

If I were you, I wouldn't do that. 나라면 안 그럴 거야. · 나라면 안 그럴 거예요.

It isn't worth it. · You don't need to do that. 그럴 거까진 없어(요).

No need. 굳이 그럴 거 있어(요)?

Imparting & Seeking Factual Information 사실적 정보의 전달과 확인

Mentioning factual information 사실적 정보 언급하기

According to my research... · From what I've found out... 제가 조사한 바에 따르면...

I'm ready. · I'm all set! 준비 다 됐어(요).

Summarizing 요약하기

In conclusion 결론적으로

In short · In a word 한마디로 말해서

In short · To put it simply 간략하게 말하면

In short 요컨대

To sum up · In short 요약하자면

Checking 확인하기

Can you hear me? 제 목소리 잘 들리세요?

Did you make it home safely? 잘 들어갔니?

Do you mean me? · Who, me? · Me? 제가요?

How is it going? · How far did you get? 어떻게 진행되고 있어(요)?

Really? 정말(요)?

Really? 진짜(요)?

What happened? · How did this happen? 이거 어떻게 된 거지(요)?

Where did you hear that? · Where did you get that? 어디서 들었어(요)?

Who told you? 누가 그래(요)?

Expressing & Determining Moral Attitudes
도덕적 태도의 표현과 결정

Apologizing 사과하기

I apologize if your feelings were hurt. 기분 나쁘셨다면 사과할게요.

I apologize. · I'm sorry. 사과드립니다.

I feel awful. 미안해서 어쩌죠?

I have nothing to say. 뭐라 드릴 말씀이 없습니다.

I'm sorry. That's my fault. 잘못했어(요).

It's all my fault. 모두 제 잘못이에요.

No, I'm sorry. 오히려 제가 죄송해요.

The fault is all mine. · It's all my fault. · I deserve all the blame. 죽을죄를 졌어(요).

Comforting 위로하기

Don't keep it bottled up. · Don't keep it inside. 속 끓이지 마(세요).

Don't let it get you down. · Don't be so upset. 너무 속상해하지 마(세요).

Everyone makes mistakes. 실수할 수도 있지(요).

I have no idea what to say. 뭐라 드릴 말씀이 없습니다.

Isn't it like that? 다 그런 거 아니겠어(요)?

It is what it is. 어쩔 수 없잖아(요).

No need to be so nervous! · Don't sweat it! 너무 마음 졸이지 마(세요)!

Expressing wonder 경이로움 표현하기

I've never seen this before. · It's the first time I've seen this. 이런 건 첨 봐(요).

In this day and age! 요즘 같은 세상에!

I can't believe there's a place like this! 세상에 이런 데가 다 있군(요).

Wow, amazing! 와, 신기하다!

Encouraging 격려하기

Cheer up! 힘내(요)!

Enjoy yourself! 즐겨(요)!

Give it a try. 한번 해 봐(요).

Good luck! · I'll pray for you. 행운을 빌게(요)!

It's too early to give up. 포기하긴 일러(요).

Keep your chin up! · Cheer up! · Feel better! 기운 내(세요)!

You can do it! · You will get it! 넌 할 수 있어!

You're doing well. · You are getting the hang of it! 잘하고 있어(요)!

Expressing forgiveness & reconciliation 용서·화해 표현하기

Don't be angry. 그만 화 풀어(요).

Forgive me. 용서해 줘. · 용서해 주세요.

I can't forgive you. 용서가 안 돼(요).

Let it slide. · Turn a blind eye. 눈 감아 줄게(요).

Let's bury the hatchet. · Let's patch things up. · Let's reconcile. 우리 그만 화해하자.

Sorry. · My apologies. · Go easy on me. 좀 봐줘. · 좀 봐주세요.

Expressing respect & contempt 존경·경멸 표현하기

He's annoying! · He's a nuisance! 저 사람 짜증 나(요)!

I abhor/loathe~! · I'm repulsed. · That's my pet peeve! 극혐! · 극혐이야! · 극혐이에요!

Oh, that's just great. 정말 대단하다.

Accommodating & disallowing 수용·불허 표현하기

Go ahead. · Be my guest. 그렇게 하세요.

I'm afraid that's difficult. 그건 좀 그런데(요).

That's not OK. · That's not possible. 그건 안 돼(요).

Expressing embarrassment 당황스러움 표현하기

I can't say anything. 말이 안 나와(요).

I still can't believe it. 얼떨떨해(요).

I'm in a jam. · What should I do? 어떡해(요).

I'm just speechless. · I'm lost for words. 할 말이 없네. · 할 말이 없어.

It throws me off. · It caught me off guard. · It's embarrassing. 참 당황스럽다.

Oh, my! · Goodness! 아이고!

What are we going to do? 어쩌지(요)?

Good heavens! 어쩌나!

Expressing regret 후회 표현하기

I must have been crazy. · I was out of my mind. 내가 미쳤나 봐(요).

I should have listened to you. · I should have done what you've said. 네 말 들을걸.

I shouldn't have done that. · I'm so full of regrets. 후회막급이다. · 후회막급이에요.

I spoke in vain. 괜히 말했어(요).

I/We should have done it earlier. 진작 할걸(요).

I'm going crazy with regrets. · I'm so full of regrets. 후회막심이야. · 후회막심이에요.

What was I thinking? 내가 왜 그랬을까(요)?

Why didn't you stop me! 나 좀 말리지 그랬어(요)!

Scolding 야단치기

Act your age! 나잇값 좀 해(요)!

Are you crazy? 정신 나갔니?

Being grumpy won't make it any better. 짜증낸다고 뭐가 달라지니?

Don't be grumpy. 짜증 좀 부리지 마(세요).

Don't talk carelessly. 입방정 떨지 마(세요).

Don't talk nonsense. · Don't be ridiculous. 헛소리하지 마.

Get it together. 정신 차려(요).

How many times do I have to tell you? 도대체 몇 번째야? · 도대체 몇 번째예요?

I'm in trouble if you do this again. 또 이러(시)면 곤란해(요).

Stop being so dramatic. · Stop acting like such a baby. 엄살 좀 그만 부려(요).

That's ridiculous! 웃기고 있네!

What's wrong with you? 왜 그래(요)?

Why would you say that? · What's the point of saying that? 그런 말은 뭐하러 해(요)?

You're so cheeky. 까불고 있네.

Expressing humility & pride 겸손·자부심 표현하기

It's my pleasure. · You're welcome. 별말씀을 다 하십니다.

It's no big deal. 이거 별거 아닌데(요).

It's not a big deal... 대단한 건 아닙니다만...

You flatter me. · I'm not good at all. 잘하기는(요).

You're welcome! · Not at all! 천만에(요)!

Expressing moral conviction 도덕적 신념 표현하기

Let's live well! 착하게 살자!

We should uphold our principles. · We need to maintain our integrity. 의리를 지켜야지(요).

Expressing Emotional Attitudes
감정적 태도의 표현

Expressing joy & preference 기쁨·선호 표현하기

I am really into it. · I am really fond of it. 너무 너무 좋아(요).

I could die from happiness. · I feel like I'm in heaven. 좋아 죽을 것 같아(요).

I could die from happiness. 좋아 죽겠어(요).

It doesn't feel real. 실감이 안 나(요).

It's like a dream. 꿈만 같아(요).

It's so exciting! · I'm excited! 신난다!

My heart is in my throat. · My heart is going to explode. 심장이 터질 것 같아(요).

That's music to my ears! 듣던 중 반가운 소리네(요)!

That's tailor-made. · That's perfect. · That suits you. 안성맞춤이야. · 안성맞춤이에요.

Yes, I would like to! 나야 좋지(요)!

Expressing interest 관심 표현하기

(You look happy.) Something good must be happening? 좋은 일 있나 봐(요)?

Is something good happening? · Any good news? 무슨 일 있어(요)?

Let me see. · Let me look at it. 어디 좀 봐(요).

What good things are happening? 무슨 좋은 일 있어(요)?

Expressing displeasure 비호감·불쾌 표현하기

Are you asking because you don't know? 몰라서 물어(요)?

Are you laughing at me? 지금 비웃는 거야? · 지금 비웃는 거예요?

Don't go too far. · That's enough. 적당히 좀 해(요).

Don't interfere! · None of your business! 참견하지 마(세요)!

How could you do this to me? 어쩜 나한테 이럴 수 있어(요)?

I feel so offended. · That is so offensive. 기분 나빠 죽겠네(요).

I got it! · I told you I got it! 알았다니까(요)!

I hate it! · I loathe it! 진짜 싫다!

I know that! · Who doesn't know that? 나도 알거든(요)!

I'm not interested at all. · I have no interest whatsoever. 전혀 관심 없어(요).

I'm pissed off. · I'm angry. 열받네(요).

It's none of your business. 신경 꺼(요).

Okay, I got it! I understand. 알았어(요), 알았다고(요)!

Says you! 네까짓 게 뭘 알아?

So you want a fight, eh? · Are you challenging me? 한판 붙자는 거야?

Stop bragging. 어디서 거들먹거려?

Stop showing off. 잘난 척 좀 그만해(요)!

Then you try. 그럼 네가 해 봐!

There you go again! 또 시작이군(요)!

What's with you? · Why are you so annoyed? 왜 짜증이야? · 왜 짜증이에요?

Who doesn't know that? 그걸 누가 모르나(요)!

Expressing satisfaction & dissatisfaction 만족·불만족 표현하기

(I've) Seen better. · Average. 그저 그래(요).

Cool! · Great! · I like it! 참 좋네(요)!

Don't ask. 말도 마(세요).

I am not fond of it. · I don't like it. 마음에 안 들어(요).

Is that it? · Is this everything? · Are you sure that's all? 이게 다야? · 이게 다예요?

It was terrible. · It didn't go well. 형편없었어(요).

It's a train wreck! · What a mess! 엉망진창이네(요)!

It's always good. 언제나 옳아(요).

It's not bad. 그럭저럭 괜찮아(요).

Not bad. · So-So. 그럭저럭(요).

Perfect! · Very! · Completely! 완전(요)!

Sounds great! · Perfect! 좋았어(요)!

That should do it. · This is enough. 이 정도면 됐어(요).

Expressing love & hate 사랑·증오 표현하기

(I) Love you. 사랑해요.

I hate that/it! 싫다, 싫어!

I really really like it. 진짜 진짜 좋아해(요).

My enemy is no-one but you. · You are my true enemy. 원수가 따로 없네(요).

Expressing disappointment 실망 표현하기

(It) Serves you right! · That's what you get! 자업자득이지(요).

Are we strangers? 우리가 남이야? · 우리가 남이에요?

Because things got tangled up · Things got complicated... 일이 꼬여서(요)...

I didn't know this would happen. 이럴 줄 몰랐어(요).

It didn't work out. 꽝이야! · 꽝이에요!

There's nothing we can do. · It can't be helped. 어쩔 수 없지(요), 뭐.

What a bummer! · It was disappointing. 정말 실망이야. · 정말 실망이에요.

Expressing compassion 동정심 표현하기

That's too bad. · I'm sorry that... 참 안됐다. · 참 안됐어(요).

I feel sorry to hear that. · It tears me apart. 너무 마음 아프네(요).

Oh, that's too bad. · That's a bummer. 거참, 안됐네(요).

Expressing surprise 놀라움 표현하기

How can that be? · Look at you! · What's going on? 웬일이니? · 웬일이에요?

How can this happen? 어떻게 이럴 수가!

I almost had a heart attack. 간 떨어질 뻔 했어(요).

I don't believe it! · How can it be? 이럴 수가!

I'm shocked. · You freaked me out. 깜짝 놀랐잖아(요).

It took my breath away. · Breathtaking. 숨이 멎는 줄 알았어(요).

Look who it is! 아니, 이게 누구야? · 아니, 이게 누구예요?

Oh · Gosh · Wow 헐

Oh My God! 세상에!

Oh, my goodness! 엄마야!

Oh, my! What a surprise. · You scared me. 아유, 깜짝이야!

Oh, my! 저런!

Ouch, it's hot! 앗, 뜨거워!

What happened? 웬일이야? · 웬일이에요?

You're in big trouble. · Oh no! 큰일 났군(요).

Expressing trust & doubt 신뢰·의심 표현하기

I don't believe it. · It can't be! 그럴 리(가) 없어(요).

I doubt it. · Really? 과연 그럴까(요)?

I support (you)! · (You have) my support! 지지합니다!

Impossible. · No way. 그럴 리가(요).

You are absolutely right. 지당하신 말씀입니다.

You can't be serious. · It couldn't be true. 진짜(요)?

You're always right. · You can't go wrong. 언제나 옳아(요).

You'll manage, I'm sure. 어련하겠어(요).

Expressing boredom 지루함 표현하기

I'm sick of it. · I'm fed up with it. 지긋지긋해(요).

I was bored to death. 지루해 죽을 뻔했어(요).

I'm sick of it. · I'm fed up. 지겨워 죽겠네(요).

Oh, I feel sleepy[drowsy]. · It's boring. 아, 졸린다. · 아, 졸려(요).

Expressing patience 인내심 표현하기

I've done enough. · I tried as much as I could. 나도 할 만큼 했어(요).

I've had enough. · I've endured as much as I can. 참을 만큼 참았어(요).

That does it! · I'm done with you. · You're dead to me. 끝이야!

That does it. 더 이상은 못 참아(요).

Expressing fears & concerns 두려움·우려 표현하기

(If you keep going like that,) You'll be in big trouble. 큰일 나겠다. · 큰일 나겠어(요).

For some reason, I've got a bad feeling[premonition]. 왠지 예감이 안 좋아(요).

I broke out in a cold sweat. 식은땀 났어(요).

I'm getting nervous. 슬슬 긴장되네(요).

I'm nervous. · I have butterflies in my stomach. 조마조마해(요).

It made my blood curdle. 간담이 서늘했어(요).

Getting Things Done
과업 수행

Giving directions 길 안내하기

Go left. 왼쪽으로 가(세요).

Go straight. 직진하세요. · 직진해.

Turn left. 좌회전하세요. · 좌회전 해. · 좌회전하면 돼(요).

Turn right. 우회전하면 돼(요). · 우회전 해. · 우회전하세요.

Turn right. 오른쪽으로 도세요.

Ordering food 음식 주문하기

Excuse me! 여기요!

I'd like to order. · I'm ready to order. 주문할게요.

May I take your order? 주문하시겠어요?

What would you like to drink? 뭐 마실래(요)? · 음료수는 뭘로 드릴까요?

What's the best here? · What's the most delicious? 여기 뭐가 제일 맛있어(요)?

I'll have the same. 같은 거로 주세요.

Taking a class 강의 듣기

Let's call it a day! 오늘은 여기까지(요)!

Next question! 다음 질문(하세요)!

I have a question. 질문이 있는데(요).

The exam is over. 시험이 끝났습니다.

Now I'll start my presentation. 지금부터 발표를 시작하겠습니다.

Asking busy or idle 바쁜지·한가한지 묻기

Do you have time this weekend? 주말에 시간 되세요?

Is this a good time? · Does the time work for you? 시간 괜찮아(요)?

Asking for a hurry 서두를 것을 요청하기

Hurry up! · Come on! 얼른(요)!

Hurry up. 서둘러(요).

We are running out of time! · There's no time! 시간 없어(요)!

Hurry! · Quick, quick! 빨리, 빨리!

It's time to go. 갈 시간이야. · 갈 시간이에요.

Ordering 명령하기

Don't make excuses. 핑계 대지 마(세요).

Be quiet! · Zip it! 좀 조용히 하라고(요)!

Shut up! · Zip up! 닥쳐!

Giving advice 조언하기

Cut it out. 관둬(요).

Focus on your main job. **본업에 충실해(요).**

Go easy on yourself. · Take it easy. **쉬엄쉬엄해(요).**

Hang in there. **견뎌 봐(요).** · **견뎌(요).**

I don't want to meddle, but... **참견하고 싶진 않지만...**

If I were you... **나 같으면...**

If I were you, I wouldn't do that. **나라면 안 그럴 거야.** · **나라면 안 그럴 거예요.**

Making a suggestion 제안하기

Let's do it this way. **자, 이렇게 하자!** · **자, 이렇게 합시다!**

Shall we go for tea/coffee/a drink? **차 한잔할까(요)?**

Should we eat something? **뭐 좀 먹을까(요)?**

You might think it over again. **좀 더 생각해 보는 게 좋을 것 같아(요).**

Encouraging 격려하기

Keep it up. · That's correct. **그렇게 하면 돼(요).**

Let's give it a try! **일단 한번 해 보자!** · **일단 한번 해 봐(요)!**

That's it! · That's right! **바로 그거야!** · **바로 그거예요!**

Expressing importance 중요성 표현하기

Does it matter now? · Right now, is it this that matters? **지금 그게 중요해(요)?**

It doesn't matter at all. · It's not important. **하나도 안 중요해(요).**

There's no particular reason. · It doesn't mean anything. **아무 의미 없어(요).**

What is the most important? **뭣이 중헌디?** · **뭐가 젤 중요해(요)?**

What's the big deal? **그게 뭐 대수야?** · **그게 뭐 대수예요?**

Starting a conversation 대화 시작하기

Did you hear (the news)? 소식 들었어(요)?

Did you hear the story? · Have you heard the story? 너 그 얘기 알아?

Did you know? · Did you hear? · You know what? 그거 알아(요)?

I have a question. · I wonder... 질문이 있어(요).

I have something to tell you. 저, 드릴 말씀이 있는데요.

Listen (carefully). 잘 들어(요).

To be honest · Actually 사실은

To be honest · To be frank 솔직히 말해서

Well... · You know · I'll tell you what. 있잖아(요).

Interrupting the conversation 대화 끼어들기

Excuse me, but... 초면에 실례지만...

Hold on! · Wait! 잠깐!

May I interject? · May I add my two cent here? 제가 한 말씀 드려도 될까요?

One moment. · Hang on. · Wait. 잠시만(요).

Well... · By the way... 저 그런데요...

I am sorry to interrupt... 말씀 중에 죄송한데요...

Let me say my piece. 나도 말 좀 합시다.

Asking for repetition 반복해 달라고 하기

Come again? · Could you say that again, please? · Excuse me? 한 번 더 얘기해 줄래(요)?

What did you say? 뭐라고 하셨어요?

What did you say? 뭐라고(요)?

Would you please say that again? 다시 한번 말씀해 주시겠어요?

Demanding clarification 명료화 요구하기

How do you say it in Korean? · What's the word in Korean? 한국말로 뭐라고 해(요)?

What do you mean? 그게 무슨 말씀이세요?

What does it mean? 그게 무슨 뜻이야? · 그게 무슨 뜻이에요?

What's that in English? 그거 영어로 뭐야? · 그거 영어로 뭐예요?

What's that? 저게 뭐지(요)?

Focusing on the topic 주제에 초점 맞추기

As I just told you... 좀 전에 말했듯이...

What I'm trying to say is ... 내가 하고 싶은 말은...

Mentioning knowledge & information 지식·정보 언급하기

As far as I know 내가 알기로는 · 내가 알기론

From what I've heard 내가 듣기로는 · 내가 듣기론

Adjusting the pace of conversation 대화 속도 조절하기

Speak more slowly, please. 좀 천천히 말해 줘(요). · 좀 천천히 말해 주세요.

Would you speak more slowly? · Could you slow down a bit? 천천히 말씀해 주시겠어요?

Adjusting the volume of the sound 소리 크기 조절하기

I can't hear you well. 잘 안 들려(요).

Would you speak louder? 조금만 크게 말씀해 주시겠어요? · 좀 더 크게 얘기해
주실래요?

Please turn down the volume. 소리 좀 줄여 줘. · 소리 좀 줄여 주세요.

Knowing the other person's intent 화자의 의도 파악하기

What do you want to do? 어떻게 할래(요)?

You don't want to, do you? 싫다는 거지(요)?

What do you mean by that? 그게 무슨 뜻이야? · 그게 무슨 뜻이에요?

What do you mean? 그게 무슨 말씀이세요?

Butting 호응하기

Me too. · So do I. 저도요.

Of course. · Absolutely. · Sure. 그럼(요).

Tell me about it. 내 말이(요).

Telephone Behavior
전화 응대

Make a phone call 전화 걸기

Are you available for a call? · Can you talk? 통화 가능해(요)?

Can I speak to you now? · Are you available to call? 지금 통화 가능하세요?

Can I talk to you for a moment? · Are you available to talk now? 잠깐 통화 가능해(요)?

Hello. 여보세요.

Answering a phone call 전화 받기

Hello. 여보세요.

It's me. 전데요.

Asking questions 묻기

Would you like to leave a message? 메시지 남겨 드릴까요?

May I ask who's calling, please? 누구시라고 전할까요?

What are you calling about? 무슨 일로 전화했어(요)? · 무슨 일로 전화하셨어요?

Telling why you're calling 전화 건 이유 말하기

I'm calling to... · The reason I'm calling is... 제가 전화드린 건...

I'm calling to... · The reason I'm calling is... 왜 전화했냐면(요)...

Ending a call 통화 끝내기

Bye. 그럼 들어가(세요).

Call me. · Give me a ring. 전화해(요).

Give me a call, please. 전화 주세요.

Good bye. [Lit. "Stay in peace"] 안녕히 계세요.

I'm going to hang up now. 이만 끊을게(요).

Expressing call back 다시 전화하겠다 표현하기

I will call you back soon. 바로 전화드릴게요.

I will call you back later. 제가 이따 다시 전화 드리겠습니다. · 이따 전화할게(요).

Saying the caller made the wrong call 잘못 건 전화라 말하기

I think you have the wrong number. 전화 잘못 거신 것 같은데요.

What number are you calling? · What number did you call? 몇 번에 거셨어요?

What number are you calling? · What number did you call? 몇 번으로 전화하셨어요?

You have the wrong number. 전화 잘못 거셨어요.

Declining a call 통화 거부 의사를 표현하기

Can I call you back later? 제가 다음에 전화 드려도 될까요?

I'm not available to take your call. 지금 통화하기 좀 곤란합니다. · 지금 통화할 수 없습니다.

2부

말하기 문법,
기역부터 히읗까지

Speaking
Grammar
from ㄱ to ㅎ

가까스로

1. Just barely
= 겨우 · 간신히

: 어떤 일을 애를 써서 매우 힘들게 했음을 나타내는 단어.
a word indicating that you succeed in doing or dealing with something challenging

A: 기차 잘 탔어?
B: 응, 가까스로 탔어.

A: 아까 회의 시간에 웃음 참느라 힘들었어요.
B: 저도요. 가까스로 참았어요.

> 기차: train 타다: to catch 아까: a while ago 회의 시간에: when we were in the meeting 웃음(을)
> 참다: to hold back one's laughter 힘들다: be hard 저도요.: me, too. (저: honorific of '나')

가는 날이 장날이라더니

1. Never any luck
= 하필이면 오늘

: 의도하지 않은 일이 공교롭게 일어났을 때 쓰는 속담. 좋은 일이든 나쁜 일이든 미처
예상치 못한 일을 만났을 때 사용한다.
a proverb used when something unexpected—good or bad—happens by chance

A: 가는 날이 장날이라더니 오늘은 빵 가게가 문을 닫았네.
B: 미리 확인하고 올걸. 멀리서 빵 사려고 왔는데...

A: 숙박비가 왜 이렇게 비싸죠?
B: 가는 날이 장날이라더니 축제 기간이라 그런 것 같아요.

> 가는 날: the day you try to do sth 장날: unfavorable coincidence [Lit. 장날: market day] 빵 가게:
> bakery 문(을) 닫다: be closed 미리: beforehand · in advance 확인하다: to check 멀리서: from
> far away 숙박비: accommodation costs 왜 이렇게: Why on earth ...? 비싸다: be expensive 축제:
> festival 기간: period

가리는 거 없어(요).

1. I'm easy.
= 다 좋아(요). · 가리지 않아(요).

: 식성이나 취향이 무난함을 나타낼 때 쓰는 표현.
an expression to indicate that one is not being picky with food

A: 혹시 못 먹는 음식 있어?
B: 아니, 나는 가리는 거 없어.

A: 어떤 영화 좋아해요?
B: 특별히 가리는 거 없어요. 다 좋아해요.

> 가리다: be particular · be picky 혹시: I wonder ... 못 먹다: can't eat 음식: food 아니: No 어떤:
> what kind of 영화: movie 좋아하다: to like 특별히 가리다: be particular about

가만 안 둬(요).

1. I am going to scold[punish] you/her/them.
= 가만두지 않을 거야[거예요]. · 혼내줄 거야[거예요].

: 상대방의 행동이 불쾌하여 이에 대해 적극적으로 대응하겠다는 결심을 나타내는
표현.
an expression that expresses the determination to actively respond to the other person's actions
because they are unpleasant

A: 누나, 같이 가요.
B: 너 계속 따라오면 진짜 가만 안 둬.[1]

A: 자꾸 전화하지 마세요. 또다시 전화하면 가만 안 둬요.
B: 한 번만 만나주세요. 미나 씨, 좋아합니다.

> 누나: sister · girl 같이: together 너: you 계속: to continue to 따라오다: to follow 진짜: really
> 자꾸: again and again 전화하다: to call 또다시: again 한 번만: only once 만나다: to meet 좋아
> 하다: to like

---

1) 드라마 <사랑한다고 말해 줘> 4회의 대사를 참고하였다.

가만히 좀 있어(요).

1. Just sit tight.
= 가만히 좀 있어 봐(요). · 가만히 좀 있어 볼래(요)?

: 수선을 떨고 재촉하는 상대방의 행동을 가라앉히고 싶을 때 쓰는 표현.
an expression to ask somebody to wait patiently and take no action

A: 그래서 어쩔 건데? 이제 어쩔 거냐고?
B: 가만히 좀 있어. 생각 좀 하게.[2]

A: 무슨 일인데요? 뭔데, 뭔데요?
B: 가만히 좀 있어요. 지금 얘기하려고 하잖아요.

> 그래서: so 이제: now 어쩔 건데(요)?: What are you going to do? 생각(을) (좀) 하게: Let me think. 무슨 일인데(요)?: What's happening? 뭔데(요)?: What is it? 지금: just 얘기하다: to tell · to say

가망 없을 거 같아(요).

1. I/You don't stand a chance.
= 틀렸어(요). · 글렀어(요).

: 가능성이 없음, 희망이 없음을 나타낼 때 쓰는 표현. 앞으로의 일에 대한 화자의 부정 적인 판단을 나타낸다.
an expression implying that there is no possibility or hope. It reflects the speaker's negative judgment about future events.

A: 장학금 신청했어? 내일까지래.
B: 이번엔 가망 없을 거 같아. 나 기말시험 망쳤어.

A: 면접 잘 봤어요?
B: 아뇨, 실수를 너무 많이 했어요. 합격할 가망 없을 거 같아요.

> 가망: possibility · hope 틀렸다: to go wrong 글렀다: be hopeless · be screwed 장학금(을) 신청 하다: to apply for a scholarship 내일까지: by tomorrow 기말시험(을) 망치다: to screw up one's final exam 면접(을) 보다: to have an interview 잘: well 실수하다: to make a mistake 너무 많이: too many 합격하다: to pass

---

2) 드라마 <으라차차 내 인생> 46회의 대사를 참고하였다.

간 떨어질 뻔했어(요).

1. I almost had a heart attack.

= 간 떨어질 뻔했잖아(요). · 간 떨어질 뻔했네(요). · 심장 떨어지는 줄 알았어(요).

: 순간적으로 매우 놀랐거나 긴장했음을 나타낼 때 쓰는 표현.
an expression used when one is extremely surprised or shocked

A: 뭐 해?
B: 깜짝이야. 간 떨어질 뻔했어.

A: 왜 그래요?
B: 밤새 작업한 파일 날린 줄 알았어요. 진짜 간 떨어질 뻔했어요.

간: liver 떨어지다: to fall · to drop 깜짝이야.: Gosh. 왜 그래(요)?: What's wrong? 밤새:
overnight 작업하다: to work on 파일(을) 날리다: to lose a file 진짜: really · truly

간담이 서늘했어(요).

1. It made my blood curdle.

= 간이 콩알만 해졌어(요). · 등골이 오싹했어(요).

: 무척 놀라거나 무서움을 느꼈을 때 쓰는 표현.
an expression to convey a state of extreme surprise or fear

A: 앞으론 늦으면 연락해. 내가 마중 나갈게.
B: 응, 아깐 진짜 간담이 서늘했어. 누가 쫓아오는 줄 알았거든.

A: 영화 어땠어요? 무서웠어요?
B: 네, 마지막 장면은 간담이 서늘했어요.

간담: liver and gallbladder (metaphorically representing one's mind) 서늘하다: be chilly 앞으
로: next time 늦다: be late 연락하다: to call 마중(을) 나가다: to pick sb up 아깐: a minute ago
(short for '아까는') 누가: someone 쫓아오다: to chase 어땠어요?: How was it? 무섭다: be scary
마지막: the last 장면: scene

간략하게 말하면

1. In short · To put it simply
= 간단히 말하자면 · 간단히 말해서 · 요약하면

: 내용을 간단히 요약하여 핵심을 말하고 싶을 때 쓰는 표현.
an expression to provide a concise summary of the content and highlight the main point

A: 방금 들은 뉴스의 핵심이 뭐야?
B: 간략하게 말하면 지구 온난화가 엄청 심각하다는 거야.

A: 이 노래는 가사가 어떤 내용이에요?
B: 간략하게 말하면 짝사랑 얘기예요.

> 간략하게: briefly 간단히: in brief · simply 요약하다: to summarize 방금: just (before) 듣다: to listen 핵심: core · key point 지구 온난화: global warming 엄청: very · awfully 심각하다: be serious · be severe 노래: song 가사: lyrics 어떤 ~?: (about) what? 내용: content 짝사랑: crush · unanswered love 얘기: story

간섭하지 마(세요).

1. It's none of your business!
= 참견하지 마(세요). · 상관하지 마(세요). · 끼어들지 마(세요). · 이래라저래라 하지 마(세요).

: 타인의 일에 끼어들지 말 것을 강력하게 요구할 때 쓰는 표현. 아주 가까운 사이에서 쓴다.
an expression to firmly demand non-interference in personal matters, used particularly among close acquaintances

A: 네가 먼저 사과하는 게 어떨까?
B: 제 일에 간섭하지 마세요! 제가 알아서 할게요.

A: 애들 일에 너무 간섭하지 마!
B: 걱정이 되니까 그렇지.

> 간섭하다: to interfere 참견하다: to intervene 상관하다: to care about 끼어들다: to break in 이래라저래라 하다: to boss around 먼저: first 사과하다: to apologize 제: my (short for '저의') 제가 알아서 할게요.: I'll take care of it. 애들: children 일: affair · issue 너무: too 걱정(이) 되다: be worried about

간신히

1. Barely
= 겨우 · 힘들게 · 가까스로

: 어떤 일을 매우 어렵게 달성했음을 나타내는 단어.
a word used when you succeed in doing something but come really close to failing

A: 보고서 다 끝냈어?
B: 응, 간신히.

A: 축하해요. 그 어려운 시험에 합격하다니 대단해요.
B: 아니에요. 간신히 합격했는걸요.

> 보고서: report 다: completely 끝내다: to finish 축하하다: to congratulate 어려운: difficult ·
> tough 시험에 합격하다: to pass an exam 대단하다: be awesome · be great

갈 시간이야. · 갈 시간이에요.

1. It's time to go.
**= 시간 다 됐어(요). · 떠날 시간이야. · 떠날 시간이에요. · 갈 시간 됐어(요). · 이제 가야
해(요).**

: 어떤 장소로 떠나야 할 시간이 되었음을 나타내는 표현. 상대방의 행동을 재촉할 때
사용한다.
an expression indicating that it's time to leave for a specific place, used to urge the other person
to take action

A: 이제 갈 시간이야.
B: 잠깐만. 이것만 치우고 가자.

A: 갈 시간이에요.
B: 그래요. 이제 떠납시다.

> 이제: now 잠깐만(요).: Wait a second. 치우다: to clean up 그래요.: Okay. 떠나다: to leave · to
> get going

갈까(요) 말까(요)?

1. Go or not? · Shall I/we go or not?
= 갈까(요) 가지 말까(요)?

: 갈 것인지 안 갈 것인지 정하지 못해 망설이는 마음을 나타낼 때 쓰는 표현.
an expression showing hesitation when one is unable to decide whether to do something or not

A: 비 오는데 운동하러 갈까 말까?
B: 게으름 피우지 말고 얼른 갔다 와.

A: 미나 씨 결혼식에 갈 거예요?
B: 결혼식장이 너무 멀어서 고민이에요. 갈까요 말까요?

> 비(가) 오다: to rain 운동: exercise · workout 게으름(을) 피우다: be lazy 얼른 갔다 오다: to make
> it quick · to get it done quickly 결혼식: wedding 결혼식장: wedding hall 멀다: be far 고민:
> problem · concern

감사히 먹겠습니다.

1. Thank you for the meal.
= 잘 먹겠습니다. · 잘 먹을게요. · 감사히 먹을게요.

: 식사를 시작하기 전에 고마운 마음을 나타낼 때 쓰는 표현.
an expression to convey appreciation and gratitude before a meal

A: 음식이 입에 맞을지 모르겠네.
B: 맛있어 보여요. 감사히 먹겠습니다.

A: 차린 건 없지만 맛있게 드세요.
B: 감사히 먹겠습니다.

> 감사히: thankfully · gratefully (음식이) 입에 맞다: to suit one's taste ~(으)ㄹ지 모르겠네(요).: I
> wonder if ~ 맛있어 보이다: to look tasty 차린 건 없지만: It's not much, but …

같은 거로 주세요.

1. I'll have the same.
= (저도) 같은 거로 할게요. · 같은 거 주세요.

: 앞 사람이 주문한 것과 같은 것을 달라고 요청할 때 쓰는 표현.
an expression used when ordering the same thing as the person ahead

A: 저는 사과 주스 마실래요.
B: 저도 같은 거로 주세요.

A: 저는 이 운동화로 살게요.
B: 저도 같은 거로 주세요. 색상은 까만색으로요.

> 사과 주스: apple juice 마시다: to drink 저: I (honorific of '나') 운동화: sneakers 사다: to buy 색
> 상: color 까만색: black

거참, 안됐네(요).

1. Oh, that's too bad. · That's a bummer.
= 거참, 안됐군(요). · 오, 안됐어(요).

: 좋지 않은 소식에 대해 안타까운 마음을 나타낼 때 쓰는 표현.
an expression to convey sympathy or condolences upon hearing unfortunate news

A: 잭이 축구하다 다쳐서 응급실 갔대.
B: 거참, 안됐네. 어느 병원이래?

A: 남부 지방은 가뭄이 심각하대요.
B: 거참, 안됐네요. 비가 좀 와야 할 텐데요.

> 거참: Oh 축구하다(가): while playing soccer 다치다: to get injured 응급실: emergency room 남
> 부 지방: southern area 가뭄: drought 심각하다: be severe 비가 오다: to have rain

거기 누구야? · 거기 누구예요?

1. Who's there? · Is somebody there?
= 거기 누가 있어요?

: 상대방의 인기척에 놀랐을 때 쓰는 표현.

an expression said with surprise upon encountering or noticing someone's unexpected presence

A: 거기 누구야?
B: 나야. 놀랐어?

A: 거기 누구예요?
B: 이삭이에요. 전화기를 두고 가서 다시 왔어요.

> 거기: there 나야.: It's me. 놀라다: be surprised · be frightened 전화기: (cell) phone 두고 가다: to leave behind 다시 오다: to come back

거짓말 마(세요)!

1. Don't lie to me!
= 거짓말하지 마(세요)! · 농담하지 마(세요)! · 농담이지(요)? · 뻥치지 마(세요)!

: 상대방의 말을 의심할 때 쓰는 표현.
an expression to show doubt or skepticism about someone's words

A: 맹세하지만, 나는 아무한테도 얘기 안 했어.
B: 거짓말 마!

A: 진짜예요. 제가 귀신 봤다니까요.
B: 에이, 거짓말 마세요!

> 거짓말: lie 맹세하다: to swear 진짜예요.: I'm serious. · I'm not joking. 귀신: ghost

걱정 마(세요).

1. Don't worry. · Never mind.
= 걱정하지 마(세요). · 염려 마(세요). · 염려하지 마(세요).

: 걱정하는 상대방을 안심시킬 때 쓰는 표현.
an expression used to provide reassurance to someone who is worried

A: 우리 집 찾아오기 힘들 텐데 내가 마중 나갈까?
B: 걱정 마. 내가 알아서 찾아갈게.

A: 혼자서 이 많은 책들을 정리할 수 있겠어요?
B: 할 수 있어요. 걱정 마세요.

걱정하다: to worry 염려하다: be concerned 우리 집: my house 찾아오다: to come visit 힘들
다: be hard · be difficult 마중(을) 나가다: to pick sb up 알아서 찾아가다: I'll figure it out 혼자서:
alone · by oneself 많은: many 책들: books 정리하다: to organize · to arrange

걱정도 팔자다.

1. You worry too much. [Lit. Worrying tempts fate.]
= 쓸데없는 걱정을 하네. · 쓸데없는 걱정을 다 한다.

: 가까운 사이에서 상대방이 지나치게 걱정을 한다고 핀잔을 줄 때 쓰는 표현.
an expression to gently chide someone in a close relationship for unnecessary worry

A: 비가 너무 많이 와서 공연 취소되면 어떡하지?
B: 너도 참, 걱정도 팔자다. 실내 공연이잖아.

A: 유나 씨 부모님이 나를 싫어하면 어쩌지?
B: 걱정도 팔자다. 그럴 리가 있겠어?

팔자: destiny · fate 비가 오다: to rain 너무 많이: too much 공연: performance · show 취소되다:
be canceled 실내: indoor 부모님: parents 싫어하다: don't like 어쩌지?: what if?

건강은 좀 어떠세요?

1. How's your health?
= 건강은 괜찮으세요? · 어디 편찮으신 데는 없으시죠?

: 어떤 사람의 건강 상태에 대한 관심을 드러내는 표현으로, 안부를 물을 때 쓰는 매우
공손한 표현.
a very polite expression used when asking about someone's well-being

A: 건강은 좀 어떠세요?
B: 아주 좋아.

A: 부모님 건강은 좀 어떠세요?
B: 건강하세요. 안부 물어 주셔서 고맙습니다.

건강: health 괜찮다: be fine · be okay 부모님: parents 건강하다: be healthy 안부(를) 묻다: to
ask after

건강하세요!

1. Stay healthy! · Take care!
= 건강하십시오. · 건강하시길 빌어요.

: 상대방의 건강을 기원하는 표현으로, 주로 헤어질 때 쓴다.
an expression to wish someone good health, especially when parting

A: 건강하게 잘 지내요.
B: 네, 선생님도 건강하세요!

A: 건강하세요!
B: 네, 고맙습니다. 잘 가요!

| 건강하게: healthily 잘 지내다: be well 선생님: teacher 고맙다: to thank 잘 가요!: Bye!

건배!

1. Bottoms up! · Cheers!
= 마시자! · 위하여! · 짠!

: 술을 마실 때 잔을 부딪치며 쓰는 표현.
an expression of good wishes involving the act of raising or clinking glasses

A: 자, 마시자.
B: 건배!

A: 모두 잔 들었어요? 그럼, 건배합시다!
B: 건배!

| 자: come on · let's 마시다: to drink 모두: everyone · all 잔(을) 들다: to hold one's grass 그럼: then 건배하다: to make a toast

견뎌 봐(요).

1. Hang in there.
= 견뎌(요). · 참아(요). · 이겨 내(요).

: 힘들고 어려운 상황이지만 조금만 더 참으라고 조언할 때 쓰는 표현.
an expression to encourage someone to hold on a little longer during a challenging and difficult

situation

A: 회사 생활이 이렇게 힘들 줄 몰랐어.

B: 견뎌 봐. 지금은 힘들지만 분명 배우는 게 있을 거야.

A: 방금 약 먹었는데도 머리가 너무 아파요.

B: 좀 견뎌 봐요. 진통제를 자꾸 먹으면 안 좋아요.

> 견디다: to bear 참다: to endure 이겨 내다: to overcome 회사 생활: office life 분명: surely ·
> definitely 배우다: to learn 방금: just before 약(을) 먹다: to take a pill 머리가 아프다: to have a
> headache 진통제: painkiller 자꾸: repeatedly

결론적으로

1. In conclusion
= 결국 · 결론을 말하자면

: 지금까지 나온 얘기의 요점을 정리할 때 쓰는 단어.
an expression signifying that you're going to summarize what's been said so far

A: 이 집은 학교에서 멀고, 월세도 비싼 거 같고, 또 방도 좁아.

B: 결론적으로 마음에 안 든다는 거지? 그럼 다른 집 보러 가자.

A: 결론적으로 운동이든 식이요법이든 지나친 것은 좋지 않다는 뜻입니다.

B: 그렇다면 어떻게 해야 할까요?

> 결론: conclusion 학교: school 멀다: be far 월세: monthly fee 비싸다: be expensive 방: room
> 좁다: be cramped · be small 마음에 안 들다: do not like 그럼: then 운동: exercise · workout
> 식이요법: dietary therapy 지나치다: be excessive 그렇다면: if so 어떻게 해야 할까요?: What
> should we do?

결사반대! · 결사반대야! · 결사반대예요!

1. I'm dead set against it!
= 절대 안 돼(요)! · 절대 반대야! · 절대 반대예요!

: 어떤 제안이나 의견 등에 대해 강력하게 반대할 때 쓰는 표현.
an expression used when strongly opposing a proposal or opinion

A: 그 사람 한번 만나 볼까 하는데 어때?

B: 결사반대! 그 남자 소문이 안 좋아.

A: 이번 프로젝트에 안나 씨도 같이 참여하기로 했어요.

B: 아무런 의논 없이 그러면 어떡해요? 결사반대예요!

한번 만나 보다: to try to meet 남자: man · guy 소문이 안 좋다: to have a bad rumor 이번: this
time 같이 참여하다: to participate in · to join 아무런: without any 의논: discussion 그러면: if
you do like that

계속해(요).

1. Keep going.
= 계속하렴.

: 대화나 현재 행동의 유지를 바랄 때 쓰는 표현.

an expression to encourage the continuation of a conversation or current actions, even in a tough
situation

A: 내 얘기 듣고 있어?

B: 응. 계속해.

A: 난 미술대학에 지원하지 말까 봐. 합격할 자신이 없어.

B: 오래 전부터 하고 싶어 했잖아. 계속해. 잘될 거야.

내: my (short for '나의') 얘기(를) 듣고 있어?: Are you following me? 난: I (short for '나는') 미술
대학: art school 지원하다: to apply for 합격하다: to pass 자신이 없다: be not confident 오래전
부터: for a long time 하고 싶어 하다: be eager to do 잘되다: to go well

고마워(요).

1. Thank you.
= 고맙습니다. · 감사합니다. · 감사해(요).

: 상대방에 대한 감사를 나타낼 때 쓰는 표현.

an expression to convey gratitude or appreciation for a favor done by the other person

A: 김밥 먹으면서 작업해.

B: 고마워. 아까부터 배고팠어.

A: 선물 정말 고마워요.

B: 뭘요. 별것도 아닌데요.

김밥: gimbap 먹다: to eat 작업하다: to work 아까부터: since a while ago 배고프다: be hungry
선물: gift · present 정말: really 뭘요.: My pleasure. 별것도 아닌데요.: It's nothing.

고맙지만 사양할게(요).

1. No, thanks.
= 고맙지만 괜찮아(요). · 고맙지만 됐어(요).

: 상대방의 제안을 부드럽게 거절할 때 쓰는 표현.
an expression used when politely declining someone's favor or offer

A: 복사는 내가 해 줄까?
B: 고맙지만 사양할게. 아직 시간 충분해.

A: 무거워 보이는데 가방 들어 드릴까요?
B: 고맙지만 사양할게요.

사양하다: to decline · to turn down 복사: copying 아직: still 시간: time 무거워 보이다: to look heavy 가방: bag 들다: to hold · to carry

고생 많았어(요).

1. Thanks for your efforts.
= 고생했어(요). · 수고했어(요). · 수고 많았어(요). · 애썼어(요).

: 어떤 일을 하느라 애쓴 상대방을 위로할 때 쓰는 표현. 주로 어떤 일을 마쳤을 때나 직장에서 퇴근할 때 인사로 쓴다.
an expression to show acknowledgment and appreciation for someone's work and efforts, often used as a farewell or a congratulatory greeting after completing a task or finishing work

A: 우린 최선을 다했어. 담담하게 결과를 기다려 보자.
B: 그래. 공모전 준비하느라 모두 고생 많았어.

A: 먼저 퇴근할게요.
B: 네, 고생 많았어요.

우린: we (short for '우리는') 최선을 다하다: to do one's best 담담하게: calmly 결과: results 기다리다: to wait 그래.: Okay. 공모전: contest 준비하다: to prepare 먼저: (to leave) first 퇴근하다: to get off work

과연 그럴까(요)?

1. I doubt it. · Really?
= 그럴 리가(요). · 설마(요).

: 상대방의 예측에 동의하지 않거나 앞으로 일어날 일에 대해 걱정과 우려를 나타낼 때 사용하는 표현.
an expression to express disagreement with someone's prediction or to voice concerns and apprehensions about future outcomes

A: 유나는 평생 혼자 살 거래.
B: 과연 그럴까? 결혼할 거 같은데?

A: 등록금이 많이 오를 거라던데, 과연 그럴까?
B: 글쎄. 때 되면 알게 되겠지.

> 평생: for one's entire life 혼자: alone 살다: to live 결혼하다: to get married 등록금: tuition fee
> 오르다: to increase · to rise 글쎄: well 때 되면 알게 되겠지.: You'll know when you'll know. 알다: to know

관둬(요).

1. Cut it out.
= 그만둬(요). · 그만해(요).

: 어떤 일이나 직무를 힘들어하는 상대방에게 그 일을 하지 말라고 할 때 쓰는 표현.
an expression to advise someone against taking on a certain task or job

A: 그렇게 힘들면 아르바이트 관둬.
B: 아니야. 고민했는데 아직 포기하긴 일러.

A: 통역은 제 적성에 안 맞는 거 같아요.
B: 적성에 맞지 않으면 관둬요.

> 힘들다: be tough 아르바이트: part-time job 고민하다: to put some thought into 아직: still 포
> 기하긴 이르다: be too early to give up 통역: interpretation 제: my (short for '저의') 적성에 맞지
> 않다: be out of character

2. No thanks.
= 됐어(요). · 하지 마(세요).

: 어떤 일을 시도하려는 상대방을 말리거나 호의를 베푸려는 상대방의 제안을 거절할 때 쓰는 표현.

an expression to discourage someone from doing something or to decline a favor

A: 내가 요리해 줄까?

B: 관둬. 넌 가만히 있는 게 도와주는 거야.

A: 내가 대신 말해 줄까요?

B: 관둬요. 괜히 일 커져요.

> 요리하다: to cook 넌: you (short for '너는') 가만히 있다: to stay still · to do nothing 도와주다: to help 대신: for (you) 말하다: to tell · to say 괜히: uselessly · needlessly 일(이) 커지다: to get out of hand

괜찮아(요)?

1. Are you OK (with it)?
= 어디 아파(요)? · 괜찮겠어요?

: 상대방의 건강 상태를 걱정하며 물을 때 쓰는 표현.
an expression to inquire about someone's well-being or health

A: 안색이 안 좋아 보여. 괜찮아?

B: 조금 어지러워.

A: 병원에 좀 다녀올게요.

B: 괜찮아요? 혼자 갈 수 있겠어요?

> 안색이 안 좋다: do not look well 조금: a little 어지럽다: be dizzy 병원: hospital 다녀오다: to go to (the hospital) 혼자: alone

괜찮아(요).

1. It's okay. · It's all right.
= 좋아(요).

: 크게 나쁘지 않음을 나타내는 표현.
an expression indicating acceptance of an action or a situation, even if it's not ideal

A: 커피가 없는데 녹차 괜찮아?

B: 응, 괜찮아.

A: 새로 이사한 집은 어때요?

B: 교통이 좀 불편하긴 한데 조용해서 괜찮아요.

녹차: green tea 새로: newly · recently 이사하다: to move into 집: house 교통이 불편하다: not to have good transportation links[service] 조용하다: be quiet

2. I'm okay.
= 문제없어(요). · 큰 이상 없어(요).

: 이상이 없음을 나타내는 표현. 주로 상대방이 안부를 물어오면 대답할 때 사용한다.
an expression to reassure someone asking about your conditions by saying that there's nothing wrong with you

A: 많이 안 다쳤어?
B: 괜찮아. 살짝 긁히기만 했어.

A: 입원했었다고요? 어디가 아팠어요?
B: 맹장 수술했어요. 이젠 괜찮아요.

문제없다: There is no problem. 많이: a lot 다치다: be injured 살짝: a little bit 긁히다: be scratched 입원하다: be hospitalized 어디: which part 아프다: be hurt · be sick 맹장 수술을 하다: to have an appendectomy 맹장: appendix 수술하다: to have an operation 이젠: now (short for '이제는')

괜찮을까(요)?

1. Is it okay?
= 문제없을까(요)? · 어때(요)?

: 자신의 판단에 확신이 들지 않아서 상대방에게 의견을 구할 때 쓰는 표현.
an expression to ask for the other person's opinion when you are unsure about your own judgment

A: 이 옷, 내일 모임에 입을 건데 괜찮을까?
B: 무슨 모임인데?

A: 자기소개서 이렇게 쓰면 괜찮을까요?
B: 어디 한번 봐요.

옷: clothes 내일: tomorrow 모임: gathering · meeting 입다: to wear 무슨: what kind of 자기소개서: personal statement 이렇게: like this 쓰다: to write 어디 한번 봐(요).: Let's take a look. · Let me see.

괜히 말했어(요).

1. I spoke in vain.
= 말하지 말걸 그랬어(요). · 내가 왜 말했을까(요)?

: 어떤 말을 한 것을 후회할 때 쓰는 표현.
an expression used when you regret something you said

A: 선생님께 숙제 얘기를 왜 꺼냈어? 너 때문에 새로운 숙제가 생겼잖아.
B: 그러게. 괜히 말했어.

A: 아, 괜히 말했어요. 민수 씨가 화난 거 같아요.
B: 신경 쓰지 말아요. 언젠가 알게 될 일이었어요.

> 선생님: teacher 숙제: homework 얘기를 꺼내다: to bring up 때문에: because of 새로운: new · more 생기다: to come up 화나다: to get angry 신경(을) 쓰다: to care about · to mind 언젠가: someday 알게 되다: to get to know

굉장히 있어 보여(요).

1. You're looking fancy.
= 아주 보기 좋아(요). · 근사해(요).

: 어떤 대상이 매우 고급스럽거나 멋있어 보일 때 쓰는 표현.
an expression of praise to describe something seemingly good

A: 이 자동차 어때?
B: 굉장히 있어 보여.

A: 이 PPT 좀 봐 주세요. 제 발표 자료 어때요?
B: 우와, 굉장히 있어 보여요.

> 자동차: car 어때(요)?: How is it? · How do you like it? 이: this 봐 주다: to look at 제: my (short for '저의') 발표 자료: presentation material 굉장히: really · so

구경 좀 하려고요.

1. I'm just looking. · I'm just browsing.
= 구경 좀 할게요. · 그냥 좀 둘러볼게요.

: 상점에서 점원의 도움이 필요 없음을 간접적으로 드러낼 때 쓰는 표현. 쇼핑하러 가서 편하게 물건을 살펴보고 싶을 때 사용한다.

an expression to indirectly convey that assistance from a store clerk is not necessary when shopping. It can be used when you want to freely explore the shop.

A: 찾으시는 상품 있으세요?
B: 그냥 구경 좀 하려고요.

A: 손님, 뭘 도와드릴까요?
B: 아니에요. 그냥 구경 좀 하려고요.

> 구경하다: to look around 찾다: to look for 상품: goods · product 손님: customer 뭘 도와드릴까요?: How may I help you?

굳이 그럴 거 있어(요)?

1. No need.
= 굳이 그럴 거 없어(요). · 그럴 필요 없어(요).

: 어떠한 행동을 할 필요가 없다는 의견을 나타낼 때 쓰는 표현.

an expression to convey that an action is not necessary to do because it takes unnecessary effort

A: 필기한 거 출력해서 줄까?
B: 굳이 그럴 거 있어? 파일로 줘.

A: 지금 현금이 없어요. 은행 가서 찾아 드릴게요.
B: 굳이 그럴 거 있어요? 계좌이체 하면 돼요.

> 필기하다: to take class notes 출력하다: to print out 굳이: not necessarily 파일: file 지금: right now 현금: cash 은행: bank (돈을) 찾다: to withdraw (money) 드리다: to give (honorific of '주다') 계좌이체(를) 하다: to transfer money

귀찮게 하지 마(세요).

1. Don't bother me. · Leave me alone.
= 날 좀 내버려 둬(요). · 냅둬(요).

: 상대방에게 방해하지 말 것을 강하게 요구할 때 쓰는 표현. 가까운 사이에서 사용한다.

an expression used when strongly requesting not to interfere in your affairs, only used among close relationships

A: 아직 멀었어? 일 그만하고 나가자.

B: 귀찮게 하지 마! 바쁘게 일하는 거 안 보여?

A: 우리 잠깐 얘기 좀 할까요?

B: 저 좀 귀찮게 하지 마세요! 혼자 있고 싶어요.

> 귀찮게 하다: to bother 아직 멀었다: to have a long way to go 그만하다: to stop 나가다: to go out 바쁘게 일하다: be busy working 안 보이다: can't see 잠깐: for a minute 얘기(를) 하다: to talk 혼자 있고 싶다: would like to be alone

귀찮게 하지 말랬지?

1. I said don't bother me!
= 귀찮게 하지 말라고! · 날 좀 내버려 두라고! · 나 좀 내버려 두라니깐! · 냅두라니까! · 냅두라고!

: 방해하지 말 것을 요구했지만 계속해서 성가시게 구는 상대방에게 경고할 때 쓰는 표현. 가까운 사이에서 쓴다.

an expression to warn someone who persists in being bothersome even after you've asked them not to. It's commonly used among people in close relationships.

A: 우리 같이 드라마 볼래?

B: 귀찮게 하지 말랬지? 나가!

A: 나와서 저녁 먹어.

B: 귀찮게 하지 말랬지? 나 밥 안 먹어!

> 우리: we 같이: together 보다: to watch 나가다: to get out 나오다: to come out 저녁(을) 먹다: to have dinner 밥: meal 안 먹어!: (I) won't eat!

그다음으로는

1. Next
= 그다음에는

: 이어질 일이나 다음에 해야 할 일을 설명할 때 쓰는 표현.

an expression to explain the next course of action

A: 양파 다 썰었어요? 그다음으로는 양념장을 만들어야 해요. 간장 있죠?

B: 네, 간장 여기요.

A: 그다음으로는 구체적인 예를 말씀드리겠습니다.

B: 말씀 중에 죄송한데 질문 하나 해도 될까요?

> 양파: onion 다: all 썰다: to slice · to chop 양념장: marinade sauce 만들다: to make 간장: soy
> sauce 구체적인: specific 예: example 말씀 중에 죄송한데: sorry to interrupt, but 질문: question
> 하나: one

그 말도 일리가 있지만

| 1. Although you have a point ~
| = 그 말도 맞지만

: 상대방의 의견을 일부 인정하지만 기본적으로는 상대방의 의견에 동의할 수 없음을
나타낼 때 쓰는 표현.
an expression to show respect for the other person's viewpoint, yet not fully agreeing with their
argument

A: CCTV 너무 많은 거 아냐? 사생활이 침해되는 거 같아.

B: 그 말도 일리가 있지만 범죄를 예방하려면 필요해.

A: 자기 집에서도 담배를 못 피운다는 게 말이 돼요?

B: 그 말도 일리가 있지만 아파트에선 이웃에 피해를 주잖아요.

> 사생활: privacy 침해되다: be infringed 범죄: crime 예방하다: to prevent 필요하다: be necessary
> 자기 집: one's own house 담배를 피우다: to smoke 이웃: neighbor 피해를 주다: to cause
> inconvenience

그 얘긴 그만둬(요).

| 1. Stop talking about it.
| = 그 얘긴 하지 마(세요). · 그 얘긴 관둬(요).

: 상대방이 특정한 화제에 대해 말하는 것을 더 이상 듣고 싶지 않을 때 쓰는 표현.
an expression used when one is no longer interested in listening to what the other person is
saying about a certain topic

A: 내 얘기 좀 들어 봐. 이유가 있었어.

B: 그 얘긴 그만둬. 듣고 싶지 않아.

A: 부장님! 부서 이동, 한 번 더 생각해 주세요.

B: 그 얘긴 그만둬요. 다 끝난 일이에요.

내: my (short for '나의') 얘기(를) 듣다: to listen to the story 이유: reason 부장님: Mr./Ms. (name of the head of your department) 부서 이동: redeployment · transfer to another department 한 번 더 생각하다: to give it a second thought 다: all 끝나다: be over

그 외에는

1. Besides · Aside from this/that · Other from this/that
= 그 밖에는 · 이 외에는

: 열거한 항목 이외에 덧붙일 항목을 추가하여 말할 때 쓰는 표현.

an expression implying that what is being mentioned or has been mentioned is the last item of a list

A: 비행기 표 샀고, 호텔도 예약했어. 그 외에는 렌트카 예약도 해야 하지?
B: 중요한 건 거의 다 했어. 이제 좀 쉬자.

A: 다른 질문 없습니까?
B: 연구 참여자는 몇 명인지요? 그 외에는 없습니다.

비행기 표: flight ticket 예약하다: to book 렌트카: car rental 중요하다: be important 거의 다 하다: be almost done 이제: now 쉬다: to get some rest 다른 질문: (any) other questions 연구 참여자: research participant

그 집 맛집이야. · 그 집 맛집이에요.

1. That's definitely a must-go restaurant.
= 거기 맛있어(요). · 그 식당 맛있어(요).

: 맛있는 음식점에 대해 말하거나 맛집을 추천할 때 쓰는 표현.

an expression used when talking about good restaurants or recommending restaurants

A: 새로 생긴 파스타 가게 가 봤어?
B: 그 집 맛집이야. 아주 맛있어.

A: 찾아보니까 학교 앞에 순두부 식당이 있던데...
B: 그 집 맛집이에요! 거기로 가요.

새로 생기다: be newly opened 파스타 가게: pasta restaurant 맛있다: (the food is) great 찾아보다: to search for 학교: school 앞: in front of 순두부: tofu 식당: restaurant 거기로: to there

그거 빼고

1. Except for ~
= 그 외에는 · 그 밖에는 · 그거 빼고는

: 예외 사항을 말하고 싶을 때 쓰는 표현.
an expression used when mentioning something that is not included in what is being described or discussed

A: 요리는 네가 할래?
B: 그거 빼고 다 잘해. 다른 일 시켜.

A: 한국에서 유학 생활해 보니 어때요?
B: 가족이 보고 싶어요. 그거 빼고 다 좋아요.

> 요리: cooking 다: all 잘하다: to do well 다른 일: some other work 시키다: to order 한국: South Korea 유학 생활(을) 하다: to study abroad 어때(요)?: How do you like it? · How is it? 가족: family 보고 싶다: to miss 다 좋다: Everything is good.

그거 알아(요)?

1. Did you know? · Did you hear? · You know what?
= 얘기 들었어(요)? · 그 소식 들었어(요)?

: 어떤 말을 시작하거나 새로운 소식을 전하려 할 때 상대방의 관심을 끌기 위해 쓰는 표현.
an expression to capture the other person's attention when starting a conversation or conveying new information

A: 그거 알아? 다음 주 휴강이래.
B: 진짜?

A: 그거 알아요? '한국 전자'에서 사원 모집한대요.
B: 정말요? 누구한테 들었어요?

> 다음 주: next week 휴강: class is canceled 진짜?: Are you sure? 사원: employee 모집하다: to recruit 누구한테 들었어(요)?: Who did you hear it from?

그거 영어로 뭐야? · 그거 영어로 뭐예요?

1. What's that in English?
= 그거 영어로 뭐라고 해(요)? · 그거 영어로는 뭐야? · 그거 영어로는 뭐예요?

: 어떤 말의 의미를 영어로 어떻게 나타내는지 물을 때 쓰는 표현.
an expression used when asking an English substitute for a word or expression

A: 방금 한 말, 그거 영어로 뭐야?
B: 잠깐만. 찾아볼게.

A: 노란색은 이제 좀 질리네요.
B: 질리네요? 그거 영어로 뭐예요?

> 영어로: in English 방금 한 말: what you've just said 그거: that 잠깐만.: Wait a second. 찾아보다:
> to look it up 노란색: yellow 이제: now 좀: a little 질리다: be sick of

그거 좋네(요).

1. That's good.
= 그거 좋은데(요). · 그거 좋은 생각이야. · 그거 좋은 생각이에요.

: 상대방의 의견에 동의할 때 쓰는 표현.
an expression to agree with someone's idea or suggestion

A: 집들이 선물로 화분 어때?
B: 그거 좋네. 화분으로 사자.

A: 쉬는 시간 동안 커피 사 올까요?
B: 그거 좋네요.

> 집들이: housewarming party 선물: gift 화분: flowerpot 어때(요)?: How about ...? 쉬는 시간:
> break (time) 동안: during 사 오다: to bring

그건 그렇고

1. By the way
= 그런데 · 근데 · 그런데 말이야 · 그런데 있지

: 새로운 대화 주제를 꺼낼 때 쓰는 표현. 화제를 바꾸거나 말을 이어갈 때에도 사용한다.

an expression serving the purpose of starting a new topic of conversation, mostly used when changing to different subject

A: 아침에 화내서 미안해.

B: 괜찮아. 그건 그렇고 저녁에 시간 있어?

A: 고향 갈 비행기 표는 샀어?

B: 곧 살 거야. 그건 그렇고 넌 언제 휴가 가?

> (오늘) 아침에: this morning 화내다: to get angry 미안하다: be sorry (오늘) 저녁에: this evening 시간(이) 있다: to have some time 고향: hometown 비행기 표: plane ticket 곧: soon 언제: when 휴가(를) 가다: to go on vacation

그건 아니고(요).

1. It's not like that.
= 그게 아니고(요). · 그게 아니라(요).

: 상대방이 화자의 의도를 잘못 이해했거나 예상이나 판단 등이 적절하지 않을 때 이를 바로잡기 위해 쓰는 표현.
an expression to correct the other person's misunderstanding of the speaker's intention or a situation

A: 나랑 일 같이 하기 싫다는 뜻이야?

B: 그건 아니고. 생각할 시간이 좀 필요해.

A: 웬 케이크예요? 누구 생일이에요?

B: 그건 아니고요. 그냥 먹고 싶어서 샀어요.

> 일(을) 같이 하다: to work together 싫다: do not like · do not want 뜻: meaning 생각할 시간: time to think 필요하다: to need 웬: What's with ...? 누구: somebody's 생일: birthday 그냥: just 사다: to buy

그건 아니라고 생각해(요).

1. I don't think so. · Not necessarily.
= 그건 아니야. · 그건 아니에요. · 난 그렇게 생각하지 않아(요).

: 상대방의 생각이나 의견에 반대할 때 쓰는 표현.
an expression used when disagreeing with the other person's idea or opinion

A: 가까운 사이니까 편하게 말한 게 아닐까?

B: 그건 아니라고 생각해. 가까운 사이니까 더 조심해야지.

A: 요즘 대학에 안 가는 사람이 어디 있어요? 대학 졸업장은 있어야죠.

B: 그건 아니라고 생각해요. 자신이 정말 하고 싶은 일을 하는 게 중요하죠.

> 가까운 사이: in close relationships 편하게: to feel free to 말하다: to talk 더: more 조심하다: be careful 요즘: these days 대학에 안 가다: do not go to college 대학 졸업장: college degree 자신: oneself 정말: really 중요하다: be important

그건 안 돼(요).

1. That's not OK. · That's not possible.
= 그건 곤란해(요).

: 상대방의 부탁이나 요청을 직접적으로 거절할 때 쓰는 표현.
an expression to outright decline a request or proposal from the other person

A: 베란다에서 담배 피워도 돼?

B: 그건 안 돼.

A: 건강 검진은 내년에 하면 안 될까요?

B: 그건 안 돼요. 작년에 안 했잖아요.

> 베란다: balcony 담배(를) 피우다: to smoke a cigarette 건강 검진: medical checkup 내년에: next year 작년: last year 안 했다: did not do

그건 좀 곤란해(요).

1. I'm afraid that's difficult.
= 그건 좀 곤란한데(요). · 그건 좀 힘들어(요). · 그건 좀 어려울 것 같은데(요).

: 상대방의 부탁이나 요청을 부드럽게 거절할 때 쓰는 표현.
an expression used when gently rejecting the other person's request

A: 노트북 좀 빌려줄 수 있어?

B: 그건 좀 곤란해. 나도 지금 써야 해.

A: 저... 안나 씨 집에서 며칠 지내도 될까요?

B: 그건 좀 곤란해요. 엄마가 와 계시거든요.

곤란하다: be awkward · be not easy 힘들다: be hard · be difficult 어렵다: be hard (to say yes)
빌려주다: to lend 지금: now 쓰다: to use 며칠: for a few days 지내다: to stay 엄마: mother
와 계시다: to be here · to stay with me (honorific of '와 있다')

그건 좀 그런데(요).

1. It doesn't seem like a good idea.
= 그건 좀 아닌 것 같은데(요).

: 상대방의 제안에 대해 조심스럽게 반대 의사를 나타내거나 부탁을 거절할 때 쓰는 표현.
an expression to cautiously turn down the other person's offer or suggestion

A: 너한테 관심 있냐고 그 남자한테 직접 물어봐.
B: 그건 좀 그런데... 아니라고 하면 너무 창피하잖아.

A: 호텔 가지 말고 우리 집에서 지내세요.
B: 그건 좀 그런데요. 서로 불편할 거예요.

관심(이) 있다: be interested in 그 남자: that man 직접: directly 물어보다: to ask 아니라고 하다:
to say no 창피하다: be embarrassed 우리 집에서: at my place 지내다: to stay 서로: both of us
불편하다: be inconvenient · be uncomfortable

그걸 내가 어떻게 알아(요)?

1. How could I know?
= 난들 알아(요)? · 나도 몰라(요). · 왜 그걸 나한테 물어(요)?

: 어떤 화제에 대해 모른다는 것을 강하게 말할 때 쓰는 표현. 가까운 사이에서 사용한다.
an expression to strongly convey that you are unfamiliar with a topic, commonly used among
people in close relationships

A: 내 안경 못 봤어?
B: 안경? 그걸 내가 어떻게 알아?

A: 민수 씨랑 유나 씨는 왜 싸운 거래요?
B: 그걸 내가 어떻게 알아요?

내: my (short for '나의') 안경: glasses 못 봤어(요)?: Didn't you see ~ ? 왜: why 싸우다: to fight ·
to quarrel 그걸: that (short for '그것을')

그걸 누가 모르나(요)!

1. Who doesn't know that?
= 그걸 누가 몰라(요)? · 나도 당연히 알지(요)!

: 누구나 다 알고 있는 내용을 말하는 상대방에게 반감을 나타낼 때 쓰는 표현.
an expression to display disapproval or annoyance when someone needlessly states common knowledge

A: 빨리 해결책을 찾자!
B: 그걸 누가 모르나! 방법이 떠오르지 않으니 그냥 있는 거지.

A: 네가 잘못했다면 사과하는 게 좋겠다.
B: 그걸 누가 모르나요! 근데 이건 제 잘못이 아니에요.

> 그걸: that (short for '그것을') 빨리: quickly 해결책을 찾다: to find a solution 방법: way 떠오르다: to come up 그냥 있다: to stay quiet 잘못하다: to do something wrong 사과하다: to apologize 제: my (short for '저의', honorific of '내') 잘못: fault

그것 봐, 내 말이 맞지? · 그것 봐요, 제 말이 맞지요?

1. See, I'm right, right?
= 거 봐, 내 말이 맞잖아. · 거 봐요, 제 말이 맞잖아요. · 내가 뭐랬어? · 제가 뭐랬어(요)?

: 자기가 옳았음을 약간 으스대며 말할 때 쓰는 표현.
an expression to boast a little when what one said turns out to be true

A: 보고서 마감이 내일이 아니라 금요일까지래.
B: 그것 봐. 내 말이 맞지?

A: 도서관 출입증을 인터넷으로 신청할 수 있대요.
B: 그것 봐요. 제 말이 맞지요?

> 보고서: report 마감: deadline · due date 내일: tomorrow 금요일: Friday 도서관: library 출입증: (security) pass 신청하다: to sign up

그게 가당하기나 해(요)?

1. Does that make sense?
= 그게 말이 돼(요)? · 그게 말이 된다고 생각해(요)?

: 말이 안 되는 소리, 어이없는 말을 하는 상대방에게 면박을 줄 때 쓰는 표현.
an expression used to react to some nonsensical or absurd remarks

A: 이 소파를 사야겠어.
B: 그 작은 방에 3인용 소파를? 그게 가당하기나 해?

A: 진짜 좋은 사람인데 한번 만나 보지 그래요?
B: 졸업도 못 했는데 무슨 연애예요? 그게 가당하기나 해요?

> 사다: to buy 작은: small 3인용: 3-seater (sofa) 진짜: really · truly 좋은: good 사람: person 한
> 번 만나 보다: to meet · to date 졸업: graduation 연애: having a relationship · romance

그게 당연한 것 아닌가(요)?

| 1. Isn't it obvious?
| = 그게 당연하지(요). · 당연히 그래야지(요).

: 지극히 마땅한 일임을 강조할 때 쓰는 표현.
an expression to emphasize that something is completely natural or expected

A: 오늘 저녁 식사비는 n분의 1 한다!
B: 그게 당연한 것 아닌가? 그렇게 해.

A: 폴은 노래 참 잘하지 않아요?
B: 직업이 가수인데... 그게 당연한 것 아닌가요?

> 당연하다: be obvious · be reasonable 오늘: today 저녁: dinner 식사비: meal expenses · the bill
> n분의 1: to split the bill 노래(를) 참 잘하다: be good at singing 직업: job 가수: singer

그게 뭐 대수야? · 그게 뭐 대수예요?

| 1. What's the big deal?
| = 그게 뭐 큰일이야? · 그게 뭐 큰일이에요? · 그게 뭐가 중요해(요)? · 전혀 문제되지 않
아(요).

: 앞선 얘기가 중요하거나 대단한 일이 아님을 강하게 강조하는 표현.
an expression strongly indicating that the previous story is not significant or impressive

A: 나 운전면허 시험 떨어졌어.
B: 그게 뭐 대수야? 또 보면 되지.

A: 남자 하나 떠난 그게 뭐 대수예요?

B: 맞아요. 행복한 게 무서워 도망친 남자, 잊을 거예요![3]

> 대수: big deal 나: I 운전면허: driver's license 시험(에) 떨어지다: to fail an exam 시험(을) 보다: to take a test 남자: man · guy 하나: one 떠나다: to leave 행복한 게: being happy 무섭다: be afraid of 도망치다: to run away 잊다: to forget

그게 더 나아(요).

| **1. That's better.**
| = 그게 더 좋아(요).

: 더 좋은 쪽을 추천할 때 쓰는 표현.

an expression used when suggesting something as a better choice

A: 구두와 운동화 중에 뭐가 더 어울려?

B: 구두. 그 의상엔 그게 더 나아.

A: 학교에 가지고 다닐 건데 노트북하고 패드 중에 뭐가 더 나을까요?

B: 패드요. 필기용으로 쓸 거면 그게 더 나아요.

> 구두: heels 운동화: sneakers · sports shoes 중에: among 어울리다: to go with 지금: now 의상: clothes 가지고 다니다: to carry 필기용: for note-taking 쓰다: to use 낫다: be better

그게 무슨 뜻이야? · 그게 무슨 뜻이에요?

| **1. What does it mean?**
| = 그게 무슨 말이야? · 그게 무슨 말이에요?

: 상대방이 한 말을 이해하지 못해 그 의미를 물을 때 쓰는 표현.

an expression to seek clarification when you're uncertain about the meaning of a specific word in what someone just said

A: 폭망? 그게 무슨 뜻이야?

B: 완전히 망했다는 뜻이야.

A: 그 사람 완전 꼰대예요.

B: 꼰대? 그게 무슨 뜻이에요?

---

3) 드라마 <나의 해방일지> 13회의 대사를 참고하였다.

완전히: completely · totally 망하다: be screwed up · be messed up 그 사람: that man 완전: such a 꼰대: boomer · oldie

2. What do you mean by that?
= 무슨 의미로 한 말이야? · 무슨 의미로 한 말이에요?

: 상대방이 한 말의 진의를 확인하기 위한 표현.
an expression to verify the true intention of someone's words

A: 너 얼굴 좋아졌다.
B: 그게 무슨 뜻이야? 나 살쪘다는 소리야?

A: 선생님은 참 한결같아요.
B: 그게 무슨 뜻이에요? 내 성격이 좀 답답해요?

얼굴 좋아지다: to look better 살찌다: to gain weight 선생님: teacher 참: really · truly 한결같다: be always the same 내: my (short for '나의') 성격: personality · character 답답하다: be sturdy · be not flexible

그게 무슨 말씀이세요?

1. What do you mean?
= 그게 무슨 말씀이신지요?

: 상대방이 한 말의 의도를 알지 못해 의미를 분명히 해 줄 것을 요청할 때 쓰는 표현.
an expression used when uncertain about someone's words and seeking clarification about their intention

A: 당장 짐 싸요!
B: 네? 그게 무슨 말씀이세요?

A: 왜 쉬운 길을 두고 어려운 길로 가려 해?
B: 그게 무슨 말씀이세요?

당장: right now 짐(을) 싸다: to pack one's belongings 왜: why 쉽다: be easy 길: way 두다: to leave behind 어렵다: be difficult · be hard

2. What do you mean by that?
= 지금 뭐라고 하셨어요?

: 상대방이 한 말에 불쾌함을 드러낼 때 쓰는 표현. 어떤 일에 대해 항의할 때에도 쓸 수 있다.
an expression used when you heard something that you find surprising, offensive, or disagreeable. It also conveys strong protest against something

A: 손님, 죄송하지만 제품을 개봉하셨기 때문에 환불이 안 됩니다.

B: 그게 무슨 말씀이세요? 쓰지도 않았는데 환불이 왜 안 돼요?

A: 모르면 가만히 있든가...

B: 그게 무슨 말씀이세요? 지금 저한테 말씀하신 거예요?

> 손님: customer 죄송하지만: I'm sorry but 제품: product 개봉하다: to open 환불이 안 되다: be not refundable 모르다: don't know 가만히 있다: not to interfere 지금: now 말씀하다: to talk to (honorific of '말하다')

그게 뭐야? · 그게 뭐예요?

1. What's that?
= 그게 뭔데(요)?

: 어떤 대상이 무엇인지 묻는 표현.
an expression to ask about the identity or nature of something mentioned or in sight

A: 그게 뭐야?

B: 안나에게 줄 생일선물이야.

A: 챗GPT? 그게 뭐예요?

B: 인공 지능 대화 로봇이래요. 저도 자세히는 몰라요.

> 생일선물: birthday present 챗GPT: ChatGPT (chatbot service provided by OpenAI) 인공 지능: Artificial Intelligence (AI) 대화: conversation · talk · chat 로봇: robot 자세히: in detail 모르다: don't know

그게 아니고(요).

1. That's not what I meant.
= 그건 아니고(요). · 그게 아니라(요).

: 상대방이 화자의 의도를 잘못 이해했거나 예상이나 판단 등이 적절하지 않을 때 이를 바로잡기 위해 쓰는 표현.
an expression to correct the other party's misunderstanding of one's intention or to deny their expectation or judgment of a situation

A: 지금 나한테 짜증 내는 거야?

B: 아니, 그게 아니고. 황당해서 그래.

A: 그래서 일을 그만두겠다는 말이에요?

B: 그게 아니고요. 업무가 너무 많아졌다는 말씀을 드리는 거예요.

지금: now 짜증(을) 내다: be salty · be cranky 아니: no 황당하다: be absurd 그래서: so 일을 그만두다: to quit work 업무: task · work 많아지다: to get a lot of 말씀(을) 드리다: I'm just saying that...

그게 좋겠다.

1. That sounds good.
= 그게 좋을 것 같아. · 좋은 생각이야.

: 상대방의 의견이나 제안에 동의할 때 쓰는 표현. 윗사람에게는 사용하지 않는다.

an expression welcoming someone's suggestion or agreeing with their idea, not used with someone higher

A: 잠깐 쉬었다 할까?

B: 응, 그게 좋겠다.

A: 우리 오늘 저녁은 외식할까?

B: 그래, 그게 좋겠다.

잠깐 쉬었다 하다: to pause and take some rest 우리: we 오늘 저녁: today's dinner 외식하다: to eat out 그래.: Okay.

그게 좋을 것 같아(요).

1. That would be good.
= 그게 좋겠어(요). · 좋은 생각이야. · 좋은 생각이에요. · 그거 좋네(요).

: 상대방의 제안에 동의할 때 쓰는 표현.

an expression to show approval of the other person's idea or suggestion

A: 여기서 기다리지 말고 줄부터 서는 게 어떨까?

B: 그게 좋을 것 같아.

A: 10분 늦는다고 전화할까요?

B: 네, 그게 좋을 것 같아요.

여기서: here 기다리다: to wait 줄(을) 서다: to get in line 어떨까(요)?: What about...? 10분: ten minutes 늦다: be late 전화하다: to call

그게 지금 말이 된다고 생각해(요)?

1. Does that make any sense?
= 그게 말이 돼(요)?

: 어이없는 말, 받아들일 수 없는 일이나 상황에 대한 감정을 강하게 나타낼 때 쓰는 표현.
an expression to show strong disapproval of an absurd statement or situation

A: 노트북이 고장 나서 숙제 못했어.
B: 그게 지금 말이 된다고 생각해?

A: 죄송하지만 학회에 늦을 것 같습니다.
B: 그게 지금 말이 된다고 생각해요? 발표자가 늦으면 어떡해요?

> 노트북: lap top 고장(이) 나다: be not working 숙제(를) 못하다: can't do one's homework 죄송
> 하다: be sorry 학회: conference 늦다: be late 발표자: presenter 어떡해(요)?: How can ...?

그날은 선약이 있어(요).

1. I have a prior engagement that day. · I already have other plans that day.
= 그날은 약속이 있어(요).

: 상대방이 제안한 날에 약속이 있어서 이를 거절할 때 쓰는 표현.
an expression to decline an offer to meet by saying that you have a prior appointment on the day

A: 다음 주 금요일에 볼까?
B: 금요일은 곤란한데. 그날은 선약이 있어.

A: 토요일에 시간 돼? 같이 테니스 치자.
B: 죄송해요, 선배님. 그날은 선약이 있어요.

> 다음 주: next week 금요일: Friday 곤란하다: be not okay (with me) 토요일: Saturday 시간(이)
> 되다: be available 같이: together 테니스(를) 치다: to play tennis 선배: senior

그냥 잊어버려(요).

1. Just forget about it.
= 괜찮아, 잊어버려(요).

: 속상한 일을 당한 상대방을 위로할 때 쓰는 표현.

an expression used when offering comfort to someone who is upset

A: 선물 받은 장갑을 잃어버렸어. 너무 속상해.
B: 그냥 잊어버려.

A: 오늘 발표 너무 못했어요. 좀 더 잘 준비했어야 하는데...
B: 이미 지나간 일이잖아요. 그냥 잊어버려요.

> 선물(을) 받다: to receive a gift 장갑: gloves 잃어버리다: to lose 속상하다: be upset 발표를 못하다: to ruin the presentation 좀 더: more 잘 준비하다: be well prepared for 이미 지나간 일: what's already done

그냥(요).

1. There's no reason. · Just because.
= 별 이유 없어(요).

: 이유를 묻는 상대방에게 특별한 이유가 없다고 대답할 때 쓰는 표현.
an expression to answer to a question when you have no particular reason for your actions or behavior

A: 내가 왜 좋아?
B: 그냥. 다 좋아.

A: 그건 왜 물어요?
B: 그냥요.

> 왜: why 좋다: to like 다: all · everything 묻다: to ask

그니까(요).

1. I know, right? · Tell me about it.
= 그러니까(요). · 내 말이.

: 상대방의 의견에 동의함을 나타내거나 맞장구를 칠 때 쓰는 표현.
an expression to say that you strongly agree with what someone has just said

A: 시간이 참 빠르다.
B: 그니까.

A: 이 과학책 무슨 말인지 하나도 모르겠어.

B: 그니까. 너무 어려워.

> 시간이 참 빠르다.: Time really flies. 과학책: science book 하나도 모르다: be out of touch 너무:
> too 어렵다: be difficult

그동안 감사했습니다.

1. Thank you for everything you've done (for me).
= 그동안 고마웠습니다. · 그간 감사했어요.

: 헤어질 때 상대방에게 그간의 감사함을 나타내기 위해 쓰는 표현.
an expression to thank someone when you part ways after spending a long time together

A: 덕분에 잘 있다 갑니다. 그동안 감사했습니다.
B: 자주 연락합시다. 잘 가요!

A: 이제 떠난다고 하니 서운하군요.
B: 네, 그동안 감사했습니다.

> 덕분에: thanks to 잘 있다 갑니다.: I've had a great time. 자주: often 연락하다: to keep in touch
> 이제: now 떠나다: to leave 서운하다: to feel sad

그래 주면 고맙지(요).

1. I'd appreciate that.
= 그래 주면 감사하지(요). · 그래 줄래(요)?

: 상대방의 제안이나 도움을 감사히 받아들일 때 쓰는 표현.
an expression to willingly accept someone's offer to help

A: 가방 들어 줄까?
B: 그래 주면 고맙지.

A: 지하철역까지 태워다 줄까요?
B: 그래 주면 고맙지요.

> 가방을 들어 주다: to carry a bag for sb 지하철역: subway station 태워다 주다: to give a ride

그래 줄래(요)?

1. Would you, please?
= 그래 주면 고맙지(요).

: 상대의 제안이나 도움을 기꺼이 받아들일 때 쓰는 표현.
an expression to show that you're okay with accepting someone's offer to help

A: 바쁘면 서류는 내가 대신 전해 줄까?

B: 그래 줄래?

A: 오는 길에 샌드위치 사다 드릴까요?

B: 그래 줄래요?

> 바쁘다: be busy 서류: document 대신: for (you) 전하다: to give 오는 길에: on the way back 사다: to buy

그래(요).

1. All right. · OK.
= 좋아(요).

: 상대의 제안에 동의할 때 쓰는 표현.
an expression to show agreement with someone's suggestion

A: 3시에 영화관 입구에서 만나.

B: 그래. 3시!

A: 오늘 저녁은 칼국수 어때요?

B: 그래요. 좋아요.

> 영화관: cinema · movie theater 입구: entrance 만나다: to meet 오늘 저녁: for today's dinner 칼국수: kalguksu (Korean knife-cut wheat flour noodles) 어때(요)?: How about ...? 좋아(요).: Sounds good.

2. Good!
= 좋아(요). · 그렇지(요).

: 어떤 대상이나 상태가 만족스러울 때 쓰는 표현.
an expression used when something is satisfactory

A: 김치찌개 맛있어?

B: 그래, 이 맛이야.

A: 이 집 불고기 참 맛있군.

B: 그래, 이거지!

김치찌개: kimchi stew 맛있다: be tasty · be delicious 그래, 이 맛이야.: Yes, that's what I expected. · This is what I'm talking about. 집: (food) house · restaurant 불고기: bulgogi (Korean sliced and seasoned beef dish) 참: really · very

그래서 말인데(요)

1. Speaking of (which)
= 말이 나왔으니 하는 말인데(요) · 말 나온 김에 하는 말인데(요)

: 앞의 말을 기회 삼아 자신이 하고 싶은 말을 이어나가기 위해 쓰는 표현.

an expression leading into the main point of a conversation. The speaker uses the previous topic as a way to get there

A: 요즘 물가가 너무 올랐어. 그래서 말인데 돈 좀 아껴 써.

B: 알았어.

A: 나만 나가면 되는 거야? 내 방의 짐들은 어떡하고?

B: 그래서 말인데 그 방을 바꾸면 어때요?[4]

요즘: recently 물가가 오르다: to increase in price 돈(을) 아껴 쓰다: to tighten one's belt 알았어(요).: All right. · Okay. 나가다: to leave 방: room 짐들: stuff · things ~은/는 어떡하고?: What about ~? (어떡하고?: short for '어떻게 하고?') 바꾸다: to switch 어때(요)?: How about ...?

그래야지(요).

1. I should do that. · I will do that.
= 그렇게 해야지(요).

: 어떤 일을 하는 것이 당연하다 생각할 때 쓰는 표현.

an expression used when you consider doing something common sense or feels right

A: 내가 온종일 만든 거니까 맛없어도 다 먹어야 해.

B: 그래야지. 누가 만든 건데.

A: 내일 안나 씨 집들이 같이 갈 거지요?

---

4) 드라마 <오! 주인님> 3회의 대사를 참고하였다.

B: 그래야지요.

그래(요)?

1. Really? · Seriously?
= 정말(요)? · 진짜(요)?

: 몰랐던 사실을 알게 되어 약간 놀라움을 나타낼 때 쓰는 표현. 상대방의 말에 가볍게 대꾸할 때도 쓴다.
an expression to convey mild surprise upon hearing news, also used when making a light response to news you heard

A: 화장실 공사 때문에 내일 도서관 닫는대.
B: 그래? 그럼 내일은 어디서 공부하지?

A: 민수 씨 유학 간대요.
B: 그래요? 전혀 몰랐어요.

그러게 말이야. · 그러게 말이에요.

1. You can say that again. · Tell me about it.
= 그렇고말고(요). · 그니까(요). · 그러니까 말이야. · 그러니까 말이에요.

: 상대방의 말에 강하게 동의함을 나타내는 표현.
an expression to indicate strong agreement with someone's statement

A: 오늘 날씨 너무 덥지?
B: 그러게 말이야.

A: 기차표가 없대요. 서둘러 예매할 걸 그랬어요.
B: 그러게 말이에요.

(그러고 싶으면) 그렇게 해(요).

| 1. Do whatever you want.
| = 원하는 대로 해(요).

: 상대방의 의견에 동의하거나 요청을 허락할 때 쓰는 표현.
an expression used when passively consenting to someone's opinion or request

A: 어제 빌린 책 며칠 더 봐도 돼?
B: 응, 그렇게 해.

A: 이 의자 버리실 거예요? 안 쓰시면 제가 가져가도 될까요?
B: 그러고 싶으면 그렇게 해요.

> 어제: yesterday 빌리다: to borrow 책: book 며칠 더: for a few more days 의자: chair 버리다:
> to throw away 안 쓰다: don't use 가져가다: to take

그러니까 말이야. · 그러니까 말이에요.

| 1. You said it. · Like you said~
| = 그니까(요). · 그렇게 말이야. · 그렇게 말이에요. · 내 말이. · 내 말이 그 말이야. · 내 말
   이 그 말이에요.

: 상대방의 의견에 강하게 동의할 때 쓰는 표현.
an expression used when you agree completely with someone

A: 요즘 물가가 너무 올랐어. 마트 가기가 겁나.
B: 그러니까 말이야.

A: 저 배우 진짜 멋지지 않아요?
B: 그러니까 말이에요.

> 요즘: recently 물가가 오르다: to increase in price 너무: too 마트: supermarket 겁나다: to turn
> coward · be afraid 배우: actor · actress 진짜: really · so 멋지다: be cool · be awesome

그러다 큰일 나(요).

| 1. You'll be in big trouble. · That's going to be a problem.
| = 그러다간 큰일 나(요).

: 어떤 행동을 계속하면 안 좋은 일이 일어날 것임을 경고할 때 쓰는 표현.

an expression to caution that negative consequences may arise if you persist in a certain action

A: 킥보드 같이 타자.

B: 둘이 같이? 그러다 큰일 나.

A: 하루 종일 아무것도 안 먹었더니 어지럽네요.

B: 그러다 큰일 나요.

> 킥보드(를) 타다: to ride a scooter 같이: with 하루 종일: all day 아무것도 안 먹다: to eat nothing
> 어지럽다: be dizzy

그러지 마(세요)!

1. Don't do that. · Don't be like that.
= 안 돼(요)! · 하지 마(세요)!

: 상대방의 행동을 말릴 때 쓰는 표현.

an expression to stop someone from doing something

A: 나는 눈이 좀 작아. 나도 성형외과에 한번 가 볼까?

B: 그러지 마! 지금도 충분히 예뻐.

A: 옆방이 너무 시끄럽죠? 가서 조용히 하라고 해야겠어요.

B: 그러지 마세요! 조금만 더 참아요.

> 눈이 작다: to have small eyes 성형외과: plastic surgery 한번 가 보다: to give it a try 충분히:
> enough 예쁘다: be pretty 옆방: next door 시끄럽다: be noisy · be loud 조용히 하라고 하다: to
> tell sb to be quiet 조금만 더: more 참다: to bear with

그럭저럭(요).

1. Not bad. · So-So.
= 그냥저냥(요) · 그런대로(요)

: 아주 만족스럽지는 않지만 대체로 나쁘지 않은 상태임을 나타낼 때 쓰는 표현.

an expression to convey one's moderate satisfaction with something

A: 중고차 샀다며? 어때?

B: 그럭저럭. 그런대로 탈 만해.

A: 시험 잘 봤어요?

B: 뭐, 그럭저럭요.

중고차: second-hand car 어때(요)?: How is it? · How do you like it? 그런대로: somewhat 시험
(을) 잘 보다: to do well on a test 뭐: well

그럭저럭 괜찮아(요).

1. It's not bad.
= 그런대로 괜찮아(요).

: 아주 만족스럽지는 않지만 대체로 나쁘지 않은 상태임을 나타낼 때 쓰는 표현. 주로
안부를 묻는 질문에 대한 답으로 사용한다.

an expression to convey that things are not particularly great but generally acceptable, usually
used as a response to a question about how you're doing

A: 새 직장은 어때?

B: 그럭저럭 괜찮아.

A: 많이 편찮으셨다고 들었어요. 건강은 좀 어떠세요?

B: 그럭저럭 괜찮아요.

새: new 직장: company 어때(요)?: How is it? · How do you like it? 많이: very · seriously 편찮다:
be ill (honorific of '아프다')

그런 말은 뭐 하러 해(요)?

1. Why would you say that? · What's the point of saying that?
= 뭐 하러 그런 소리를 해(요)? · 그런 소리는 왜 해(요)? · 그런 소리 마(세요).

: 상대방이 쓸데없는 말을 한다고 핀잔을 줄 때 쓰는 표현.

an expression used when you scold someone for making a pointless statement

A: 이 친구 1등을 한 번도 놓친 적 없어. 맞지?

B: 그런 말은 뭐 하러 해? 부끄럽게...

A: 저 두 사람 별로 안 어울리지 않아요?

B: 그런 말은 뭐 하러 해요?

이 친구: this guy 1등을 놓치다: to miss the first place 없다: there is no 맞지?: isn't it right? 부끄
럽다: be flattered 저: that 두 사람: two people 별로 안 어울리다: don't look good together

그런 소리 마(세요).

1. Don't say that.
= 그러지 마(세요). · 그런 말 하지 마(세요).

: 상대방이 이치에 맞지 않는 말을 했을 때 이를 중단시키기 위해 쓰는 표현.
an expression to stop someone from saying something that doesn't make sense

A: 난 왜 잘하는 게 하나도 없을까?
B: 그런 소리 마! 넌 요리도 잘하지, 기타도 잘 치지, 잘하는 게 얼마나 많은데...

A: 또 실패하면 어쩌죠?
B: 그런 소리 마세요! 말이 씨가 돼요.

> 난: I (short for '나는') 잘하다: be good · to do well 하나도 없다: (be good) at nothing 기타(를) 잘 치다: be a good guitarist 얼마나 많은데: there are a lot of 또: again 실패하다: to fail ~(으) 면 어쩌죠?: What if ~ ? 말이 씨가 돼요.: Be careful of what you wish for. [Lit. Words become seeds.]

그런 일은 없을걸(요)!

1. Not a chance! · That's not possible.
= 그건 절대 불가능해(요)! · 그런 일은 없어(요)! · 그런 일은 안 일어나(요)!

: 상대방의 말이 현실이 될 가능성이 매우 낮다고 확신할 때 쓰는 표현.
an expression used when you are confident that the likelihood of somone's words coming true is very low

A: 나 이제부터 술 끊을 거야.
B: 네가? 그런 일은 없을걸!

A: 왠지 이번엔 우리가 우승할 거 같아요.
B: 그런 일은 없을걸요!

> 이제부터: from now on 술(을) 끊다: to quit drinking 왠지: somehow · for some reason 이번엔: this time (short for '이번에는') 우리: we 우승하다: to win the victory

그런가 봐(요).

1. It seems so.
= 그런 거 같아(요).

: 상대방의 의견에 동의하고 호응할 때 쓰는 표현.
an expression to convey agreement with someone's opinion

A: 무슨 소리지? 밖에 비 오나?
B: 그런가 봐. 우산 없는데 어쩌지?

A: 민수 씨가 요즘 좋은 일 있는 것 같죠?
B: 그런가 봐요. 표정이 밝아졌어요.

> 무슨 소리지(요)?: What's it? · What's the sound? 밖에: outside 비(가) 오다: to rain 우산:
> umbrella 어쩌지(요)?: What should I do? 요즘: recently 표정: face 밝아지다: to brighten

2. I guess.
= 그런 것 같아(요). · 그런 것 같기도 해(요).

: 확실하지 않은 추측을 나타낼 때 쓰는 표현.
an expression to suggest a guess that lacks certainty

A: 쟤 요즘 왜 저렇게 웃고 다녀?
B: 여자 친구가 생겨서 그런가 봐.

A: 유나 씨, 뭔가 분위기가 달라졌는데요?
B: 머리를 잘라서 그런가 봐요.

> 쟤: that guy (short for '저 아이') 요즘: recently 왜: why 저렇게: like that 웃고 다니다: be smiling
> 여자 친구가 생기다: to have a girlfriend 뭔가 분위기가 달라지다: something has changed 머리를
> 자르다: to have one's hair cut

그런데 말이야 · 그런데 말이에요

1. By the way.
= 그런데 있지(요) · 근데 있잖아(요) · 그런데 말이지(요)

: 새로운 화제를 도입하거나 얘기하던 주제에서 벗어나고 싶을 때 쓰는 표현.
an expression used when you want to talk about something else or change the subject

A: 그런데 말이야. 너 아까부터 딴생각하고 있었지?
B: 어? 미안 미안.

A: 요즘 저는 피아노 치러 다녀요.

B: 피아노 잘 치면 참 좋을 거 같아요. 그런데 말이에요. 불고기 만들 줄 알아요?

> 아까부터: since a while ago 딴생각(을) 하다: to daydream 미안(하다): be sorry 요즘: recently
> 피아노(를) 치러 다니다: to take piano lesson 잘 치다: to play well 참: really 불고기: bulgogi
> (sliced and seasoned Korean beef dish) 만들다: to make · to cook

그럴 거까진 없어(요).

┃ 1. It isn't worth it. · You don't need to do that.
┃ = 그럴 거까지 뭐 있어(요)? · 굳이 그럴 거 없어(요). · 굳이 그럴 거 있어(요)?

: 어떤 행동을 할 필요가 없다는 생각을 나타낼 때 쓰는 표현. 상대방의 행동이나 의견
이 과하다고 느껴져 말릴 때 사용한다.

an expression to say that a certain action is unnecessary or excessive, used to discourage someone
from pursuing it

A: 저 사람 경찰에 신고할까?

B: 그럴 거까진 없어.

A: 선생님께 해결책이 없는지 여쭤 볼까요?

B: 그럴 거까진 없어요.

> 경찰에 신고하다: to call the police 선생님: teacher 해결책: solution 여쭤 보다: to ask · to
> consult (honorific of '물어보다')

그럴 리(가) 없어(요).

┃ 1. I don't believe it. · It can't be!
┃ = 설마(요). · 그럴 리가(요). · 아닐 거야. · 아닐 거예요. · 말도 안 돼(요).

: 상대방의 이야기를 믿을 수 없거나 어떤 일이 일어날 가능성이 없다고 생각할 때 쓰는
표현.

an expression used when you are skeptical about someone's story or consider something to be
improbable

A: 민수랑 유나랑 크게 싸우고 헤어졌대.

B: 그럴 리 없어. 둘이 손잡고 가는 걸 봤는데?

A: 저기 저 사람, 안나 씨 아니에요?

B: 그럴 리 없어요. 안나 씨 중국 출장 갔잖아요.

크게 싸우다: to have a big fight 헤어지다: to break up 손잡고 가다: to walk holding hands 아니예요?: Isn't it? 중국: China 출장(을) 가다: to go on a business trip

그럴 리가(요).

1. Impossible. · No way.
= 설마(요). · 아닐 거야. · 아닐 거예요. · 그럴 리 없어(요). · 말도 안 돼(요).

: 상대방의 이야기를 믿기 힘들거나 어떤 일이 일어날 가능성이 없다고 생각할 때 쓰는 표현.
an expression used when you find it hard to believe what someone is saying or when you consider something to be unlikely to happen

A: 유나가 결혼한대.
B: 그럴 리가. 지난달에도 나한테 남자 소개해 달라던데?

A: 잭이 탁구를 엄청 잘 친다던데요.
B: 그럴 리가요. 저한테도 졌는데요.

결혼하다: to get married 지난달: last month 소개하다: to hook A up with B 탁구(를) 잘 치다: be good at table tennis 엄청: very 저한테도: even by me 지다: to lose

그럴 생각은 없었는데

1. I didn't mean to ~
= 그러려고 한 건 아닌데 · 그런 의도는 아니었는데

: 본래 그럴 의도가 없었음을 나타낼 때 쓰는 표현.
an expression to indicate that there was no initial intention or plan

A: 내 차로 같이 갈래?
B: 그럴 생각은 없었는데... 같이 가도 될까?

A: 어제 잭이랑 술 많이 마셨다며?
B: 그럴 생각은 없었는데... 어쩌다 보니 그렇게 됐어요.

내: my (short for '나의') 차: car 같이: together 가다: to go 어제: yesterday 술(을) 많이 마시다: to drink a lot 어쩌다 보니 그렇게 됐어.: One thing led to another.

그럴 수도 있지(요).

1. These things happen. · It happens.
= 이해가 안 되는 건 아니야. · 이해가 안 되는 건 아니에요.

: 상대방의 실수에 대해 충분히 있을 수 있는 일이라고 이해하며 받아들일 때 쓰는 표현.
an expression to acknowledge and accept that something—usually a mistake or slip—can occur frequently

A: 나 오늘 또 실수했어. '선생님'에게 '생선님'이라고 했어.
B: 그럴 수도 있지. 난 '사장님'이라 부른 적이 있어.

A: 동생은 새벽까지 게임하다가 아침 되면 자요.
B: 방학인데 그럴 수도 있지요, 뭐.

> 또: again 실수하다: to make a mistake 사장님: boss 부르다: to call 동생: younger sister [brother] 새벽까지: until dawn 게임하다: to play video games 아침(이) 되면: when morning comes 자다: to go to bed 방학: vacation

그럼 네가 해 봐!

1. Then you try.
= 그럼 네가 해 보든가! · 그럼 네가 해!

: 어떤 일을 잘 못한다는 상대방의 지적에 대해 불쾌함을 나타낼 때 쓰는 표현. 가까운 사이에서 사용한다.
an expression to show discomfort with someone who points out that you're doing something wrong, only used among people who are close

A: 너 한글 타자 속도가 너무 느리다.
B: 그럼 네가 해 봐.

A: 너 칼질 되게 못한다. 저런, 다칠 거 같은데?
B: 그럼 네가 해 봐.

> 너: you 한글: Hangeul (Korean alphabet) 타자: typing 속도: speed 너무: too · very 느리다: be slow 칼질: cutting 되게 못하다: be so poor at 저런: oh dear 다치다: be hurt · be injured

그럼 들어가(세요).

1. Take care.
= 잘 가. · 안녕히 가세요.

: 헤어질 때 하는 인사말.
a farewell greeting used when parting

A: 오늘 즐거웠어.
B: 나도. 그럼 들어가.

A: 조심히 가요.
B: 네. 그럼 들어가세요.

| 오늘: today 즐겁다: to enjoy · to have fun 나도.: Me too. 조심히: safely

2. Bye.
= 안녕.

: 전화를 끊을 때 사용하는 표현.
an expression to end a phone call

A: 자세한 건 다음에 얘기하자.
B: 알겠어. 그럼 들어가.

A: 바쁠 텐데 전화해 줘서 고마워요.
B: 아니에요. 그럼 들어가세요.

| 자세하다: be detailed 다음에: next time 얘기하다: to talk 바쁘다: be busy 전화하다: to call 고
맙다: to thank 아니에요.: Not at all.

그럼(요).

1. Of course. · Absolutely. · Sure.
= 당연하지(요). · 물론이지(요).

: 당연하다는 의미로 대답할 때 쓰는 표현.
an expression to show strong affirmation

A: 내일 약속 안 잊었지?
B: 그럼. 6시지?

A: 이따 회식 갈 거죠?

B: 그럼요. 같이 가요.

> 내일: tomorrow 약속(을) 안 잊다: not to forget one's appointment 이따: later 회식: company dinner 같이 가다: to go together

그렇게 하면 돼(요).

1. Keep it up. · That's correct.
= 그렇게 하면 맞아(요).

: 자신의 행동이 적절한지 묻는 상대방에게 그것이 맞다고 확인해 줄 때 쓰는 표현.
an expression to confirm that someone is doing the right thing when they ask for confirmation

A: 고기 다 익은 거 같은데, 이제 채소 넣으면 돼?
B: 응, 그렇게 하면 돼.

A: 현관문 어떻게 열어요? 이 손잡이 돌리면 되나요?
B: 네, 그렇게 하면 돼요.

> 고기: meat 다 익다: be all cooked 이제: now 채소: vegetable 넣다: to put sth in 현관문: front door 열다: to open 손잡이(를) 돌리다: to turn the handle

그렇게 하세요.

1. Go ahead. · Be my guest.
= 그렇게 해요. · 그러세요.

: 상대방의 요청을 수락할 때 쓰는 표현.
an expression giving permission to an excuse asked for

A: 제가 먼저 얘기해도 될까요?
B: 그렇게 하세요.

A: 나가서 통화를 좀 하고 와도 될까요?
B: 그렇게 하세요.

> 먼저: first · before you 얘기하다: to speak 나가다: to go out 통화(를) 좀 하다: to answer the phone

그렇게 해 줄래(요)?

1. Would you, please?
= 그래 줄래(요)? · 그렇게 해 주(시)겠어(요)?

: 상대방의 제안을 기꺼이 받아들일 때 쓰는 표현.
an expression accepting a favor proposed by someone

A: 이 책 내가 반납해 줄까?
B: 그렇게 해 줄래? 고마워.

A: 오는 길에 커피 좀 사 갈까요?
B: 그렇게 해 줄래요?

> 책: book 반납하다: to return 고맙다: to thank 오는 길: on the way back 커피: coffee 사 가다:
> to buy

그렇게는 안 될걸(요).

1. It won't work like that.
= 그런 일은 없을걸(요).

: 상대방이 말한 일이 실제로 일어날 가능성은 매우 적다고 확신할 때 쓰는 표현.
an expression to express doubt or disagreement with someone's idea, suggesting that it's not very
likely to happen

A: 다시는 너 안 볼 거야. 앞으로 연락하지 마!
B: 그렇게는 안 될걸.

A: 게임 한 판 더 합시다. 이번엔 내가 이길 거예요.
B: 그렇게는 안 될걸요.

> 다시는: ever again 너: you 앞으로: from now on 연락하다: to contact 게임 한 판 더: one more
> round 이번엔: this time (short for '이번에는') 이기다: to beat sb

그렇지(요)?

1. Right?
= 맞지(요)? · 그렇지 않아(요)? · 안 그래(요)?

: 어떤 사실을 확인하거나 상대방의 동의를 구할 때 쓰는 표현. 대화를 계속 이어가기 위해서도 사용한다.
an expression to ask for confirmation of what you have just said, also used to maintain the flow of conversation

A: 우린 좋은 친구잖아. 그렇지?
B: 겁난다. 무슨 부탁을 하려고 이래?

A: 사람은 누구나 실수를 해요. 그렇지요?
B: 네, 하지만 실수가 너무 잦으면 문제가 되죠.

> 우린: we (short for '우리는') 좋은: good 친구: friend 겁나다: be afraid of 무슨: what 부탁을 하다: to ask for a favor 이래(요)?: do like this? (short for '이렇게 해(요)?') 누구나: anyone 실수를 하다: to make a mistake 실수: mistake 잦다: be frequent 문제: problem

그림 같아(요).

1. It's like a picture. · It's jaw-dropping.
= 완전 멋지다. · 환상적이야. · 환상적이에요. · 경치가 끝내줘(요).

: 경치가 매우 아름다울 때 쓰는 표현.
an expression used when admiring a beautiful scenery

A: 저기, 하늘 좀 봐요.
B: 우와, 정말 그림 같아요.

A: 경치가 그림 같아요.
B: 그렇죠?

> 저기: there 하늘: the sky 보다: to see · to look at 정말: really 경치: scenery 그렇죠?: isn't it?

그만 놀려(요).

1. Stop making fun of me. · Stop teasing me.
= 그만 좀 해(요). · 그만해(요).

: 짓궂은 행동이나 말을 하는 상대방에게 중단하라고 할 때 쓰는 표현.
an expression to request that the other person stop mischievous behavior or speech

A: 너 엄청 짠 불고기 만들었다며? 설탕을 소금으로 착각해서...
B: 그만 놀려.

A: 안나 씨 좋아하는 거 맞죠? 그렇죠?

B: 그만 놀려요.

> 엄청: very 짠: salty 불고기: bulgogi (sliced and seasoned Korean beef dish) 만들다: to make ·
> to cook 설탕: sugar 소금: salt 착각하다: to be mistaken · to get confused 좋아하다: to like 그
> 렇죠?: don't you? · right?

그만 좀 해(요)!

1. Stop it! · Cut it out! · Knock it off!
= 그만해(요)! · 그만 좀 할래(요)? · 그만둬(요).

: 상대방의 계속되는 말이나 행동이 싫어서 중단을 요구할 때 쓰는 표현.
an expression to tell someone to stop their words or actions as they are bothersome or disliked

A: 아직도 안 끝났어? 우리 몇 시에 나갈 거야?

B: 그만 좀 해! 할 일이 산더미처럼 쌓여 있는 거 안 보여?

A: 저녁도 안 먹고 운동도 하는데 왜 살이 안 빠질까요?

B: 다이어트 얘기 그만 좀 해요. 지겨워요.

> 아직도: yet 끝나다: be done · be finished 나가다: to go out · to get out 할 일이 산더미처럼 쌓이
> 다: to have piles of work to do 안 보여(요)?: Don't you see? 운동(을) 하다: to work out · to do
> exercise 살이 안 빠지다: not to lose weight 얘기: talking (short for '이야기') 지겹다: be sick of

그만 화 풀어(요).

1. Don't be angry.
= 이제 화 풀어(요).

: 화가 난 상대방에게 화해를 청할 때 쓰는 표현.
an expression to say sorry and make up with someone who's mad at you

A: 나 정말 화났어! 이번엔 그냥 안 넘어갈 거야.

B: 내가 잘못했어. 그만 화 풀어.

A: 미안해요. 그만 화 풀어요.

B: 이렇게 매번 기다리게 하는데 화 안 나겠어요?

정말: really 화나다: to be angry 이번엔: this time (short for '이번에는') 그냥 안 넘어가다: not to let it slide 잘못하다: to do wrong 미안하다: be sorry 이렇게: like this 매번: every time 기다리다: to wait

그만두겠습니다.

1. I will not be part of this. · I quit.
= 그만둘게요.

: 직장에서 사직하거나 맡은 업무를 계속하지 않겠다는 결심을 말할 때 쓰는 표현. '그만둘게요.'보다 정중한 표현.
an expression to convey the intention of resigning from a job or ceasing one's duties. It is a more courteous phrasing than '그만둘게(요).'

A: 다음 달까지 근무하고 그만두겠습니다.
B: 갑자기 왜요?

A: 저 일 그만두겠습니다.
B: 음... 이유는요?

다음 달: next month 근무하다: to work 그만두다: to quit 갑자기: suddenly 왜: why 일: work 이유: reason

그만하세요.

1. That's enough. · Cut it out.
= 그만 좀 하세요. · 그만하면 좋겠어요.

: 어떤 말이나 행동을 계속하는 상대방에게 중단할 것을 강하게 요청할 때 쓰는 표현.
an expression to strongly urge someone to stop their pointless words or actions

A: 저 사람이 먼저 시비 걸었어요.
B: 두 분 다 그만하세요.

A: 먹었으면 바로 바로 치워. 책상도 좀 정리하고...
B: 잔소리 좀 그만하세요. 제가 알아서 할게요.

먼저: first 시비(를) 걸다: to start the fight 두 분 다: both of you 바로: right after 치우다: to tidy up 책상(을) 정리하다: to clean off a desk 잔소리: nagging 알아서 할게요.: Just let me be.

그야 알 수 없지(요).

1. There's no way to tell. · It's impossible to tell.
= 그야 모르지(요). · (우리가) 어떻게 알겠어(요)?

: 정확히 알지 못해 상대방의 의견이나 질문에 답할 수 없거나 상대방의 의견에 동조할
수 없을 때 쓰는 표현.
an expression used when you don't have the answer to someone's question, or when you want to
indirectly disagree with their viewpoint

A: 유나는 결혼할 생각이 없는 거 같아.
B: 그야 알 수 없지.

A: 인구 급감의 주된 원인은 뭘까요?
B: 그야 알 수 없지요. 여러 가지 원인이 있을 겁니다.

> 결혼하다: to get married 생각이 없다: to have no mind to 인구 급감: sudden decrease
> of population 주된 원인: major cause 뭘까요?: What is it? (short for '무엇일까요?') 여러 가지:
> various

그저 그래(요).

1. Nothing much. · Hanging in.
= 그냥 그래(요). · 별로야. · 별로예요.

: 안부를 묻는 질문에 다소 부정적으로 답할 때 쓰는 표현.
an expression to provide a somewhat negative response when asked about your well-being

A: 요즘 대학원 생활은 어때?
B: 그저 그래.

A: 다른 회사로 옮기니 어때요?
B: 그저 그래요. 괜히 옮긴 거 같아요.

> 대학원: graduate school 생활: life 어때(요)?: How is it? · How do you like it? 회사(를) 옮기다: to
> get another job 괜히: for nothing

극혐! · 극혐이야! · 극혐이에요!

1. I abhor! I loathe~! · I'm repulsed. · That's my pet peeve!
= 질색이야! · 끔찍해! · 너무 너무 싫어!

: 극도로 싫은 마음을 강조할 때 쓰는 표현.
an expression to strongly convey a feeling of intense disapproval or dislike

A: 나이 많다고 대접 받으려고 하는 거 극혐이야.
B: 난 예의 없는 사람이 더 싫던데.[5]

A: 어? 바퀴벌레다. 얼른 잡아요!
B: 저도 벌레는 극혐이에요.

> 나이(가) 많다: be older 대접(을) 받다: be respected 예의(가) 없다: to lack manners · be rude 사
> 람: person 싫다: to hate 바퀴벌레: cockroach 얼른: quickly 잡다: to catch 벌레: bug

근데(요)

1. By the way · But then again
= 그런데 있지(요) · 그런데 말이지(요) · 그런데 말야 · 그런데 말이에요 · 근데 있잖아(요)

: 새로운 화제를 도입하거나 화제에서 벗어나고 싶을 때 쓰는 표현.
an expression used when you want to introduce a new topic or change the subject

A: 내 모자 못 봤어? 파란색 야구 모자.
B: 못 봤어. 근데 너 머리 잘랐어?

A: 근데요... 요즘 안나 씨가 안 보이네요?
B: 몰랐어요? 귀국했잖아요.

> 모자: hat · cap 못 봤어(요)?: Didn't you see ~? 파란색: blue 야구 모자: baseball cap 머리(를)
> 자르다: to have one's hair cut 요즘: recently 안 보이다: haven't seen 몰랐어요?: Didn't you
> know? 귀국하다: to return to one's country

---

5) 드라마 <닥터 차정숙> 8회의 대사를 참고하였다.

글쎄(요).

1. (Well,) Let me see. · I'm not sure, but ~
= 잘 모르겠는데(요). · 잘 모르겠어(요).

: 확실하게 알지 못함을 부드럽게 나타낼 때 쓰는 표현. 즉답을 피하고 싶을 때, 시간을 끌고 싶을 때 사용한다.

an expression to gently convey uncertainty or lack of certainty, when you need time to consider before responding

A: 언제 도착해?
B: 글쎄... 잘 모르겠어. 근처에 가면 전화할게.

A: 주변에 스페인어 잘하는 분 있어요? 번역자가 필요한데...
B: 글쎄요. 누가 있을까요?

> 언제: when 도착하다: to arrive · to get to 모르다: do not know 근처에 가면: if one gets close by 주변에: around you 스페인어(를) 잘하다: be good at Spanish 분: person (honorific of '사람') 번역자: translator 필요하다: to need 누가 있을까(요)?: Who could there be?

금강산도 식후경 · 금강산도 식후경이라는데(요).

1. Better fill a man's belly than his eyes. · Everything goes better on a full stomach.

: 어떤 일을 시작하기 전에 식사부터 먼저 할 것을 제안할 때 쓰는 표현.

an expression to suggest eating first before starting something

A: 금강산도 식후경이라는데 먼저 밥부터 먹자!
B: 좋지!

A: 금강산도 식후경. 잘 먹어야 일도 잘하지요!
B: 맞아요. 식사하고 다시 시작합시다.

> 먼저: first · before~ 좋지!: Sounds good! 일을 잘하다: to do well · to work properly 맞아(요).: You're right. 식사(를) 하다: to have a meal 다시: again 시작하다: to start

금시초문인데(요).

1. That's news to me.
= 처음 듣는 얘기인데(요). · 전혀 몰랐어(요). · 그 얘긴 처음 들어(요).

: 처음으로 들은 말 때문에 놀랐을 때 쓰는 표현.
an expression used when surprised by something you have just heard for the first time

A: 너 새우 좋아하잖아. 많이 먹어.
B: 내가? 새우를? 금시초문인데.

A: 이번 달에 특별 상여금이 나올 거래요.
B: 금시초문인데요. 어디에서 들었어요?

> 너: you 새우: shrimp 좋아하다: to like 많이: a lot · as much as you want 이번 달: this month
> 특별: special · extra 상여금이 나오다: to get bonus 어디에서 들었어요?: Where did you get it?
> · Where did you hear that?

급해(요)!

1. I'm in a hurry. · I can't wait.

: 서둘러야 하는 상황임을 상대방에게 호소할 때 쓰는 표현. 도움을 청할 때 쓴다.
an expression informing the other person that the situation demands urgency, and asking for help

A: 화장실이 어디야? 급해!
B: 응, 저쪽!

A: 바지 수선하는 데 일주일 걸려요.
B: 급해요! 이번 토요일에 꼭 입어야 해요.

> 화장실: bathroom 어디: where 저쪽: over there 바지: pants · trousers 수선하다: to mend · to
> repair 일주일: a week 걸리다: to take (time) 이번 토요일에: this Saturday 꼭 ~아야/어야 하다:
> must · have to ~ 입다: to wear

기가 막히지(요)?

1. Isn't it amazing?
= 기가 막히죠? · 최고지(요)? · 끝내주지(요)?

: 맛, 경치, 솜씨 등이 놀라울 정도로 수준이 높아서 감탄할 때 쓰는 표현.
an expression to convey admiration for the remarkably high level of taste, scenery, and craftsmanship

A: 경치가 기가 막히지?
B: 응, 정말 좋다.

A: 어때요? 맛이 기가 막히지요?
B: 네, 정말 맛있네요.

> 경치: scenery 정말: really 좋다: be good 어때(요)?: How is it? · How do you like it? 맛: taste
> 맛있다: be tasty · be delicious

2. I'm speechless.
= 황당하지(요)? · 어이없지(요)? · 말문이 막히지(요)?

: 예상하지 못한 일이 생겨 당황스럽거나 어이없을 때 쓰는 표현.
an expression when an unexpected situation occurs and leaves you feeling embarrassed or bewildered

A: 식당 사장이 음식을 남겼다고 음식 값의 3배를 내래. 기가 막히지?
B: 그랬구나. 하지만 음식 쓰레기를 줄이긴 해야 해.

A: 유나 씨가 자기는 절대로 나쁜 말을 한 적이 없대요. 기가 막히지요?
B: 정말 어이가 없네요. 제가 분명히 들었는데.

> 식당 사장: restaurant owner 음식을 남기다: to leave food 값: the bill 3배: three times 내다: to
> pay 쓰레기를 줄이다: to lessen trash 자기: oneself 절대로: never 나쁜 말 하다: to speak ill of
> 어이가 없다: be speechless 분명히: clearly · definitely 듣다: to hear

기분 나빠 죽겠네(요).

1. I feel so offended. · That is so offensive.
= 너무나 불쾌해(요). · 너무 기분 나빠(요).

: 좋지 않은 자신의 기분을 강조할 때 쓰는 표현.
an expression to say that you're in a bad mood for something that happened to you

A: 저 사람 내 구두 밟았는데 그냥 갔어. 기분 나빠 죽겠네.
B: 누구? 저 키 큰 남자?

A: 선배한테 잔소리를 들었는데 기분 나빠 죽겠네요.
B: 왜요? 무슨 말을 들었는데요?

저 사람: that person 구두(를) 밟다: to step on one's shoes 그냥 가다: just leave 누구: who 키 큰:
tall 남자: man · guy 선배: senior 잔소리를 듣다: to get nagged · be scolded

기분 나빠(요).

1. I feel bad.
= 기분 상했어(요). · 불쾌해(요).

: 상대방에게 불쾌한 감정을 직접적으로 드러낼 때 쓰는 표현.
an expression to assert yourself by directly saying that you are upset with someone

A: 나한테 명령한 거야? 그런 말투 기분 나빠.
B: 미안, 그런 뜻 아니었어. 주의할게.

A: 자꾸 놀리지 마세요. 기분 나빠요.
B: 칭찬하는 건데요? 놀리는 거 아니에요.

명령하다: to order 그런 말투: that tone 미안(하다): be sorry 그런 뜻(이) 아니었어(요).: I didn't
mean it. 주의하다: be careful 자꾸: again and again · to keep doing 놀리다: to tease 칭찬하다:
to praise · to compliment ~(으)ㄴ/는 거 아니다: It's not that ~

기분 나쁘셨다면 사과할게요.

1. I apologize if your feelings were hurt.
= 불쾌하셨다면 사과할게요.

: 상대방에게 정중하게 사과할 때 쓰는 표현.
an expression used when offering a sincere apology to someone

A: 지금 뭐라고 하셨어요? 상당히 기분 나쁘네요.
B: 기분 나쁘셨다면 사과할게요.

A: 지금 저한테 짜증 내신 거예요?
B: 짜증 낸 건 아니지만 기분 나쁘셨다면 사과할게요.

지금: now 상당히: seriously · quite 기분(이) 나쁘다: to feel bad 저한테: to me 짜증(을) 내다: to
get cross 아니다: not

기분이 어때(요)?

1. How do you feel?
= 소감이 어때(요)? · 느낌이 어때(요)?

: 상대의 기분이 어떠한지 물어볼 때 쓰는 표현.
an expression asking about someone's emotional state

A: 결혼한다며? 기분이 어때?
B: 잘 모르겠어. 아직 실감이 안 나.

A: 정상에 오른 기분이 어때요?
B: 제 자신이 너무 자랑스러워요.

> 결혼하다: to get married 잘 모르다: don't know well 아직: still 실감이 안 나다: doesn't feel real
> · can't believe 정상에 오르다: to reach the top 제 자신: myself 너무: too · very 자랑스럽다: be
> proud of

기억나(요)?

1. (Does this) Ring a bell? · Do you remember?
= 생각나(요)?

: 상대방이 과거의 일을 기억하고 있는지 확인하기 위해 쓰는 표현.
an expression to verify whether the other person remembers the past

A: 우리 자주 가던 식당 기억나?
B: 그럼. 기억나지.

A: 어제 술 마시고 전화한 거 기억나요?
B: 제가요? 제가 전화를 했다고요?

> 우리: we 자주: often 식당: restaurant 어제: yesterday 술(을) 마시다: to drink 전화하다: to call

기억 안 나(요)?

1. Does that not ring a bell? · Don't you remember?
= 생각 안 나(요)?

: 상대방이 과거의 일을 기억하지 못할 때 상기시키기 위해 쓰는 표현.

an expression to help someone remember something from the past when they're having trouble recalling it

A: 시장에 잘 다녀왔어? 근데 당근은 왜 샀어?
B: 기억 안 나? 네가 사 오랬잖아.

A: 이 사진 참 좋네요. 어디에서 찍은 거예요?
B: 기억 안 나요? 작년에 부산 갔을 때 찍어줬잖아요.

> 시장: market 다녀오다: have been 당근: carrot 왜: why 사진: picture · photo 참: really · very
> 좋다: be good 어디: where 찍다: to take (a picture) 작년: last year 부산: Busan

기운 내(세요)!

1. Keep your chin up! · Cheer up! · Feel better!
= 힘내(세요)! · 파이팅!

: 어렵고 힘든 일을 겪고 있는 상대방을 격려하거나 응원할 때 쓰는 표현.
an expression to encourage or cheer on someone who is facing a challenging or difficult task

A: 고마워. 일부러 와 주고.
B: 아버지 걱정하느라 아무것도 못 먹었지? 먹고 기운 내![6]

A: 시험에 또 떨어졌어요. 너무 우울해요.
B: 저런, 기운 내세요!

> 고맙다: to thank 일부러: to bother to 아버지: father 걱정하다: to worry about 아무것도 못 먹다:
> to eat nothing 시험에 떨어지다: to fail the exam 또: again 우울하다: be depressed · be blue
> 저런: oh no

길 좀 비켜 주세요.

1. Please let me through.
= 물러나 주세요. · 좀 비켜 주시겠어요? · 좀 지나갈게요.

: 상대방에게 지나가기 위한 공간을 만들어 달라고 부탁할 때 쓰는 표현.
an expression to request someone to make space for them to pass through

A: 길 좀 비켜 주세요. 큰 책상을 옮겨야 해서요.

---

6) 드라마 <지리산> 5회의 대사를 참고하였다.

B: 도와드릴까요?

A: 저, 다음 역에서 내려야 해요. 길 좀 비켜 주세요.

B: 저도 내릴 거예요.

> 책상: desk 옮기다: to move 도와주다: to give sb a hand 다음 역: next station 내리다: to get off
> 저: I (honorific of '나')

길이 너무 막혔어(요).

1. I was stuck in traffic. · The traffic was terrible.
= **차가 너무 막혔어(요). · 도로가 꽉 막혔어(요).**

: 교통체증이 심해서 늦었을 때 이를 변명하기 위해 쓰는 표현.
an expression commonly used as an excuse for being late due to heavy traffic

A: 늦어서 미안. 길이 너무 막혔어.
B: 핑계 대지 마. 길 막히면 일찍 나왔어야지.

A: 회의에 20분이나 늦게 오다니...
B: 죄송합니다. 길이 너무 막혔어요.

> 늦다: be late 미안(하다): be sorry 핑계(를) 대다: to make an excuse 길(이) 막히다: be stuck in
> traffic 일찍 나왔어야지(요).: You should have left earlier. 회의: (business) meeting 늦게 오다: to
> come late 죄송합니다.: I'm sorry.

김치!

1. Say kimchi! · Say cheese!
= **치즈! · 하나, 둘, 셋, 스마일!**

: 사진 찍을 때 밝은 표정을 만들기 위해 쓰는 표현.
an expression to add a cheerful expression to photos

A: 다리 앞에서 사진 좀 찍어 줘.
B: 자, 여기 봐. 김치!

A: 미안하지만 사진 좀 찍어 주시겠어요?
B: 네, 준비되셨죠? 김치!

까불고 있네.

1. You're so cheeky.
= 까불지 마.

: 함부로 행동하거나 건방진 태도를 보이는 상대방을 나무랄 때 쓰는 표현. 아주 가까운 사이나 아랫사람에게 사용한다.

an expression to criticize someone who behaves recklessly or shows an arrogant attitude, only used for people who are very close or younger

A: 누나, 딱 기다려요. 졸업하자마자 누나랑 결혼할 거니까.
B: 까불고 있네.

A: 저도 맥주 한 잔 주세요.
B: 까불고 있네. 스무 살 넘어야 해.

누나: older sister (for male) 딱: be sure to · just 기다리다: to wait 졸업하다: to graduate 결혼하다: to marry 맥주 한 잔: a glass of beer 스무 살(이) 넘다: be over twenty

깜빡했어(요).

1. It slipped my mind. · I forgot.
= 잊어버렸어(요). · 까먹었어(요).

: 해야 할 일이나 약속 등을 잊어버렸을 때 쓰는 표현.
an expression used when you forget something to do or an appointment

A: 내 책 가져왔어?
B: 미안. 깜빡했어. 어쩌지?

A: 어떻게 된 거예요? 어제 모임에 왜 안 왔어요?
B: 너무 바빠서 깜빡했어요.

책: book 가져오다: to bring 미안(하다): be sorry 어쩌지(요)?: What should I do? 어떻게 된 거예요?: What happened to you? 어제: yesterday 모임: gathering · meeting 왜: why 바쁘다: be busy

깜짝 놀랐잖아(요).

1. I'm shocked. · You freaked me out.
= 굉장히 놀랐어(요).

: 아주 많이 놀랐음을 강조할 때 쓰는 표현.
an expression to emphasize that you are very surprised

A: 민수 봤어? 다른 사람인 줄 알았어.
B: 나도 깜짝 놀랐잖아. 살이 너무 빠져서 못 알아봤어.

A: 유나 씨가 노래를 진짜 잘하던데요?
B: 맞아요. 저도 깜짝 놀랐잖아요.

> 다른 사람: someone else 너무 (많이): a lot of 살이 빠지다: to lose weight 못 알아보다: can't recognize 노래를 진짜 잘하다: be really good at singing 맞아요.: You're right.

꺼져!

1. Get out of here! · Go away! · Get out!
= 꺼져 버려! · 좀 꺼져 줄래? · 저리 가!

: 상대방과의 소통을 강하게 거부할 때 쓰는 표현. 매우 무례한 표현으로 아주 가까운 사이에서만 사용한다.
a very rude expression used when you strongly refuse to talk with someone, only used for people who are close

A: 그러지 말고 우리 얘기 좀 하자.
B: 꺼져! 꼴도 보기 싫어.

A: 왜 화가 났는지 말 좀 해 봐.
B: 꺼져! 나 좀 내버려 둬!

> 우리: we 얘기(를) 하다: to talk (short for '이야기하다') 꼴도 보기 싫다: can't stand the sight of 왜: why 화가 나다: to get upset 내버려 두다: to leave sb alone

꼭 그런 건 아니야. · 꼭 그런 건 아니에요.

1. Not necessarily.
= 꼭 그렇진 않아(요). · 꼭 그렇다고 할 순 없어(요). · 항상 그런 건 아니야. · 항상 그런 건 아니에요.

: 상대방의 생각이나 의견에 완전히 동조할 수 없을 때 쓰는 표현.
an expression used when you cannot fully agree with someone's thoughts or opinions

A: 학점이 안 좋아서 좋은 회사에 취직하긴 틀렸어.
B: 꼭 그런 건 아니야. 성적만으로 취직되는 건 아니잖아.

A: 외국어는 어릴수록 훨씬 쉽게 배우는 거 같아요.
B: 꼭 그런 건 아니에요. 성인은 공부 방법을 잘 아니까 유리한 점이 있지요.

> 학점이 안 좋다: to have bad grades 취직하긴 틀렸다: be less likely to get a job 성적: school grades 취직하다: to get a job · to get employed 외국어: foreign language 어리다: be young 훨씬: a lot · far 쉽게 배우다: to learn easily 공부 방법: how to study · way to study 성인: adult 유리한 점: advantage

꽝이야! · 꽝이에요!

1. It sucks. · It sucked!
: 어떤 일을 잘 못할 때 쓰는 표현.
an expression saying that you are very poor at something

A: 나한테 노래는 절대 시키지 마! 완전 꽝이야!
B: 알았어.

A: 미나는 다른 건 다 잘하는데 운전은 꽝이에요.
B: 어머, 그래요?

> 노래(를) 시키다: to ask sb to sing 절대: never 완전: totally 알았어(요).: All right. · Okay. 운전: driving

2. It didn't work out.
: 원하는 결과가 나오지 않았을 때 쓰는 표현.
an expression used when the expected or desired outcome does not come out

A: 제비뽑기 뭐 나왔어?
B: 꽝이야.

A: 소개팅 어땠어요? 이번엔 성공했어요?
B: 별로였어요. 이번에도 꽝이에요!

> 제비뽑기: drawing lots 소개팅: blind date 어땠어(요)?: How was it? 이번엔: this time (short for '이번에는') 성공하다: be successful 별로: be not very good

꿈 깨(셔)!

1. Don't you wish! · Dream on! · Get real!
= 꿈 깨시지! · 꿈도 야무지네.

: 불가능한 일을 바라거나 헛된 희망을 가진 상대방에게 그것이 절대 이루어질 리 없다고 말할 때 쓰는 표현. 아주 가까운 사이에서 쓴다.
an expression to criticize someone who says silly hopes that are not achievable, only used for people who are very close

A: 우리 결혼하면 아이를 네 명 낳자.
B: 꿈 깨! 누가 너랑 결혼한대?

A: 로또 당첨되면 한턱낼게요.
B: 로또 당첨? 꿈 깨셔!

> 우리: we 결혼하다: to marry 아이를 낳다: to have a baby 네 명: four (kids) 누가: who 로또(에) 당첨되다: to win the lottery 한턱내다: to treat

꿈도 꾸지 마(세요)!

1. Stop dreaming. · Don't even think about it. · You're way out of your league.
= 어림없어(요)! · 절대 안 돼(요)!

: 상대방이 헛된 기대를 가지지 않도록 경고할 때 쓰는 표현.
an expression to warn someone not to have false expectations

A: 안나 씨 소개 좀 시켜 줘.
B: 꿈도 꾸지 마. 결혼할 사람 있어.

A: 이사 가시면 제게 방 하나 빌려주면 안 돼요?
B: 어떻게 구한 집인데요? 꿈도 꾸지 마세요.

소개(를) 시키다: to hook A up with B 결혼할 사람: someone to marry 이사(를) 가다: to move out 제게: to me (short for '저에게') 방(을) 빌려주다: to rent out a room 구하다: to get 집: house

꿈도 야무져.

1. You sure do dream big. · You're ambitious.
= 꿈도 야무지군! · 꿈 깨(셔)!

: 허황된 희망을 품고 있는 사람을 비꼬듯 말할 때 쓰는 표현. 아주 가까운 사이에서 쓴다.
an expression teasing someone in a close relationship who's being overly optimistic when they shouldn't be

A: 내가 회사 차리면 너 우리 회사에서 일해.
B: 꿈도 야무져. 내 일은 내가 알아서 할게.

A: 우와! 나 이러다 백만 유튜버 되는 거 아냐?
B: 꿈도 야무져. 백만 유튜버는 아무나 되는 줄 아니?

회사(를) 차리다: to start a business 우리 회사: my company 일하다: to work 내 일: my business 알아서 하다: to take care of it 이러다: Things lead to ... (short for '이렇게 하다가') 백만 유튜버가 되다: to become a Youtuber with one million subscribers 아무나: anyone

꿈만 같아(요).

1. It's like a dream.
= 아주 좋아(요). · 너무 너무 좋아(요).

: 기대하던 일이 이루어져서 기분이 아주 좋을 때 쓰는 표현.
an expression to convey a feeling of extreme happiness when your wish becomes a reality

A: 드디어 졸업이라니... 꿈만 같아.
B: 졸업 축하해.

A: 이게 얼마 만에 떠나는 여행이에요?
B: 그러니까요. 정말 꿈만 같아요.

드디어: finally · at last 졸업: graduation 축하하다: to congratulate 이게: this is (short for '이것이') 얼마 만에: How long has it been since ~? 여행을 떠나다: to take a trip · to go on a trip 정말: really

끝이야!

1. That does it! · I'm done with you. · You're dead to me.
= 이젠 안 해! · 더는 못 해!

: 더 이상 참기 힘든, 지친 감정을 나타낼 때 쓰는 표현. 가까운 사이에서 사용한다.
an expression to convey exhausted feelings that can no longer be tolerated, typically used among close people

A: 설거지 이제 끝이야! 어깨랑 허리가 너무 아파.
B: 그래, 내가 할게.

A: 이제 싸우는 것도 정말 지긋지긋하다.
B: 그래, 끝이야! 다시는 연락하지 마!

> 이젠: now (short for '이제는') 설거지: dish-washing 어깨: shoulder 허리: back 아프다: be hurt
> 싸우다: to quarrel · to argue 지긋지긋하다: be fed up with 다시: again 연락하다: to contact · to
> call

나 같으면

| 1. If I were you
| = 나라면 · 나였다면 · 내가 너라면

: 고민이 있는 상대방에게 조언할 때 시작하는 말로 사용하는 표현.
an expression used when you start to offer advice to someone who is facing a problem

A: 너라면 어떻게 할 거야?
B: 나 같으면 싫다고 솔직하게 말하겠어.

A: 다른 회사로 옮길까 말까 고민이에요.
B: 나 같으면 다른 회사로 옮길 거 같아요.

> 너라면: If you were me 어떻게 할 거야?: what would you do? 싫다: to hate · not to like 솔직하게:
> honestly · frankly 다른 회사: another company 옮기다: to move to 고민이다: be a concern

나 기분 별로야.

| 1. I'm not in the mood.
| = 그럴 기분 아니야. · 나 기분 안 좋아.

: 기분이 좋지 않은 상태임을 상대방에게 알릴 때 쓰는 표현. 가까운 사이에서 쓴다.
an expression to let others know that you're in a bad mood, only used among close people

A: 도서관 같이 갈래?
B: 나 기분 별로야. 그냥 집에 갈래.

A: 나 기분 별로야. 혼자 있게 해 줘.
B: 왜? 무슨 일인데?

> 도서관: library 같이: together 그냥: just 집: home 혼자: alone 왜: why 무슨 일인데?: What
> happened? · What's going on?

나 좀 건드리지 마!

1. Don't mess with me. · Leave me alone.
= 혼자 있게 해 줘(요). · 나 좀 내버려 둬(요).

: 몹시 귀찮거나 매우 바빠서 방해받고 싶지 않을 때 쓰는 표현. 아주 가까운 사이에서 사용한다.

an expression used when you don't want to be disturbed because you are extremely busy or annoyed, only used for people who are close

A: 장 보러 갈 건데 같이 안 갈래?
B: 나 좀 건드리지 마! 피곤해.

A: 유나야, 같이 간식 먹자.
B: 나 좀 건드리지 마! 마감이 코앞이야.

> 장(을) 보다: to shop for groceries 같이: together 피곤하다: to be tired 간식: snack 마감이 코앞이다: We're getting close to the deadline.

나 좀 말리지 그랬어(요)!

1. Why didn't you stop me!
= 나를 말렸어야지(요)! · 왜 안 말렸어(요)!

: 어떤 일을 저질러 놓고 후회하며 상대방을 책망할 때 쓰는 표현. 가까운 사이에서 사용한다.

an expression used when regretting what you have done and blaming someone else for that, used among people who are close

A: 이번 달 카드값이 엄청 나왔어. 백화점 갔을 때 나 좀 말리지 그랬어.
B: 나는 분명히 말렸다! 네가 안 들은 거지!

A: 괜찮아요? 어제 술을 많이 마시던데.
B: 힘들어요. 나 좀 말리지 그랬어요.

> 이번 달: this month 카드값이 엄청 나오다: I've got a huge credit card bill. 백화점: department store 분명히: clearly 말리다: to stop 어제: yesterday 술을 마시다: to drink 힘들다: not to feel well · not be in good condition

나도 나도!

| 1. Me too! · Same here! · I'm in!

: 상대방이 하는 행동을 그대로 따라하고 싶을 때 쓰는 표현. 가까운 사이에서 사용한다.
an expression to show that you want to join in what someone is going to do, used for people in close relationships

A: 난 냉면 한 그릇 더 먹어야겠어.
B: 나도 나도! 나도 더 시켜 줘.

A: 우린 노래방 갈 거야.
B: 나도 나도! 나도 같이 가!

> 난: I (short for '나는') 냉면: naengmyeon (Korean cold noodles) 한 그릇: a bowl of 더: one more · another 시키다: to place an order 우린: we (short for '우리는') 노래방: singing room 가다: to go

나도 마찬가지야! · 나도 마찬가지예요!

| 1. So do I. · That makes two of us.
| = 내 생각도 같아(요)! · 나도 그래(요)!

: 상대방과 같은 생각임을 나타낼 때 쓰는 표현.
an expression showing that you agree with someone in their idea or opinion

A: 널 알게 돼 정말 행운이라 생각해.
B: 나도 마찬가지야!

A: 덕분에 즐거운 시간 보냈어요.
B: 나도 마찬가지예요!

> 널: you (short for '너를') 알게 되다: to get to know 정말: really 행운이다: be lucky · be fortunate 생각하다: to think 덕분에: thanks to 즐거운 시간을 보내다: to have a blast

나도 말 좀 합시다.

| 1. Let me say my piece.
| = 나도 얘기 좀 할게요.

: 대화가 진행되고 있는 상황에서 끼어들어 말하고 싶을 때 쓰는 표현.

an expression used when you want to cut in on a conversation while someone is speaking

A: 나도 말 좀 합시다.

B: 네, 말씀하세요.

A: 그럼 이제 최종 결정을 내리겠습니다.

B: 잠깐! 나도 말 좀 합시다.

> 말씀하다: to tell · to say (honorific of '말하다') 그럼: then 이제: now 최종 결정을 내리다: to make a final decision 잠깐!: Hold on!

나도 알거든(요)!

1. I know that! · Who doesn't know that?
= 그걸 누가 모르나(요)!

: 어떤 사안을 자신만 알고 있다고 믿는 상대방에게 불쾌감을 나타낼 때 쓰는 표현.
an expression to convey displeasure towards someone who thinks they have exclusive knowledge about something

A: 영화 시작할 시간 다 됐어.

B: 나도 알거든! 재촉하지 마.

A: 세상에 비밀은 없어. 말조심해야겠다.

B: 나도 알거든요!

> 영화: movie 시작하다: to start 시간(이) 다 되다: It's time to 재촉하다: to push · to press 세상에: in the world · on earth 비밀: secret 말조심하다: to watch one's mouth · be careful with one's words

나도 할 만큼 했어(요).

1. I've done enough. · I tried as much as I could.
= 나도 참을 만큼 참았어(요).

: 인내심이 한계에 다다랐음을 나타낼 때 쓰는 표현.
an expression to indicate that patience has been exhausted

A: 회사 그만둬도 후회 안 할 자신 있어?

B: 나도 할 만큼 했어. 더는 못 다니겠어.

A: 두 사람 이제 그만 화해해요. 모두 불편하잖아요.
B: 나도 할 만큼 했어요. 저 먼저 갈게요.

> 회사(를) 그만두다: to quit a company · to leave a company 후회(를) 안 하다: not to regret 자신
> (이) 있다: be confident · be sure 더는: more 다니다: to go 이제 그만: now then · enough
> already 화해하다: to make up with 모두: all 불편하다: to feel uncomfortable 저 먼저 갈게
> 요.: I'm going. · I'm leaving.

나라면 안 그럴 거야. · 나라면 안 그럴 거예요.

1. If I were you, I wouldn't do that.
= 나라면 그렇게 안 할 거야. · 나라면 그렇게 안 할 거예요. · 나 같으면 안 그럴 거야. · 나
같으면 안 그럴 거예요.

: 적절하지 않은 결정을 내리려는 상대방을 말릴 때 쓰는 표현.
an expression advising someone not to make a wrong decision

A: 바빠서 건강 검진은 내년에 할까 해.
B: 나라면 안 그럴 거야. 미루지 말고 해.

A: 아무래도 해외 연수는 포기해야겠어요.
B: 나라면 안 그럴 거예요. 좋은 기회인데 가세요.

> 바쁘다: be busy 건강 검진: medical checkup 내년: next year 미루다: to put off 아무래도: I'd rather
> 해외 연수: study abroad 포기하다: to give up 좋은 기회: good opportunity · great chance

나쁘진 않았어(요).

1. It wasn't bad.
= 괜찮았어(요). · 무난했어(요).

: 아주 잘하지는 않았지만 그 정도면 무난했다고 평가할 때 쓰는 표현.
an expression assessing that something wasn't exceptional but satisfactory

A: 공연 괜찮았어?
B: 응, 나쁘진 않았어.

A: 데이트 어땠어요?
B: 뭐, 나쁘진 않았어요.

공연: performance 괜찮다: be okay · be fine 응: yes 데이트: date 어땠어(요)?: How was it? 뭐:
well

나야 좋지(요)!

1. Yes, I would like to!
= 그럼 좋지(요)!

: 상대방의 제안이 반갑고 기쁠 때 쓰는 표현.
an expression accepting someone's suggestion with pleasure

A: 오늘 우리 집에서 저녁 먹고 가.
B: 나야 좋지!

A: 내 차로 같이 갈까요?
B: 나야 좋지요!

오늘: today 우리 집: my house 내: my (short for '나의') 차: car 같이: together 가다: to go

나오지 마(세요)!

1. No need to walk me out.
= 그만 들어가(요)!

: 헤어질 때 배웅 나오지 말라는 의미로 쓰는 표현.
an expression to politely decline someone's offer of accompanying you to the exit after you visit
their place

A: 집들이에 와 줘서 고마워. 버스 정류장까지 배웅해 줄게.
B: 아냐, 괜찮아. 나오지 마!

A: 차는 어디 세우셨어요?
B: 지하 2층에요. 추운데 나오지 마세요.

집들이: housewarming party 고맙다: to thank 버스 정류장: bus stop 배웅하다: to see sb off
아냐: no (short for '아니야') 나오다: to walk sb out · to see sb out 차를 세우다: to park 어디:
where 지하: basement 층: floor 춥다: be cold

나잇값 좀 해(요)!

1. Act your age!
= 언제 철들래(요)? · 철 좀 들어(요)!

: 나이에 맞지 않는 한심한 행동을 하는 상대방을 야단칠 때 쓰는 표현.
an expression used when scolding someone who behaves pathetically inappropriate for their age

A: 엄마한테 카드값 좀 갚아 달라고 할까?
B: 나잇값 좀 해! 네 문제는 네가 해결해야지.

A: 집에 언제 와요? 혼자 있기 무섭단 말이에요.
B: 안나 씨, 나잇값 좀 해요!

> 엄마: mom 카드값: credit card bill 갚다: to pay 네: your (short for '너의') 문제: problem · issue
> 해결하다: to solve 집: home 언제: when 혼자 있다: be alone 무섭다: be scared

나한테 맡겨(요).

1. Leave it to me!
= 내가 할게(요)!

: 어떤 일을 잘할 수 있으니 자신에게 시켜 달라는 적극적인 의사를 나타낼 때 쓰는 표현.
an expression used when volunteering to handle something yourself being confident of your own capability

A: 꽃은 내가 준비할 거고, 케이크는 누가 준비하지?
B: 나한테 맡겨!

A: 이 컴퓨터, 뭐가 문제인지 좀 봐 줄래요?
B: 그러죠. 나한테 맡겨요.

> 꽃: flower 준비하다: to prepare 케이크: cake 누가: who 컴퓨터: computer 뭐: what (short for
> '무엇이') 문제: problem 봐 주다: to have a look at · to look at 그러죠.: Okay. I'll do that. (short
> for '그렇게 하지요')

난 몰라(요).

1. I have no idea. · I don't know.
= 난 모르는데(요). · 난 모르겠는데(요).

: 상대방이 한 질문에 대해 아는 것이 없음을 나타낼 때 쓰는 표현.
an expression conveying complete lack of knowledge about what you've been asked

A: 혹시 유나 연락처 알아?
B: 난 몰라. 민수에게 물어봐.

A: 민수 씨한테 무슨 일 있어요?
B: 난 몰라요. 왜요?

> 혹시: perhaps · probably 연락처: contact information 알다: to know 물어보다: to ask 무슨 일
> (이) 있어(요)?: What's wrong with ~? 왜(요)?: why?

2. I have no interest in it.
= 난 관심 없어(요).

: 어떤 일에 관심이 없거나 자신은 개입하고 싶지 않을 때 쓰는 표현.
an expression showing indifference to or denying your involvement in something

A: 저 두 사람 싸웠어? 무슨 일 있지?
B: 난 몰라. 묻지 마.

A: 아까는 분명히 안다고 했잖아요!
B: 난 몰라요. 모르는 일이에요.

> 저: I (honorific of '나') 두 사람: two people 싸우다: to quarrel · to argue 무슨 일(이) 있다:
> something is wrong with~ 묻다: to ask 아까: before · earlier 분명히: clearly 알다: to know 모
> 르는 일이에요.: I know nothing about that.

난 상관없어(요).

1. It's fine with me. · Don't mind me.
= 난 (아무래도) 괜찮아(요). · 난 아무래도 상관없어(요).

: 어떤 것도 다 괜찮다는 의미로 상대의 요구를 수용할 때 쓰는 표현.
an expression to agree to the other person's request, signifying that everything is acceptable

A: 음악 틀어도 될까?
B: 응, 난 상관없어.

A: 식사 자리에 친구 한 명 같이 가도 될까요?

B: 그럼요. 난 상관없어요.

음악(을) 틀다: to turn on music · to play music 응: yes · sure. 식사 자리에: to a meal 친구: friend 한 명: one · a 같이: together 가다: to go 그럼(요).: Of course. · Sure.

난 아무 때나 괜찮아(요).

1. Anytime is fine with me.
= 언제든 돼(요). · 아무 때나 가능해(요). · 언제든 좋아(요).

: 언제나 가능함, 아무 때나 다 좋음을 나타낼 때 쓰는 표현. 약속을 정할 때 사용한다.
an expression to indicate flexibility and availability, suggesting that any time is suitable for you, commonly used when making appointments

A: 몇 시에 만날까?

B: 난 아무 때나 괜찮아.

A: 언제 시간 돼요?

B: 난 아무 때나 괜찮아요.

몇 시: what time 만나다: to meet 난: I (short for '나는') 언제: when 시간(이) 되다: be free

난 할 수 있어(요)!

1. I've got this. · I can do it.

: 자신감을 나타내거나 스스로를 응원할 때 쓰는 표현.
an expression to boost one's confidence or uplift one's spirits

A: 이제 네 차례야. 잘해.

B: 응, 난 할 수 있어!

A: 마라톤 포기한 사람 많아요. 완주할 수 있겠어요?

B: 그럼요. 난 할 수 있어요!

이제: now 네 차례: your turn 잘해.: Good luck. 응: yes · okay 마라톤: marathon 포기하다: to give up 완주하다: to finish · to complete 그럼(요).: Of course. · Sure.

난들 알겠니?

1. You got me there! · How was I supposed to know that?
= 나도 몰라! · 내게 묻지 마! · 그걸 내가 어떻게 알아? · 나라고 알겠니?

: 모르는 것이 당연함을 강조할 때 쓰는 표현. 가까운 사이에서 사용한다.
an expression to emphasize that it is natural not to know, usually used in a close relationship

A: 언제쯤 경제가 좋아질까?
B: 난들 알겠니?

A: 안나 씨 왜 저래? 안 좋은 일 있나?
B: 난들 알겠니? 궁금하면 직접 물어봐.

> 언제쯤: when 경제: economy 좋아지다: to get better · to improve 왜 저래(요)?: What's wrong?
> 안 좋은 일: bad issue 궁금하다: be curious 직접: oneself

난리 났네, 난리 났어!

1. This is so crazy! · Why are you so out of it?
= 야단났네, 야단났어!

: 매우 흥분하거나 급하게 서두르느라 소란을 피우는 사람을 가리킬 때 사용하는 표현.
an expression used when referring to someone who is making a fuss because of a high level of excitement or hurry

A: 신난다! 하와이로 언제 떠날까? 빨리 항공권부터 사자.
B: 난리 났네, 난리 났어!

A: 우리 안나, 밤에 무서우면 꼭 전화해요. 오빠가 달려갈게요.
B: 난리 났네, 난리 났어! 남친 없는 사람은 어디 서러워서 살겠나![7]

> 신나다: be excited 하와이: Hawaii 언제: when 떠나다: to leave 빨리: to hurry and ~ 항공권:
> flight ticket 밤: night 무섭다: be scared 달려가다: to come right away 남친: boyfriend (short
> for '남자 친구') 어디 서러워서 살겠나!: How pitiful are we having no ~!

---

7) 영화 <범죄와의 전쟁>의 대사를 참고하였다.

날씨가 참 좋네(요).

1. The weather is very nice.
= 날씨가 참 좋죠?

: 대화를 자연스럽게 이끌어가기 위해 쓰는 표현.
an expression to start a conversation smoothly

A: 날씨가 참 좋네.
B: 맞아. 등산하기 딱 좋다.

A: 날씨가 참 좋네요.
B: 그러네요. 비 온 뒤라 공기도 깨끗해졌어요.

> 맞다: be right 등산하다: to go on a hike 딱 좋다: be perfect · couldn't be better 그러네(요).:
> Yes, it is. · That's right. 비(가) 오다: to rain 뒤: after 공기: air 깨끗하다: be clean

남의 일에 참견 마(세요)!

1. Mind your own business!
= 상관 마(세요)!

: 타인의 일에 끼어들지 말라고 할 때 쓰는 표현.
an expression to advise someone not to interfere in others' affairs

A: 두 사람 아직도 화해 안 했어?
B: 남의 일에 참견 마! 내가 알아서 할게.

A: 저 사람들 좀 이상해요. 제가 가 볼게요.
B: 괜히 남의 일에 참견 마세요!

> 두 사람: two people · those two 아직도: still · yet 화해(를) 안 하다: not to make up with 알아
> 서 하다: to take care of it 저 사람들: those guys 이상하다: be weird · be strange 가 보다: to go
> and see 괜히: uselessly · needlessly

내 말 들어(요)!

1. Listen to me!
= 내 말 좀 들을래(요)?

: 친구나 아랫사람에게 자신의 의견을 따를 것을 강하게 요구할 때 쓰는 표현.
an expression used when firmly insisting that someone do what you tell them to do

A: 밖에 나가 축구하고 올게.
B: 좀 시원해지면 나가. 내 말 들어!

A: 술 좀 그만 마셔요. 제발 내 말 들어요!
B: 알았어요.

> 밖에 나가다: to go out (of doors) 축구하다: to play soccer 좀: a bit · a little 시원해지다: to get chill · to cool off 술: alcohol 그만 마시다: to stop drinking 알았어(요).: All right. · Okay.

내 말 좀 믿어(요).

1. Believe me!
= 날 좀 믿어(요). · 내 말 정말이야. · 내 말 정말이에요.

: 의심하는 상대방에게 자신의 말을 신뢰할 것을 강하게 요구할 때 쓰는 표현.
an expression used when strongly urging a skeptical person to have faith in your words

A: 이 풋고추 하나도 안 매워. 내 말 좀 믿어.
B: 싫어. 나 진짜 매운 거 못 먹는단 말야.

A: 약속 잊지 마요.
B: 절대 안 잊어버려요. 제발 내 말 좀 믿어요.

> 풋고추: green chilli 하나도: not at all 안 맵다: be not spicy 싫다: to hate · to dislike 진짜: really 매운 거: spicy food 약속(을) 잊다: to forget a promise 절대: never 잊어버리다: to forget 제발: please

내 말은

1. I mean
= (그러니까) 내가 하고 싶은 말은 · 내 얘긴

: 말의 의도나 핵심을 분명하게 하고 싶을 때 쓰는 표현.
an expression used when you want to clarify the intention of your words

A: 도대체 그게 무슨 소리야?
B: 내 말은, 두 사람 다 문제가 있다는 거지.

A: 그러니까 내 말은, 고맙다는 뜻이에요.

B: 알아요.

> 도대체: what on earth   그게 무슨 소리야?: What do you mean by that?   두 사람 다: both of you/
> them   문제가 있다: to have a problem   고맙다: to thank   뜻: meaning   알다: to know

내 말이(요).

1. Tell me about it.
= 그러게(요). · 그러게 말이야. · 그러게 말이에요. · 내 말이 바로 그거야. · 내 말이 바로
그거예요. · 내 말이 그 말이야. · 내 말이 그 말이에요.

: 상대방의 의견에 전적으로 동의할 때 쓰는 표현.
an expression used when you completely agree with someone's opinion

A: 요즘 드라마 재미있는 게 하나도 없어.

B: 내 말이.

A: 세상이 너무 빨리 변하는 거 같아요.

B: 내 말이요.

> 요즘: recently   드라마: drama   재미있는: interesting   게: thing (short for '것이')   하나도 없다:
> there is none   세상: the world · things   너무: too · very   빨리: quickly   변하다: to change

내 말이 틀려(요)?

1. Am I wrong?
= 안 그래(요)? · 내가 틀렸어(요)?

: 자신이 한 말에 대해 동의를 구할 때 쓰는 표현.
an expression used when asking agreement with something one has just said

A: 요즘 애들은 너무 이기적이야. 내 말이 틀려?

B: 글쎄...

A: 온종일 수고한 사람에게 실망했다는 말은 왜 했어요?

B: 왜요? 내 말이 틀려요?

> 요즘 애들: young generation   너무: too · very   이기적: be selfish   글쎄: well   온종일: the entire
> day · all day   수고하다: to work hard   실망하다: to be disappointed

내 생각에는 · 내 생각엔

1. In my opinion · In my experience
= 내가 생각하기에는 · 내가 생각하기엔 · 내가 보기에는 · 내가 보기엔

: 자신의 신념이나 견해를 말할 때 시작하는 말로 쓰는 표현.
an expression to introduce one's idea or opinion

A: 약 먹었으니까 좀 참아 보려고.
B: 아니야, 내 생각엔 빨리 병원에 가는 게 좋겠어.

A: 내 생각에는 대학원 진학도 고려해 보는 게 좋겠어요.
B: 네, 고민해 보겠습니다.

> 약(을) 먹다: to take a pill 참아 보다: to wait and see (그건) 아니야.: That's not a good idea. 빨리:
> quickly 병원: hospital 대학원 진학: going to graduate school 고려하다: to consider 고민하다:
> to give sth a thought

내 집처럼 생각해(요).

1. My house is your house. · Make yourself at home.
= 내 집처럼 편하게 지내(요).

: 집에 온 손님에게 편하게 지낼 것을 당부할 때 쓰는 표현.
a expression used when inviting guests to stay at home

A: 휴가를 이 집에서 지내게 해 줘서 고마워.
B: 고맙긴... 내 집처럼 생각해!

A: 욕실 좀 써도 될까요?
B: 물론이죠. 내 집처럼 생각해요.

> 휴가: holiday · vacation 지내다: to stay 고맙다: to thank 욕실(을) 쓰다: to use the bathroom 물
> 론이죠.: Sure.

내가 경고했다!

1. I'm warning you! · I'm telling you!
= 내가 분명히 말했다!

: 상대방의 행동을 말리거나 금지할 때 쓰는 표현. 가까운 사이에서 사용한다.

an expression used when you strongly make demands on someone to do or not to do something, used among people who are close

A: 내가 경고했다! 장난 그만해.

B: 우리 사이에 뭐 그런 걸로 화를 내?

A: 내가 경고했다! 왜 그랬는지 사실대로 말해.

B: 죄송해요. 말씀드릴 수 없어요.

> 장난: prank · joke 그만하다: to stop 우리 사이에: between us 그런 걸로: with such a trivial thing 화를 내다: to get angry 사실: fact 죄송하다: be sorry 말씀(을) 드리다: to say · to tell (honorific of '말하다')

내가 나중에 전화할게(요).

1. I will call you back later. · I'll hit you up later on.
= 내가 좀 이따 연락할게(요). · 내가 이따가 전화할게(요).

: 사정이 있어 통화를 미룰 때 쓰는 표현.

an expression to indirectly inform the caller that you are not available at the moment

A: 여보세요. 지금 바빠?

B: 미안. 내가 나중에 전화할게.

A: 지금 통화 가능해요?

B: 운전 중이에요. 내가 나중에 전화할게요.

> 여보세요: Hello 지금: now 바쁘다: be busy 미안(하다): be sorry 통화 가능하다: be available for a call 운전 중: to be at the wheel

내가 계산할게(요).

1. I will pay for this. · It's on me.
= 내가 낼게(요). · 내가 살게(요). · 내가 쏠게(요).

: 상대방에게 밥이나 음료를 사거나 물건값을 대신 내 줄 때 쓰는 표현.

an expression used when buying food or drinks or paying for goods instead

A: 이번엔 내가 계산할게.

B: 고마워. 잘 먹었어.

A: 이건 내가 계산할게요.

B: 맛있게 먹었습니다.

> 이번엔: this time (short for '이번에는') 고맙다: to thank 이건: this (short for '이것은') 맛있게 먹었습니다.: Thank you for the meal.

내가 듣기로는 · 내가 듣기론

1. From what I've heard
= 내가 전해 듣기로는 · 내가 전해 듣기론 · 내가 알기로는 · 내가 알기론 · 내가 들은 얘기로는 · 내가 들은 얘기론

: 자신이 알고 있는 정보를 상대방에게 전할 때 쓰는 표현. 특정 정보에 대해 충분하지는 않지만 지식이 있음을 나타낼 때 사용한다.
an expression to convey information to someone, indicating that you possess some knowledge about a specific topic, but not enough to provide comprehensive details

A: 이 구두 좋은데 너무 비싸다. 다음 달 월급 받으면 사야지.

B: 내가 듣기론 곧 가격 오를 거래. 살 거면 지금 사.

A: 올 여름도 많이 덥겠죠?

B: 내가 듣기로는 작년보다는 덜 더울 거래요.

> 비싸다: be expensive 다음 달: next month 월급(을) 받다: to get paid · one's paycheck comes 곧: soon 가격(이) 오르다: the price goes up 지금: now 올 여름: this summer 덥다: be hot 작년: last year 덜: less

내가 미쳤나 봐(요).

1. I must have been crazy. · I was out of my mind.
= 제정신이 아닌가 봐(요). · 정신이 나갔나 봐(요).

: 큰 실수를 했거나 자신의 행동이 스스로도 이해가 되지 않을 때 쓰는 표현.
an expression used when you've committed a significant mistake or when you're baffled by your own actions

A: 내가 미쳤나 봐. 어젯밤에 전남친한테 문자 보냈어.

B: 뭐라고 보냈는데?

A: 내가 미쳤나 봐요. 그 사람이 자꾸 생각나요.

B: 그 사람이 누군데요?

어젯밤: last night 전남친: ex-boyfriend (short for '전 남자 친구') 문자(를) 보내다: to text · to send a text message 자꾸 생각나다: to keep coming up to mind 누군데(요)?: Who is it? (short for 누구인데(요)?)

내가 볼 때는 · 내가 볼 땐

1. As far as I'm concerned
= 내 생각에는 · 내 생각엔

: 자신의 판단이나 견해를 말할 때 쓰는 표현.
an expression used when conveying a subjective judgment or opinion

A: 아무래도 요가 선생님을 바꿔야 할 거 같아.
B: 내가 볼 때는 괜찮아! 좀 더 해 봐.

A: 유나는 회사 생활 잘하는 거 같죠?
B: 내가 볼 땐 유나는 회사보단 공부가 더 맞는 거 같아.

아무래도 ~아야/어야 할 거 같다: may have to 요가: yoga 선생님: instructor 바꾸다: to replace 괜찮다: be okay · be fine 좀 더 해보다: to take time and watch 회사 생활(을) 잘하다: be good at work 공부: study 맞다: be fit

내가 알기로는 · 내가 알기론

1. As far as I know
= 내가 듣기로는 · 내가 듣기론

: 자신이 알고 있는 정보를 상대방에게 전할 때 쓰는 표현. 특정 정보에 대해 충분하지는 않지만 지식이 있음을 나타낼 때 사용한다.
an expression to convey information to another person, indicating that you possess some knowledge about a specific topic, but not enough to provide comprehensive details

A: 이 자전거 괜찮은 거야?
B: 내가 알기로는 이 가격대에선 최고야.

A: 7시까지 도착할 수 있을까요?
B: 내가 알기로는 3시에 출발하는 기차가 있어요. 그걸 타면 가능해요.

자전거: bicycle 괜찮다: be good enough 가격대: price range 최고: the best 도착하다: to arrive
· to get to 출발하다: to depart 기차: train 그걸: that (short for '그것을') 타다: to take 가능하다:
be possible

내가 왜 그랬을까(요)?

1. What was I thinking?
= 내가 정신이 나갔나 봐(요).

: 자신이 이미 한 행동을 후회할 때 쓰는 표현.
an expression to display regret for something that you have already done

A: 술 먹고 옛날 여자 친구한테 전화했어. 내가 왜 그랬을까?
B: 음... 나도 그런 적 있어.

A: 버스에 전화기를 두고 내렸어요. 내가 왜 그랬을까요?
B: 저런... 분실 신고는 했어요?

술: drink · alcohol 옛날 여자 친구: ex-girlfriend 전화하다: to call 버스: bus 전화기: cell phone
두고 내리다: to leave behind 저런: Gosh 분실 신고(를) 하다: to report a lost item

내가 잘못한 거야? · 내가 잘못한 거예요?

1. Was I wrong? · Did I do something wrong?
= 내가 실수한 거야? · 내가 실수한 거예요?

: 자신의 행동이 적절했는지 여부를 상대방에게 물을 때 쓰는 표현.
an expression used when asking whether one's actions were appropriate

A: 너 생일 축하해 주려고 친구들 부른 건데, 내가 잘못한 거야?
B: 나한테 먼저 물어봤어야지.

A: 그냥 궁금해서 물어본 건데, 내가 잘못한 거예요?
B: 그런 사적인 질문은 실례일 수도 있죠.

생일: birthday 축하하다: to congratulate 친구들(을) 부르다: to invite friends 먼저: first · in
advance 물어보다: to ask 그냥: just 궁금하다: to wonder · be curious 그런: like that · such a
사적인: personal 질문: question 실례: an offense · being rude

내가 죽기 전엔 안 돼!

1. Over my dead body!
= 내 눈에 흙이 들어가기 전엔 안 돼! · 절대 안 돼! · 절대 반대야! · 결사반대야!

: 어떤 상황에서도 절대 허락할 수 없음을 강하게 나타내는 표현.
an expression strongly indicating that something cannot be permitted under any circumstances

A: 아버지, 유나와 결혼하겠습니다.
B: 내가 죽기 전엔 안 돼!

A: 이제 그만 용서해 주세요.
B: 내가 죽기 전엔 안 돼!

| 아버지: father · dad 결혼하다: to marry 죽다: to pass away 이제 그만: now 용서하다: to forgive |

내가 쫌 하지!

1. I'm pretty good at it.
= 내가 좀 잘해!

: 장난스럽게 자신을 뽐낼 때 쓰는 표현.
an expression to show off oneself in a playful way

A: 너 진짜 말 잘한다.
B: 내가 쫌 하지!

A: 못 다루는 악기가 없네? 피아노는 언제 배웠어?
B: 악기는 내가 쫌 하지!

| 너: you 진짜: really · very 말(을) 잘하다: to have a way with words · be a good talker 악기(를)
다루다: to play a musical instrument 피아노: piano 언제: when 배우다: to learn |

내가 하고 싶은 말은

1. What I'm trying to say is ~
= 내가 하고 싶은 얘기는 · 그러니까 내 말은

: 말을 하는 의도나 이야기의 핵심을 분명하게 전하고 싶을 때 쓰는 표현.
an expression to clearly convey the intention of one's words

A: 내가 하고 싶은 말은... 널 좋아한다는 거야.
B: 어머, 갑자기 왜 그래!

A: 내가 하고 싶은 말은 등산 안 가고 싶다는 거지.
B: 알겠어요.

> 널: you (short for '너를') 좋아하다: to like 어머: what? 갑자기: suddenly 왜 그래?: What's
> wrong? 등산(을) 안 가다: not to go on a hike 알겠어(요).: Okay. · I see.

내가 하지 말랬지(요)?

1. I told you, not to do that.
= 내가 하지 말라고 했잖아(요).

: 말렸는데도 그 말을 듣지 않은 상대방을 야단칠 때 쓰는 표현.
an expression to scold someone who ignored advice or instructions despite being cautioned

A: 어떡하지? 내 말 때문에 민수 진짜 화났나 봐.
B: 그러게 내가 하지 말랬지? 요새 민수가 예민하다고 했잖아.

A: 괜히 말했나 봐요.
B: 내가 하지 말랬지요? 왜 내 말을 안 들어요?

> 어떡하지(요)?: What do I do? (short for '어떻게 하지(요)?') 내 말: my words 때문에: because of
> 진짜: really 화나다: to get angry 요새: recently · lately 예민하다: be sensitive 괜히: should not
> have done 말을 안 듣다: do not listen to

너 그 얘기 알아?

1. Did you hear the story? · Have you heard the story?
= 그 얘기 들었어? · 그거 알아?

: 새로운 소식을 전하기 위해 대화를 시작할 때 쓰는 표현.
an expression used when starting a conversation to share recent news

A: 너 그 얘기 알아?
B: 무슨 얘기?

A: 너 그 얘기 알아? 민수 베트남으로 발령 났대.
B: 네, 좀 전에 들었어요.

무슨 얘기(요)?: What news? 베트남: Vietnam 발령(이) 나다: to get transferred 좀 전에: just before 듣다: to hear

너 왜 그래?

1. What's wrong with you?
= 너 무슨 일 있어? · 뭐가 문제야?

: 평소와 다르게 행동하는 상대방에게 그 이유를 물을 때 쓰는 표현.
an expression used when asking about the reason behind someone's unusual behavior

A: 너 왜 그래?
B: 미안, 내가 좀 피곤해서 그래.

A: 너 왜 그래? 무슨 일 있어?
B: 룸메이트 때문에 미쳐버리겠어요.

미안(하다): be sorry 피곤하다: be tired · to feel tired 무슨 일(이) 있어(요)?: Is there something wrong? 룸메이트: roommate 때문에: because of 미치다: to go crazy · to go mad

너 제정신(이) 아니구나!

1. You're out of mind!
= 너 미쳤구나! · 너 정신 나갔구나!

: 비정상적이거나 평소와 다르게 행동하는 상대방을 야단칠 때 쓰는 표현.
an expression used when scolding someone for behaving unusually or differently than usual

A: 가족까지 버릴 생각은 없었어. 사랑이 죄는 아니잖아.[8]
B: 너 제정신이 아니구나!

A: 장학금을 포기하겠다고? 너 제정신이 아니구나!
B: 장학금 필요 없어요. 전 공부 그만둘래요.

가족: family 버리다: to abandon ~(으)ㄹ 생각이 있다: to have no mind to · not to mean to 사랑: love 죄: sin · crime 장학금: scholarship 포기하다: to give up 필요: need 공부(를) 그만두다: to stop studying · to quit studying

---

[8] 드라마 <부부의 세계> 5회의 대사를 참고하였다.

너도 그렇게 생각하지?

1. You think so, don't you? · Do you think so too?
= 내 말이 맞지? · 그렇지? · 안 그래?

: 상대방에게 동의를 구할 때 쓰는 표현.
an expression used when asking the other person's approval

A: 정상까지 못 올라간 건 날씨 때문이야. 너도 그렇게 생각하지?
B: 날씨 탓 하지 마. 너 때문이야.

A: 유나가 음식 솜씨는 별로다. 너도 그렇게 생각하지?
B: 네, 유나가 못하는 것도 있네요.

> 정상: top 못 올라가다: to fail to reach 날씨: weather 때문: due to 탓 하지 마.: Don't blame ~ 너:
> you 음식 솜씨: cooking skills 별로: be not particularly good 못하다: be poor at

너만 알고 있어.

1. It's between you and me.
= 비밀이야. · 너한테만 말하는 거야. · 아무한테도 말하지 마. · 아무한테도 말하면 안 돼.
· 비밀 지켜.

: 가까운 사이에서 상대방에게 비밀을 지킬 것을 요구할 때 쓰는 표현.
an expression to request confidentiality between close friends

A: 너 진짜 청혼할 거야?
B: 응, 너만 알고 있어.

A: 새 일자리 찾고 있다면서요?
B: 맞아. 너만 알고 있어.

> 진짜: really · truly 청혼하다: to propose 응: yes 새: new 일자리(를) 찾다: to seek a job · to look
> for work 맞아.: You're right.

너무 너무 좋아(요).

1. I am really into it. · I am really fond of it.
= 정말 좋아(요). · 진짜 좋아(요). · 완전 좋아(요).

: 어떤 대상에 대한 매우 좋은 감정을 나타낼 때 쓰는 표현.
an expression to show a lot of love or enthusiasm for something

A: 나 저 가수 너무 너무 좋아.
B: 뭐가 그렇게 좋아? 나는 별로던데.

A: 오늘 본 영화, 너무 너무 좋아요. 꼭 보세요.
B: 그래요?

> 가수: singer 뭐가 그렇게 좋아(요)?: What's so great about ~? 별로: not particularly · not very 오
> 늘: today 영화: movie 그래(요)?: Really? · Is it?

2. That's really good. · That's a good idea.
= 정말 좋아(요). · 진짜 좋아(요). · 완전 좋아(요).

: 상대의 의견이나 제안에 매우 적극적으로 찬성할 때 쓰는 표현.
an expression to enthusiastically agree with someone's idea or suggestion

A: 오늘 저녁은 닭갈비 어때?
B: 너무 너무 좋아.

A: 주말에 캠핑 같이 갈래요? 라면도 끓여 먹고!
B: 너무 너무 좋아요.

> 오늘: today 저녁: dinner 닭갈비: dak-galbi (spicy stir-fried chicken) 어때(요)?: How about ...?
> 주말: weekend 캠핑: camping 같이: together 라면을 끓이다: to cook ramyeon

너무 마음 아프네(요).

1. I feel sorry to hear that. · It tears me apart.
= 마음이 너무 안 좋네(요). · 너무 안타까워(요).

: 좋지 않은 일에 대한 안타까운 마음을 나타낼 때 쓰는 표현.
an expression to show you feel sorry for something unfortunate that happened

A: 뉴스 봤어? 산불이 크게 났던데.
B: 응, 봤어. 너무 마음 아프네.

A: 또 음주 운전 사고가 났더라고요.
B: 그러니까요. 아이도 많이 다쳤던데... 너무 마음 아프네요.

> 뉴스: news 산불이 크게 나다: to have a large wildfire · to have a big bushfire 또: again 음주 운
> 전: drunk driving 사고가 나다: to have an accident 아이: child · kid 많이: a lot · seriously 다치
> 다: to get injured

너무 마음 졸이지 마(세요)!

1. No need to be so nervous! · Don't sweat it!
= 너무 걱정하지 마(세요)! · 너무 애태우지 마(세요)! · 너무 속 끓이지 마(세요)!

: 걱정하는 상대를 위로할 때 쓰는 표현.
an expression to comfort someone who is feeling worried

A: 여동생이 연락이 안 되니까 걱정돼 죽겠어.
B: 너무 마음 졸이지 마. 무소식이 희소식이라잖아.

A: 이사를 가야 하는데 처음이라 걱정이 많아요.
B: 너무 마음 졸이지 마세요. 다 잘될 거예요.

> 여동생: younger sister 연락이 안 되다: be out of touch 걱정돼 죽다: be worried to death 무소식
> 이 희소식이다: No news is good news. 이사를 가다: to move out 처음: the first time 걱정이 많다:
> to have a lot to worry about 다 잘되다: Everything goes all right.

너무 속상해하지 마(세요).

1. Don't let it get you down. · It's not the end of the world. · Don't be so upset.
= 너무 마음 아파하지 마(세요). · 너무 괴로워하지 마(세요).

: 안 좋은 일을 당한 상대방을 위로할 때 쓰는 표현.
an expression to console or comfort someone who has experienced something unfortunate

A: 이번에는 합격할 줄 알았어.
B: 너무 속상해하지 마. 기회는 또 있잖아.

A: 친구가 암에 걸려서 마음이 아파요.
B: 너무 속상해하지 마세요. 기도해 드릴게요.

> 이번: this time 합격하다: to pass 기회: chance 또: again · another 친구: friend 암에 걸리다: to
> develop cancer · to get cancer 기도하다: to pray

너무 피곤해(요).

1. I am exhausted. · I am so tired.
= 피곤해 죽겠어(요).

: 자신의 피곤한 상태를 나타날 때 쓰는 표현.
an expression to convey one's state of exhaustion

A: 맥주 한잔하고 갈까?
B: 너무 피곤해. 난 집에 갈래.

A: 요즘 늘 너무 피곤해요.
B: 저런... 밤에 잠은 잘 자요?

> 맥주: beer 한잔하다: to drink a bottle of beer 요즘: recently 늘: always 저런: oh no 밤: night
> 잠을 잘 자다: to sleep well

2. I am sick of it.
= 너무 싫어(요). 너무 힘들어(요).

: 어떤 일이나 대상 때문에 힘들고 불편할 때 쓰는 표현.
an expression used when you find a certain task or object challenging or uncomfortable

A: 우리 부서 팀장님, 너무 피곤해.
B: 잔소리가 너무 많아?

A: 성향이 다른 사람들과 일하는 거 너무 피곤해요.
B: 맞아요. 사회생활이 쉽지 않아요.

> 우리 부서: my team 팀장님: team leader · manager 잔소리가 많다: to keep nagging · to find
> fault all the time 성향이 다르다: to have different tendencies 사람들: people 일하다: to work
> 맞아요.: (You are) Right. 사회생활: social life · community life 쉽지 않다: be not easy

너한테 딱이다.

1. It's on you. · It really suits on you.
= 너한테 안성맞춤이다.

: 옷차림, 물건, 상황 등이 상대방에게 아주 잘 어울린다고 생각할 때 쓰는 표현. 윗사람
에게는 사용하지 않는다.
an expression used when you feel that something or a particular situation is a perfect fit for
someone, not recommended to use to someone higher

A: 이 선글라스 어때? 잘 어울려?
B: 너한테 딱이다. 사!

A: 이주민 지원 센터에서 베트남 직원 뽑는대.
B: 너한테 딱이다. 지원해 봐.

선글라스: sunglasses 어때(요)?: How are they? · How do you like them? 잘 어울리다: to go well with 이주민 지원 센터: migrant support center 베트남: Vietnam 직원(을) 뽑다: to hire an employee 지원하다: to apply for

ㄴ

넌 늘 그렇게 말하더라.

1. You are always saying like that.
= 넌 늘 그런 식으로 말하더라. · 넌 늘 그런 식이야.

: 상대방의 변하지 않는 태도나 말투 등이 마음에 들지 않을 때 쓰는 표현. 윗사람에게는 사용하지 않는다.
an expression used when you're displeased with someone's general attitude or manner of speaking, not recommended to use to someone higher

A: 네 잘못이야! 네가 잘했어야지.
B: 넌 늘 그렇게 말하더라. 좀 다정하게 말하면 안 돼?

A: 세상에 믿을 사람이 아무도 없는 거 같아요.
B: 넌 늘 그렇게 말하더라. 너무 부정적이야.

네: your (short for '너의') 잘못: mistake · fault 잘했어야지.: You should have done better. 좀 ~(으)면 안 돼?: Couldn't you be more …? 다정하다: be nice 세상에: in the world 믿다: to believe 아무도 (없다): none 너무: too 부정적이다: be negative

넌 어때?

1. How about you?
= 네 생각은 어때? · 넌 어떻게 생각해?

: 친구나 아랫사람에게 느낌이나 생각을 물어볼 때 쓰는 표현.
an expression used when asking the feelings or thoughts of peers or someone younger

A: 따뜻한 차 한 잔 마시고 싶다. 넌 어때?
B: 좋지.

A: 난 재즈 좋아해. 넌 어때?
B: 나도.

따뜻한: warm · hot 차 한 잔: a cup of tea 마시다: to drink 좋지.: Sounds good. 재즈: jazz 좋아하다: to like

2. How have you been? · How are you?
= 넌 잘 지내? · 넌 어떻게 지냈어?

: 친한 사람끼리 안부 인사할 때 쓰는 표현. 친구나 아랫사람에게 안부를 되물을 때 사용한다.

an expression to return a greeting by close friends or someone younger, only used among people in close relationships

A: 오랜만이다. 요새 어떻게 지내?
B: 잘 지내. 넌 어때?

A: 선생님, 그동안 안녕하셨어요?
B: 응, 잘 지냈지. 넌 어때?

오랜만이다.: Long time no see. 요새: recently · these days 어떻게 지내(요)?: How have you been? 잘 지내(요).: I'm good. 선생님: teacher 그동안 안녕하셨어요?: How have you been doing?

넌 좀 빠져!

1. Keep out of this! · Stay out of it!
= 넌 좀 빠지세요. · 넌 상관 마! · 넌 잠자코 있어! · 넌 끼어들지 마!

: 상대방에게 어떤 일에 참견하지 말 것을 요구할 때 쓰는 매우 강한 표현. 주로 가까운 사이에서 쓰며 윗사람에게는 사용하지 않는다.

a very strong expression used when asking someone not to interfere with your affairs, only used among close friends

A: 도대체 왜 그래? 이러다 두 사람 싸우겠어.
B: 넌 좀 빠져!

A: 유나에게 그런 식으로 말하지 마세요.
B: 넌 좀 빠져! 잘 알지도 못하면서...

도대체: on earth 왜 그래(요)?: What's the problem? 이러다: this could lead to (short for '이렇게 하다가') 두 사람: two people · you two 싸우다: to fight 그런 식으로: like that way · like that tone 잘 알지도 못하면서.: You don't know nothing about it.

넌 할 수 있어!

1. You can do it! · You will get it!
= 넌 잘할 수 있을 거야!

: 두려워하는 상대방에게 용기와 자신감을 주기 위해 쓰는 표현.
an expression to instill courage and confidence in someone who's afraid of doing something

A: 다음이 내 차례야. 너무 떨려.
B: 연습 많이 했잖아. 넌 할 수 있어!

A: 이 프로젝트 무사히 마칠 수 있을까요?
B: 그럼! 넌 할 수 있어!

> 다음: next 내 차례: my turn 너무: too · very 떨리다: be nervous 연습(을) 하다: to practice 많
> 이: a lot 프로젝트: project 무사히: without much trouble 마치다: to finish · to complete 그럼!:
> Of course! · For sure!

널 위해 준비했어.

1. This is for you.
= 널 위한 선물이야.

: 상대방을 위해 준비한 것을 전달하거나 보여줄 때 쓰는 정감 넘치는 표현. 윗사람에게
는 사용하지 않는다.
an expression used when presenting something prepared for someone

A: 짜잔, 널 위해 준비했어.
B: 우와, 맛있겠다.

A: 어머, 제 선물이에요?
B: 응, 널 위해 준비했어.

> 짜잔: Ta-da! 우와: Wow 맛있다: be tasty · be delicious 제: my (short for '저의') 선물: gift ·
> present

네 말 들을걸.

1. I should have listened to you. · I should have done what you've said.
= 네 말대로 할걸.

: 상대방의 말을 듣지 않은 것을 후회할 때 쓰는 표현. 윗사람에게는 사용하지 않는다.
an expression used when you regret not listening to someone's advice or recommendation

A: 너 지금 춥지? 내가 두꺼운 옷 입으랬잖아.

B: 응, 너무 추워. 네 말 들을걸.

A: 네 말 들을걸. 영화 재미없다.

B: 거봐, 액션 영화 보자니까.

> 지금: now 춥다: be cold 두꺼운: thick 옷: clothes 입다: to wear · to put on 너무: too ·
> extremely 영화: movie 재미없다: be lame · be boring 거봐(요).: I told you. 액션 영화: action
> movie

네 말대로

1. As you've said
= 네 말처럼

: 상대방이 했던 말이 옳았음을 나타내는 표현.
an expression to say the other person's advice or tip was good and proper

A: 네 말대로 하니까 단어가 잘 외워지네.

B: 그렇지?

A: 네 말대로 소금 더 넣으니까 맛있다.

B: 거봐요. 이제 간이 맞잖아요!

> 단어: word 잘 외워지다: can memorize effectively 그렇지(요)?: I told you. 소금: salt 더: more
> 넣다: to put · to add 맛있다: to taste good 거봐(요).: See. 이제: now 간이 맞다: be well
> seasoned

네 말대로 하자.

1. Let's do as you say.
= 네 말처럼 하자.

: 상대방의 말에 따르기로 할 때 쓰는 표현. 가까운 사이에서 사용한다.
an expression to show agreement with the other person's offer or idea, often said between close
friends

A: 카페는 집중이 잘 안 되는 거 같아. 우리 도서관으로 옮길까?

B: 그래. 네 말대로 하자.

A: 청소하고 나서 밥 먹는 게 어때?

B: 그러자. 네 말대로 하자.

> 네 말: your idea · your suggestion 집중이 안 되다: can't concentrate 우리: we 도서관으로: to the library 옮기다: to move · to go 청소하다: to clean up 밥: meal 먹다: to eat 그러자.: OK. Let's do that.

네 말이 맞아.

1. I can accept that.
= 맞는 말이야. · 옳은 말이야.

: 상대방의 의견을 인정하며 동의할 때 쓰는 표현.
an expression for agreeing with the other person's opinion

A: 앞으로는 분리수거를 더 철저히 해야겠어.
B: 그래, 네 말이 맞아.

A: 하고 싶은 일만 하고 살기에도 시간이 부족해.
B: 네 말이 맞아.

> 앞으로는: from now on 분리수거: waste disposal and recycling 더: more 철저히: strictly 하고 싶은 일만 하고 살기: living the life one wants 시간: time 부족하다: do not have enough

네가 무슨 상관이야?

1. What's it to you?
= 너는 상관하지 마.

: 상대방의 행동이나 말이 불쾌해서 화를 내며 말할 때 쓰는 표현.
an expression to show discomfort when you are offended by someone's criticism toward you

A: 염색했어? 금발은 너하고 별로 안 어울려.
B: 네가 무슨 상관이야?

A: 생활비 부족하다며 또 쇼핑해?
B: 남이야 쇼핑을 하든 말든 네가 무슨 상관이야?

상관하다: to meddle 염색하다: to have one's hair dyed · to dye 금발: blond · blond hair 너하고: with you 별로: not particularly · not very 안 어울리다: not to go (well) with 생활비: living expenses 부족하다: be insufficient 남이야: others 쇼핑을 하든 말든: whether going shopping or not

네가 참아.

1. Be patient. · Hold the anger.

: 화가 난 사람을 진정시킬 때 쓰는 표현.
an expression used when calming an angry person down

A: 저 사람 왜 저래? 왜 저러는 건지 따져야겠어.
B: 네가 참아.

A: 그래도 형인 네가 참아.
B: 왜 나보고 참으래요? 쟤가 잘못했잖아요.

참다: to tolerate · to put up with 저 사람: that person 왜: why 저러는 건지: to act like that · what made him do so 따지다: to figure out 그래도: still · yet 형: older brother 나보고: to me 잘못하다: to be wrong · to do wrong

네까짓 게 뭘 알아?

1. Says you!
= 네까짓 게 뭘 안다고 그래? · 네가 알기나 해?

: 상대방의 참견 때문에 불쾌한 감정이 들었을 때 쓰는 표현.
an expression used when you feel offended by someone's intrusive remarks on your affair

A: 너 그렇게 살다 큰일 나.
B: 네까짓 게 뭘 알아?

A: 그분 인상이 괜찮던데? 불평하지 말고 잘 지내봐.
B: 네까짓 게 뭘 알아? 그 사람이랑 같이 일해 봤어?

네까짓 게: even you 뭘: what 알다: to know 너: you 그렇게: like that 살다: to live 큰일(이) 나다: to have a big problem 인상(이) 괜찮다: to have a good impression 불평하다: to complain 잘 지내다: to go well with 그 사람이랑: with that person 같이 일해 보다: have worked with someone

누가 그래(요)?

1. Who says? · Who said that?
= 누가 그런 말도 안 되는 소리를 해(요)?

: 상대방의 의견에 동의하지 않거나 인정하기 어려울 때 쓰는 표현.

an expression to strongly challenge the other person implying you are in the opposite position

A: 그 식당 비싸기만 하고 별로라던데?

B: 누가 그래? 엄청 유명하고 맛있는 식당이야.

A: 나 기다렸어요? 기다렸네. 기다린 거 맞네. 얼굴에 쓰여 있는데요?

B: 누가 그래요?[9]

> 누가: who 소리[말 · 얘기]를 하다: to say 식당: restaurant 비싸다: be expensive 엄청: very 유명
> 하다: be famous · be popular 맛있는: be tasty 나(를): me 기다리다: to wait 얼굴: face 쓰여 있
> 다: to show · to say

2. Who told you?
= 누구한테 들었어(요)? · 누가 그렇게 말했어(요)?

: 상대방이 전한 말을 누구한테 들었는지 출처를 확인할 때 쓰는 표현.

an expression to confirm the source of someone's statement

A: 여자 친구랑 헤어졌다며?

B: 누가 그래?

A: 그 분식점 문 닫았대요.

B: 진짜요? 누가 그래요?

> 누구한테: from whom 듣다: to hear 여자 친구: girlfriend 헤어지다: to break up 분식점: snack
> house 문 닫다: to close business 진짜요?: Really?

누구 찾아오셨어요?

1. Who are you looking for?
= 누굴 찾으세요? · 누굴 만나러 오셨어요?

: 방문객에게 누구를 만나러 왔는지 물어볼 때 쓰는 표현.

an expression to ask a visitor who they are here to meet

---

9) 드라마 <기상청 사람들> 7회의 대사를 참고하였다.

A: 안녕하세요? 잠깐 실례하겠습니다.
B: 네, 누구 찾아오셨어요?

A: 어서 오세요. 누구 찾아오셨어요?
B: 한 선생님요.

누구(를): who · whom 찾아오다: to look for · to come to see 안녕하세요?: Hello? 잠깐: for a minute 실례하겠습니다.: Excuse me. 어서 오세요.: Welcome. 선생님: teacher

누구시라고 전할까요?

1. May I ask who's calling, please?
= 누구시라고 전해 드릴까요?

: 전화를 건 사람이나 방문객의 이름을 물어 해당자에게 전달하기 위한 표현.
an expression used when asking for the name of a caller or visitor to convey it to the relevant person

A: 여보세요! 사장님 좀 바꿔 주세요.
B: 지금 회의 중이세요. 누구시라고 전할까요?

A: 김 선생님 잠깐 자리 비우셨어요. 누구시라고 전할까요?
B: 안나라고 전해 주세요.

전하다: to say · to tell 여보세요!: Hello! 사장님: boss 바꾸다: to put me on the phone 지금: right now · at the moment 회의 중: to be in a meeting 선생님: teacher 잠깐: for a minute 자리(를) 비우다: to be off one's seat · to be not in

누구한테 하는 소리야? · 누구한테 하는 소리예요?

1. Says who?
= 지금 나한테 하는 말이야? · 지금 나한테 하는 말이에요? · 누구한테 하는 말이야? · 누구한테 하는 말이에요?

: 상대방이 한 말이 불쾌하여 따질 때 사용하는 표현.
an expression to ask for clarification on offensive remarks you heard

A: 정말 바보 같아, 늘 남한테 이용만 당하고...
B: 누구한테 하는 소리야?

A: 날씨는 덥고, 집은 좁고... 아, 혼자 살고 싶다.

B: 대체 누구한테 하는 소리예요?

> 누구한테: to whom 정말: really · so 바보 같다: to look stupid 늘: always 남한테: by others 이용
> (을) 당하다: to be taken advantage of 날씨: weather 덥다: be hot 집: house 좁다: be cramped
> · be small 혼자: alone 살다: to live 대체: on earth

누굴 바보로 알아(요)?

1. How dumb do you think I am?
= 날 바보로 생각해(요)?

: 나를 무시하는 말이나 행동에 불쾌감을 느낄 때 사용하는 표현.
an expression to show that you are offended by the other person's words or action

A: 너 정말 이사할 거야? 이사한 지 일 년도 안 됐잖아.
B: 누굴 바보로 알아? 그냥 답답해서 한 소리야.

A: 누굴 바보로 알아요? 거짓말한 거 모를 줄 알아요?
B: 미안, 한 번만 용서해 줘.

> 누굴: who(m) (short for '누구를') 바보: fool 이사하다: to move (into · out) 일 년도 안 되다: it has
> been only a year since 답답하다: be frustrated · don't know what to do 소리: words (meaning
> '말, 얘기') 거짓말하다: to lie 미안: be sorry 한 번만: just this time 용서하다: to forgive

누워서 떡 먹기야. · 누워서 떡 먹기예요.

1. A piece of cake.
= 식은 죽 먹기야. · 식은 죽 먹기예요.

: 어떤 일을 누워서 떡 먹는 것처럼 매우 쉽게 할 수 있음을 표현한 속담.
a proverb saying that something is very easy to do, often used to stop someone being worried
about doing something

A: 이 많은 음식을 진짜 네가 다 만들었어?
B: 응, 이 정도는 누워서 떡 먹기야.

A: 수강 신청해야 하는데 처음이라 어떻게 해야 할지 모르겠어요.
B: 걱정 마세요! 수강 신청은 누워서 떡 먹기예요. 도와줄게요.

누워서: (while) lying down 떡 먹기: eating rice cake 식은: cooled down 죽: porridge 많은: a lot of 음식: food 진짜: really 다: all 만들다: to cook 이 정도: this much · this 수강 신청하다: to sign up for a course 처음: one's first time · be new to 걱정 마세요!: Don't worry! 도와주다: to help

눈 감아 줄게(요).

1. Let it slide. · Turn a blind eye.
= 못 본 척해 줄게(요). · 한번 봐줄게(요). · 그냥 넘어가 줄게(요).

: 상대방의 실수나 잘못된 행동을 보았지만 용서해 주겠다는 마음을 나타내는 표현.
an expression to convey your intention not to make an issue of someone's mistake or wrong action

A: 이번은 눈 감아 줄게. 다시는 거짓말하지 마.
B: 응, 미안해.

A: 약속 못 지켜서 죄송해요.
B: 사과하시니 이번엔 눈 감아 줄게요.

눈(을) 감다: not to make an issue of it 못 본 척하다: to turn a blind eye to 한번: once 그냥: just 넘어가다: to pass it over 이번: this (time) 다시는: ever again 거짓말하다: to tell a lie 약속: promise · appointment 못 지키다: to fail to keep · to break 죄송하다: be sorry 사과하다: to apologize 이번엔: this time

눈물 나게 고마워(요).

1. Thank you a lot.
= 정말 고마워(요).

: 상대방의 도움에 대해 느끼는 고마움을 강조하여 나타내는 표현.
an expression to convey deep gratitude for someone's favor or help

A: 이 가방 내가 정말 아끼는 거 알지? 너 줄게.
B: 진짜지? 눈물 나게 고마워.

A: 덕분에 운전면허 시험 합격했어요. 눈물 나게 고마워요.
B: 어머, 잘됐네요. 축하해요!

눈물 나게: extremely 가방: (designer) bag 아끼다: to value · to cherish 알다: to know 주다: to give 진짜지?: Really? · Not a joke? 고맙다: to thank 덕분에: thanks to 운전면허 시험: driving test 시험(에) 합격하다: to pass the exam

2. I don't thank you at all.
= 하나도 안 고마워(요).

: 상대방이 해 준 일이나 행동이 마음에 들지 않아서 비꼬듯이 말할 때 쓰는 표현.
a sarcastic expression conveying that you do not welcome the other person's apparent favor or care of you

A: 네가 좋아할 것 같아서 남은 떡볶이 포장해 왔어.
B: 응... 눈물 나게 고마워.

A: 민수 씨, 오늘 시간 많죠? 나 대신 야근해서 돈 좀 벌어요.
B: 김 대리님, 눈물 나게 고마워요.

하나도: not ... at all 좋아하다: to like 남은: leftover 떡볶이: tteokbokki (stir-fried rice cake) 포장해 오다: to take out 오늘: today 시간(이) 많다: to have enough time 나 대신: instead of me 야근하다: to work overtime 돈(을) 벌다: to earn money 대리님: Mr./Ms. (name of the assistant manager)

눈이 높아(요).

1. You're picky. · Your standards are high. · You're choosy.
= 선택 기준이 높아(요).

: 어떤 사람이나 물건 등을 선택함에 있어서 기준이 높고 까다롭다고 말할 때 쓰는 표현.
an expression to say that someone has high standards in choosing things or persons

A: 야, 대체 어떤 애길래 네가 짝사랑을 다 하냐? 무지 예쁜가 보네.
B: 응, 예뻐. 난 눈이 높아.[10]

A: 제가 결혼할 사람은 직장 좋고, 키 크고, 성격 좋고, 나랑 취미도 같았으면 좋겠어요.
B: 미나 씨는 눈이 너무 높아요.

선택 기준: selection criteria 대체: on earth 애: person (short for '아이', meaning '사람' in the dialogue) 짝사랑(을) 하다: to have a crush on 무지: very · extremely 예쁘다: be pretty 결혼할 사람: someone to marry 직장: company · job 키(가) 크다: be tall 성격(이) 좋다: to have a good personality 취미: hobby 같다: be the same

---

10) 드라마 <여신강림> 14회의 대사를 참고하였다.

눈치가 빨라(요).

1. Catch on quick.
= 눈치 백단이야. · 눈치가 백단이에요.

: 다른 사람의 마음이나 상황을 빠르게 파악하는 사람을 나타내는 표현.
an expression used when describing a person who is quick to understand other people's feelings and the overall situation

A: 오늘, 도 선생님 기분 안 좋은 거 어떻게 알았어?
B: 내가 눈치가 좀 빨라.

A: 이번에 들어온 신입 사원 어떤 거 같아요?
B: 적극적이고 눈치가 빨라요.

> 눈치: sense 빠르다: be quick · be good 오늘: today 기분이 안 좋다: be in a bad mood 어떻게: how 알다: to know · to come to know 이번에 들어온: newly hired · incoming 신입 사원: new employee 적극적이다: be active · be enthusiastic

늘 그런 건 아냐. · 늘 그런 건 아니에요.

1. Not always.
= 늘 그렇진 않아(요). · 언제나 그렇진 않아(요).

: 아주 가끔 일어나는 일이라고 말할 때 쓰는 표현.
an expression saying that something is not always what happens

A: 요즘도 헤어진 여자 친구 때문에 힘들어?
B: 늘 그런 건 아냐.

A: 소화가 잘 안 되세요?
B: 아니요, 늘 그런 건 아니에요.

> 늘: always 언제나: always · all the time 요즘도: even these days · still 헤어진: that one has broken up with 여자 친구: girlfriend 때문에: because of 힘들다: to suffer 늘: always 소화가 안 되다: can't digest well

다 귀찮아(요).

1. It's a hassle. · I don't feel doing anything.
= 아무것도 하고 싶지 않아(요).

: 아무것도 하고 싶지 않은 무력감을 나타낼 때 쓰는 표현.
an expression used when you have no motivation to do anything

A: 저녁 먹고 농구 하러 갈래?
B: 다 귀찮아. 오늘은 쉴래.

A: 날씨도 좋은데 등산 갈까?
B: 다 귀찮아요. 제발 그냥 좀 내버려 두세요.

> 다: everything 귀찮다: be bothersome 아무것도: anything 저녁: dinner · supper 먹다: to eat
> 농구(를) 하다: to play basketball 쉬다: to rest · to skip 날씨(가) 좋다: the weather is good 등산
> (을) 가다: to go on a hike 제발: please 그냥: just 내버려 두다: to leave sb alone

다 그냥 그런데(요).

1. It's all just like that.
= 다 그저 그래(요).

: 모든 선택지가 어느 것도 마음에 들지 않아서 특별히 선호하는 것이 없음을 나타내는
표현.
an expression to show that you have no particular preference among the options because none
of them seems attractive to you

A: 지금껏 본 옷 중에서 어떤 게 가장 마음에 들어?
B: 다 그냥 그런데. 너는?

A: 제주도도 부산도 전 다 그냥 그런데요.
B: 그래? 그럼 네가 가고 싶은 곳을 얘기해.

다: all 지금껏: so far 본: that one has seen 옷 중에서: among clothes 어떤 게: which 가장: most · best 마음에 들다: to like 제주도: Jeju Island 부산: Busan 전: I (short for '저는' and honorific of '난/나는') 가고 싶은 곳: place one wants to go[travel] to 얘기하다: to tell (short for '이야기하다')

다 그런 거 아니겠어(요)?

1. Isn't it like that?
= 다 그런 거야. · 다 그런 거예요.

: 힘든 시간을 겪고 있는 누군가를 위로하는 표현.
an expression to comfort someone who is going through a hard time

A: 힘든 일 견디면 좋은 날 올 거야. 인생이 다 그런 거 아니겠어?
B: 그렇긴 한데...

A: 유학 생활이 너무 힘들어요.
B: 원래 유학 생활이 다 그런 거 아니겠어요?

다: all · everything 힘든 일: hard time 견디다: to be through · to endure 좋은 날: good days · one's day 인생: life 유학 생활: studying abroad 너무: too · very 힘들다: be hard · be tough 원래 그런 거다: that's just the way sth is · that's how it's supposed to be

다 소용없어(요).

1. It's no use.
= 무슨 소용이 있겠어(요)? · 다 쓸데없어(요).

: 모든 게 의미 없고 가치 없다는 좌절감을 나타낼 때 쓰는 표현.
an expression conveying frustration that everything is meaningless and worthless

A: 엄마! 이러다가 미나 다쳐요.
B: 이래서 아들 키워 봤자 다 소용없어.[11]

A: 민수 씨가 취직하자마자 병원에 입원했대요. 걱정이에요.
B: 건강 관리 잘 해요. 아무리 좋은 회사 다녀도 아프면 다 소용없어요.

---

11) 드라마 <법대로 사랑하라> 15회의 대사를 참고하였다.

다 잘될 거야. · 다 잘될 거예요.

1. All is well. · It will all work out.
= 모든 게 잘될 거야. · 모든 게 잘될 거예요.

: 앞으로 좋은 일만 있을 거라고 격려할 때 쓰는 표현.
an expression to boost and encourage the other person by promising a positive future

A: 작년엔 안 좋은 일이 너무 많았어.
B: 올해는 다 잘될 거야. 힘내자!

A: 저, 어떡해요? 수술해야 한다니 무서워요.
B: 다 잘될 거예요. 너무 걱정하지 마세요.

다시 말해 봐(요).

1. Say it again. · Come again.
= 다시 한번 말해 봐(요). · 다시 말해 줘(요).

: 상대방이 한 말을 제대로 듣지 못하여 한 번 더 듣고 싶거나 상대방의 말뜻을 확인하고 싶을 때 쓰는 표현.
an expression used when you cannot hear what the other person said properly and want to hear it again or clarify its meaning

A: 사랑해.
B: 뭐라고? 다시 말해 봐.[12]

A: 여보세요? 잘 안 들려요. 다시 말해 봐요.
B: 내일 몇 시에 만날 거예요?

---

12) 드라마 <다시 만난 세계> 3회의 대사를 참고하였다.

사랑해.: I love you. 뭐라고(요)?: What did you say? 다시: again 말하다: to tell · to say 여보세요?: Hello? 잘 안 들리다: can't hear well 내일: tomorrow 몇 시: what time …? 만나다: to meet

다시 한번 말씀해 주시겠어요?

1. Would you please say that again? · Could you say it one more time?
= 다시 한번 더 말해 주세요.

: 상대방의 말을 이해하지 못했거나 잘 듣지 못해서 다시 말해 줄 것을 요청할 때 쓰는 표현.
an expression used when asking someone to repeat what they said because it wasn't understood or heard well

A: 유나 씨! 오늘부로 팀장으로 승진하게 되었어요. 축하해요.
B: 네? 다시 한번 말씀해 주시겠어요?

A: 010-1234-5678이에요.
B: 미안하지만 다시 한번 말씀해 주시겠어요?

말씀하다: to tell · to say 오늘부로: from today · as of today 팀장: team leader · manager 승진하다: to be promoted 축하하다: to congratulate 미안하지만: I am sorry, but

다음 질문(하세요)!

1. Next question!
= 다른 질문 있어요? · 다음 질문 받을게요.

: 토론이나 강의를 진행하면서 청중이나 수강생의 질문을 계속해서 받기 위해 쓰는 표현.
an expression to encourage more questions from the audience during a discussion or lecture

A: 이 바이러스는 언제쯤 사라질까요?
B: 바이러스는 사라지지 않을 겁니다. 다음 질문!

A: 이번 축제의 기획 의도는 어느 정도 설명이 된 거 같군요. 자, 다음 질문하세요!
B: 참가 신청은 언제부터 할 수 있나요?

다음: next 질문: question 받다: to receive · to take 언제쯤: by when 사라지다: to disappear · to fade away 축제: festival 기획 의도: purpose of the event 어느 정도: to some degree · somewhat 설명되다: be explained 참가 신청: signing up for participation 언제부터: from when

다음부터 안 하면 되잖아(요).

1. I won't do it from next time.
= 다시 안 그러면 되잖아(요).

: 상대방의 야단을 듣고 다시는 그 행동을 하지 않겠다고 말할 때 쓰는 표현.
an expression to promise not to repeat a behavior after being scolded by the other person

A: 노크 없이 내 방에 들어오지 말라고 했잖아. 왜 자꾸 그래?
B: 다음부터 안 하면 되잖아.

A: 제발 외출할 때 불 좀 꺼! 왜 말을 안 듣니?
B: 다음부터 안 하면 되잖아요.

다음부터: from now on · the next time 노크 없이: without knocking 내 방: my room 들어오다: to come in 왜: why 자꾸: again · repeatedly 제발: please 외출할 때: when going out 불(을) 끄다: to turn off the light 말(을) 안 듣다: don't listen to

다음부턴 그러지 마(세요).

1. Don't let it happen again. · Don't do this again.
= 다음엔 그러지 마(세요).

: 잘못을 계속하지 않도록 경고할 때 쓰는 표현.
an expression to warn people not to repeat the same mistakes

A: 허락받지 않고 컴퓨터 써서 미안해.
B: 괜찮아. 근데 다음부턴 그러지 마.

A: 지각입니다. 다음부턴 그러지 마세요.
B: 네, 죄송합니다.

다음부턴: from now on (short for '다음부터는') 다음엔: next time (short for '다음에는') 허락(을) 받다: to get permission 쓰다: to use 미안하다: be sorry 괜찮아.: It's okay. 근데: but (short for '그런데') 지각이다: be late 죄송합니다.: I'm sorry.

다음부턴 안 그러셨으면 좋겠어요.

1. I'd rather not. · I hope you don't do that next time.
= 다음부턴 그러지 마세요. · 다음부터는 주의하세요.

: 마음에 들지 않는 상대방의 언행에 대해 주의를 줄 때 쓰는 표현.
an expression to caution someone about their words or actions you don't like

A: 복도에서 담배 피우면 안 되는지 몰랐어요. 죄송해요.
B: 아파트 모든 곳이 금연이에요. 다음부턴 안 그러셨으면 좋겠어요.

A: 나 잡아 봐요!
B: 여기서 이러면 어떡해요? 다음부턴 안 그러셨으면 좋겠어요.

> 다음부턴: from now on (short for '다음부터는') 주의하다: be careful 복도: corridor · hallway 담배(를) 피우다: to smoke 모르다: do not know 모든 곳: everywhere 금연: no-smoking 나 잡아 봐요!: Catch me! 여기서: here 이러면 어떡해(요)?: How can you act like this?

다음에 다시 올게(요).

1. I'll look around and come back. · I'll come back another time.
= 다음에 다시 들를게(요).

: 식당이나 가게 등에 들어갔다가 먹거나 사지 않고 그냥 나올 때 쓰는 표현.
an expression used when leaving a restaurant or store without eating or buying anything

A: 어떡하죠? 조금 전에 식빵이 다 나갔어요.
B: 그래요? 다음에 다시 올게요.

A: 손님, 2시간쯤 기다리셔야 하는데 대기자 명단에 올려드릴까요?
B: 2시간이나요? 다음에 다시 올게요.

> 다음에: another time 다시: again 조금 전에: just now · just a second ago 식빵: (plain) bread 다 나가다: to run out 손님: customer 기다리다: to wait · be in the queue 대기자 명단: waiting list 올리다: to put one on (the list) · to enrol 2시간이나(요)?: two hours? 다시 오다: to visit another time

다음에 보자.

1. See you around.
= 다음에 만나. · 잘 가.

: 상대방과 헤어질 때 쓰는 인사말. 가까운 사이나 아랫사람에게 사용한다.
a parting expression used among close friends or to a younger person

A: 잘 가!
B: 그래, 다음에 보자.

A: 다음에 보자.
B: 네! 감기 조심하세요.

> 다음에: next time · again   잘 가!: Good bye! · Take care!   그래: Okay   감기 조심하다: be careful not to catch a cold

다음에 봬요.

1. See you next time.
= 다음에 뵐게요.

: 만남 후 상대방과 헤어질 때 쓰는 인사말.
a parting expression when parting with someone after a get-together

A: 잘 가요. 다음에 봬요.
B: 네, 조심히 가세요.

A: 또 보자!
B: 네, 다음에 봬요. 몸조심하세요.

> 조심히 가세요.: Get home safe.   또: again   보다: to see · to meet   몸조심하다: to take care of oneself

닥쳐!

1. Shut up! · Zip up!
= 입 다물어! · 시끄러(워)!

: 더 듣고 싶지 않을 만큼 화가 났으니 입 다물라고 명령할 때 쓰는 표현.

an expression demanding the other person stop talking because you cannot bear with them anymore

A: 교수님, 제 말은 그게 아니라...
B: 닥쳐! 어디서 이런 레지던트가 굴러와서 병원 망신을 시켜.[13]

A: 그만해. 시끄러우니까 닥쳐!
B: 뭐 때문에 이렇게 화가 났어?

> 교수님: professor 제 말: what I'm saying 어디서: where (on earth) (short for '어디에서') 굴러 오다: to roll in 병원: hospital 망신(을) 시키다: to bring disgrace on 그만하다: to stop 시끄럽다: I don't want to hear it. 뭐 때문에: What made you 화(가) 나다: to get upset

단도직입적으로 말하면

| 1. Not to put too fine a point on it
| = 핵심을 말하면

: 여러 말을 늘어놓지 않고 바로 요점이나 본 문제에 들어가려 할 때 쓰는 표현.
an expression used when you want to address the main issue without unnecessary elaboration

A: 단도직입적으로 말하면, 너하고 같이 살기 싫어.
B: 왜 싫어?

A: 애매하게 얘기하지 말고 진심을 말하세요.
B: 단도직입적으로 말하면, 이 사업에 반대합니다.

> 단도직입적으로: straightforwardly · directly 너하고 같이: with you 살다: to live 왜 싫어(요)?: Why don't you like it? · How come you don't like it? 애매하게: vaguely · evadingly 얘기하다: to tell · to say (short for '이야기하다') 진심을 말하다: to be honest 사업: business 반대하다: to oppose

당연하지(요).

| 1. You bet your boots! · Of course!
| = 당연한 거 아니야? · 당연한 거 아니에요? · 물론이지(요). · 두말하면 잔소리!

: 다른 사람의 요청이나 생각에 대해서 긍정적인 반응을 강하게 나타내는 표현.
an expression strongly saying yes to someone's request or idea

---

13) 드라마 <닥터 차정숙> 5회의 대사를 참고하였다.

A: 나는 말을 잘 못하니까 연습하는 거 도와줄 수 있어?
B: 당연하지!¹⁴⁾

A: 저도 실기 시험 통과할 수 있을까요?
B: 당연하지요! 준비 많이 했잖아요.

> 당연하지!: Sure. · Absolutely. 두말하면 잔소리: It goes without saying that 말을 잘 못하다: be
> not good at speaking 연습하다: to practice 도와주다: to help 실기 시험(을) 통과하다: to pass
> the performance test 준비하다: to prepare for 많이: a lot

대단한 건 아닙니다만

1. It's not a big deal~
= 굉장한 건 아니지만 · 대단한 건 아닌데(요)

: 상대방에게 어떤 선물이나 물건을 주면서 이를 겸손하게 말할 때 쓰는 표현.
an expression to make a gift-giver and their act of giving a gift humble

A: 대단한 건 아닙니다만 여행 가서 샀어요.
B: 뭘 이런 걸 다. 고마워요!

A: 지진 난 도시에 전자제품을 기부하셨다면서요?
B: 네, 대단한 건 아닙니다만 조금 보냈어요.

> 대단한: amazing · big 굉장한: awesome · great 여행 가다: to go on a trip 뭘 이런 걸 다.: You
> shouldn't have. 지진(이) 나다: to have an earthquake 도시: city 전자제품: electronics 기부하다:
> to donate 조금: a little 보내다: to send

대박!

1. It is fab! · It is epic!
= 대박이다! · 대박 났네!

: 기쁜 일을 보거나 좋은 결과를 얻었을 때 쓰는 감탄사.
an exclamation uttered when you see something good or surprising happen, or get good results

A: 봤어? 잭이 TV에 나왔어.
B: 진짜? 대박! 어느 프로그램에 나왔어?

---

14)   드라마 <이상한 변호사 우영우> 1회의 대사를 참고하였다.

A: 저 복권에 당첨됐어요!

B: 대박!

> TV에 나오다: to appear on TV 진짜?: Really? 어느: which · what 저: I (honorific of '나') 복권(에)
> 당첨되다: to win the lottery

대찬성!

1. I'm all for it! · I couldn't agree more!
= 적극 찬성! · 완전 찬성!

: 상대방의 의견에 전적으로 동의한다는 것을 나타낼 때 쓰는 표현.

an expression to show full agreement with someone's idea

A: 나 회사 절대 그만 안 둬! 보란 듯이 다닐 거야.

B: 정말? 사표 안 내기로 한 거 난 대찬성!¹⁵⁾

A: 환경을 생각해서 일회용품 안 쓰고 싶은데 네 생각은 어때?

B: 나도 대찬성!

> 적극: positively · strongly 찬성(하다): to agree · to vote for 완전: fully · totally 회사: company
> 절대: never 그만두다: to quit 보란 듯이: proudly · without regard to other people's eyes 다니
> 다: to go to (work) 사표: resignation letter 안 내다: not to hand in 환경: environment 생각하다:
> to consider 일회용품: disposable product 안 쓰다: not to use

더 생각해 봐야겠어(요).

1. I need to think about it more. · I need to give it some more thought.
= 더 생각해 볼게(요). · 생각 좀 더 해 볼게(요).

: 상대방의 의견이나 제안에 쉽게 동의하기 어려워서 대답을 미룰 때 쓰는 표현.

an expression to delay one's response to someone's idea or suggestion because it does not seem that attractive

A: 겨울 방학에 스키장 가는 거 어때?

B: 글쎄, 난 더 생각해 봐야겠어.

A: 바쁜 일이 있어서 전 더 생각해 봐야겠어요.

---

15) 드라마 <그녀는 예뻤다> 3회의 대사를 참고하였다.

B: 그럼 갈지 말지 내일까지 답을 주세요.

> 더: more · again 생각해 보다: to think (very carefully) about 겨울 방학: winter vacation 스키장: ski resort 가다: to go 글쎄: well 바쁜 일: urgent business 전: I (short for '저는' and honorific of '난') 그럼: then 갈지 말지: whether to go or not 내일까지: by tomorrow 답: answer · response 주다: to give

더 이상은 못 참아(요).

1. That does it.
= 더는 못 참아(요). ·더는 못 참겠어(요).

: 어떤 일이나 사람 때문에 인내심이 한계에 도달했을 때 쓰는 표현.
an expression used when patience has reached its limit due to an event or person

A: 뜨거운 물이 또 안 나와. 더 이상은 못 참아.
B: 그래, 집주인한테 따지러 가자.

A: 휴게소까지 얼마나 남았어요? 더 이상은 못 참아요.
B: 5분은 더 가야 해요. 화장실 많이 급해요?

> 더 이상은: no longer · no more 더는: any longer · any more 못 참다: can't tolerate it · can't stand it 뜨거운: hot 물(이) 안 나오다: The water is not running 집주인: landlord 따지다: to complain 휴게소: (highway) rest area 얼마나: how far · how long 화장실: restroom 많이: extremely 급하다: be in a hurry · be in rush

덕분에 즐거웠어(요).

1. You made my day.
= 덕분에 즐거운 시간 보냈어(요).

: 상대방과 유쾌한 시간을 보내고 헤어질 때 쓰는 표현.
a parting expression after having a pleasant time with someone

A: 오늘 등산 어땠어?
B: 덕분에 즐거웠어. 매주 등산하자.

A: 잘 가요. 다음에 또 봐요.
B: 덕분에 즐거웠어요.

덕분에: thanks to 즐겁다: to enjoy · to have fun 오늘: today 등산: hiking · climbing 매주: every week 잘 가요.: Good bye. · Take care. 다음에: another[next] time 또 봐요.: See you again.

덤벼!

1. Make my day! · Bring it on!
= 덤벼 봐! · 한판 붙자!

: 상대방이 함부로 말하거나 행동할 때 이에 적극적으로 대응하기 위해 쓰는 표현.
an expression to actively respond when challenged by someone's careless words or behavior

A: 너, 그 말, 기분 나빠서 참을 수가 없네.
B: 덤벼! 한판 붙자.

A: 덤벼!
B: 그래, 좋아. 한번 해 보자!

너: you 그 말: your words 기분(이) 나쁘다: be offended by 참다: to stand 한판 붙다: to fight

도대체 몇 번째야? · 도대체 몇 번째예요?

1. How many times do I have to tell you?
= 왜 자꾸 같은 잘못을 저질러(요)?

: 상대방의 계속되는 잘못을 나무랄 때 쓰는 표현.
an expression used when criticizing someone for their repeated mistakes

A: 옷걸이에 옷 좀 제대로 걸어. 도대체 몇 번째야?
B: 미안.

A: 자동차 시동이 또 안 걸려요. 지각할 거 같은데 어쩌죠?
B: 도대체 몇 번째예요? 차를 바꿔야 하는 거 아니에요?

도대체: on earth 자꾸: again and again 같은: the same 잘못(을) 저지르다: to make a mistake 옷걸이: hanger 옷(을) 걸다: to hang 제대로: properly · right 자동차: car 시동이 안 걸리다: The engine won't start. 지각하다: be late 차: car 바꾸다: to change · to replace

도대체 무슨 소리야? · 도대체 무슨 소리예요?

1. Where is this coming from? · What the hell are you talking about?
= 그게 무슨 말이야? · 그게 무슨 말이에요?

: 상대방의 말이 무슨 뜻인지 이해가 되지 않거나 충격을 받아 진의를 물을 때 쓰는 표현.
an expression used when you do not understand or are shocked by someone's words and inquire their intention

A: 발표 준비 잘 돼 가?
B: 도대체 무슨 소리야? 네가 발표하기로 했잖아!

A: 여자친구와 헤어지는 게 이렇게 힘들 줄 몰랐어.
B: 도대체 무슨 소리예요? 무슨 일이 있었어요?

> 도대체: on earth · the hell 무슨 소리야?: What are you talking about? 발표: presentation · speech 준비: preparation 발표하다: to give a presentation 여자친구: girlfriend 헤어지다: to break up 이렇게: such a 힘들다: be hard · be harsh

도대체 왜 그래(요)?

1. What's wrong with you? · What's the matter with you?
= 도대체 이유가 뭐래? · 도대체 이유가 뭐예요?

: 상대방의 행동이 이해가 되지 않아 따질 때 쓰는 표현.
an expression to criticize someone for their incomprehensible behavior

A: 어른들은 도대체 왜 그래? 사랑해서 결혼해 놓고 왜 마음대로 이혼해?
B: 어른들한텐 너희들이 이해 못 하는 일이 있는 거야.[16]

A: 잠깐만요. 같이 가요!
B: 도대체 왜 그래요? 싫다는데 왜 자꾸 따라와요?

> 도대체: on earth 왜: why 이유: reason 어른들: adults 사랑하다: to love 결혼하다: to get married 마음대로: as one pleases 이혼하다: to get divorced 너희들: you 잠깐만요.: Wait a second. · Hold on. 같이 가요!: Let's go together! 싫다: don't like 자꾸: to keep ~ing 따라오다: to follow

---

16) 드라마 <한번 다녀왔습니다> 61회의 대사를 참고하였다.

도와주세요!

1. Help (me)!
= 도와줘요!

: 긴급한 일이 생겨 상대방에게 도움을 구할 때 쓰는 표현.
an expression to ask for help when something urgent happens

A: 도와주세요! 여기 사람이 쓰러졌어요.
B: 네, 119에 전화부터 할게요.

A: 차가 갑자기 섰어요. 도와주세요!
B: 네, 비상등부터 켜세요.

> 여기: here 사람: man · person 쓰러지다: to fall down · to collapse 119: emergency call 전화하
> 다: to call 차: car 갑자기: suddenly 서다: to stop 비상등: hazard lights 켜다: to turn on

돌았어!

1. You are not right in the head!
= 미쳤어! · 제정신이 아냐!

: 상대방의 말이나 행동에 대해 화가 나 이를 비난할 때 쓰는 표현.
an expression used when you're angry about someone's words or actions and criticize them

A: 뭐? 최종 면접을 안 보겠다고? 돌았어!
B: 내가 다 알아서 할게.

A: 나 민수에게 장학금을 양보했어.
B: 돌았어! 도대체 왜 그랬어요?

> 제정신: one's marbles · sanity 최종: the final 면접(을) 안 보다: not to have an interview 다: all
> 내가 알아서 할게.: I'll take care of it. 장학금: scholarship B에게 A를 양보하다: to give up A and
> give it to B 도대체: (why) the hell 왜 그랬어?: Why did you do that?

됐고(요).

1. Anyway. · That's enough.
= 됐어(요).

: 상대방의 말을 계속 듣고 싶지 않아서 이를 중단시킬 때 쓰는 표현.

an expression to interrupt someone's talk because you don't want to continue listening

A: 여자 친구랑 잘 돼 가? 결혼은 언제 할 거야?

B: 됐고. 맥주나 마셔!

A: 이 팀장하고 무슨 문제 있어요? 아까 다투는 거 같던데...

B: 됐고요. 출장 계획이나 세웁시다.

> 여자 친구: girlfriend 결혼: getting married 언제: when 맥주: beer 마시다: to drink 팀장하고:
> with the team leader 문제(가) 있다: to have a problem · there is a problem 아까: a while ago
> 다투다: to quarrel · to argue 출장: business trip 계획(을) 세우다: to make a plan

됐어(요).

1. That's enough. · No, thank you.
= 안 돼(요). · 못 해(요). · 싫어(요).

: 상대방의 요구나 제안을 거절할 때 쓰는 표현.

an expression to decline someone's favor or proposal

A: 오빠, 라면 먹고 갈래?

B: 아니야, 됐어. 늦었으니까 어서 집에 들어가.[17]

A: 밥 좀 더 드릴까요?

B: 됐어요. 이걸로 충분해요.

> 오빠: oppa (older brother for a girl) 라면: ramyeon (instant noodles) 먹다: to eat 늦었다: was
> late 어서: hurry and ~ 집에 들어가다: to get home (safe) 밥: rice 좀 더: some more 드리다: to
> give (honorific of '주다') 충분하다: be enough

2. Give it a rest. · Save it.
= 그만해(요).

: 상대방과 더 이상 대화하고 싶지 않거나 대화를 마치려 할 때 쓰는 표현.

an expression used when you want to end a conversation while suppressing unpleasant feelings or
when you no longer want to talk to the other person

A: 방금 너 뭐라고 했어?

B: 됐어. 너랑 싸우고 싶지 않아.

---

17) 예능 <1박 2일> 478회 출연진의 대화를 참고하였다.

A: 생활비 분담하자고 했죠? 이번 달 가스비 얼마 내면 돼요?

B: 됐어요. 안 줘도 돼요.

> 방금: just now 너: you 싸우다: to fight · to quarrel 생활비: living expenses 분담하다: to share
> 이번 달: this month 가스비: gas bill 얼마 내면 돼(요)?: How much should I pay? 주다: to give

두고 봐(요)!

1. You just wait and see!

: 상대방에게 불쾌한 일을 당하고 나서 뒷일을 경고할 때 쓰는 표현.

an expression to warn someone or assert yourself after you have an unpleasant experience with them

A: 너 벌 받을 거야. 두고 봐!

B: 너나 잘해.

A: 이 점수로 원하는 학교에 갈 수 있겠어?

B: 두고 봐요! 꼭 가고 말 거예요.

> 너: you 벌(을) 받다: be punished 잘하다: to mind one's own business · to take care of oneself
> 점수: school grades 원하는: that one wants 학교: school 가다: to get accepted 꼭: surely ·
> certainly

두말하면 잔소리지(요).

1. It's a nagging thing to say.
= 두말하면 잔소리죠. · 물론이지(요).

: 상대방의 말이 너무 당연해서 더 말할 필요가 없음을 강조할 때 쓰는 표현.

an expression strongly agreeing with someone's opinion or saying yes to an offer

A: 그 영화 재미있어?

B: 두말하면 잔소리지. 엄청 재밌어.

A: 라면 먹을 거예요?

B: 네, 두말하면 잔소리지요.

> 잔소리: nagging 두말하다: be double-tongued 영화: movie 재미있다: be interesting 엄청:
> very · really 라면: ramyeon (instant noodles) 먹다: to eat

듣던 중 반가운 소리네(요)!

1. That's music to my ears!
= 엄청 반가운 소식이네(요)!

: 상대방이 전해준 소식에 매우 기쁜 감정을 드러낼 때 쓰는 표현.
an expression to show great joy to good news delivered by the other person

A: 나 이번에 장학금 받게 됐어.

B: 정말? 그거 듣던 중 반가운 소리네!

A: 저 드디어 고향으로 돌아가게 됐어요.

B: 듣던 중 반가운 소리네요.[18]

> 반가운: be glad to hear … · welcoming 이번에: this time 장학금: scholarship 받다: to receive
> 정말: really 드디어: finally · at last 고향: hometown 돌아가다: to return · to go back

딱 걸렸어(요).

1. I'm onto you. · You just got caught.
= 딱 들켰어(요).

: 숨겨왔던 일이 갑자기 발각되었을 때 쓰는 표현.
an expression used when something that has been hidden is suddenly discovered

A: 너 대체 내 옷 입고 어디 갔다 왔어? 딱 걸렸어.[19]

B: 언니, 나 진짜 처음 입었어. 믿어줘 제발.

A: 너 지금 졸리지? 딱 걸렸어.

B: 안 되겠다. 찬물에 세수하고 올게.

> 너: you 대체: the heck (short for '도대체') 옷: dress 입다: to wear 어디: where 갔다 오다: have
> been 진짜: really 처음: for the first time 제발: please 믿다: to trust 지금: now 졸다: to doze
> off 안 되겠다.: No. 찬물: cold water 세수하다: to wash one's face

---

18) 드라마 <미스터 선샤인> 21회의 대사를 참고하였다.

19) 드라마 <한번 다녀왔습니다> 33회의 대사를 참고하였다.

딱 좋아(요)!

1. Perfect!
= 딱 좋네(요)! · 안성맞춤이야. · 안성맞춤이에요. · 딱이야! · 딱이에요!

: 어떤 대상이 주어진 상황과 잘 맞아 마음에 들 때 쓰는 표현.
an expression used when an object fits the given situation and you like it

A: 결혼식에 이 옷 입고 갈까?
B: 응, 오늘 같은 날 딱 좋아!

A: 이 그릇이 마음에 드나 봐요.
B: 네, 비빔밥이나 국수 먹을 때 딱 좋아요!

> 안성맞춤: tailor-made 결혼식: wedding 옷: clothes · dress 입고 가다: to wear for 오늘 같은 날: on days like today 그릇: bowl · dish 마음에 들다: to like 비빔밥: bibimbap 국수: noodles

2. It's just right.
= 딱 좋을걸(요).

: 누군가의 좋지 않은 행동이나 태도에 대해 우려하고 경고할 때 쓰는 표현.
an expression to caution against someone's repetitive or habitual inappropriate behavior or attitude

A: 이렇게 시간 약속을 안 지키면 욕먹기 딱 좋아!
B: 알았어. 다음부턴 안 늦을게.

A: 제가 공부를 열심히 안 한다고 생각하세요?
B: 응, 그렇게 공부 안 하면 유급당하기 딱 좋아!

> 이렇게: like you did today 시간 약속: promise · appointment 안 지키다: not to keep 욕(을) 먹다: be blamed · be criticized 다음부턴: from now on (short for '다음부터는') 안 늦다: be not late 공부: study 열심히: hard 생각하다: to think 유급(을) 당하다: be held back a grade · to repeat a grade

때려치우고 싶어(요).

1. I want to quit it. · I want to give up.
= 그만두고 싶어(요).

: 하던 일을 그만두고 싶은 마음을 강하게 나타낼 때 쓰는 표현.
an expression to convey a strong desire to quit what you are doing

A: 샐러드만 먹는 것도 지겨워. 다이어트 때려치우고 싶어.

B: 이제 겨우 이틀 했는데?

A: 회사 일이 너무 많아서 힘들어요. 회사 그만두고 싶어요.

B: 저도 회사 때려치우고 싶어요. 과장님이 저만 괴롭히거든요.

> 그만두다: to stop · to quit 지겹다: be sick of 이제 겨우: It has only been ... since 이틀: two days
> 힘들다: be tough 회사 일: workload 과장님: section manager 괴롭히다: to overload

또 놀러 와(요).

1. Come and visit again.
= 다음에 또 와(요).

: 초대한 사람이나 집주인이 손님을 배웅하면서 다시 만나자고 하는 표현.
an expression used by a host or hostess when seeing off their guests

A: 너희들 가면 보고 싶어서 어떡해? 또 놀러 와.
B: 네. 꼭 다시 올게요.[20]

A: 오늘 재밌었어요.
B: 저도요, 또 놀러 와요.

> 또: again 놀러 오다: to come over 너희들: you 가다: to leave 보고 싶다: to miss 꼭: definitely
> 다시 오다: to come back 오늘: today 재미있다: to have a good time

또 봐(요).

1. See you around.
= 또 만나(요).

: 헤어질 때 하는 인사로 다시 만나자는 의미를 나타내는 표현.
an expression for saying goodbye when parting, indicating a willingness to meet again

A: 잘 가! 또 봐.
B: 그래. 자주 봐.

A: 연휴 즐겁게 보내세요.
B: 네, 다음에 또 봐요.

---

20) 예능 <와썹 K-할매> 2회 출연진의 대화를 참고하였다.

또 시작이군(요)!

1. There you go again!
= 또 그러는군(요)!

: 상대방의 반복되는 말이나 행동에 대해서 불편한 감정을 드러낼 때 쓰는 표현.
an expression to show discomfort with someone's repeated unpleasant words or actions

A: 화장실 청소 좀 하자. 재활용 쓰레기도 버리고.
B: 잔소리 또 시작이군!

A: 층간 소음, 또 시작이군요!
B: 아무래도 윗집에 가서 얘기 좀 해야겠어요.

또: again 화장실: restroom 청소(를) 하다: to clean up 재활용: recycling · recyclable 쓰레기: waste · garbage 버리다: to throw away 잔소리: nagging 층간 소음: noise between floors 아무래도 ...해야겠어: had better 윗집에: upstairs 가다: to go 얘기(를) 하다: to tell · to complain (short for '이야기하다')

또 이러(시)면 곤란해(요).

1. I'm in trouble if you do this again.
= 또 이러(시)면 안 돼(요).

: 상대방에게 잘못을 반복하지 말라고 나무라는 표현.
an expression to gently warn people against their repeated mistakes

A: 선생님, 죄송해요. 제가 또 늦었네요.
B: 또 이러면 곤란해. 약속 시간 꼭 지켜!

A: 사장님, 제가 주문을 잘못 받았어요. 죄송합니다.
B: 또 이러시면 곤란해요. 정신 차려요!

선생님: teacher 제가: I (honorific of '내가') 늦다: be late 이러면: If you do this (short for '이렇게 하면') 곤란하다: that's not good 약속 시간(을) 지키다: to keep an appointment 사장님: Mr./Ms. (name of the boss) 주문을 잘못 받다: to take the wrong order · to mess up the order 정신(을) 차리다: to stay sharp

마감 임박!

1. About to be sold out! · Almost done!

: 마감 시간이 가까이 왔음을 예고할 때 쓰는 표현.
an expression to inform that a deadline is approaching

A: 파김치 반값 할인한대. 마감 임박!
B: 진짜? 빨리 사!

A: 시사 한국어 수업, 마감 임박!
B: 얼른 신청합시다.

> 파김치: green onion kimchi 반값: half price 할인하다: be on sale 빨리: hurry up and 시사 한국
> 어: current Korean 수업: class · course 얼른: hurry up and 신청하다: to apply for · to sign up
> for

마음에 안 들면 어쩌지(요)?

1. What if you don't like it?
= 마음에 안 차면 어떻게 하지(요)? · 별로면 어떻게 하지(요)?

: (상대방이/나 자신이) 어떤 대상에 대해 만족하지 못할까 봐 염려할 때 쓰는 표현.
an expression used when you are worried that someone or you may not be satisfied with an object

A: 인터넷으로 재킷 하나 샀는데 마음에 안 들면 어쩌지?
B: 괜찮을 거야. 마음에 안 들면 환불하면 돼.

A: 논문을 100쪽이나 쓰느라 힘들었겠어.
B: 네, 근데 선생님 마음에 안 들면 어쩌지요?

> 하나: one 사다: to buy 괜찮다: Ok 환불하다: to refund 논문: research paper 100쪽이나: even
> 100page 쓰다: to write 힘들다: be hard 근데: but (short for '그런데') 선생님: professor ·
> teacher

마음에 안 들어(요).

1. I am not fond of it. · I don't like it.
= 마음에 들지 않아(요).

: 어떤 대상이나 사람이 만족스럽지 않을 때 쓰는 표현.
an expression used when you are dissatisfied with something or someone

A: 머리 잘랐네?
B: 응, 근데 마음에 안 들어.

A: 새로 옮긴 하숙집 어때요?
B: 마음에 안 들어요.

> 머리(를) 자르다: to have one's hair cut 근데: but 새로: recently 옮긴: that one have moved into
> 하숙집: boarding house 어때요?: How is it?

마음이 바뀌었어(요)?

1. Changed your mind? · Have you changed your mind?
= 마음이 변했어(요)?

: 어떤 생각이나 결정에 변화가 있는지 물어볼 때 쓰는 표현.
an expression to ask if there's any change in someone's plan or decision

A: 나 지난주부터 중국어 공부 시작했어.
B: 일본어 공부하고 싶다더니 마음이 바뀌었어?

A: 마음이 바뀌었어요?
B: 아뇨, 전혀!

> 바뀌다: be changed 지난주부터: since last week 중국어: Chinese 공부: study 시작하다: to start
> 일본어: Japanese 아뇨: no(short for '아니요') 전혀: not at all · definitely not

마지막으로 하고 싶은 말은 · 마지막으로 드리고 싶은 말은

1. One final word is
= 끝으로 하고 싶은 말은 · 끝으로 드리고 싶은 말은

: 발표나 토론, 대화 등의 종료 시점에 끝으로 하고 싶은 말을 하려고 할 때 쓰는 표현.

an expression to conclude a presentation, discussion, conversation, etc., with the final point you want to make

A: 발표 마무리하세요.

B: 마지막으로 하고 싶은 말은, 후속 연구가 더 많아졌으면 좋겠다는 겁니다.

A: 마지막으로 드리고 싶은 말은, 그동안 감사했다는 거예요.

B: 행운을 빌어요!

> 마지막으로: the last thing (to say) 발표: presentation · speech 마무리하다: to end · to wrap up
> 후속 연구: follow-up study 더 많아지다: there will be more ~ 그동안: for the time together 감
> 사하다: to thank 행운을 빌어요!: Good luck!

막상막하야. · 막상막하예요.

1. (It's) Neck and neck.
= **박빙이야. · 박빙이에요.**

: 비교 대상의 수준이나 실력이 비슷해서 차이가 거의 없을 때 쓰는 표현.
an expression used when evaluating that the skill levels of the comparison targets are similar with so little difference

A: 어느 팀이 잘해?

B: 막상막하야. 누가 이길지 가늠이 안 돼.

A: 잭 씨와 안나 씨 중에서 누가 한국어를 더 잘해요?

B: 한국어 실력이요? 막상막하예요.

> 어느 팀: which team 잘하다: be good · be better 누가: who · which one 이기다: to win 가늠(이)
> 안 되다: can't weigh · can't guess 한국어: Korean 실력: ability

만나서 반가워(요).

1. Glad to see you.
= **만나서 기뻐(요).**

: 지인을 우연히 만났거나 상대방을 처음 만났을 때 나누는 인사말.
a greeting used when you meet an acquaintance by chance or when you meet someone for the first time

A: 민수! 안부가 궁금했는데 여기에서 만나게 되는구나.

B: 그러게. 여긴 어쩐 일이야? 만나서 반가워.

A: 안녕하세요? 안나예요.

B: 저는 잭이라고 해요. 만나서 반가워요.

> 반갑다: be glad · be pleased 기쁘다: be glad · be delighted 안부가 궁금하다: to wonder how
> one is doing 여기에서: here 만나게 되다: to happen to meet 그러게.: Right. · Yeah. 여긴: here
> (short for '여기는') 여긴 어쩐 일이야?: What did you come here for? 안녕하세요?: Hello?

많이 드세요.

1. Help yourself.
= 마음껏 드세요.

: 초대한 사람이 식사를 시작하기 전에 손님에게 하는 표현.
an expression spoken by a host or hostess before beginning the meal

A: 차린 건 없지만 많이 드세요.
B: 네, 잘 먹을게요.

A: 뭘 이렇게 많이 준비하셨어요?
B: 입에 맞을지 모르겠지만 많이 드세요.

> 많이: a lot 마음껏: as much as one likes 차리다: to prepare and serve 드시다: to eat · to enjoy
> food (honorific of '먹다') 잘 먹을게요.: Thank you for the food. 뭘 이렇게: You should not have
> 준비하다: to prepare 입에 맞다: to suit one's taste 모르겠다: I'm not sure

말 시키지 마(세요).

1. Don't talk to me.
= 말 걸지 마(세요). · 얘기하고 싶지 않아(요).

: 경황이 없거나 기분이 좋지 않아 대화하고 싶지 않을 때 쓰는 표현.
an expression used when you don't want to be talked to because you are in a bad mood or have
an urgent thing to do

A: 오늘 저녁 외식할까?
B: 말 시키지 마. 아무것도 먹고 싶지 않아.

A: 바쁘니까 말 시키지 마세요.
B: 아, 그래요? 미안!

말 좀 들어(요).

1. Please listen to my voice.
= 내 말대로 해(요). · 내 말 들어(요).

: 나의 조언에 따르라고 할 때 사용하거나, 상대방이 조언을 받아들이지 않아 답답할 때 쓰는 표현.
an expression to urge someone to follow your advice or to convey frustration when your advice is not being accepted

A: 파란 셔츠로 결정했어. 저걸로 살래.
B: 내 말 좀 들어. 파란색은 너한테 안 어울린다니까!

A: 제발, 말 좀 들어요. 그 남자 그만 만나요!
B: 마음대로 안 되는 걸 어떡해요.

말도 마(세요).

1. Don't ask.
= 말도 꺼내지 마(세요).

: 어떤 일이 아주 나쁜 수준이거나 엉망이어서 불만을 나타낼 때 쓰는 표현.
an expression showing dissatisfaction with something because it was performed in a very low level or was almost messed up

A: 어제 이사 잘했어?
B: 말도 마. 더워서 죽을 뻔했어.

A: 회의 잘했어요?
B: 말도 마세요. 4시간이나 했어요.

꺼내다: to bring up 어제: yesterday 이사하다: to move 덥다: be hot 죽을 뻔하다: almost died
회의: meeting 4시간이나: four hours long

말도 안 돼(요).

1. Nonsense! · That's silly.
= 말이 되지 않아(요). · 말이 돼(요)?

: 믿기 힘든 얘기를 들어 놀랐을 때 쓰는 표현.
an expression used when you are surprised to hear something that is hard to accept

A: 어제 남자 친구랑 헤어졌어.
B: 말도 안 돼. 진짜야?

A: 물가가 너무 올랐어요. 시금치 한 단에 5천 원이에요.
B: 뭐라고요? 말도 안 돼요.

말: sense 어제: yesterday 남자 친구: boyfriend 헤어지다: to break up 진짜야?: Really? · Are
you serious? 물가: prices 너무: too much · sharply 오르다: to go up · to rise 시금치: spinach
뭐라고(요)?: What did you say?

말만 해(요)!

1. Just tell me!
= 뭐든지 말해(요)! · 뭐든 얘기해(요)!

: 상대방을 도와주고 싶은 마음을 강하게 나타낼 때 쓰는 표현.
an expression to convey a strong desire to help the other person

A: 모레가 이사 날인데 어떻게 해야 할지 모르겠어.
B: 말만 해! 내가 도와줄게.

A: 허리를 다쳐서 아무것도 못하겠어요.
B: 말만 해요! 뭐부터 해 줄까요?

뭐든(지): whatever · anything 모레: the day after tomorrow 이사 날: moving day 어떻게 ~아야/
어야 할지 모르다: don't know what to do ~ 도와주다: to help 허리: back 다치다: to be hurt · to
be injured 아무것도 못하겠다: can't do anything 뭐부터: the first thing

말씀 많이 들었습니다.

1. I've heard a lot about you.

: 어떤 사람을 소개받았을 때 관심과 친근감을 주기 위해 사용하는 표현.
an expression to show interest and friendliness when meeting someone new

A: 두 분 소개해 드릴게요. 김 신 선생님이세요.
B: 네, 말씀 많이 들었습니다.

A: 이분이 안나 씨예요.
B: 처음 뵙겠습니다. 말씀 많이 들었습니다.

> 말씀: story about someone (honorific of '말') 많이: a lot 듣다: to hear (of) 두 분: you two 소개
> 하다: to introduce 선생님: teacher 이분: this 처음 뵙겠습니다.: Nice to see you.

말씀 좀 전해 주세요.

1. Could you please pass on my message?
= 말씀 좀 전해 주시겠어요?

: 통화하면서 혹은 통화를 마치면서 전할 말을 남기고 싶을 때 쓰는 표현.
an expression used during a call or at the end of the call to leave a message to the person whom you called

A: 최 부장님은 잠시 자리를 비우셨습니다.
B: 잭이 전화했다고 말씀 좀 전해 주세요.

A: 김 선생님은 지금 수업 중이세요.
B: 그럼, 책상에 책 두고 간다고 말씀 좀 전해 주세요.

> 말씀: words · message (honorific of '말') 전하다: to pass on · to tell him that 부장님: head
> of department 잠시: for a moment 자리를 비우다: to leave one's seat 전화하다: to call 수업 중:
> in class 그럼: then 책상: desk 책: book 두고 가다: to leave sth on

말씀 중에 죄송한데요.

1. I am sorry to interrupt.
= 말씀 중에 죄송합니다.

: 급한 일이 생겨 상대방이 하고 있는 말을 중단시켜야 할 때 쓰는 표현.

an expression to cut in a conversation to handle an urgent business

A: 말씀 중에 죄송한데요. 전화 좀 받아도 될까요?
B: 네, 그러세요.

A: 말씀 중에 죄송한데요. 사장님이 급히 찾으십니다.
B: 네. 알겠습니다.

> 말씀 중에: in the middle of a conversation 죄송하다: be sorry (honorific of '미안하다') 전화(를) 받다: to take a call 그러세요.: go ahead. (short for '그렇게 하세요.') 사장님: boss 급히: urgently 찾으시다: to want to see (honorific of '찾다')

말씀대로 할게요.

| 1. As you say.
| = 말씀하신 대로 따를게요.

: 상대방의 의견이나 제안을 그대로 받아들이겠다는 뜻을 나타내는 표현.
an expression to show that you are complying with the other person's request

A: 이번 달 말고 다음 달에 휴가 가는 게 좋겠어.
B: 말씀대로 할게요.

A: 월요일에는 삼십 분 일찍 출근할 수 있겠어?
B: 네, 말씀대로 할게요.

> 따르다: to follow 이번 달: this month A 말고: rather than A 다음 달: next month 휴가(를) 가다: to take days off 월요일: Monday 삼십 분: 30 minutes · half an hour 일찍: earlier 출근하다: to go to work · to be in

말이 안 나와(요).

| 1. I can't say anything.
| = 기가 막히네(요). · 어이가 없네(요).

: 예상치 못한 상황에 너무 당황하여 아무런 행동이나 말을 할 수 없을 때 사용하는 표현.
an expression used when you are too bewildered by an unexpected situation to do or say something

A: 우리 이제 그만 헤어지자.
B: 지금 뭐랬어? 황당해서 말이 안 나와.

A: 네가 먼저 시비 거는 것 같던데?

B: 제가요? 어이가 없어서 말이 안 나와요.

> 말: words 우리: we 이제 그만: now 헤어지다: to say goodbye 황당하다: be ridiculous · be absurd 먼저: first 시비(를) 걸다: to pick a fight 어이가 없다: be baffling

2. I'm speechless.

: 예상치 못한 좋은 일이 생겨서 무슨 말을 해야 할지 모를 때 쓰는 표현.

an expression used when something unexpectedly good happens, and you find yourself at a loss for words

A: 수석으로 졸업하는 기분이 어때?

B: 기뻐서 말이 안 나와.

A: 대상을 받으셨는데 소감이 어떠세요?

B: 말이 안 나와요. 무슨 말을 해야 할지 모르겠어요.

> 수석: top 졸업하다: to graduate 기쁘다: be glad · be delighted 대상(을) 받다: to win the grand prize 소감: one's impressions · one's feelings and thoughts 무슨 말을 해야 할지: what to say 모르다: do not know

맘에 들어(요)?

1. Do you like it?
= 마음에 들어(요)? · 마음에 드세요?

: 만족의 정도를 알고 싶어서 무언가에 대한 선호도를 묻는 표현.

an expression asking about the other person's preference for something because you want to know the degree of satisfaction

A: 이 옷 맘에 들어?

B: 응! 예뻐.

A: 이 집 어떠세요? 맘에 들어요?

B: 네, 조용해서 마음에 드네요.

> 맘: mind · heart (short for '마음') 옷: clothes · dress 예쁘다: be pretty 집: house 어떠세요?: How is it? · How do you like it? 조용하다: be quiet · be peaceful

맘에 들지 모르겠어(요).

1. I don't know you may like.
= 좋아할지 모르겠어(요).

: 선물을 준비한 사람이 선물 받은 사람의 반응을 조심스럽게 알아볼 때 쓰는 표현.
an expression used when a gift-giver carefully tests the response of a gift receiver

A: 집들이 선물로 액자를 하나 샀어. 맘에 들지 모르겠어.
B: 고마워. 너무 예쁜데?

A: 모자가 유나 씨 맘에 들지 모르겠어요.
B: 딱 제 취향이에요. 고마워요.

> 좋아하다: to like 집들이: housewarming party 선물: gift · present 액자: picture frame 하나: a ·
> one 사다: to buy 너무: very · really 예쁘다: be pretty 모자: hat · cap 딱: exactly · just 제: my
> (short for '저의') 취향: taste · preference

맙소사!

1. Heavens! · Good grief! · Oh, no! · Oh my god!
= 세상에! · 어떡해! · 저런!

: 전혀 예상하지 못하거나 매우 나쁜 일을 보거나 당했을 때 나오는 감탄사.
an exclamation uttered when you see or have something unexpected or disastrous happen or
happen to you

A: 맙소사! 지각이야.
B: 안 돼. 우리 빨리 뛰자!

A: 택시 내릴 때 노트북을 놓고 내렸어요.
B: 맙소사!

> 지각: being late 우리: we 빨리: fast 뛰다: to run 내릴 때: when getting out of 놓고 내리다: to
> leave sth in

맛있게 드세요.

1. Enjoy your meal.

: 음식을 내놓을 때 자주 쓰는 표현.

an expression used when serving food or a meal

A: 맛있게 드세요.
B: 네, 잘 먹겠습니다.

A: 주문하신 음식 나왔습니다. 맛있게 드세요.
B: 우와, 맛있겠다.

> 잘 먹겠습니다.: Thank you for the meal. 주문하다: to order 음식(이) 나왔습니다.: Here's your
> order. 우와: Wow 맛있겠다.: It looks delicious.

맛있게 먹었어(요).

1. It was good.
= 잘 먹었어(요).

: 식사 후에 음식을 대접한 사람에게 감사의 마음을 나타내는 표현.
an expression showing gratitude after a meal to the person who prepared and served the food

A: 음식이 괜찮았어?
B: 응, 맛있게 먹었어.

A: 비빔밥, 맛있게 먹었어요.
B: 그래요? 다음엔 잡채 만들어 드릴게요.

> 음식: food 괜찮다: be good · be delicious 비빔밥: bibimbap (Korean mixed rice with meat and
> vegetables) 다음엔: next time 잡채: japchae (Korean glass noodle dish with vegetables, soy
> sauce, and sesame oil seasoning) 만들어 드리다: to make sth for sb (honorific of '만들어 주다')

맛집 맞네(요)!

1. It's definitely a must-go restaurant!
= 맛있는 식당 맞네(요)!

: 어떤 식당이 많은 사람들이 찾아올 정도로 맛있는 식당임을 인정할 때 쓰는 표현.
an expression used when you acknowledge that a restaurant is good enough for many people to
visit

A: 여기 떡볶이 맛집 맞네!
B: 그치? 맛있지?

A: 음식이 어때요?

B: 맛있어요. 맛집 맞네요!

> 맛집: go-to restaurant 여기: this 떡볶이: tteokbokki (stir-fried rice cake) 그치?: Isn't it? 음식:
> food 어때요?: How is it? 맛있다: be tasty · be delicious

망했다, 망했어!

1. I ruined! · I messed up! · I screwed up!
= 완전 망했어!

: 무언가를 망치거나 절망적인 일이 생겼을 때의 좌절감을 나타내는 표현.
an expression showing frustration when you screwed up something or something disastrous
happened

A: 제인이 제일 아끼는 컵을 깼으니 어떡하지?

B: 망했다, 망했어!

A: 오늘 발표 망했다, 망했어!

B: 왜요? 발표 잘 못했어요?

> 제일: the most 아끼는: valued · cherished 컵(을) 깨다: to break a cup 어떡하지?: What should I
> do? 오늘: today 발표: presentation · speech 잘 못했어요?: Didn't you do well?

맞는 말이야. · 맞는 말이에요.

1. You're right.
= 네 말이 맞아. · 당신 말이 맞아요.

: 상대방의 의견에 동의할 때 쓰는 표현.
an expression used when agreeing with someone's idea or opinion

A: 시험이 일주일밖에 안 남았는데 이젠 공부해야지?

B: 맞는 말이야. 근데 진짜 공부하기 싫다.

A: 점심시간이 너무 짧은 거 같지 않아요?

B: 맞는 말이에요. 차 마실 시간도 없네요.

> 맞다: be right 시험: test · exam 일주일밖에 안 남다: there's only one week left ~ 이젠: now
> (short for '이제는') 공부하다: to study 근데: but (short for '그런데') 진짜: really 싫다: to hate 점
> 심시간: lunch time 짧다: be short 차: tea 마시다: to drink 시간: time 없다: there is no ~

맞혀 봐. · 맞혀 보세요.

1. Guess what (it is). · Make a guess.
= 알아맞혀 봐. · 알아맞혀 보세요.

: 상대방에게 예상되는 답을 얘기해 보라고 할 때 쓰는 표현.
an expression to ask the other person to make a guess about something

A: 그 쇼핑백에 뭐 들었어?
B: 맞혀 봐.

A: 고민 있다더니 어떻게 해결했어요?
B: 어떻게 했을까요? 맞혀 보세요.

> 그: that 뭐 들었어?: What's in it? 고민(이) 있다: to have a problem 어떻게: how 해결하다: to
> find out the solution

머리를 좀 써 봐(요)!

1. Rack your brains! · Put your brain to work!
= 머리를 좀 쓰라구(요).

: 어떤 문제에 처한 사람에게 해결책을 생각해 내라고 다그칠 때 쓰는 표현. 가까운 사
이에서 사용한다.
an expression to urge someone who is stuck with a problem to come up with a solution, used
among people who are close

A: 망치가 없는데 어떻게 해야 할까?
B: 머리를 좀 써 봐! 다른 도구가 있을 거야.

A: 아이, 답답하네. 머리를 좀 써 봐요!
B: 아무리 봐도 모르겠어요.

> 머리: brain 쓰다: to use 망치: hammer 없는데: don't have sth, but 어떻게: how · what 다른:
> other 도구: tool 답답하다: be frustrating 아무리 봐도: no matter how hard I think about it 모르
> 다: do not know

먹을 만해(요).

1. It's not bad.
= 나쁘지 않아(요). · 맛없지 않아(요).

: 음식이 맛있지도 맛없지도 않을 때 쓰는 표현.
an expression used when the food is neither delicious nor unappetizing

A: 미역국 어때요?
B: 좀 짜지만 먹을 만해.

A: 불고기 한번 먹어 보세요. 먹을 만해요.
B: 어쩌죠? 저는 채식주의자예요.

> 미역국: miyeokguk (seaweed soup) 어때요?: How is it? 짜다: be salty 불고기: bulgogi (Korean beef dish) 한번: once 먹어 보다: to try (food) 어쩌죠?: What should I do? 채식주의자: vegetarian

먼저 가(세요).

1. You can go first.
= 먼저 가도 돼(요).

: 상대방에게 먼저 자리를 떠나도 좋다고 할 때 쓰는 표현.
an expression to tell the other person to leave before you

A: 나머지는 내가 정리할게. 먼저 가.
B: 진짜? 그래도 돼?

A: 먼저 가세요. 저는 다음 택시 탈게요.
B: 고마워요.

> 먼저: first 나머지: the rest 정리하다: to take care · to wrap up 진짜?: Really? 그래도 돼?: Can I? · Will you? 다음: the next 타다: to take

먼저 가든가(요).

1. Go first.
= 먼저 가(요).

: 상대방에게 먼저 가도 상관없다고 할 때 쓰는 표현. 주로 가까운 사이에서 사용한다.
an expression to permit the other person to leave you even if you don't want them to, used among people who are close

A: 어쩌지? 수업 들어가야 할 시간이야.

B: 아, 그래? 그럼 먼저 가든가.

A: 언제 도착해요?

B: 좀 오래 걸릴 것 같아요. 급하면 먼저 가든가요.

> 먼저: first 가다: to go 수업(에) 들어가다: to attend a class 시간: time 그럼: then 언제: when 도착하다: to arrive 오래 걸리다: to take a long time 급하면: if it is urgent

먼저 일어나도 될까(요)?

1. Can I leave first?
= 먼저 가도 될까(요)?

: 어떤 모임에서 어쩔 수 없이 일찍 떠나야 할 때 쓰는 표현.
an expression used when excusing yourself early from a meeting or gathering

A: 두 시 기차를 타야 해. 미안하지만 먼저 일어나도 될까?

B: 그렇게 해. 출장 잘 다녀와.

A: 죄송한데 먼저 일어나도 될까요?

B: 왜요? 무슨 일 있으세요?

> 두 시: two o'clock 기차: train 타다: to take 미안하지만: I am sorry, but 그렇게 해.: Go ahead.
> · Okay. 출장: business trip 잘 다녀오다: to have a safe trip 죄송한데: I am sorry, but 왜(요)?:
> Why? 무슨 일 있으세요?: Is there something wrong?

먼저 하세요.

1. After you.
= 먼저 하시죠.

: 급한 일에 처한 상대방에게 순서를 양보할 때 쓰는 표현.
an expression to let someone in an urgent situation do something before you

A: 애가 울어서 그런데, 먼저 계산해도 될까요?

B: 네, 먼저 하세요.

A: 먼저 하세요. 제가 뒤에 설게요.

B: 그래도 될까요?

> 먼저: first 애: child · kid (short for '아이') 울어서 그런데: because (the kid) is crying 계산하다: to
> pay 뒤에 서다: to stand behind 그래도 될까요?: May I?

멀리 안 나갈게(요).

1. I won't go far.

: 먼 곳까지 배웅하러 나가지 않고 가까운 곳에서 손님에게 작별 인사를 할 때 쓰는 표현.
an expression for saying goodbye when you see a visitor out just at the door

A: 민수야, 멀리 안 나갈게.

B: 응, 다음에 봐.

A: 초대해 주셔서 감사해요. 쌀쌀한데 나오지 마세요.

B: 네, 멀리 안 나갈게요.

> 멀리: far 나가다: to see sb out 다음에: later 초대하다: to invite 감사하다: to thank 쌀쌀하다: be
> chilly

멋지다!

1. That's great! · Awesome!
= 멋진데! · 훌륭해!

: 상대방이 이룬 일을 칭찬할 때 쓰는 감탄사.
an exclamation to compliment the other person for what they have accomplished

A: 운전면허 시험에 합격했어요.

B: 멋지다! 한 번에 해낼 줄 알았어.

A: 먼저 이 상을 부족한 저에게 주셔서 감사합니다.

B: 오오~ 멋지다![21]

> 운전면허: driver's license 시험에 합격하다: to pass the exam 한 번에: at once 해내다: to make it
> · to achieve it 먼저: first 상: prize · award 부족한: inadequate 저에게: to me

---

21) 드라마 <더 글로리> 3회의 대사를 참고하였다.

2. Looks great! · Looks fantastic!
= 보기 좋다! · 예쁘다!

: 어떤 사물이나 경치 등이 보기에 좋아 감탄할 때 쓰는 표현.
  an expression used when admiring an object or scenery because it looks good

A: 소개팅 때 입으려고 산 옷인데 어때?
B: 야~ 멋지다!

A: 여기 어디야? 경치가 진짜 멋지다!
B: 한라산. 사진 잘 찍었지?

> 소개팅: blind date 때: occasion 입다: to wear 사다: to buy 옷: clothes · dress 여기 어디야?:
> Where is this place? 경치: scenery 진짜: really · truly 한라산: Halla Mountain 사진: photo ·
> picture 잘 찍다: to take a good picture

메시지 남겨 드릴까요?

1. Would you like to leave a message?
= 전할 말씀 있으세요? · 메모 남겨 드릴까요?

: 원래 통화하고 싶었던 사람에게 전할 말이 있는지 물을 때 쓰는 표현.
  an expression to ask the caller if they have words to say to the person they wanted to speak to

A: 지금 안 계신데 메시지 남겨 드릴까요?
B: 네, 그래 주세요.

A: 한 선생님과 통화할 수 있을까요?
B: 학생 상담 중이세요. 메시지 남겨 드릴까요?

> 지금: for now 계시다: to be (honorific of '있다') 그래 주세요.: Please do it. 선생님: teacher 통화
> 하다: to talk on the phone 학생: student 상담 중이다: to be in consultation

몇 년생이야? · 몇 년생이세요?

1. What year were you born?
= 몇 살이야? · 몇 살이세요?

: 상대방의 나이를 묻는 질문으로 가까운 사이가 아니면 사용하지 않는 것이 좋다.
  an expression to ask someone's age, not recommended to use to people who are not close enough

A: 몇 년생이야?

B: 2000년생. 너는?

A: 몇 년생이세요? 저랑 비슷할 거 같은데...

B: 몇 년생으로 보이세요?

> 몇 년: what year · how many years -생: born in 너는?: What about you? 저랑: with me 비슷하
> 다: be similar 보이다: to look (like)

몇 번에 거셨어요?

1. What number are you calling? · What number did you call?
= 어디에 전화하셨어요? · 몇 번으로 전화하셨어요?

: 전화를 건 상대방이 잘못된 번호로 전화했음을 알리는 간접적인 표현.
an indirect expression indicating that the person on the other end of the call has called the wrong number

A: 거기 치킨집이지요?

B: 아니요, 몇 번에 거셨어요?

A: 유나 씨 전화 맞죠?

B: 아닌데요. 몇 번에 거셨어요?

> 몇 번: what number 어디에: where 거기: there 치킨집: fried chicken restaurant 전화: phone
> number 맞다: be right 아닌데요.: No, it's not.

몇 번으로 전화하셨어요?

1. What number are you calling? · What number did you call?
= 몇 번에 거셨어요?

: 전화한 상대방이 잘못된 번호로 전화했음을 알리는 간접적인 표현.
an indirect expression indicating that the person on the other end of the call has called the wrong number

A: 잭! 나야. 요새 많이 바빠?

B: 몇 번으로 전화하셨어요?

A: 주차장에 차 좀 빼 주시겠어요?

B: 차요? 몇 번으로 전화하셨어요?

나야.: It's me. 요새: recently · these days 많이: very 바쁘다: be busy 전화하다: to call 주차장: parking lot 차(를) 빼다: to move the car

모두 다 뒤죽박죽이야. · 모두 다 뒤죽박죽이에요.

1. It's all a mess. · What a mess.
= 모든 게 엉망이야. · 모든 게 엉망이에요. · 엉망진창이야. · 엉망진창이에요.

: 여러 가지가 마구 섞여 엉망이 된 곳 또는 상황을 비관적으로 말할 때 쓰는 표현.
an expression to describe a place or situation that has become a mess due to a complicated mix of things or circumstances

A: 며칠 동안 출장 다녀오니 집안이 모두 다 뒤죽박죽이야.
B: 스트레스 받지 마. 쉬는 날 치우면 되지.

A: 실패한 원인이 뭘까요?
B: 글쎄요. 저도 머릿속이 모두 다 뒤죽박죽이에요.

> 엉망진창: being messed up 며칠 동안: for a few days 출장: business trip 다녀오다: to go on a trip 집안: house 모두 다: all 스트레스 받지 마.: Don't get stressed. 쉬는 날: day off 치우다: to clean up 실패한: that one failed 원인: cause 글쎄(요).: well. 머릿속: one' mind

모두 제 잘못이에요.

1. It's all my fault.
= 모두 제 탓이에요.

: 일어난 나쁜 일에 대해 자신을 탓할 때 사용하는 표현.
an expression used when one blames oneself for something bad that happened

A: 정말 죄송합니다. 모두 제 잘못이에요.
B: 괜찮아요. 일하다 보면 실수할 수도 있죠.

A: 어떻게 하다가 사고가 났어요?
B: 모두 제 잘못이에요. 제가 졸음운전을 한 거 같아요.

> 모두: all 제: my (short for '저의') 탓: mistake · fault 정말: really · so 죄송하다: be sorry (honorific of '미안하다') 괜찮다: be okay 일하다 보면: while you work 실수하다: to make a mistake 어떻게 하다가: how come ...? 사고(가) 나다: to have an accident 졸음운전(을) 하다: to fall asleep while driving

모두 주목(하세요)!

1. Attention, please!
= 모두 집중(하세요)!

: 안내 사항이나 중요한 정보에 집중하게 할 때 사용하는 표현.
an expression to make the audience focus on instructions or important information delivered

A: 모두 주목! 제 말 잘 들으세요.
B: 네.

A: 모두 주목하세요! 대설주의보가 내렸으니 운전 조심합시다.
B: 네, 알겠습니다.

> 모두: everyone 주목하다: to pay attention 집중하다: to concentrate · to focus 잘 듣다: to listen carefully 대설주의보(가) 내리다: a heavy-snowfall watch has been issued 운전 조심하다: be careful when driving

모든 게 잘될 거야. · 모든 게 잘될 거예요.

1. Everything goes well. · Everything will be fine.
= 다 잘될 거야. · 다 잘될 거예요.

: 걱정이 있는 사람을 위로하고 앞으로 좋은 일이 있을 거라며 안심시킬 때 쓰는 표현.
an expression used when comforting someone who has worries and reassuring them by saying that something good will happen in the future

A: 여동생 병도 낫고, 집 문제도 해결된다면 얼마나 좋을까?
B: 걱정 마, 모든 게 잘될 거야.

A: 모든 게 잘될 거예요. 원하는 회사에 취직하고 결혼도 하게 될 거예요.
B: 고마워요. 큰 힘이 됐어요.

> 모든 게: everything · all (short for '모든 것이') 잘되다: to go well 여동생: younger sister (병이) 낫다: has been cured 집 문제: house problem 해결되다: to get resolved 걱정 마.: Don't worry. 원하는: that one wants 회사: company 취직하다: to get employed 결혼(을) 하다: to get married 큰 힘이 됐어요.: It's been a big boost. · It was of great help.

모른단 말야? · 모른단 말이에요?

1. You don't know?
= 모른다고(요)? · 정말 몰라(요)?

: 당연히 알고 있어야 할 일을 모르고 있는 상대방에게 충격을 나타내며 반문하는 표현.
an expression showing great shock at someone's ignorance of a certain fact they are supposed to know

A: 우리 졸업식이 언제지?
B: 뭐? 졸업식 날짜도 모른단 말야?

A: 우리 엄마가 몇 살이더라?
B: 엥? 어머니 연세도 모른단 말이에요?

> 모르다: not to know · to have no idea 우리: we 졸업식: graduation ceremony · commencement ceremony 언제: when 날짜: date 엄마: mom 몇 살: how old ... ? 엥?: What? 어머니: mother 연세: age (honorific of '나이')

몰골이 말이 아니네(요).

1. Look worn out · You look messy.
= 너무 피곤해 보여(요). · 초췌해 보여(요).

: 어떤 사람의 겉모습이나 상태가 매우 나빠 보일 때 쓰는 표현.
an expression used when someone's appearance or condition looks very bad

A: 형, 무슨 일 있어? 몰골이 말이 아니네.
B: 응, 마라톤 완주하고 돌아오는 길이야.

A: 어제 술 많이 마셨어요? 몰골이 말이 아니네요.
B: 네, 새벽까지 마셨어요.

> 몰골: poor appearance 피곤하다: be tired 초췌하다: be haggard · be pinched 형: older brother 완주하다: to finish the course 돌아오는 길: on the way back 어제: yesterday 술: alcohol 마시다: to drink 많이: a lot 새벽까지: until dawn

몰라서 물어(요)?

1. Are you asking because you don't know?
= 정말 몰라서 묻는 거야? · 정말 몰라서 묻는 거예요?

: 상대방의 어리석은 질문에 짜증이 나서 불쾌한 마음을 드러내는 표현.
an expression showing a feeling of displeasure when you are annoyed by the other person's stupid questions

A: 방금 그 말 나한테 하는 말이야?
B: 몰라서 물어? 여기 너밖에 없잖아.

A: 어? 내 핸드폰 어디 있지?
B: 몰라서 물어요? 가방 바로 옆에 있잖아요.

> 몰라서: because you don't know it 묻다: to ask · to inquire 정말: really 방금: just now 그 말: what you said 여기: here 너밖에: only you 가방: bag · purse 바로 옆에: right next to

몸은 좀 괜찮아(요)?

1. Are you feeling OK?
= 몸은 좀 어때(요)? · 아프다더니 괜찮아(요)?

: 상대방의 건강 상태가 걱정이 되어 묻는 표현.
an expression to inquire about someone's health because you are concerned about their overall health state

A: 입원했었다며? 몸은 좀 괜찮아?
B: 그럭저럭.

A: 몸은 좀 괜찮아요?
B: 네, 이젠 괜찮아요.

> 몸: body 아프다: be sick 입원하다: to be in hospital 그럭저럭: be not bad 이젠: now (short for '이제는')

몸이 좀 안 좋아(요).

1. I've been under the weather. · I'm not feeling well.
= 몸이 좀 힘들어(요). · 좀 아파(요).

: 안부를 묻는 질문이나 무엇을 함께 하자는 제안에 대해 몸 상태가 좋지 않다고 대답할 때 쓰는 표현.

an expression to give a negative answer to a question asking about your condition or to an offer to do something together

A: 얼굴이 창백해 보여. 어디 아파?

B: 응, 몸이 좀 안 좋아.

A: 자전거 타러 갈까요?

B: 오늘은 못 갈 거 같아요. 몸이 좀 안 좋아요.

> 몸: body 힘들다: not to feel well 아프다: to feel sick 얼굴: face 창백해 보이다: to look pale 어디 아파(요)?: Something wrong? · Are you feeling sick? 자전거: bicycle 타러 가다: to go for a ride 오늘: today 못 가다: can't go

몸조심해(요)!

▌1. Take care!

: 상대방이 건강하고 안전하기를 바라는 마음을 담아 하는 작별 인사.

a goodbye greeting said with the hope for the other person's health and security

A: 여행 잘 갔다 올게!

B: 응, 몸조심해!

A: 밥 잘 챙겨 먹고 몸조심해요!

B: 네, 고마워요.

> 여행: trip 잘 갔다 오다: to have a good trip 밥(을) 챙겨 먹다: not to skip meals 고맙다: to thank

못 말려(요).

▌1. Nobody can stop.
= 누가 말리겠어(요)?

: 누군가의 일에 간섭하지 않기로 결정할 때 쓰는 표현. 그 누군가가 얼마나 완고한지 알고 있기 때문에 사용한다.

an expression used when deciding not to interfere in someone's affairs, knowing how stubborn that person is

A: 쟤 고집 진짜 세. 아무도 걔 못 말려

B: 누가 말리겠어?

A: 저기 싸움 좀 말려 봐요.

B: 저분 화나면 아무도 못 말려요.

누가: who 말리다: to stop (sb from doing sth) 쟤: that guy (short for '저 아이') 고집(이) 세다:
be stubborn · be headstrong 진짜: really · so 아무도: nobody 저기: there 싸움(을) 말리다: to
stop a fight · to break up a fight 저분: that person 화(가) 나면: when one gets angry

못 알아들었어(요).

1. I didn't get it. · I didn't understand it.
= 이해하지 못했어(요).

: 상대방이 말한 내용을 이해하지 못했을 때 쓰는 표현.
an expression used when you do not understand what the other person said

A: 오늘 철학 특강 들었는데 하나도 못 알아들었어.

B: 그렇게 어려웠어?

A: 쭉 가다가 좌회전하면 두 번째 골목 안에 있어요.

B: 네? 못 알아들었어요. 좀 천천히 말해 주세요.

철학: philosophy 특강: special lecture 듣다: to listen · to attend 하나도: not ~ any 어렵다: be
difficult 쭉 가다: to go straight 좌회전하다: to turn left 두 번째: the second 골목: alley 천천히:
slowly 말하다: to speak

무슨 말씀인지는 알겠어요, 하지만

1. I know what you mean, but
= 무슨 말씀인지는 알겠는데 · 무슨 말씀인지는 알겠지만

: 상대방이 한 말의 요점을 이해했다고 말하면서 자신의 주장을 드러내는 정중한 표현.
an expression to politely introduce one's argument by acknowledging the other person's point

A: 환경을 보호하기 위해서는 모든 일회용품의 사용을 금지해야 합니다.

B: 무슨 말씀인지는 알겠어요, 하지만 현실적으로 불가능해요.

A: 무슨 말씀인지는 알겠어요, 하지만 제 생각은 좀 달라요.

B: 그래요? 어떻게 다른가요?

말씀: words (honorific of '말') 환경: environment 보호하다: to protect 모든: all 일회용품: disposable product 사용: use 금지하다: to prohibit · to ban 현실적으로: practically 불가능하다: be impossible 제: my (short for '저의') 생각: opinion · idea 다르다: be different 어떻게: how

무슨 말을 못 하겠네(요).

1. I can't say anything. · There's nothing to say.
= 무슨 말을 해야 할지 모르겠어(요). · 아무 말도 못 하겠어(요).

: 좋지 않은 소식을 듣고 충격과 당황한 마음을 강조하여 나타내는 표현.
an expression that emphasizes shock and embarrassment after hearing bad news

A: 아버지도 돌아가셨어. 한참 전에.
B: 미안하다. 무슨 말을 못 하겠네. 힘들었겠다...[22]

A: 한 달 전엔 다리가 부러졌고, 지난주엔 독감에 걸렸어요.
B: 어휴... 무슨 말을 못 하겠네요.

> 아버지: father 돌아가시다: to pass away (honorific of '죽다') 한참 전에: long time ago 미안하다.: I'm sorry. 힘들었겠다.: I guess you were painful 한 달 전엔: one month ago 다리: leg 부러지다: to be broken 지난주엔: last week 독감에 걸리다: to have flu

2. I'd rather not say anything.
= 아무 말도 안 하는 게 낫겠어(요).

: 상대방의 감정 상태가 좋지 않아서 차라리 침묵하는 게 나을 것 같다는 마음을 나타내는 표현.
an expression to indicate the feeling that it's better to be silent because the other person's emotional state is not good

A: 이럴 때 너는 내 편 들어야 하는 거 아냐? 친구니까 무조건.
B: 알았어. 무슨 말을 못 하겠네.

A: 그래요. 모든 게 내 잘못이에요.
B: 이런, 무슨 말을 못 하겠네요.

> 이럴 때: this moment when 내 편 들다: be on my side ~(으)ㄴ/는 거 아냐?: Isn't it ~? 친구: friend 무조건: without any reason 알았어.: I see. 그래요.: Right. 모든 게: everything 내: my 잘못: fault 이런: Gosh

---

22) 드라마 <내일> 3회의 대사를 참고하였다.

무슨 말인지 이해했어(요)?

1. Do you understand what I mean?
= 내 말 이해했어(요)? · 내 말 알아들었어(요)?

: 상대방에게 자신의 말을 알아들었는지 물어볼 때 쓰는 표현.
an expression to check if the listener has got the point of your words

A: 시청역에 가려면 지하철이 더 빨라. 무슨 말인지 이해했어?
B: 응. 버스 말고 지하철 타라는 거잖아.

A: 무슨 말인지 이해했어요?
B: 아뇨, 이해 못 했어요.

시청역: City Hall Station 가려면: to get there 지하철: subway 더 빠르다: be faster 이해하다: to understand · to get 타다: to take 아뇨: No

무슨 말인지는 알겠는데

1. I hear what you're saying
= 뭔 말인지는 알지만

: 상대방이 무슨 생각을 하는지 짐작은 하지만 동의하지 않을 때 쓰는 표현.
an expression used when you catch the other person's intention of saying something but do not agree with it

A: 가게마다 가격차가 좀 있는 거 같아.
B: 무슨 말인지는 알겠는데, 그냥 이 가게에서 사자.

A: '제주 한 달 살기' 꼭 해야겠어?
B: 무슨 말인지는 알겠는데, 싫으면 나 혼자 할게.

뭔: what (short for '무슨') 가게마다: each store · depending on the store 가격차(가) 있다: There is a price difference. 그냥: just 이 가게: this store 제주 한 달 살기: living in Jeju for a month 꼭 하다: certainly do 싫다: don't like 나 혼자: alone · oneself

무슨 소리야? · 무슨 소리예요?

1. Pardon me? · What are you talking about?
= 무슨 얘기예요?

: 믿기 힘들거나 받아들이기 어려운 말이나 소식에 대해서 강한 반응을 나타내는 표현.
an expression used as a strong reaction to a statement or news that is hard to believe or accept

A: 너 혹시 나 좋아해?
B: 무슨 소리야?

A: 고향에 큰 지진이 났대요.
B: 무슨 소리예요? 우리 고향에 지진이 났다고요?

> 무슨: what 소리: be talking 너: you 혹시: by any chance 나(를): me 좋아하다: to like 고향:
> hometown 큰: big · huge 지진(이) 나다: an earthquake occurs. 우리(의): our

무슨 일이 있는 건 아니겠지(요)?

1. There must be something going on, right? · Nothing special, right?
= 별일 없는 거겠지(요)? · 나쁜 일이 있는 건 아니겠지(요)?

: 연락이 닿지 않는 사람에게 무슨 일이 일어날까 봐 걱정되어 불안을 나타내는 표현.
an expression showing worry about someone who is out of touch at the moment that something bad might have happened

A: 나 보기 싫어서 아빠가 집에 안 들어오시는 걸까?
B: 아냐, 네 아빠 연락 없이 외박한 건 처음인데, 무슨 일이 있는 건 아니겠지?[23]

A: 자정이 넘었는데 왜 전화가 없지? 무슨 일 있는 건 아니겠지요?
B: 별일 없을 거예요.

> 별일: big deal 나쁜: bad 나(를): me 보기(가) 싫다: don't want to see 아빠: dad 집에 안 들어오
> 다: not to come home at night 외박하다: to stay out overnight 자정: midnight 넘다: past ~ 왜:
> why 전화(가) 없다: There is no call from ~

무슨 일 있어(요)?

1. Is there a problem?
= 무슨 문제 있어(요)?

: 상대방의 기분이나 상태가 좋지 않아 보여서 걱정하는 마음을 나타낼 때 쓰는 표현.
an expression showing concern when the other person seems to be in a bad mood or condition

---

23) 드라마 <누가 뭐래도> 115회의 대사를 참고하였다.

A: 왜 이렇게 기운이 없어? 무슨 일 있어?

B: 새로 산 휴대폰을 잃어버렸어.

A: 멍이 심하게 들었군요. 무슨 일 있어요?

B: 계단에서 넘어졌어요.

> 문제: problem 왜 이렇게: why are you so … 기운(이) 없다: be depressed · be downcast 새로:
> newly 산: bought 잃어버리다: to lose 멍(이) 들다: to get bruised 심하게: severely · seriously
> 계단: stairs 넘어지다: to fall down

2. Is something good happening? · Any good news?
= 무슨 좋은 일 있어(요)? · 무슨 좋은 소식 있어(요)?

: 상대방의 기분이 좋아 보여서 이유를 물어볼 때 쓰는 표현.
an expression used when asking what put someone in a good mood

A: 너 기분 좋아 보인다. 무슨 일 있어?

B: 응, 장학금 받게 됐어.

A: 오늘 멋진데? 무슨 일 있어요?

B: 소개팅 있어요!

> 기분: feelings · mood 좋아 보이다: to look good 장학금: scholarship 받다: to receive 오늘:
> today 멋지다: to look cool 소개팅: blind date

무슨 일 하세요?

1. What do you do?
= 직업이 뭐예요? · 어떤 일을 하세요?

: 상대방의 직업을 물어볼 때 쓰는 표현.
an expression to ask someone's occupation

A: 무슨 일 하세요?

B: 회사원이에요.

A: 저는 영어 강사인데, 민수 씨는 무슨 일 하세요?

B: 어학당에서 한국어를 가르쳐요.

> 직업: job 어떤 일: what kind of work 회사원: office worker 영어 강사: English teacher 어학당:
> language institute · language school 한국어: Korean 가르치다: to teach

무슨 일로 전화하셨어요?

1. What are you calling about?
= 왜 전화하셨어요? · 어떤 용건이신가요?

: 상대방에게 전화한 이유를 물어볼 때 쓰는 표현.
an expression to ask the caller what the call is about

A: 무슨 일로 전화하셨어요?
B: 아르바이트 광고 보고 전화드렸어요.

A: 김하나 씨 되시죠?
B: 그런데요, 무슨 일로 전화하셨어요?

> 무슨: what 어떤: what 용건: business · matter 전화하다: to call 광고: advertisement 보다: to
> see 전화드리다: to call (honorific of '전화하다') 그런데요.: Yes, (it is.)

무슨 일이 있는 건 아니지(요)?

1. There's something going on, right?
= 별일 있는 건 아니죠? · 별일 있는 건 아니지(요)?

: 상대방에게 좋지 않은 일이 있는지 염려하며 물어볼 때 쓰는 표현.
an expression showing concern when you see a sign of something bad happening to the other
person

A: 목소리가 안 좋네. 무슨 일이 있는 건 아니지?
B: 응, 아무 일 없어.

A: 오늘 저녁 약속 취소해야 할 것 같아요. 죄송해요.
B: 알았어요. 근데 무슨 일이 있는 건 아니지요?

> 별일: big deal 목소리: voice 안 좋다: be not good 아무 일: nothing 없다: there is no ~ 오늘:
> today 저녁: dinner 약속: appointment 취소하다: to cancel 죄송하다: be sorry 알았어요.: I see.
> 근데: by the way (short for '그런데')

무슨 좋은 일 있어(요)?

1. What good things are happening?
= 좋은 일 있나 봐(요)? · 기분 좋은 일 있어(요)?

: 상대방의 기분이나 겉모습이 좋아 보여서 이유를 물어볼 때 쓰는 표현.
an expression used when someone seems to be in a good mood or looks good and asking why

A: 너 표정이 밝다. 무슨 좋은 일 있어?
B: 응, 다음 주에 부모님이 한국에 오셔.

A: 무슨 좋은 일 있어요?
B: 다음 학기에 장학금을 받게 됐어요.

> 좋은: good 기분: feelings · mood 표정: look 밝다: be bright · be happy 다음 주: next week 부모님: parents 한국에: to Korea 오시다: to come (honorific of '오다') 이번 학기: this semester 장학금: scholarship 받다: to receive

무슨 할 말이 있겠어(요)?

1. What can I say? · I have nothing to say.
= 아무 할 말이 없어(요).

: 어떤 일에 대해 변명하기보다 잘못을 인정할 때 쓰는 표현.
an expression to admit one's fault in something that went wrong rather than making excuses

A: 더 하고 싶은 말 있어?
B: 없어. 죄인이 무슨 할 말이 있겠어?

A: 실망스럽네요. 도대체 왜 그런 거예요?
B: 죄송해요. 제가 무슨 할 말이 있겠어요?

> 무슨: what 아무: no 죄인: sinner 실망스럽다: be disappointed 도대체: on earth 죄송하다: be sorry (honorific of '미안하다').

문제없어(요).

1. No problem.

: 무리가 되거나 위험한 일을 할 것 같아 걱정하는 상대방을 안심시키기 위해 쓰는 표현.
an expression to dispel someone's worry about you, who have a dangerous job ahead

A: 새벽 비행기 타는 거 괜찮아?
B: 문제없어.

A: 눈 많이 오는데 운전할 수 있겠어요?

B: 네, 문제없어요.

물론이지(요).

1. Absolutely.
= 물론이죠. · 그럼(요). · 당연하지(요).

: 상대방의 말이나 질문에 강한 긍정을 나타낼 때 쓰는 표현.
an expression strongly saying yes to the other person's statement or question

A: 나 믿어?
B: 물론이지.

A: 한국어 할 줄 아세요?
B: 네, 물론이지요.

물어본 내가 잘못이지(요).

1. It was my fault for asking. · I asked something pointless.
= 내가 괜한 걸 물었어(요).

: 상대방의 반응을 보고 의미 없는 질문을 한 자신을 탓할 때 쓰는 표현.
an expression blaming oneself for asking pointless questions to the other person, frustrated with their reaction

A: 맥주 더 시키자고? 좋지!
B: 어휴, 물어본 내가 잘못이지.

A: 주말에 뭐 할 거냐고요? 하루 종일 잘 거예요.
B: 알았어요. 물어본 내가 잘못이지요.

뭐 그렇게 생각할 수도 있겠지만

| 1. Well, you might think so, but
| = 뭐 그런 생각을 할 수도 있겠지만

: 주어진 문제에 대한 자신의 의견을 나타내기 전에 상대방의 의견을 존중함을 보이는 표현.

an expression showing respect for the other person's opinion before expressing one's opinion on a given issue

A: 좋은 회사에 취직하려면 영어를 엄청 잘해야 해요.
B: 뭐 그렇게 생각할 수도 있겠지만 영어가 전부는 아니에요.

A: 뭐 그렇게 생각할 수도 있겠지만 획기적인 보완책이 나와야 해요.
B: 구체적으로 말씀해 보시겠어요?

> 그렇게: so 좋은: good · prestigious 회사: company 취직하다: to get a job 영어: English 엄
> 청: very 잘하다: be fluent in · to speak well 전부가 아니다: be not all (that you need) 획기적
> 인: innovative · radical 보완책: complement · supplement 나오다: to hit upon 구체적으로:
> concretely · in detail 말씀하다: to tell · to say

뭐 마실래(요)?

| 1. What would you like to drink?
| = 음료는 뭘로 할래(요)?

: 상대방에게 마시고 싶은 음료의 종류를 물을 때 쓰는 표현.
an expression used when asking someone what type of drink they'd like

A: 뭐 마실래?
B: 난 커피!

A: 뭐 마실래요?
B: 물 있어요? 저는 생수 주세요.

> 음료: drink · beverage 난: I (short for '나는') 물: water 있어(요)?: Do you have …? 생수: mineral
> water · bottled water

뭐 재미있는 일 없어(요)?

1. Is there anything fun going on?
= 뭐 재미난 일 없어(요)?

: 가까운 사람에게 가볍게 인사하고 잡담의 주제를 찾기 위해 쓰는 표현.
an expression used as a light greeting to a close person and as an effort to seek a topic for small talk

A: 오랜만이다. 요즘 뭐 재미있는 일 없어?
B: 전혀. 일이 많아 죽을 거 같아.

A: 잘 지냈죠? 뭐 재미있는 일 없어요?
B: 있어요. 우리 같이 프로야구 보러 갈래요?

> 뭐: something · anything 재미있는: fun · exciting 오랜만이다.: Long time no see. 요즘: these days 전혀.: Nothing. 일(이) 많다: to have a lot of work to do 일이 많아 죽을 거 같아.: I think I'm working myself to death. 잘 지냈죠?: How have you been? 우리 같이: together 프로야구: professional baseball (game) 보러 가다: to go to see

뭐 좀 먹을까(요)?

1. Should we eat something?
= 뭐 좀 먹는 게 어때(요)?

: 간식이나 음식을 함께 먹자고 제안할 때 쓰는 표현. 배가 고프다는 신호를 보내는 방법으로도 사용된다.
an expression to suggest having a snack or meal together, also used as a signal that one is hungry

A: 뭐 좀 먹을까?
B: 그러자. 배고프다.

A: 시장하지 않으세요?
B: 네, 출출하네요. 우리 뭐 좀 먹을까요?

> 뭐: something 좀: some 먹다: to eat · to grab a bite 그러자.: OK. Let's. 배고프다: be hungry 시장하다: be hungry 출출하다: be slightly hungry

뭐 하나 여쭤 봐도 돼요?

1. Can I ask you something?
= 뭐 좀 물어봐도 돼요?

: 상대방에게 본격적인 질문을 하기 전에 사용하는 표현.
an expression to introduce a subject by posing a question to the other person

A: 뭐 하나 여쭤 봐도 돼요? 김 쌤은 뭐 좋아해요?
B: 김 쌤은 라면을 아주 좋아하지.[24]

A: 뭐 하나 여쭤 봐도 돼요?
B: 네, 말씀하세요.

> 뭐: something 하나: one · a 묻다: to ask 여쭤 보다: to ask (honorific of '물어 보다') 쌤: teacher (short for '선생님') 좋아하다: to like 라면: ramyeon (instant noodles) 아주: very · really 말씀하다: to tell · to say

뭐가 달라(요)?

1. What's difference?
= 차이가 뭐예요?

: 비교되는 두 대상의 차이점을 물을 때 쓰는 표현.
an expression to ask about the differences between two objects being compared

A: 라면 끓일 때 스프를 먼저 넣는 것과 나중에 넣는 게 뭐가 달라?
B: 맛이 좀 다르대. 근데 난 차이를 모르겠어.

A: 이 핸드폰과 저 핸드폰, 뭐가 달라요?
B: 기능이 좀 달라요.

> 라면: ramyeon (instant noodles) 끓일 때: when boiling 스프: powder in ramyeon 먼저: first 넣다: to put in 나중에: later 차이: difference 모르다: do not know 기능: function 다르다: be different

---

24) 드라마 <당신의 하우스헬퍼> 12회의 대사를 참고하였다.

뭐가 문제야? · 뭐가 문제예요?

1. What's wrong? · Why not?
= 뭐가 문제 돼(요)?

: 당신이 하려는 일에 대한 상대방의 부정적인 태도에 불편함을 나타내는 표현.
an expression to show discomfort with the other person's negative attitude toward what you are trying to do

A: 이 책 열 권을 다 사겠다고?
B: 응, 뭐가 문제야?

A: 퇴근 시간 되면 나가는 게 도대체 뭐가 문제예요?
B: 아무 문제 없어요. 칼퇴근하세요!

> 책: book 열 권: ten books 다: all 사다: to buy 퇴근 시간: quitting time 나가다: to leave the
> office 도대체: on earth 아무: no 문제: problem 칼퇴근하다: to get off work on time

뭐가 잘 안 돼(요)?

1. What's not going well for you?
= 무슨 문제 있어(요)?

: 상대방에게 생긴 문제가 무엇인지 물어볼 때 쓰는 표현.
an expression to ask someone in trouble what the problem is

A: 아직도 안 끝났어? 뭐가 잘 안 돼?
B: 응, 이 책상은 조립하는 게 너무 복잡해.

A: 뭐가 잘 안 돼요? 제가 도와줄까요?
B: 네, 한번 봐 주세요.

> 아직도: still · yet 안 끝나다: be not finished 책상: desk 조립하다: to assemble · to put together
> 너무: too · very 복잡하다: be complicated 도와주다: to help 한번 보다: to have a look

뭐라 드릴 말씀이 없습니다.

1. I have nothing to say.
= 대단히 죄송합니다.

: 상대방에게 큰 잘못을 저질러 매우 정중하게 사과할 때 쓰는 표현.

an expression to politely apologize for a significant mistake made by you

A: 이렇게 계산을 잘못하면 어떡해요?
B: 뭐라 드릴 말씀이 없습니다. 정말 죄송합니다.

A: 뭐라 드릴 말씀이 없습니다. 제가 부모님을 찾아뵙고 용서를 구하도록 하겠습니다.
B: 그건 좋은 방법 같진 않습니다.[25]

> 대단히: very much · awfully 이렇게: like this 계산: calculation 잘못하다: be wrong · to make a
> mistake 정말: really 죄송하다: be sorry 부모님: parents 찾아뵙다: to go visit · to pay a visit to
> 용서를 구하다: to beg for forgiveness 좋은: good 방법: way ~ 같지 않다: doesn't seem ~

2. I have no idea what to say.
= 어떻게 위로의 말씀을 드려야 할지 모르겠습니다. · 무슨 말이 위로가 되겠습니까?

: 상대방이 겪게 된 고통에 대해 마음을 다해 위로할 때 쓰는 표현.
an expression used when comforting someone in great pain wholeheartedly

A: 얼마나 고통스럽고 마음이 아프세요? 뭐라 드릴 말씀이 없습니다.
B: 네, 조문해 주셔서 감사합니다.

A: 많이 놀라셨지요? 뭐라 드릴 말씀이 없습니다.
B: 네, 아직은 실감이 나질 않습니다.

> 위로: comfort · consolation 말씀: words (honorific of '말') 얼마나: how 고통스럽다: be painful ·
> be distressed 마음: mind · heart 아프다: be painful 조문하다: to offer one's condolences 많이:
> so 놀라다: be surprised 아직은: still · yet 실감(이) 나지 않다: not to feel real

뭐라고(요)?

1. What did you say?
= 다시 한번 더 말해 줄래(요)? · 지금 뭐라고 했어(요)?

: 상대방이 방금 한 말을 알아듣지 못해서 다시 말해달라고 요청할 때 쓰는 표현.
an expression to ask the other person to repeat what they've just said when you failed to catch it

A: 뭐라고? 못 들었어.
B: 수영하러 가자!

A: 토요일에 저희 집에 놀러 오실래요?
B: 뭐라고요? 잘 안 들려요.

---

25) 드라마 <삼남매가 용감하게> 43회의 대사를 참고하였다.

2. Say that again?
= 다시 말해 봐(요). · 지금 뭐라고 했어(요)?

: 불쾌한 발언이나 예상치 못한 소식을 들었을 때 짜증이 나거나 혼란스러운 감정을 나타내는 표현.
an expression displaying annoyance or confusion when you hear unpleasant comments or unexpected news

A: 넌 패션 감각이 없는 거 같아.
B: 뭐라고?

A: 잭 씨는 곧 한국 떠날 거 같아요.
B: 네? 뭐라고요?

뭐라고 하셨어요?

1. What did you say?
= 뭐라고 말씀하셨어요?

: 상대방의 말을 잘 알아듣지 못해서 다시 말해 달라고 요청할 때 쓰는 표현.
an expression to ask the other person to repeat what they said when you didn't hear it well

A: 생강차 한 잔, 녹차 한 잔 주세요.
B: 죄송합니다. 뭐라고 하셨어요?

A: 이 곡 진짜 좋죠?
B: 뭐라고 하셨어요? 시끄러워서 잘 안 들려요.

뭐래?

1. What are you talking?
= 뭐라는 거야?

: 상대방의 말에 어이가 없거나 불쾌할 때 쓰는 표현.

an expression used when you are confused or offended by what the other person says

A: 나 지금 동해로 떠나.

B: 뭐래? 이 밤에 바다 보러 간다는 거야?

A: 오늘부터 물도 안 마시고 아무것도 안 먹을 거야.

B: 쟤 지금 뭐래?

> 도대체: the heck 지금: now 동해: the East Sea 떠나다: to leave · to depart 밤에: at night 바
> 다: sea 보러 가다: to go see 오늘부터: from today 물: water 안 마시다: not to drink 아무것도:
> nothing 먹다: to eat 쟤: that guy (short for '저 아이')

2. What did he/she/they say?
= 뭐라고 했어?

: 제 3자가 말한 것이 궁금해 상대방에게 물어볼 때 쓰는 표현.

an expression used when you ask again because you don't understand what others said

A: 민수가 뭐래?

B: 내일은 바빠서 점심시간에 못 온대.

A: 그래서 엄마가 뭐래?

B: 병원 다녀왔으니까 걱정하지 말래.

> 내일: tomorrow 바쁘다: be busy 점심시간: lunchtime 못 오다: can't come 엄마: mom 병원(에)
> 다녀오다: to go to the hospital 걱정하지 말래.: (She said) don't worry

뭔데(요)?

1. What's that?

: 대화 속으로 들어가 화제가 무엇인지 물어봄으로써 대화에 참여할 때 쓰는 표현.

an expression to engage in a conversation by jumping into it and asking what it is about

A: 뭔데? 나도 좀 알자.

B: 아냐. 넌 몰라도 되는 일이야.

A: 뭐 먹어요? 그거 뭔데요?

B: 순대예요. 같이 먹어요.

> 알다: to know 넌: you (short for '너는') 몰라도 되다: don't need to know 뭐: what 먹다: to eat
> 그거: that 순대: sundae (Korean sausage) 같이: together

뭘 이런 걸 다.

1. What did you prepare this for?
= 뭘 이런 걸 다 준비했어(요)?

: 친한 사람으로부터 선물을 받았을 때 고마움을 나타내기 위해 쓰는 표현.
an expression to show gratitude when you receive a gift from a close person

A: 너한테 어울릴 거 같아서 샀어.

B: 뭘 이런 걸 다. 고마워.

A: 받아! 생일선물이야.

B: 뭘 이런 걸 다.

> 뭘: what (short for '무엇을') 준비하다: to prepare 너한테: for you 어울리다: to go with · to
> match 사다: to buy 받아!: This is for you! 생일선물: birthday present[gift]

뭘 이렇게 많이 차리셨어요?

1. Why did you prepare so much?
= 뭘 이렇게 많이 준비했어요?

: 초대받은 자리에서 음식을 준비한 사람에게 감사하는 표현.
an expression to thank the host and hostess for the food they prepared in a feast you are invited to

A: 자, 식사합시다.

B: 뭘 이렇게 많이 차리셨어요? 잘 먹겠습니다!

A: 뭘 이렇게 많이 차리셨어요?

B: 신경 좀 썼어요. 맛있게 드세요!

> 식사하다: to dine · to eat 많이: a lot (of foods) 차리다: to cook · to prepare 잘 먹겠습니다.:
> Thank you for the meal. 신경(을) 쓰다: to try to do one's best 맛있게 드세요.: Enjoy your meal.

뭣이 중헌디?

1. What is the most important?
= 뭐가 가장 중요해?

: 상대방의 관심을 현재 상황에서 가장 중요한 핵심으로 향하게 하려는 표현.

an expression that aims to direct the other person's attention to the most important aspect of the issue being discussed

A: 사법이든 사뻡이든 뭣이 중헌디? 뭣이 중하냐고.
B: 우와, 최 변호사 사투리 잘하네요.[26]

A: 고생하는 나는 안 보이냐? 뭣이 중헌디?
B: 뭣이 중하냐고? 당신이 제일 중요하지.[27]

> 뭣: what (short for '무엇') 사법: jurisdiction 중하다: be important · to matter 우와: Wow 변호사: lawyer 사투리: dialect 잘하다: be good at 고생하다: to live a hard life 안 보이다: can't see 당신: you 제일: the most 중요하다: be important

미안하지만 못하겠어(요).

1. I'm sorry but I can't.
= 미안하지만 못 할 거 같아(요).

: 상대방의 부탁이나 제안을 들어줄 수 없을 때 쓰는 표현.

an expression saying that you cannot accept the other person's request or suggestion

A: 집까지 2시간 남았다. 계속 운전할 수 있어?
B: 미안하지만 못하겠어.

A: 저쪽에 액자를 걸고 싶어요. 못 좀 박아줄래요?
B: 미안하지만 못하겠어요. 못 박을 줄 몰라요.

> 집까지: until one gets home 남았다: There is ... left 계속: to continue to do 운전하다: to drive 저쪽에: over there 액자: frame 걸다: to hang 못(을) 박다: to drive[hammer] a nail 모르다: do not know

미안해서 어쩌죠?

1. I feel awful.
= 미안해서 어떡하죠?

---

26) 드라마 <이상한 변호사 우영우> 15회를 참고하였다.
27) 예능 <SNL 코리아 시즌2> 19회 출연자의 대화를 참고하였다.

: 상대방의 친절에 대해 고마운 마음을 나타내거나 자신의 잘못을 사과할 때 쓰는 간접적인 표현.

an indirect expression to convey gratitude for someone's kindness or apology for one's mistake

A: 커피 값도 내셨군요. 미안해서 어쩌죠?
B: 괜찮아요. 다음에 맛있는 거 사 주세요.

A: 저 때문에 기차를 놓쳤네요. 미안해서 어쩌죠?
B: 큰일 났어요. 일단 전화해서 회의 시간부터 미뤄야겠어요.

> 내다: to pay 괜찮다: be okay · no problem 다음에: next time 저 때문에: because of me 기차(를) 놓치다: to miss the train 큰일(이) 나다: be in trouble 일단: first · for now 전화하다: to call 회의 시간: meeting schedule 미루다: to put off

미쳤군, 미쳤어.

1. It's crazy.
= 미쳤네, 미쳤어. · 돌았군, 돌았어.

: 상대방의 말이나 행동이 어이없고 못마땅할 때 쓰는 표현.

an expression used when someone's words or actions seem absurd or disapproving

A: 나를 사랑하는 사람이 너무 많은 것 같아.
B: 미쳤군, 미쳤어.

A: 자동차 한 대 더 살까 봐.
B: 뭐? 미쳤군, 미쳤어.

> 사랑하는: loving 사람: person · people 너무: too · so 많다: There are a lot of ... 자동차: car 한 대 더: one more · another 살까 봐: be thinking of

미쳤다!

1. It's crazy! · You're crazy!
= 돌았다!

: 상대방의 말이나 행동이 정상적이지 않다고 생각하여 비난하는 표현.

an expression that criticizes the other person for thinking that their words or actions are not normal

A: 미쳤다! 그런 얘기를 어떻게... 설마 막 떠들고 다녀요?

B: 미쳤어요? 내가 앞길이 구만리인데.[28)]

A: 차를 또 바꿨다고? 미쳤다!

B: 왜? 넌 네 일이나 신경 써.

> 그런: that kind of 얘기: talk (short for '이야기') 어떻게: how come ~ 설마: Probably ~ (not) 막 떠들고 다니다: to make a fuss about 앞 길이 구만리이다: to have a long road ahead of one 차: car 또: again 바꾸다: to change 왜?: Why? 네 일이나 신경 써.: Mind your own business.

2. Awesome.
= 멋지다! · 대단하다!

: 어떤 수행이나 음식, 결과물 등이 완벽할 정도로 대단하다고 느낄 때 쓰는 감탄사.
an exclamation used when you feel that a practice, food, or outcome is perfect

A: 와, 미쳤다! 노래 진짜 잘한다.

B: 그러게. 연습 엄청 했을 거 같아.

A: 우와! 진짜 미쳤다! 비빔밥 너무 맛있어요.

B: 그래? 다행이다. 많이 먹어.[29)]

> 노래(를) 잘하다: to sing well 진짜: really 그러게(요).: Right. 연습: practice 엄청: a lot ~았을/었을 거 같다: It seemed like~ 비빔밥: bibimbap 너무: very 맛있다: be delicious 그래(요)?: Really? 다행이다: be good 많이 먹어.: Eat a lot.

미쳤어(요)?

1. Seriously?

: 상대방의 비합리적인 계획이나 제안에 대한 반응으로서 그 생각이 얼마나 터무니없는 지를 나타내는 표현.
an expression as a negative reaction to the other person's irrational plan or proposal, implying how absurd it sounds

A: 주말에 여행이나 갈까?

B: 미쳤어? 내가 요즘 할 일이 얼마나 많은지 몰라?

A: 우리 사귈래요?

B: 미쳤어요? 잘 알지도 못하는 여자한테 사귀자고요?[30)]

---

28) 드라마 <멜로가 체질> 4회의 대사를 참고하였다.

29) 예능 <나 혼자 산다> 408회 출연자의 대화를 참고하였다.

30) 드라마 <사랑의 온도> 1회의 대사를 참고하였다.

믿거나 말거나

1. Believe it or not
= 믿든 안 믿든 · 믿든 말든

: 전달된 소식이나 정보에 대해 상대방이 의심을 표현할 때 이에 응답하는 표현.
an expression to respond to the other person's doubt about the news or information delivered

A: 운전면허를 한 번에 땄다고? 거짓말이지?
B: 믿거나 말거나, 진짜야. 난 이제 자동차 알아봐야지!

A: 우리 집 앞에 백화점이 생긴다고요?
B: 응, 믿거나 말거나.

운전면허(를) 따다: to get a driver's license 한 번에: on a first try 거짓말: lie 진짜야.: It's true. 난: I (short for '나는') 알아보다: to look for 우리 집: my house 앞에: in front of 백화점: department store 생기다: be built

믿어 봐. · 믿어 보세요.

1. Trust me.
= 믿어. · 믿으세요.

: 주저하는 상대방에게 행동하도록 격려하는 표현.
an expression to encourage people hesitant to do something to act

A: 나 잘 할 수 있을까?
B: 내 말 한번 믿어 봐. 너 꼭 잘 해낼 거야.

A: 한번 믿어 보세요. 이 사과, 진짜 맛있다니까요?
B: 살게요. 만 원어치 주세요.

한번: once 잘 하다: to do well 내 말: what I'm saying 꼭: definitely · certainly 잘 해내다: to make it · to make a go of it 사과: apple 진짜: really · so 맛있다: be tasty[sweet] 사다: to buy 만 원어치: worth 10,000 won

믿어도 돼(요).

1. (You can) Trust me. · Can take it to the bank.
= 믿어 봐(요). · 믿어 보세요.

: 힘든 도전을 앞두고 있는 상대방을 안심시키는 표현.
an expression to reassure someone that is expecting a big challenge ahead

A: 넌 꼭 합격할 거야! 믿어도 돼.
B: 그래, 고마워.

A: 마라톤 완주할 자신 있어요?
B: 연습 많이 했어요. 믿어도 돼요.

> 넌: you (short for '너는') 꼭: definitely · certainly 합격하다: to pass 마라톤 완주: running a full marathon 자신(이) 있다: be sure that 연습: practice 많이 하다: to do a lot · to do hardly

ㅂ

바가지를 썼네(요).

1. They must have seen you coming.
= 너무 비싸게 샀네(요).

: 어떤 제품이나 서비스에 대해 적정 가격보다 더 많은 요금을 냈다고 생각할 때 쓰는
표현.
an expression used when you think a higher price or charge than needed was paid for a product
or service

A: 계곡에 있는 식당에서 삼계탕 먹었는데 3만 원 냈어.

B: 바가지를 썼네.

A: 머리 조금 잘랐는데 5만 원 냈어.

B: 5만 원이요? 바가지를 썼네요.

> 바가지 쓰다: be overcharged · to get ripped off 계곡: valley 식당: restaurant 삼계탕:
> samgyetang (ginseng chicken soup) 먹다: to eat 머리(를) 자르다: to have one's hair cut 조금:
> a little 내다: to pay · be charged

바로 그거야! · 바로 그거예요!

1. Absolutely! · That's right!
= 내 생각도 같아(요)!

: 상대방의 생각에 완전히 동의한다는 것을 나타내는 표현.
an expression to show full agreement with the other person's idea or statement

A: 오늘 저녁은 배달 음식 시켜 먹을까?

B: 바로 그거야! 치킨 어때?

A: 길이 많이 막히니까 지하철 타라는 거죠?

B: 맞아요! 바로 그거예요!

> 오늘: today 저녁: dinner 배달 음식: delivery food 시켜 먹다: to order in 치킨: fried chicken
> (noun)+어때?: What about (noun)? 길(이) 막히다: be stuck in traffic 많이: seriously · severely
> 지하철: subway 타다: to take · to use

2. That's it! · That's right!
= 그렇게 하는 거 맞아(요). · 좋았어(요)!

: 무엇인가 배울 때 상대방의 어떤 행동이나 시도를 보고 이를 격려하는 표현.
an expression to confirm the other person's attempts to learn something and encourage them

A: 사자 자세, 이거 맞아?
B: 바로 그거야!

A: 무 이렇게 썰면 돼요?
B: 네, 바로 그거예요! 잘하는데요?

사자 자세: lion pose 이거: this 맞아(요)?: right? 무: (white) radish 이렇게: like this 썰다: to cut · to slice 잘하다: to do well · to do a good job

바로 전화드릴게요.

1. I will call you back soon.
= 곧 연락드릴게요.

: 전화를 건 사람에게 빠른 시간 안에 다시 전화하겠다고 약속할 때 사용하는 표현.
an expression promising the caller that you will call them back as soon as possible

A: 지금 통화 가능하세요?
B: 운전 중이에요. 주차하고 바로 전화드릴게요.

A: 이 통화 끝나면 바로 전화드릴게요.
B: 네, 기다릴게요.

바로: right after 전화드리다: to give a call (honorific of '전화하다') 지금: now 통화: talking on the phone 가능하다: be available 운전 중: be driving · to be at the wheel 주차하다: to park 통화(가) 끝나다: to finish a call 기다리다: to wait

반대 의견 없으신가요?

1. Any opponent opinions? · Any disagreements?
= 반대 의견 있으신가요? · 반대 의견 없으십니까?

: 관련 규칙을 정하기 전에 그 안건에 대해 이의가 있는지 확인하는 표현.
an expression to check if there is any objection to an agenda before establishing a related rule

A: 회비를 3만 원으로 정하자는 데에 반대 의견 없으신가요?

B: 없습니다.

A: 강의 시간에 노트북 사용하는 것에 대해 동의합니다.

B: 혹시 반대 의견 없으신가요?

> 반대 의견: objection 회비: (membership) fee 정하다: to decide on · to settle on 없다: There is
> no... 강의 시간에: during a lecture · in class 사용하다: to use 동의하다: to agree 혹시: any...?

발이 넓어(요).

1. Have wide contacts.
= 아는 사람이 꽤 많아(요).

: 연락하며 지내는 사람이 많은 사람을 표현하는 관용 표현.

an idiomatic expression describing a person who stays in touch with a wide range of people

A: 결혼 축하객이 엄청 많이 왔네. 역시 넌 발이 넓어.

B: 뭐, 이 정도는 보통이지.

A: 혹시 중국어 통역 잘하는 분 알아요?

B: 김 대리가 잘 알 거예요. 김 대리는 발이 넓어요.

> 발: foot (meaning 'the range of people one meets') 넓다: be wide 아는 사람: people you
> know 꽤: quite 결혼 축하객: wedding guest 엄청 많이: a lot of 오다: to come · to attend 역
> 시: as expected 이 정도는 보통이지.: This is nothing. 혹시: to happen to 중국어: Chinese 통역:
> interpretation 잘하다: be good at 대리: assistant manager 잘 알다: to have a wide connection

발이 묶였어(요).

1. Stuck in traffic.

: 교통 수단에 문제가 생겨 지연되고 있음을 나타내는 표현.

an expression informing that one is being delayed due to some problem in public transport

A: 8시 비행기랬지? 내가 공항으로 마중 나갈게.

B: 아직 비행기 못 탔어. 안개 때문에 발이 묶였어.

A: 울릉도에서 이틀째 발이 묶였어요.

B: 아니, 왜요?

비행기: plane 공항: airport 마중 나가다: to pick up 아직: yet 못 타다: to fail to board 안개: fog 때문에: due to 울릉도: Ulleung Island 이틀째: for two days now 아니, 왜(요)?: How come?

발이 안 떨어져(요).

1. I can't leave. · I can't leave you/it/that [for worry etc.]
= 걱정돼 떠나지 못하겠어(요).

: 걱정이 되어 차마 어떤 장소에서 떠날 수 없는 마음을 나타내는 표현.
an expression that expresses the feeling of being worried and unable to leave a place

A: 잘할 수 있겠어? 발이 안 떨어져.
B: 점심 장사만 하고 가.[31]

A: 걱정돼서 발이 안 떨어져요.
B: 저 친구들, 잘할 거예요. 걱정 말고 가세요.

잘하다: to do well 점심: lunch 장사: business 가다: to go · to leave 저: that/those 친구들: guys 걱정되다: be worried 가다: to go

밥 먹고 합시다.

1. Do it after having meals.
= 밥 먹은 다음에 합시다.

: 하던 일이나 회의를 중단하고 식사부터 하자고 제안할 때 쓰는 표현.
an expression used in the middle of work or a meeting that suggests a pause for eating

A: 아직 페인트칠 반도 못 했어. 어떡하지?
B: 괜찮아. 밥 먹고 합시다.

A: 밥 먹고 합시다.
B: 네, 그럽시다.

밥: meal 아직: yet 페인트칠: painting 반도 못 하다: have not even completed half 괜찮다: be okay 그럽시다.: Let's.

---

31) 예능 <어쩌다 사장2> 10회 출연자의 대화를 참고하였다.

밥은 먹고 다니냐?

1. Have you been well?
= 밥은 잘 먹고 사니?

: 간접적으로 상대방의 안부를 걱정하는 표현. 상대에 대한 깊은 관심과 염려를 나타낸다.
an indirect expression caring for the well-being of someone, which displays deep care and concern for them

A: 요새 밥은 먹고 다니냐?
B: 응, 걱정하지 마.

A: 밥은 먹고 다니냐?
B: 아뇨. 너무 바빠서 대충 먹고 살아요.

> 요새: these days 다니다: to go around · be (well) 너무: too · so 바쁘다: be busy 대충 먹다: to grab a bite 살다: to live

ㅂ

밥은 먹었어(요)?

1. Did you have a meal?
= 식사는 했어(요)?

: 식사 시간 전후로 가까운 누군가를 만났을 때 쓰는 인사말.
a greeting used when you encounter someone around mealtime

A: 어이, 김 대리! 밥은 먹었어?
B: 아니, 아직 못 먹었어.

A: 어디 가요? 밥은 먹었어요?
B: 그럼요. 유나 씨도 식사하셨죠?

> 밥: meal 어이: hey 대리: Mr./Ms. (name of the assistant manager) 못 먹다: haven't eaten 아직: yet 어디: where 가다: to go · to head 그럼요.: Sure. · Of course. 식사하다: to have lunch[dinner]

배고파 죽는 줄 알았어(요).

1. I was so starving.
= 너무 배고팠어(요).

: 배가 매우 고팠다는 것을 나타내는 과장된 표현으로, 마침내 무언가를 먹을 수 있게 되었을 때 사용한다.
an exaggerated expression for showing that you have been very hungry, used when you are finally able to eat something

A: 왜 이렇게 늦었어? 배고파 죽는 줄 알았어.
B: 미안! 빨리 먹자.

A: 건강 검진은 잘 했어요?
B: 네, 열 시간 이상 굶었더니 배고파 죽는 줄 알았어요.

> 왜: why 이렇게: so 늦다: be late 배고프다: be hungry 미안!: Sorry! 빨리: fast · quickly 먹다: to eat 건강 검진: medical checkup 잘 하다[잘 받다]: to get · to undergo 열 시간 이상: more than ten hours 굶다: to skip a meal · be starved

벌써 가려고(요)?

1. Are you already leaving?
= 벌써 떠나려고(요)? · 벌써 가(요)?

: 모임을 일찍 떠나려는 상대방에 대한 아쉬움을 나타내는 표현.
an expression showing that you'll miss a person's future absence who is about to leave the place

A: 난 이만 가야겠다.
B: 벌써 가려고?

A: 벌써 가려고요?
B: 네, 집에 일이 좀 있어서요.

> 벌써: so early 난: I (short for '나는') 이만: have to ~ now 집에: at home 일(이) 있다: to have things to do · to have business to take care of

변덕 부리지 마(세요).

1. Don't be so flakey.
= 이랬다저랬다 하지 마(세요).

: 마음을 자꾸 바꾸는 사람에게 못마땅한 마음을 드러낼 때 쓰는 표현.
an expression to show disapproval of someone who frequently changes their mind

A: 나 안 갈래. 그냥 집에 갈래.

B: 야! 변덕 부리지 마.

A: 우리 삼계탕 말고 파스타 먹어요.

B: 변덕 부리지 마세요. 아깐 삼계탕 먹고 싶다면서요?

> 안 가다: do not go 집: home 우리: we 삼계탕: samgyetang (ginseng chicken soup) 파스타:
> pasta 아깐: a while ago (short for '아까는') 먹고 싶다: to want to eat

변명하지 마(세요).

1. Don't make excuses. · Stop justifying yourself.
= 핑계 대지 마(세요).

: 자신의 잘못과 실수를 인정하지 않고 자신의 행동을 정당화하려는 사람을 나무라는
표현.
an expression to stop someone who just keeps justifying his actions instead of admitting their
faults and mistakes

A: 일찍 오고 싶었는데 길이 막혀서 늦었어.

B: 됐어, 변명하지 마.

A: 제가 왜 여행을 취소하냐면요...

B: 변명하지 마세요.

> 일찍: earlier 오다: to come 길(이) 막히다: be stuck in traffic 늦다: be late 됐어.: That's enough.
> 왜: why 여행: trip 취소하다: to cancel

별거 아냐. · 별거 아니에요.

1. Nothing special. · It's not a big deal.
= 별일 아니야. · 별일 아니에요.

: 당신에 대한 상대방의 걱정이나 관심을 없애기 위해 사용하는 표현.
an expression to dispel the other person's concern for or interest in you

A: 너 울었어? 눈이 퉁퉁 부었는데?

B: 별거 아냐. 신경 쓰지 마.

A: 안 아파요? 괜찮아요?

B: 조금 긁혔어요. 별거 아니에요.

울다: to cry 눈(이) 붓다: one's eyes are swollen 신경(을) 쓰다: to care about · be concerned 아프다: to feel hurt 괜찮아(요)?: Are you okay? 조금: a little 긁히다: be scratched 조금 긁혔어요.: It's just a little scratch.

별로 듣고 싶지 않아(요).

1. I don't want to hear it.
= 듣기 싫어(요).

: 상대방의 변명이나 잔소리를 강하게 거부할 때 쓰는 표현.
an expression to strongly reject the other person's excuses or nagging

A: 미안해. 내가 다 설명할게. 내 얘기 조금만 들어봐.
B: 됐어! 별로 듣고 싶지 않아.

A: 바빠서 집안일을 통 못 했어요. 다음 주부턴 제가 다 할게요.
B: 그런 변명 이젠 별로 듣고 싶지 않아요.

별로 ~고 싶지 않다: would rather not ~ 설명하다: to explain 내 얘기: my story (short for '나의 이야기') · what happened to me 조금만: a little bit 됐어!: That's Enough! 바쁘다: be busy 집안일: household chores 통 못 하다: didn't do at all 다음 주부턴: starting next week 변명: excuse 이젠: now (short for '이제는')

별로인데(요).

1. It's not my thing. · It's nothing special.

: 어떤 물건이나 조건이 마음에 들지 않을 때 쓰는 표현.
an expression to convey a dislike for an object or situation

A: 이 목걸이 어때?
B: 별로인데.

A: 전 햄버거는 별로인데요.
B: 그래요? 그럼 다른 거 먹어요.

이: this 목걸이: necklace 전: I (short for '저는' and honorific of '난') 햄버거: hamburger 그럼: then 다른 거: something else 먹다: to eat

별말씀을 다 하십니다.

1. It's my pleasure. · You're welcome.
= 별말씀을요. · 천만의 말씀입니다. · 천만에요.

: 상대방의 칭찬이나 감사에 겸손하게 반응할 때 쓰는 표현.
an expression used when responding humbly to a compliment or gratitude to you

A: 이번 사업이 성공한 건 박 부장 덕분이야.
B: 아닙니다. 별말씀을 다 하십니다.

A: 늘 도움을 받기만 해서 어쩌죠?
B: 별말씀을 다 하십니다.

> 이번: this 사업: business · project 성공하다: to succeed 부장: head of department 덕분이다:
> thanks to 늘: always 도움: help 받다: to receive 어쩌죠?: What do I do?

별일 아니야. · 별일 아니에요.

1. It's no big deal. · It was nothing.
= 별거 아냐. · 별거 아니에요. · 큰일 아니야. · 큰일 아니에요.

: 당신에게 일어난 일에 대한 상대방의 걱정을 없애기 위해 사용하는 표현.
an expression to get rid of the other person's worries about what happened to you

A: 너 코피 나. 어디 아파?
B: 신경 쓰지 마. 별일 아냐.

A: 무슨 급한 일이라도 생겼어요?
B: 아뇨, 별일 아니에요. 잠깐 나갔다 올게요.

> 코피(가) 나다: to bleed from the nose 어디: somewhere 아프다: be hurt 신경 쓰지 마.: Never
> mind. 급한 일: something urgent 생기다: to come up 잠깐: for a second 나갔다 오다: have
> been out for a while

별일 없겠지(요)?

1. Will it be okay?
= 별일 없겠죠? · 괜찮겠지(요)? · 괜찮겠죠?

: 곤경에 처한 것처럼 보이는 어떤 사람의 미래에 대한 염려를 나타내는 표현.
an expression to show concern about future situations of someone who seems in trouble

A: 안나 씨가 아까 울면서 나가던데 별일 없겠지?

B: 그래? 무슨 일이지?

A: 유나 씨 별일 없겠지요? 나 때문에 스트레스 받아서 그런 걸까요?

B: 걱정하지 마요.[32)]

> 아까: a while ago   울다: to cry · to weep   나가다: to go out   그래(요)?: Really?   나 때문에:
> because of me   스트레스(를) 받다: to get stressed   걱정하다: to worry

별일 없어(요).

1. Nothing out of the ordinary.
= 잘 지내(요).

: 상대방이 안부를 물어왔을 때 특별한 일 없이 잘 지낸다는 뜻으로 말할 때 쓰는 표현.
an expression used in response to someone asking how you are, indicating that you're doing well without any particular concerns

A: 오랜만이야. 잘 지냈어?

B: 응, 별일 없어. 넌 어때?

A: 안녕하세요? 잘 지내시죠?

B: 네, 별일 없어요.

> 오랜만: it's been a long time since ~   잘 지내다: to do well   넌: you (short for '너는')

2. I've nothing special going on. · I have no plans.
= 특별한 계획 없어(요).

: 특별한 계획이 없음을 나타내는 표현. 일반적으로 함께 무언가를 하자는 상대방의 제안을 수락하는 것으로 해석된다.
an expression indicating that there is no specific plan, generally interpreted as accepting the other person's proposal to do something together

A: 이번 주말에 뭐 할 거야?

B: 별일 없어. 왜?

A: 일요일 오후에 노트북 사러 갈 건데 같이 갈 수 있어요?

---

32)   드라마 <삼남매가 용감하게> 30회의 대사를 참고하였다.

B: 네, 오후에는 별일 없어요.

> 이번 주말: this weekend 왜: why 일요일: Sunday 오후: afternoon 사러 가다: to go buy 같이: together

별일이네(요).

1. That's unusual. · That's not normal.

: 이상하고 황당한 일이 생겼을 때 쓰는 표현.
an expression used when something odd or absurd occurs

A: TV에서 뭐든지 거꾸로 세우는 예술가 봤어요?
B: 별일이네. 세상에 특이한 사람이 많군.

A: 분명히 여기 뒀는데 어디 갔지? 참 별일이네요.
B: 지갑이 무슨 색이에요? 같이 찾아봅시다.

> 뭐든지: whatever · anything 거꾸로: upside down 세우다: to put sth upright 예술가: artist 세상에: in the world 특이한: unusual · unique 사람: man · guy 분명히: definitely 두다: to put 지갑: wallet 무슨 색: what color 같이: together 찾아보다: to look for · to search for

보고 싶었어(요).

1. (I have been) Missing you. · I Missed you.
= 만나고 싶었어(요). · 그리웠어(요).

: 상대방을 만나고 싶고 그리워했음을 나타낼 때 쓰는 표현.
an expression to convey the desire to meet the other person and the feeling of missing them

A: 유나야! 보고 싶었어.
B: 응, 나도.

A: 잘 지냈어요? 여전히 멋있다.
B: 너무 너무 보고 싶었어요.[33]

> 나도.: Me too. 잘 지냈어(요)?: How have you been doing? 여전히: still · as ever 멋있다: be cool 너무: so much

---

33) 드라마 <날 녹여 주오> 8회의 대사를 참고하였다.

보나 마나야. · 보나 마나예요.

1. it's obvious.
= 안 봐도 알아(요).

: 확인할 필요 없이 예상대로 진행될 것이라고 확신할 때 사용하는 표현.
an expression used when you are confident that things will go as expected without having to
verify it

A: 룸메이트는 어디 갔어?
B: 도서관에 갔을걸? 보나 마나야.

A: 유나 씨도 커피 좋아할까요?
B: 네, 보나 마나예요. 늘 커피를 달고 살아요.

어디: where 가다: to go 도서관: library 좋아하다: to like 늘: always 달고 살다: can't live
without · can't do away with

본론으로 들어가자. · 본론으로 들어갑시다.

1. Let's get into the point. · Let's get back to the subject.

: 대화나 회의에서 잡담이나 배경 정보를 나눈 후, 이제는 가장 중요한 문제를 얘기하자
고 제안할 때 사용하는 표현.
an expression used when you bring up the real issue in conversation or a meeting after having
small talk or presenting background information

A: 오늘 옷 참 멋지다. 넌 옷을 참 잘 입어.
B: 쓸데없는 얘기 그만하고 본론으로 들어가자.

A: 배경 설명은 드렸고, 이제 본론으로 들어갑시다.
B: 네, 먼저 말씀하시지요.

본론: main issue 오늘: today 옷: clothes · attire 멋지다: be cool · be stylish 넌: you (short for
'너는') 잘 입다: be well dressed 쓸데없는: unnecessary · useless 얘기: story (short for '이야기')
그만하다: to stop (talking) 배경: background 설명: explanation 먼저: first 말씀하다: to tell · to
say

본업에 충실해(요).

1. Focus on your main job.
= 하는 일이나 잘해(요).

: 취미를 직업으로 삼으려는 사람에게 조언할 때 쓰는 표현.
an expression to advise someone who is considering turning their hobby into their career

A: 내가 내린 커피 맛있지? 나 카페 차릴까?
B: 카페 사장은 쉬운 줄 알아? 본업에 충실해.

A: 쿠키 굽는 일은 취미로 하고 본업에 충실해요.
B: 왜요? 영어 선생님도 하고 빵 가게도 하면 안 될까요?

> 본업: day job 충실하다: to stay true to 커피(를) 내리다: to brew coffee 맛있다: be tasty 카페
> (를) 차리다: to open a cafe 쿠키: cookie 굽다: to bake 취미: hobby 왜(요)?: Why? 영어 선생님:
> English teacher 빵 가게: bakery

본의 아니게 폐를 끼쳤네(요).

1. Not mean to cause trouble.

: 의도치 않게 자신 때문에 상대방이 불필요한 일을 하게 된 것을 사과할 때 쓰는 표현.
an expression to apologize for unintentionally making the other person do unnecessary work
owing to you

A: 수도가 고장 나서 옆집에서 저녁도 먹고 화장실도 썼어.
B: 그랬어? 이웃에게 본의 아니게 폐를 끼쳤네.

A: 차가 고장 나는 바람에 본의 아니게 폐를 끼쳤네요.
B: 아닙니다. 그래도 시동이 쉽게 걸려서 다행이에요.

> 본의 아니게: unintentionally · against one's will 수도: water line · water main 고장(이) 나다: be
> broken 옆집: next door 저녁: dinner 화장실: bathroom 쓰다: to use 이웃: neighborhood 차:
> car 시동(이) 걸리다: to start the engine 쉽게: easily 다행이다: What a relief!

뵙게 되어 영광입니다.

1. It's an honor to meet you.
= 만나 뵙게 되어 기쁩니다.

: 소개를 받은 후에 만나서 기쁘다는 것을 나타내는 표현.
an expression to display great happiness when you are introduced to someone

A: 안녕하십니까? 김민수입니다.
B: 네, 뵙게 되어 영광입니다.

A: 초대해 주셔서 감사합니다. 뵙게 되어 영광입니다.
B: 반갑습니다. 이쪽으로 앉으세요.

> 뵙다: to meet (honorific of '보다, 만나다') 영광: honor 기쁘다: be glad · be happy 초대하다: to invite 감사하다: to thank 반갑다: be glad to see you 이쪽으로: over here 앉다: to have a seat

부자 되세요!

1. Wishing you wealth!
= 돈 많이 버세요!

: 사업을 시작한 지 얼마 되지 않은 사람들을 축복하기 위한 표현이며, 사람들의 길운을 기원하는 새해 인사로도 사용되는 표현.
an expression used to bless people who have just started a business, also used as a New Year's greeting to wish people good luck

A: 새해 복 많이 받으세요!
B: 네, 부자 되세요!

A: 사업 성공해서 부자 되세요!
B: 네, 감사합니다.

> 부자: rich man 돈(을) 벌다: to earn money 새해 복 많이 받으세요!: Happy New Year! · All the best for the New Year! 사업: business 성공하다: be successful · be prosperous 감사하다: to thank

부탁 한 가지만 들어주시겠어요?

1. Would you mind doing me a favor?
= 부탁 좀 들어주시겠어요?

: 상대방에게 정중하게 도움을 요청할 때 쓰는 표현.
an expression to politely ask someone for help

A: 부탁 한 가지만 들어주시겠어요?
B: 네, 말씀하세요.

A: 죄송한데 부탁 한 가지만 들어주시겠어요?
B: 무슨 부탁인데요?

> 부탁: favor 한 가지: one thing 들어주다: to do sb (a favor) 말씀하다: to tell · to say 죄송하다:
> be sorry 무슨: what

부탁할 게 있는데(요).

1. Could you do me a favor?
= 부탁드릴 게 있는데(요). · 부탁 좀 들어주시겠어요?

: 상대방에게 부탁이나 도움을 요청할 때 쓰는 표현.
an expression used when requesting a favor of or help from the other person

A: 부탁할 게 있는데, 자전거 좀 빌려줄 수 있어?
B: 응. 언제 쓸 건데?

A: 부탁할 게 있는데요. 한국어 교정 좀 봐줄 수 있어요?
B: 네, 주세요.

> 부탁하다: to ask a favor · to request 자전거: bicycle 빌려주다: to lend 응.: Okay. 언제: when
> 쓰다: to use 한국어: Korean (text) 교정(을) 봐주다: to proofread

불안해 죽겠다.

1. I am really nervous.
= 불안해 죽을 것 같다. · 너무 불안해.

: 미래의 일에 대해 긍정적이지 않아서 심한 불안감을 드러낼 때 쓰는 표현.

an expression to show extreme anxiety because you are not positive about future events

A: 오늘 발표 날 맞지?
B: 응, 떨어졌을까 봐 불안해 죽겠다.

A: 운전 좀 천천히 해! 사고 날까 봐 불안해 죽겠다.
B: 알았어요.

> 오늘: today 발표 날: the day one gets the (test) result 맞다: be right 떨어지다: to fail 운전(을) 하다: to drive 천천히: slowly 사고(가) 나다: to have an accident

불이야!

1. Fire!
= 불났어요!

: 화재가 일어난 것을 보고 외치는 가장 일반적인 표현.
the most common expression for crying out when one notices there is a fire

A: 불이야!
B: 119 불러요.

A: 불이야! 불이야!
B: 이를 어째...

> 불: fire 119: emergency call 이를 어째.: Oh no. · No way.

비밀 지켜(요)!

1. Keep it secret!
= 아무에게도 말하지 마(세요)!

: 듣는 사람에게 정보를 혼자만 간직하도록 당부할 때 쓰는 표현.
an expression to demand that the listener keep the information to themselves

A: 너한테만 말한 거니까 비밀 지켜!
B: 알았어.

A: 그동안 어떻게 버티셨어요? 가족들은 아무도 모르세요?

B: 돈이든 물건이든 모두 말해요. 뭐든 받고 내 비밀 지켜요!³⁴⁾

비밀: secret 지키다: to keep 너한테만: only to you 말하다: to tell · to say 그동안: so far 어떻게: how 버티다: to endure 가족들: your family 아무도: none 모르다: do not know 돈: money 물건: thing 모두: all 뭐든: whatever 받다: to take

비밀 지킬 수 있지(요)?

1. You can keep it secret, right?
= 비밀 지켜 줄 거지(요)? · 비밀 지켜 줄 수 있지(요)?

: 상대방에게 반드시 비밀을 유지할 것을 당부하는 표현.
an expression to make sure that the listener will keep what they know to themselves

A: 비밀 지킬 수 있지?
B: 응! 걱정 마.

A: 비밀 지킬 수 있지요?
B: 걱정하지 마. 내가 입이 얼마나 무거운데...³⁵⁾

비밀: secret 지키다: to keep 걱정 마.: Don't worry. 입이 무겁다: be as close as an oyster 얼마나: how · so

비켜 주세요.

1. Clear the way. · Step aside.

: 사람이나 물건이 지나갈 수 있도록 자리를 옮겨 달라고 부탁할 때 쓰는 표현.
an expression to request people to step away to let something pass through

A: 비켜 주세요. 큰 침대 나옵니다.
B: 네.

A: 어머? 누가 다쳤나 봐!
B: 환자 이송 중입니다. 옆으로 비켜 주세요.

비키다: to step aside · to make way 큰: big 침대: bed 나오다: to pass through 어머: Oh, no 다치다: be injured 환자: patient 이송 중: be transferring 옆으로: aside · to the side

---

34) 드라마 <진짜가 나타났다> 16회의 대사를 참고하였다.

35) 드라마 <멘도롱 또똣> 6회의 대사를 참고하였다.

비행기 태우지 마(세요).

▌1. Don't flatter me. [Lit. "Don't give me an airplane ride."]

: 상대방의 칭찬이 다소 과하다고 느껴질 때 쓰는 관용 표현.
an idiomatic expression used when you feel that someone's compliment is a bit excessive

A: 와우~ 노래를 이렇게 잘할 줄 몰랐어. 가수인 줄 알았어.
B: 비행기 태우지 마.

A: 갈비 엄청 맛있는데요? 식당 차려도 되겠어요.
B: 비행기 태우지 마세요.

> 비행기 태우다: to flatter 와우: Wow · Amazing! 노래: song 이렇게: so · such 잘할 줄 모르다: to do much better than expected 가수: singer 갈비: galbi (barbecued ribs) 엄청: very · so 맛있다: be tasty · be delicious 식당(을) 차리다: to open a restaurant

빠르면 빠를수록 좋아(요).

▌1. It would be good (if you could do it) as soon as possible.

: 어떤 일이 조속히 이루어지기를 바랄 때 쓰는 표현.
an expression used when you want something accomplished quickly

A: 친구한테 사과하고 싶은데 언제 하는 게 좋을까?
B: 빠르면 빠를수록 좋아.

A: 언제 출발하는 항공편을 원하세요?
B: 빠르면 빠를수록 좋아요.

> 친구: friend 사과하다: to apologize 언제: when 빠를수록: the sooner 좋다: the better 언제: when 출발하다: to depart 항공편: flight 원하다: to want

빨리 나으세요.

▌1. Get well soon.
▌ = 빨리 낫길 바랍니다. · 얼른 회복하세요. · 조속히 쾌차하세요.

: 아픈 사람이 빠른 시간 안에 회복되기를 바라는 마음을 나타낼 때 쓰는 표현.
an expression to wish a sick person a quick recovery

A: 병문안 와 줘서 고마워요.
B: 이만하기 다행이에요. 빨리 나으세요.

A: 허리 수술했다고 들었어요. 빨리 나으세요.
B: 네. 고마워요.

> 빨리: soon 낫다: to get well 얼른: soon · quickly 회복하다: to recover 쾌차하다: to get over an
> illness 병문안: visiting to a sick person 이만하기 다행이다: It's a relief that A is not any worse.
> 허리: back · spine 수술: surgery 듣다: to hear

빨리, 빨리!

1. Hurry! · Quick, quick!
= 서둘러!

: 긴급한 상황에서 사람들을 서두르도록 하기 위해 사용하는 표현.
an expression used in emergencies or similar situations to make people hurry up

A: 늦었어! 빨리, 빨리!
B: 알았어. 지금 가.

A: 불이야!
B: 계단으로 내려가요! 빨리, 빨리!

> 서두르다: to rush · to hurry 늦다: be late 빨리: quick · hurry up 지금: now 불: fire 계단: stairs
> 내려가다: to go down

뻔하지 뭐.

1. It's obvious. · No surprise, huh?
= 너무 뻔해. · 보나 마나야.

: 이미 일어난 일이나 앞으로 일어날 일에 대해 강한 확신을 가지고 추측할 때 쓰는 표현.
an expression used when your guess about the cause of something is clear and obvious

A: 오늘 잭 수업 안 왔네?
B: 뻔하지 뭐. 또 술 마시고 자고 있겠지.

A: 음식물 쓰레기 누가 이렇게 지저분하게 버렸어?
B: 유나. 안 봐도 뻔하지 뭐.

오늘: today 수업: class 술: alcohol 마시다: to drink 음식물 쓰레기: food waste · garbage 이렇게: like this 지저분하게: messy 버리다: to throw away

뻥치고 있네.

1. You're kidding. · You're lying.
= 거짓말하고 있네. · 뻥까시네.

: 거짓말을 하거나 허풍을 떠는 사람에게 쓰는 속된 표현.
a vulgar expression to describe someone who lies or bluffs

A: 나, 축구 시합에서 세 골이나 넣었어.
B: 뻥치고 있네.

A: 나 올해 책 백 권 읽었어.
B: 뻥치고 있네. 한 권도 안 읽었으면서...

축구: soccer 시합: match 골(을) 넣다: to score a goal 올해: this year 책: book 백 권: a hundred books 읽다: to read 한 권: a book

ㅅ

사과드립니다.

1. I apologize. · I'm sorry.
= 사죄드립니다. · 사과의 말씀을 드립니다.

: 자신의 실수에 대해 정중하게 용서를 구할 때 쓰는 표현.
an expression to politely apologize for a mistake done by one

A: 이용에 불편을 드린 점 사과드립니다.
B: 도대체 엘리베이터 수리가 언제 끝나나요?

A: 지난번에 심한 말로 상처 드린 점 진심으로 사과드립니다.
B: 아닙니다. 그때 저희도 잘못한 점이 있습니다.[36]

> 이용: use 불편(을) 드리다: to cause inconvenience 도대체: on earth 언제: when 수리: repair 끝
> 나다: be done 지난번에: the other day 심한: harsh 상처(를) 드리다: to hurt 진심으로: sincerely
> 잘못하다: to do something wrong

사는 게 다 그렇지(요), 뭐.

1. That's life.
= 인생이 다 그런 거지(요), 뭐.

: 힘든 시간을 겪고 있는 사람을 위로할 때 쓰는 표현.
an expression to console someone going through a hard time by telling them that's the way things go

A: 감기 기운 있어 하루 쉬고 싶은데... 그래도 출근해야겠지?
B: 사는 게 다 그렇지, 뭐. 감기 정도로 쉴 수야 없지.

A: 요즘 왜 이렇게 힘든 일만 생기는 걸까요?
B: 사는 게 다 그렇지요, 뭐. 자, 힘냅시다!

---

36) 드라마 <신사의 품격> 10회의 대사를 참고하였다.

인생: life 다 그렇지: be what A is all about 감기 기운: touch of a cold 하루 쉬다: to take a day off 그래도: yet · but 출근하다: to go to work 요즘: these days 이렇게: like these 힘든 일: hardships 생기다: to come up · to happen 힘내다: to cheer up

사돈 남 말 하고 있네.

1. Look who's talking.
= 너도 마찬가지야.

: 자신의 결점은 간과하면서 남의 결점을 찾는 사람을 비판할 때 쓰는 표현.
an expression to criticize someone who looks for faults in others while overlooking their own

A: 너 요즘 텔레비전 너무 많이 보는 거 아냐?
B: 사돈 남 말 하고 있네. 너도 어제 하루 종일 드라마 봤잖아.

A: 너 한국어 발음 진짜 별로다.
B: 사돈 남 말 하고 있네.

사돈: one's in-law's parent · parent of one's married children 남 말 하다: to talk about someone else · to criticize others 요즘: recently 너무 많이: too much 보다: to watch 어제: yesterday 하루 종일: all day 한국어: Korean 발음: pronunciation 진짜: really · so 별로다.: Not good.

사람 그렇게 안 봤는데

1. I didn't think of that person like that. · I hadn't seen his/her/their true colors.

: 어떤 사람이 부정적인 면모를 가지고 있음을 새롭게 알게 되었을 때 반감을 나타내는 표현.
an expression showing disapproval of someone when you've recently become aware that they have negative characteristics

A: 잭이 여기저기 돈 빌려 도망갔대.
B: 뭐? 사람 그렇게 안 봤는데...

A: 민수 씨 믿지 마세요. 거짓말을 밥 먹듯 한대요.
B: 사람 그렇게 안 봤는데... 세상에 믿을 사람이 없군요.

사람: man · guy 그렇게 안 보다: didn't think that ~ 여기저기: from friends and family 돈: money 빌리다: to borrow 도망가다: to run away 믿지 마세요: Don't believe~ · Don't trust~ 거짓말: lie 세상에: in the world 믿을: (person) to believe

사랑해(요).

1. (I) Love you.

: 연인에게 사랑의 감정을 전하는 표현. 또는 누군가에게 아끼는 마음을 전하는 표현.
an expression to convey feelings of love to your lover or to show someone that you care about them

A: 이 말은 내가 먼저 해야겠다. 유나야, 사랑해!
B: 나도.[37]

A: 사랑한다, 우리 딸.
B: 엄마, 저도 사랑해요.

이 말: this 내가: I 먼저: first · ahead of you 우리 딸: my daughter 엄마: mom

사실은

1. To be honest · Actually
= 있잖아 · 실은 말이야

: 어떤 일을 솔직히 털어놓을 때나, 하고 싶은 말을 조심스레 꺼낼 때 쓰는 표현.
an expression used when confessing something or carefully bringing up a tough topic

A: 왜? 할 말이 뭔데?
B: 사실은 네 책상에 있던 빵, 내가 먹었어.

A: 사실은... 운전면허 시험 또 떨어졌어.
B: 괜찮아. 또 도전하면 돼.

왜: why 할 말: things to say 책상: desk 먹다: to eat 운전면허 시험: driver's licence test 또: again 떨어지다: to fail 괜찮다: be okay 도전하다: to try

---

37) 드라마 <갯마을 차차차> 14회의 내사를 침고하였다.

상상이 돼(요)?

1. Can you imagine?
= 상상이 가(요)? · 상상이 안 돼(요).

: 믿기 어려운 어떤 일이나 상황에 대해 놀라움을 나타낼 때 쓰는 표현.
an expression to show surprise at an imaginary situation or one's dream

A: 핸드폰이 모두 사라진다면 어떨까? 상상이 돼?
B: 더 재미있는 세상이 되지 않을까?

A: 고국으로 돌아가서 한국어 선생님이 된 나! 상상이 돼요?
B: 물론이지요. 아주 멋질 거 같아요.

> 상상이 가다: to imagine 모두: all 사라지다: to disappear 어떨까?: What if? 더: more 재미있다: be interesting 세상: the world 되다: to become 고국: one's home country 돌아가다: to return · to go back 물론이지요.: Of course. 아주: very 멋지다: be cool · be great

상황 봐서

1. Play it by ear
= 상황을 보고 · 상황을 본 다음에

: 일이 되어 가는 과정이나 형편을 보고 나서 어떤 결정을 내리겠다는 의미를 나타내는 표현.
an expression indicating a decision will be made based on how a situation progresses or overall circumstances

A: 여기 소개된 맛집에 한번 가 보자.
B: 상황 봐서. 난 식당에 줄 서서 기다리는 거 싫어해.

A: 과장님, 저희 내일도 야근해야 하나요?
B: 상황 봐서 합시다.

> 소개되다: be advertised 맛집: go-to restaurant · hole in the wall 난: I (short for '나는') 줄 서다: to queue · to line up 기다리다: to wait 싫어하다: to dislike 과장님: Mr./Ms. (name of the director[manager]) 저희: we (honorific of '우리') 야근하다: to work overtime

새삼스럽게

| 1. Suddenly out of the blue

: 이미 알고 있는 일이 갑자기 새롭게 느껴질 때 쓰는 표현.
an expression used when something familiar suddenly feels new

A: 새삼스럽게 옛날 엄마가 끓여준 국수가 참 맛있었단 생각이 들어.
B: 맞아. 아, 갑자기 집에 가고 싶다.

A: 우리가 건강하게 유학 생활하고 있는 게 새삼스럽게 감사하군요.
B: 그렇지요? 저도 그래요.

> 옛날(에): in the past 끓이다: to boil · to cook 국수: noodles 참: really 맛있다: be delicious 생
> 각이 들다: to remember · to recall 맞아.: Right. 갑자기: suddenly 우리: we 건강하게: healthily
> 유학 생활: (the life of) studying abroad 그렇지요?: Is it? · Right?

| 2. Come as no surprise

: 상대방의 말에 대수롭지 않게 반응하거나 쑥스러울 때 쓰는 표현.
an expression used when you feel embarrassed at someone's praise or thanks to you and react
indifferently

A: 너 머리 손질 참 잘한다.
B: 뭘 새삼스럽게. 그걸 이제 알았어?

A: 선배님, 오늘 정말 멋있어요.
B: 맨날 멋있었는데 새삼스럽게 왜 이래? [38]

> 너: you 머리 손질: hair styling 참: really 잘하다: be good · to do well 이제: now 알다: to know
> 선배님: senior (name of the person) 정말: really 멋있다: to look good · to look cool 맨날:
> every day 왜 이래?: Why do you act[say] like that? (short for '왜 이렇게 해?')

새해 복 많이 받으세요.

| 1. Happy New Year!

: 설날 전후로 새해를 축복할 때 쓰는 인사말.
a greeting said before or after New Year to convey New Year's wishes

---

00) 드라마 <시른, 이흡> 8회의 대사를 참고하였다.

A: 세월 참 빠르죠? 벌써 새해가 밝았네요.

B: 그러게요. 새해 복 많이 받으세요.

A: 새해 복 많이 받으세요.

B: 감사합니다. 새해 복 많이 받으세요.

> 복(을) 받다: be blessed 세월: time 참: really · truly 빠르다: be fast · to fly by fast 벌써: already
> 새해가 밝다: It's a new year. 그러게요.: So it is.

생각할 시간을 좀 줘. · 생각할 시간을 좀 주세요.

1. I need more time to consider.
= 생각할 시간을 좀 줄래(요)? · 생각할 시간이 좀 필요한 것 같아(요).

: 어떤 일이나 결정을 앞두고 시간을 달라고 요청할 때 쓰는 표현.
an expression used when requesting time before taking action or making a decision

A: 우리 그만 만나.

B: 생각할 시간을 좀 줘. 갑자기 이러면 어떡해?

A: 지금 바로 치료 시작해야 돼요. 시간을 끌면 더 나빠질 수 있어요.

B: 선생님, 일주일만 생각할 시간을 좀 주세요.[39]

> 필요하다: to need 그만 만나다: to break up 갑자기: suddenly 이러면: to do like this (short for '이
> 렇게 하면') 어떡해?: What do I do? (short for '어떻게 해?') 바로: right away 치료: treatment 시
> 작하다: to start 시간을 끌다: to put off 나빠지다: to get worse 일주일: a week

생일 축하해(요).

1. Happy Birthday.

: 생일을 맞이한 사람을 축하할 때 쓰는 표현.
an expression used when wishing someone a happy birthday

A: 생일 축하해. 오늘 뭐 해?

B: 특별한 계획 없어.

A: 생일 축하해요.

B: 어머, 제 생일을 기억하고 있었어요?

---

39) 드라마 <여름아 부탁해> 116회의 대사를 참고하였다.

서둘러(요).

1. Hurry up.
= 빨리, 빨리(요)! · 빨리 좀 해(요).

: 상대방에게 어떤 행동을 신속하게 하라고 재촉할 때 쓰는 표현.
an expression used when urging someone to act quickly

A: 야, 늦겠다. 서둘러.
B: 아직 시간 있잖아. 재촉 좀 하지 마.

A: 보고서 마감이 몇 시까지예요?
B: 12시까지요. 서둘러요.

> 야: Hey 늦다: be late 아직: still 시간 있다: to have time 재촉하다: to push · to press 보고서:
> report 마감: deadline 12시까지: by 12:00

선택의 여지가 없어(요).

1. I am out of options.
= 어쩔 수가 없어(요).

: 지금 고려되고 있는 것 외에 다른 방법이 없음을 나타낼 때 쓰는 표현. 자신이 내린 결정에 대한 이유를 말할 때 사용한다.
an expression implying there is no other option but the one being considered, used to give the reason for one's decision

A: 너 정말 금요일 저녁 수업 들을 거야?
B: 선택의 여지가 없어. 졸업하려면 그 과목 꼭 들어야 해.

A: 꼭 새벽 비행기를 타야 돼요?
B: 네, 선택의 여지가 없어요. 점심시간 전에 도착해야 하니까요.

> 정말: really 저녁 수업: evening class 수업(을) 듣다: to take a lecture[class] 졸업하다: to
> graduate 과목: subject · course 꼭 들어야 하다: must take a course 새벽: dawn · daybreak 비
> 행기: plane · flight 타다: to take 점심시간 전에: before lunchtime 도착하다: to arrive

세상에 이런 데가 다 있군(요).

1. There are places like this in the world! · I can't believe there's a place like this!
= 세상에 이런 곳이 다 있군(요). · 세상에 이런 데가 다 있어(요)?

: 어떤 장소에 대해 감탄하며 놀라움을 나타내는 표현.
an expression to convey admiration or surprise at a particular location

A: 세상에 이런 데가 다 있군. 얼음 호텔이라니...
B: 그러게. 한번 가보고 싶다.

A: 이 사진 봤어요? 호수가 핑크색이에요.
B: 세상에 이런 데가 다 있군요.

> 세상에: in the world · on earth   이런 곳: such a great place (=이런 데)   얼음: ice   호텔: hotel   그러게: Right   (언젠가) 한번: sometime later   사진: picture · photo   호수: lake   핑크색: pink

세상에!

1. Oh My God!
= 이럴 수가!

: 전혀 예상하지 못한 일로 놀랐을 때 쓰는 표현. 좋은 일이나 나쁜 일에 모두 사용할 수 있다.
an expression used when you're surprised by something—good or bad—completely unexpected

A: 세상에! 지하철이 오늘 파업이래.
B: 큰일이다. 서두르자!

A: 세상에! 저 합격이래요.
B: 정말요? 축하해요.

> 지하철: subway   파업: be on strike   큰일이다: be a big problem   서두르다: to hurry   합격: to pass (a test)   정말요?: Really? · Seriously?   축하하다: to congratulate

세월 참 빠르다.

1. Time flies.
= 세월 정말 빠르다. · 시간 참 빨리 간다.

: 시간이 정말 빨리 지나간다고 감탄할 때 쓰는 표현. 가까운 사이에서 사용한다.
an expression used when you are aware how quickly time passes, often used in informal contexts

A: 벌써 겨울이야. 세월 참 빠르다.
B: 응, 시간이 정말 빠르게 가는 것 같아.

A: 내일이면 저 한국에 온 지 2년이에요.
B: 벌써? 세월 참 빠르다.

> 정말: really · truly 빨리: quickly · fast 가다: to go · to pass 벌써: already 겨울: winter 내일:
> tomorrow 저: I (honorific of '나') 한국에: to Korea

소름 끼쳐(요).

1. I got goose bumps. · It gives me the creeps.
= 소름 돋아(요). · 닭살 돋아(요).

: 충격을 받거나 공포를 느꼈음을 나타낼 때 쓰는 표현.
an expression to convey shock or fear

A: 아유, 저 배우 표정 좀 봐. 소름 끼쳐.
B: 이 영화, 좀 무섭다.

A: 소식 들었어요? 학교 앞에서 교통사고가 크게 났대요.
B: 어휴~ 소름 끼쳐요. 저 방금 거기 지나왔거든요.

> 소름 돋다: to get chills · to get goose bumps 닭살: goose bumps 배우: actor 표정: (facial)
> expression 영화: movie 무섭다: be scary 소식: news 학교: school 앞에서: in front of 교통사고
> 가 크게 나다: there was a serious car accident 어휴: phew 방금: just · a moment ago 지나오다:
> to pass by

소리 좀 줄여 줘. · 소리 좀 줄여 주세요.

1. Please turn down the volume.
= 소리 좀 낮춰 줘. · 소리 좀 낮춰 줄래(요)? · 소리 좀 낮춰 주세요. · 소리 좀 줄여 줄래
(요)?

: 소리 크기를 낮춰 달라고 요청할 때 사용하는 표현.
an expression to request a lower sound volume

A: 아, TV 소리 좀 줄여 줘.

B: 알았어. 줄일게.

A: 옆집 사는 사람인데요, 음악 소리 좀 줄여 주세요.

B: 네, 죄송합니다.

> 소리: sound · volume 줄이다: to reduce · to turn down 낮추다: to lower · to turn down
> 야: Hey 옆집: next door 살다: to live 음악 소리: music · sound of music

소리 질러!

1. Make some noise! · Shout at the top of your lungs! · Scream and shout!

: 소리를 크게 내라는 의미로 관객의 흥을 높이기 위해 쓰는 표현. 주로 축제나 공연, 야
외 행사에서 진행자나 공연자가 분위기를 신나게 만들 때 사용한다.

an expression to enhance audience excitement by asking them to shout. It serves to generate an
exciting atmosphere at festivals, performances, or outdoor events

A: 여러분, 즐길 준비되셨나요? 소리 질러![40]

B: 예~~~~~~.

A: 소리 질러!

B: 이겨라! 이겨라!

> 소리 지르다: to shout 여러분: everybody 즐기다: to enjoy · to have fun 준비되다: be ready 예:
> Yeah 이겨라!: Victory!

소식 들었어(요)?

1. Have you heard about it?
= 뉴스 들었어(요)? · 얘기 들었어(요)?

: 상대방에게 어떤 새 소식을 전하기 위해 말을 꺼낼 때 쓰는 표현.

an expression to deliver news to the others

A: 소식 들었어? 안나가 고향으로 돌아간대.

B: 응, 나도 방금 들었어.

A: 소식 들었어요? 저 다음 달에 결혼해요.

B: 우와, 축하해요. 결혼식이 며칠이에요?

---

40) 예능 <댄스 가수 유랑단> 1회 출연자의 대화를 참고하였다.

얘기: story · news (short for '이야기') 고향: hometown 돌아가다: to return · to go back 방금: just 다음 달: next month 결혼하다: to get married 우와: Wow 축하하다: to congratulate 결혼식: wedding 며칠이에요?: What's the date?

속 끓이지 마(세요).

1. Don't keep it bottled up. · Don't sweat the small stuff. · Don't keep it inside. · Let it out.
= 애 태우지 마(세요). · 너무 걱정하지 마(세요).

: 어떤 일에 너무 마음을 쓰거나 걱정하는 사람을 위로할 때 쓰는 표현.
an expression to comfort someone who is overly concerned or worried

A: 너무 속 끓이지 마.
B: 나 때문에 두 사람 사이가 나빠진 것 같아.

A: 태풍이 온다고 하는데도 제주도 갔어요.
B: 속 끓이지 마세요. 알아서 하겠지요.

속 끓이다: be worried about · to stew over 애(를) 태우다: be worried about · be anxious about 너무: too 걱정하다: to worry 때문에: because of 사이: relationship 나빠지다: to get worse 태풍: typhoon 온다고 하다: be expected to arrive 제주도: Jeju Island 알아서 하다: to take care of it

손이 좀 커(요).

1. Liberal. · Generous. [Lit. "Hand is large."]
= 씀씀이가 좀 커(요).

: 돈이나 물건, 음식, 마음 씀씀이 등이 크거나 넉넉한 사람을 묘사할 때 쓰는 관용 표현.
an idiomatic expression used when describing a person who is generous in spending money or preparing food

A: 양말 너무 많이 사는 거 아냐?
B: 내가 손이 좀 커. 할인할 때 많이 사 두려고.

A: 유나 씨가 불고기 20인분을 준비했대요. 너무 많지 않아요?
B: 그 친구가 원래 손이 좀 커요.

손이 크다: be generous in spending 씀씀이: the way you spend sth 좀: a little bit (short for '조금') 양말: socks 많이: many · a lot of 사다: to buy 할인하다: to give a discount 사 두다: to stock up 불고기: bulgogi (signature Korean beef dish) 인분: serving 준비하다: to prepare 원래: by nature

솔직히 말해서

1. To be honest · To be frank
= 솔직히 말하면

: 자신의 의견을 숨김없이 말하기 시작할 때 쓰는 표현.
an expression used when you start expressing your opinion openly

A: 솔직히 말해서 질투 나. 민수 만나지 마.
B: 민수는 그냥 친구야 친구. 남자 아니고.⁴¹⁾

A: 오늘 운전면허 시험에 붙을 자신 있어요?
B: 솔직히 말해서 자신 없어요.

솔직히: honestly · frankly 말하다: to speak 질투(가) 나다: be jealous 만나다: to meet 그냥: just · merely 친구: friend 남자: man · male 아니다: not 오늘: today 운전면허: driver's license 시험에 붙다: to pass a test 자신(이) 있다: be confident · be sure 자신(이) 없다: be not sure

수고 많으셨습니다.

1. Great job. · Thank you for your hard work.
= 고생하셨습니다. · 애쓰셨습니다.

: 어떤 일을 하느라 애쓴 상대방에게 쓰는 인사말.
a greeting for acknowledging someone who has worked hard to achieve something

A: 오늘 정말 수고 많으셨습니다.
B: 민수 씨도 수고 많았어요. 내일 봐요.

A: 회의 진행하느라 수고 많으셨습니다.
B: 유나 씨도 애썼어요. 오늘 회의 잘 끝난 거 같아요.

수고: work and efforts 내일: tomorrow 보다: to meet · to see 회의: meeting 진행하다: to conduct · to host 애쓰다: to make such an effort 잘: well 끝나다: be finished

---

41) 드라마 <신사와 아가씨> 10회의 대사를 참고하였다.

숨이 멎는 줄 알았어(요).

1. It took my breath away. · Breathtaking.
= 심장이 멎는 줄 알았어(요).

: 굉장히 좋거나 너무 놀랐을 때 쓰는 비유 표현.
a metaphorical expression used when something is exceptionally good or surprising

A: 그 가수가 그렇게 좋아?
B: 응, 콘서트 시작하는 순간 숨이 멎는 줄 알았어.

A: 왜 인기척도 없이 들어와요? 놀라서 숨이 멎는 줄 알았어요.
B: 미안해요. 잠 깰까 봐 조용히 들어온 거예요.

> 숨: breath 멎다: to stop · to cease 심장: heart 가수: singer 그렇게: that much 시작하다: to start 순간: the moment 인기척: sign of presence 들어오다: to come in · to approach 놀라다: be surprised · be frightened 잠(이) 깨다: to wake up 조용히: silently · without making a noise

쉬엄쉬엄해(요).

ㅅ

1. Go easy on yourself. · Take it easy.
= 살살해(요). · 무리하지 마(요).

: 어떤 일을 무리하게 하거나 급하게 하는 상대방을 걱정하면서 여유를 가지라고 조언할 때 쓰는 표현.
an expression used when you worry about someone who is overdoing things, and advise them to take their time

A: 너무 무리하지 말고 쉬엄쉬엄해.
B: 안 돼. 내일 10시 시험인데 공부를 하나도 안 했어.

A: 좀 쉬엄쉬엄해요. 쓰러지겠어요.
B: 알았어. 한 시간만 자야겠어.

> 살살하다: to go easy 무리하다: to overdo 안 돼.: No way. 시험: test · exam 공부: study 하나도: not ... at all 좀: a little (short for '조금') 쉬엄쉬엄하다: to take it easy 쓰러지다: to collapse 한 시간만: for just an hour 자다: to sleep

쉿, 비밀이야! · 쉿, 비밀이에요!

1. Shhh, it's a secret!
= 쉿, 아무한테도 말하면 안 돼(요).

: 어떤 일에 대해 아무한테도 말하지 말라고 당부할 때 쓰는 표현. 가까운 사이에서 사용한다.
an expression to ask people to keep something secret, generally used among people in close relationships

A: 그 두 사람이 사귄다는 게 정말이야?
B: 쉿, 비밀이야! 조용히 해.

A: 약을 먹고 살을 뺐다고요?
B: 쉿, 비밀이에요!

> 비밀: secret 그 두 사람: the two 사귀다: to date · to go out with 정말이야?: Really? · Is it true?
> 조용히 하다: be quiet 약: medicine · pill 살을 빼다: to lose weight

슬슬 긴장되네(요).

1. I'm getting nervous.
= 점점 긴장되네(요).

: 어떤 일을 앞두고 불안해지거나 걱정이 됨을 나타낼 때 쓰는 표현.
an expression to convey anxiety or worry about something you are expected to do

A: 오늘 면접 보는 날이지? 떨려?
B: 어제까지는 괜찮았는데 이젠 슬슬 긴장되네.

A: 곧 논문 심사 받을 거지요? 기분이 어때요?
B: 시간이 가까워지니까 슬슬 긴장되네요.

> 슬슬: more and more 점점: little by little 떨리다: be nervous 면접(을) 보다: to have an interview 날: the day 어제까지는: until yesterday 이젠: now (short for '이제는') 곧: soon 논문 심사(를) 받다: to get a thesis examined 기분: feelings · mood 시간: the time 가까워지다: to approach · to get closer

시간 가는 줄 몰랐어(요).

1. I lost track of (the) time.
= 시간이 그렇게 빨리 가는 줄 몰랐어(요).

: 시간이 얼마나 지났는지 모를 만큼 재미있고 만족스러울 때 쓰는 표현.
an expression to show how fun something was and how satisfied one was with it, and even they are not aware of time passing

A: 그 드라마 다 봤어? 재미있지?
B: 응, 마지막 회까지 다 봤어. 시간 가는 줄 몰랐어.

A: 친구들 잘 만났어요?
B: 네, 밀린 얘기하느라 시간 가는 줄 몰랐어요.

> 시간: time 가다: to go by 다: all 보다: to watch 재미있다: be interesting 마지막 회: the last episode 친구들: friends 만나다: to meet 밀린: to catch up on 얘기하다: to talk (short for '이야기하다')

시간 괜찮아(요)?

1. Is this a good time? · Does the time work for you?
= 시간 돼(요)? · 시간 낼 수 있어(요)?

: 약속을 잡기 전에 상대방의 일정이 어떤지 물어볼 때 쓰는 표현.
an expression used when asking about the other person's schedule to set a specific date for an appointment

A: 내일 시간 괜찮아?
B: 내일 왜? 치과에 사랑니 빼러 가야 해.

A: 일요일에 축구하러 갈래요? 시간 괜찮아요?
B: 네, 좋아요.

> 시간: time 내일: tomorrow 왜?: Why? 치과: dental clinic 사랑니(를) 빼다: to have a wisdom tooth pulled out 일요일: Sunday 축구하다: to play soccer

시간 나면 보통 뭐 해(요)?

1. What do you usually do in your spare time?
= 시간 있을 때 보통 뭐 해(요)? · 한가할 때 주로 뭐 해(요)?

: 상대방의 여가 생활이나 취미에 대해 물을 때 쓰는 표현.
an expression to ask about the other person's pastimes or hobbies

A: 시간 나면 보통 뭐 해?
B: 난 그냥 집에서 쉬어.

A: 시간 나면 보통 뭐 해요?
B: 주로 영화 봐요.

> 시간 나다: be free 보통: usually 난: I (short for '나는') 그냥: just 집: home 쉬다: to get some
> rest 주로: usually 영화(를) 보다: to watch movies

시간 없어(요)!

1. We are running out of time! · There's no time!
= 빨리 좀 해(요)! · 서둘러(요)! · 어서(요)!

: 상대방에게 빠르게 어떤 행동을 하라고 재촉할 때 쓰는 표현.
an expression used when urging someone to do something quickly

A: 시간 없어! 아직 안 끝났어?
B: 드디어 끝! 가자!

A: 시간 없어요! 아직 멀었어요?
B: 먼저 가세요. 금방 따라갈게요.

> 시간: time 빨리: quickly · fast 서두르다: to hurry up 아직: yet 끝나다: be done · be finished
> 드디어: finally 끝: (be) done 가자!: Let's go! 아직 멀었다: to have a long way to go 먼저: (to
> leave) first 금방: soon · shortly 따라가다: to follow · to go after

시간을 칼같이 맞췄네(요).

1. You're exactly on time.
= 시간을 칼같이 지켰네(요). · 시간을 정확히 지켰네(요).

: 시간을 정확하게 지킨 상대방을 칭찬할 때 쓰는 비유적 표현.
a metaphorical expression to praise someone for their precise timekeeping

A: 우와, 발표 시간을 칼같이 맞췄네.
B: 10분에 끝내려고 연습 많이 했어.

A: 시간을 칼같이 맞췄네요.
B: 네, 기다리시게 하면 안 되죠.

> 칼같이: on time 정확히: exactly · right (on time) 발표 시간: presentation time 끝내다: to complete · to finish 연습: practice 많이: hard · a lot 기다리게 하다: to make someone wait

시간이 좀 필요할 것 같아(요).

1. I think I need some (more) time.
= 생각할 시간이 필요해(요).

: 어떤 일이나 결정을 앞두고 시간을 더 달라고 요청할 때 쓰는 표현.
an expression used when asking for more time before taking action or making a decision

A: 우리 당분간 만나지 말자.
B: 그래, 우리에겐 시간이 좀 필요할 거 같아.

A: 이번 프로젝트, 주제를 뭐로 할까요?
B: 주제 정하려면 시간이 좀 필요할 것 같아요.

> 생각하다: to think · to consider 우리: we 당분간: for a while 우리에겐: for us (에겐: is short for '에게는') 이번: this 주제: subject · theme 뭐: what 정하다: to decide on

시험이 끝났습니다.

1. The exam is over. · Time's up.
= 시험이 종료되었습니다.

: 시험 시간이 종료되었음을 선언하는 표현.
an expression announcing the end of the test time

A: 시험이 끝났습니다. 답지 제출해 주세요.
B: 시간을 1분만 더 주시면 안 돼요?

A: 시험이 끝났습니다.

B: 수고하셨습니다.

> 시험: test · exam 끝나다: be over · be finished 종료되다: time is up 답지: answer sheet 제출
> 하다: to submit 더: more 주시다: to give · to allow (honorific of '주다') 수고하다: to do a great
> job

식사하셨어요?

1. Have you eaten? · Did you eat?
= 아침(점심/저녁) 드셨어요?

: 식사 시간 전후에 만난 상대방에게 하는 가벼운 인사말.
a casual greeting given to people you encounter around mealtimes

A: 식사하셨어요?
B: 네, 방금 먹었어요. 식사하셨죠?

A: 어, 아직 사무실에 계시네요. 식사하셨어요?
B: 아직요. 지금 먹으려고요.

> 식사하다: to have a meal 아침: breakfast 점심: lunch 저녁: dinner 드시다: to have · to eat 방금:
> just 아직: still 사무실: office 계시다: to be · to stay (honorific of '있다')

식은땀 났어(요).

1. I broke out in a cold sweat.
= 진땀(이) 났어(요).

: 중요하고 스트레스가 많은 사건을 겪는 동안 두렵고 긴장했음을 나타내는 관용 표현.
an idiomatic expression indicating that you were feeling scared or nervous while going through a
big and stressful event

A: 여자 친구 부모님께 인사 잘 드렸어? 어땠어?
B: 식은땀 났어. 너무 떨렸어.

A: 말하기 대회 어땠어요?
B: 힘들었어요. 무대 위에 올라가니까 식은땀 났어요.

> 진땀: sweat 여자 친구: girlfriend 부모님: parents 인사드리다: to introduce oneself (honorific
> of '인사하다') 너무: too · very 떨리다: be nervous 말하기 대회: speech contest · speaking
> contest 힘들다: be hard · be tough 무대 위에 올라가다: to be on the stage

식은 죽 먹기야. · 식은 죽 먹기예요.

1. It's a piece of cake. · It's very easy. [Lit. "It's like eating cold porridge."]
= 누워서 떡 먹기야. · 누워서 떡 먹기예요.

: 어떤 일을 아주 쉽게 할 수 있다고 믿는 자신감을 나타내는 관용 표현.
an idiomatic expression to display your confidence in something which you believe you can do very easily

A: 우와! 드럼 잘 치네.
B: 이 정도는 식은 죽 먹기야.

A: 발표 준비 벌써 다했어요?
B: 이제 발표 자료 만드는 건 식은 죽 먹기예요.

> 식은: cooled down 죽: porridge 눕다: to lie down 떡: rice cake 드럼(을) 잘 치다: be a good drummer 이 정도: this (much) 발표: presentation 준비 다 하다: be well prepared 벌써: already 이제: now 발표 자료: presentation materials 만들다: to prepare

신경 꺼(요).

1. It's none of your business.
= 상관하지 마(요). · 간섭하지 마(요).

: 어떤 일을 방해하려는 상대방을 막기 위해 쓰는 표현. 가까운 사이에서 사용한다.
an expression to stop someone from interfering with your business, generally used among people with close relationships

A: 펜싱 그만두고 공부나 해.
B: 내가 알아서 할 거야. 내 인생에 신경 꺼.[42)]

A: 부산 가면 어디에서 잘 건데요?
B: 신경 꺼요. 어디서 자든 무슨 상관이에요?

> 신경: care · concern 끄다: do not mind 상관하다: to mind 간섭하다: to interfere 펜싱(을) 그만 두다: to quit fencing 공부하다: to study 알아서 하다: to take care of it 인생: life 부산: Busan 가다: to go (to) 어디에서: where 자다: to stay 무슨 상관이에요?: What does it matter to you?

---

42) 드라마 <스쿨나잇 스쿨하나> 1회의 대사를 참고하였다.

신경 쓰지 마(세요).

1. Never mind. · Don't sweat it.
= 걱정하지 마(세요).

: 어떤 일에 대해 걱정하는 상대방을 안심시키려 할 때 쓰는 표현.
an expression to reassure someone who is worried about something

A: 음식을 하나도 준비 못 했어. 어떡하지?
B: 신경 쓰지 마. 배달 시켜 먹으면 되지.

A: 혹시 나 때문에 헤어진 거예요?
B: 아니에요. 신경 쓰지 마세요.[43]

> 걱정하다: to worry 음식: food 하나도: nothing 준비 못 하다: didn't prepare 어떡하지?: What do I do? 배달(을) 시키다: to order food delivery 혹시: I wonder ~ 나 때문에: because of me 헤어지다: to break up

2. It's none of your business.
= 간섭하지 마(세요). · 됐어(요).

: 상대방의 관심이나 간섭을 거절할 때 쓰는 표현.
an expression to turn down someone's favor or interference

A: 바지보다 치마를 입으면 어때? 모자도 빌려줄까?
B: 신경 쓰지 마. 내가 알아서 할게.

A: 보고서 내가 좀 봐줄까요?
B: 신경 쓰지 마세요. 제힘으로 할게요.

> 바지: pants · trousers 치마: skirt 입다: to wear 모자: hat · cap 빌려주다: to lend 알아서 하다: to take care of it 보고서: report 봐주다: to have a look at 제힘으로: on my own (제: short for '저의')

신경질을 왜 내(요)?

1. Why are you getting all worked up?
= 신경질을 왜 부려(요)? · 왜 짜증을 내(요)?

: 정당한 이유 없이 짜증을 내는 사람에게 불쾌한 감정을 전달하는 표현.
an expression to convey unpleasant feelings toward someone who gets grumpy with no good

---

43) 드라마 <나의 해방일지> 2회의 대사를 참고하였다.

reason

A: 내 방에 들어왔었어? 남의 방에 왜 들어와?

B: 청소해 준 건데 신경질을 왜 내?

A: 설거지 좀 해 달라고 했잖아.

B: 지금 하려고 했어. 근데 신경질을 왜 내?

> 신경질을 부리다: to show temper 남: someone else 방: room 들어오다: to come in 청소하다: to clean up 설거지하다: to do the dishes 지금 하려고 하다: be just about to 근데: by the way (short for '그런데')

신난다!

1. It's so exciting! · I'm excited!
= 야호! · 대박!

: 앞으로 경험하게 될 어떤 일이 기대되어 행복하거나 기쁜 감정을 나타낼 때 쓰는 표현.
an expression to display one's great excitement with expectation for a future event

A: 비행기표 예매 마쳤어.

B: 신난다! 제주도 가면 뭐 할까?

A: 추석 연휴가 월요일까지래요.

B: 신난다! 연휴 동안 뭐 하죠?

> 신나다: be excited 비행기 표: flight ticket 예매: booking 마치다: to finish doing 제주도: Jeju Island 추석: Chuseok (Korean Thanksgiving Day) 연휴: holiday 월요일: Monday 동안: during

신세 많이 졌습니다.

1. I owe you big time. · I'm indebted to you.
= 이 신세를 어떻게 갚지요?

: 상대방이 베풀어준 일에 대해 정중하게 감사의 인사를 할 때 쓰는 표현.
an expression used when parting to display gratitude for something the other person has done for you

A: 우리 집에 계시는 동안 불편하지 않았어요?

B: 아니에요. 신세 많이 졌습니다. 감사합니다.

A: 선배님들, 후배님들 그동안 신세 많이 졌습니다.

B: 잘 가요. 가끔 소식 주고요.

> 신세: owing 어떻게: how 갚다: to pay back 우리 집: my house 계시다: to be · to stay (honorific of '있다') 동안: during · while 불편하다: to feel uncomfortable 선배님: senior 후배님: junior 그동안: so far 잘 가(요).: Good bye. 가끔: from time to time 소식 주다: to keep in touch

실감이 안 나(요).

| 1. It doesn't feel real.
= 실감이 안 돼(요). · 믿어지지 않아(요).

: 자신에게 생긴 일이나 미래에 일어날 일이 현실로 믿어지지 않음을 나타내는 표현.
an expression used when something that has happened or will happen to you doesn't feel real

A: 취직했다며? 기분이 어때?

B: 아직 실감이 안 나.

A: 내일 한국 떠나시지요? 소감이 어떠세요?

B: 네, 그런데 아직 실감이 안 나요.

> 실감: feeling real 믿어지다: can believe · to feel real 취직하다: to get a job 기분이 어때?: How do you feel? 아직: still 내일: tomorrow 한국: Korea 떠나다: to leave 소감: impression · thoughts 어떠세요?: How do you feel? 그런데: but

실례해도 될까요?

| 1. Excuse me?
= 실례해도 괜찮을까요?

: 지금 하려고 하는 행동에 대해 양해를 구하는 표현.
an expression to ask for forgiveness because you feel that what you're trying to do is out of courtesy

A: 저, 잠깐 실례해도 될까요?

B: 네, 들어오세요. 무슨 일이세요?

A: 실례해도 될까요? 제가 방해가 되는 건 아닌지요?

B: 별말씀을요, 앉으세요.

잠깐: for a minute 들어오다: to come in 무슨 일이세요?: What brings you here? 방해가 되다: to disturb 별말씀을요: Not at all. 앉다: to sit

2. May I be excused?
= 나가도 괜찮을까요?

: 자리를 뜨게 되어 상대방에게 양해를 구할 때 쓰는 표현.
an expression to ask for permission and understanding when one has to leave some place

A: 저 먼저 실례해도 될까요?
B: 네, 괜찮아요. 가세요.

A: 죄송하지만 잠시 실례해도 될까요?
B: 네, 편하게 전화 받으세요.

저: I (honorific of '나') 먼저: (to leave) early 잠시: for a minute 편하게: to feel free to 전화(를) 받다: to take the call

실수할 수도 있지(요).

1. Everyone makes mistakes.
= 그럴 수도 있지(요).

: 상대방이 실수한 일에 대해 괜찮다고 위로할 때 쓰는 표현.
an expression to comfort someone for a mistake they made

A: 엉뚱한 사람에게 이메일을 보냈어. 나 정신 나갔나 봐.
B: 사람이 실수할 수도 있지.

A: 손님, 제가 계산을 잘못했어요. 정말 죄송합니다.
B: 실수할 수도 있지요. 괜찮아요.

엉뚱한: wrong 사람: person 보내다: to send 나: I 정신(이) 나가다: to be out of one's mind 손님: customer 계산을 잘못하다: the bill is incorrect 정말: really · so 죄송하다: be sorry

싫다, 싫어!

1. I hate that/it!
= 정말 싫어! · 너무 싫어!

: 싫은 감정을 아주 강하게 나타낼 때 쓰는 표현.

an expression to show very strong feelings of dislike

A: 어휴, 쟤 잘난 척하는 거 보기 싫어.

B: 진짜 싫다, 싫어!

A: 왜 만날 때마다 늦어? 정말 싫다, 싫어!

B: 내가 언제 맨날 늦었다고 이래?

> 어휴: phew 쟤: that person (short for '저 아이') 잘난 척하다: to show off 진짜: really 늦다: be
> late 왜: why 맨날: always 이래?: do like this? (short for '이렇게 해?')

싫다는 거지(요)?

1. You don't want to, do you?
= 싫다는 말(씀)이지(요)? · 싫은 거지(요)?

: 상대방의 부정적인 의사를 다시 확인할 때 쓰는 표현.
an expression to confirm the other person's decision not to do something

A: 등산 가기 싫다는 거지?

B: 응, 너무 추워. 다음에 가자.

A: 그러니까 같이 영화 보러 가기 싫다는 거지요?

B: 네, 저는 혼자 영화 보는 걸 좋아해서요.

> 등산 가기: going hiking 싫다: do not like 춥다: be cold 다음에: some time later 그러니까: so
> 같이: together 영화: movie 혼자: alone · by oneself 좋아하다: to like

심장이 터질 것 같아(요).

1. My heart is in my throat. · My heart is going to explode.
= 심장 터질 뻔했어(요). · 숨이 멎을 뻔했어(요).

: 아주 기쁘거나 행복한 감정을 강조해서 말할 때 쓰는 표현.
an expression to emphasize a very joyful or happy feeling

A: 남자 친구가 청혼했어. 심장이 터질 것 같아.

B: 대박! 진짜 좋겠다.

A: 저기 '손' 나온다. 심장이 터질 것 같아.

B: 오늘 축구, 기대된다. 골 많이 넣었으면 좋겠다.

심장: heart 터지다: to burst 숨: breath 멎다: to stop 남자 친구: boyfriend 청혼하다: to propose 대박!: Cool! · Awesome! 진짜: really 저기: over there 손: Korean soccer player 'Heungmin Son' 나오다: to come out 축구: soccer 기대되다: be excited · be looking forward to 골 넣다: to score a goal

싸게 해 주세요.

1. Please make it (a little) cheaper. · Please give me a discount.
= 깎아 주세요. · 싸게 해 주시면 안 돼요? · 좀 깎아 주시면 안 될까요?

: 물건값을 깎기 위해 흥정할 때 쓰는 표현.
an expression used when bargaining to reduce the price of an item

A: 사과 네 개에 만 원이에요.
B: 아저씨, 좀 싸게 해 주세요.

A: 이 등산 모자 좀 싸게 해 주세요.
B: 우리 가게는 정찰제예요. 죄송합니다.

깎다: to give a discount 사과: apple 등산 모자: hiking hat 우리 가게: our store 정찰제: fixed-price system

쓸데없는 짓 하지 마(세요)!

1. Don't ask for trouble! · Don't waste your time on pointless actions!
= 괜한 짓 하지 마(세요)!

: 필요 없거나 무의미한 행동을 하려는 상대방에게 경고할 때 쓰는 표현.
an expression to warn someone who is about to do something unnecessary or meaningless

A: 너 아프다고 네 어머님께 말씀드릴까?
B: 쓸데없는 짓 하지 마!

A: 또 영상 찍어 올릴 거예요? 쓸데없는 짓 하지 마세요!
B: 사람들이 이번에는 많이 볼 거예요. 두고 보세요.

쓸데없는: unnecessary · useless 괜한: useless · pointless 짓: act 아프다: be sick 네: your (short for '너의') 어머니: mother 말씀드리다: to tell (honorific of '말하다') 또: again 영상(을) 찍다: to take a video 올리다: to upload 사람들: people 이번에는: this time 두고 보다: to wait and see

아, 아깝다.

1. So close. · Too bad.
= 아, 아까워. · 아, 아쉽다.

: 아슬아슬하게 놓쳤거나 이루지 못한 것에 대한 아쉬움을 나타낼 때 쓰는 표현.
an expression to display regret over something that you narrowly missed or failed to achieve

A: 1점이 모자라서 상품 못 받았어.
B: 아, 아깝다.

A: 아, 아깝다. 오늘 축구 경기, 승부차기에서 졌어.
B: 그러게. 이길 수 있었는데...

> 아쉽다: What a bummer! 1점: one point 모자라다: be short 상품: prize · gift 받다: to get 오늘: today 축구: soccer 경기: game 승부차기: penalty shootout 지다: to lose 그러게.: Right. 이기다: to win

2. What a waste.
= 너무 아까워.

: 음식이나 물건, 시간 등을 낭비하게 되어 아쉬움을 나타낼 때 쓰는 표현.
an expression to display regret over wasted food, goods, or time

A: 어휴, 배불러서 더 이상 못 먹겠어.
B: 음식이 너무 많이 남았어. 아, 아깝다.

A: 그 바지, 새 거 같은데 버리려고? 아, 아깝다.
B: 산 지 오래됐어. 나한테 작아.

> 어휴: phew 배부르다: be full 더 이상: any more 못: not 음식: food 남다: be left 바지: pants 새 거: new one 버리다: to throw away 사다: to buy 오래되다: It has been long since~ 나한테: for me 작다: be small

아, 졸린다.

1. Oh, I feel sleepy[drowsy]. · It's boring.
= 아, 졸려. · 아, 지루해.

: 무언가가 너무 지루해서 그만두고 싶음을 간접적으로 말하는 표현.
an expression to indirectly say that you want to quit something because you are so bored with it

A: 아, 졸린다. 그만 볼까?
B: 응, 생각보다 영화가 재미없네.

A: 아, 졸린다. 다른 얘기 해.
B: 아냐, 끝까지 들어 봐.

> 졸리다: to feel sleepy 지루하다: to find sth boring 그만 보다: to stop watching 생각보다: than I
> thought 다른: different 얘기: story · subject 아냐: No (short for '아니야') 끝까지: to the end 듣
> 다: to listen

아니, 이게 누구야? · 아니, 이게 누구예요?

1. Look who it is?
= 우와, 이게 누구야? · 우와, 이게 누구예요?

: 아는 사람을 예상치 못한 장소에서 만나게 되어 반가움을 나타내는 표현.
an expression to convey the joy of encountering someone you know in an unexpected place

A: 아니, 이게 누구야? 반갑다.
B: 오랜만이지? 잘 지냈어?

A: 과장님, 안녕하셨어요?
B: 아니, 이게 누구예요?

> 이게: this (short for '이것이', meaning '이 사람이' in the dialogue) 반갑다: be glad 오랜만이지?:
> It's been so long, right? 잘 지내다: be well 과장님: section leader

아니라고(요)!

1. No, it's not!
= 아니라니까(요)!

: 상대방의 의심을 강하게 부인할 때 쓰는 표현.

an expression used when firmly denying the other person's suspicions

A: 너 쌍꺼풀 수술한 거 아냐?

B: 아니라고!

A: 둘이 사귀는 거 아니에요?

B: 아니라고요! 대체 몇 번이나 말해요?

> 쌍꺼풀: double eyelid 수술하다: to have a surgery 둘: the two 사귀다: to date · to go out with
> 대체: on earth 몇 번이나: How many times …? 말하다: to tell · to say

아니야, 내 말 좀 들어 봐. · 아니에요, 내 말 좀 들어 봐요.

1. No, hear me out. · Listen to me.
= 아니야, 내 얘기 좀 들어 봐. · 아니에요, 내 얘기 좀 들어 봐요.

: 상대방의 오해에 대해 해명하거나 자신의 결백을 호소할 때 쓰는 표현.

an expression used when making an excuse for a misunderstanding or claiming one's innocence

A: 너 어떻게 나한테 그런 거짓말을 할 수 있어?

B: 아니야, 내 말 좀 들어 봐. 오해야.

A: 유나 씨한테 내 험담했어요?

B: 아니에요, 내 말 좀 들어 봐요.

> 내 말: my explanation 얘기: story (short for '이야기') 어떻게: how 그런: such a 거짓말을 하다:
> to tell a lie 오해: misunderstanding 험담하다: to backbite · to speak ill of

아닐 거야. · 아닐 거예요.

1. Probably not.
= 그럴 리가 없어(요).

: 상대방의 말이나 이미 일어난 어떤 일을 인정하고 싶지 않을 때 쓰는 표현.

an expression used when you don't want to acknowledge what you heard is real

A: 박 선생님이 학교 그만둔다 했다고? 아닐 거야.

B: 그러게. 나도 믿기 힘들어.

A: 잭이 본국으로 돌아갔다고요? 아닐 거예요.

B: 믿기지 않겠지만 사실이야.

학교: school 그만두다: to stop · to quit 믿기 힘들다: be hard to believe 본국: one's own
country 돌아가다: to go back 믿기지 않다: can't believe 사실: truth · fact

아닐걸(요).

1. I don't think it will be like that.
= 아닐 거 같아(요). · 아닐 거 같은데(요)

: 상대방의 말이나 어떤 일에 대하여 의심을 나타낼 때 쓰는 표현.
an expression used when expressing doubt about someone's words

A: 민수 씨가 너 좋아하는 거 아냐?
B: 아닐걸. 민수 씨는 이 세상 모든 사람한테 다 친절해.

A: 지금 시간엔 지하철이 더 빠르지 않을까요?
B: 아닐걸요. 지하철은 두 번 갈아타야 해요.

좋아하다: to like 이 세상: this world 모든 사람: everyone 다: all 친절하다: be kind 지금 시간엔:
at this time of the day 지하철: subway 더 빠르다: be faster 두 번: twice 갈아타다: to transfer

아무 때나 와. · 아무 때나 오세요.

1. Come any time.
= 아무 때나 와도 괜찮아. · 아무 때나 오셔도 괜찮아요. · 언제든지 와. · 언제든지 오세요.

: 상대방의 방문을 언제든지 환영한다고 말할 때 쓰는 표현.
an expression to show a hearty welcome to the other person's future visit

A: 나 너희 집에 놀러 가도 돼?
B: 그럼! 아무 때나 와.

A: 여보세요! 염색하고 싶은데 예약해야 되나요?
B: 오늘은 괜찮아요. 아무 때나 오세요.

언제든지: any time 아무 때나: any time 너희 집: your home · your place 놀러 가다: to come and
visit 그럼!: Sure! 여보세요!: Hello! 염색하다: to dye 예약하다: to book 오늘: today 괜찮다: be
fine · be okay

아무 생각이 없는 사람이네(요).

1. What a ridiculous person. · He's/She's so thoughtless.
= 무슨 그런 사람이 다 있어(요)? · 정말 어이없는 사람이네(요).

: 주어진 상황에서 부적절하게 행동하는 경향이 있는 사람을 비하할 때 사용하는 표현.
an expression used when downgrading someone who tends to act inappropriately in a given situation

A: 룸메이트가 또 돈 빌려 달래.
B: 빌려주지 마! 정말 아무 생각이 없는 사람이네.

A: 앤디는 위가 나빠 병원 다니면서도 매일 폭음해요.
B: 정말 아무 생각이 없는 사람이네요. 치료받아야겠는데요?

> 아무: no 생각: common sense 어이없다: be ridiculous · be absurd 또: again 돈(을) 빌리다: to borrow money 빌려주다: to lend 위(가) 나쁘다: to have stomach trouble 병원(에) 다니다: to go to hospital 매일: every day 폭음하다: to drink heavily 정말: really 치료받다: to get treated

아무 의미 없어(요).

1. There's no particular reason. · It doesn't mean anything.
= 별 의미 없어(요). · 큰 의미 없어(요).

: 특별한 가치가 없거나 소용이 없음을 나타낼 때 쓰는 표현.
an expression to indicate that something/someone is of no value or importance to something/ someone else

A: 용서해 줘. 내가 잘못했어.
B: 너는 이제 나한테 아무 의미 없어. 우리는 끝났어.[44]

A: 잭 씨는 여러 가지 알바를 해서 취업이 잘될 거 같아요.
B: 아무 의미 없어요. 전공과 상관없는 알바만 했거든요.

> 용서하다: to forgive 잘못하다: be wrong 이제: now 나한테: to me 우리는 끝났어.: We broke up. · We are done. 여러 가지: many kinds of · a wide range of 알바: part-time job (short for '아르바이트') 취업: getting a job 잘 되다: to get sth easily · to suceed 전공: major 상관없다: not related

---

44) 드라마 <닥터 차정숙> 10회의 대사를 참고하였다.

아무 일 없겠지(요)?

| 1. Will everything be alright?
| = 별일 없겠지(요)? · 괜찮겠지(요)?

: 누군가의 안부를 걱정할 때 쓰는 표현.
an expression used when you are concerned about someone's safety you cannot reach at the moment

A: 룸메이트가 어제 안 들어왔어. 아무 일 없겠지?
B: 별일이야 있겠어?

A: 친구가 연락을 안 받는데 아무 일 없겠지요? 불안한데...[45]
B: 언제부터요? 계속해 봐요.

> 어제: yesterday 안 들어오다: do not get home 친구: friend 연락을 안 받다: do not answer (my call) · can't contact 불안하다: to feel uneasy · be worried 계속해 보다: to keep ~ing

아무도 몰라(요).

| 1. Nobody knows.
| = 아무한테도 말 안 했어(요).

: 어떤 일을 남에게 알리지 않고 비밀스럽게 했음을 말할 때 쓰는 표현.
an expression to say that something was done secretly

A: 너, 여친 생긴 거 친구들이 알아?
B: 아무도 몰라. 당분간은 비밀로 하려 해.

A: 사고 났을 때 많이 놀랐죠? 가족들도 걱정 많이 하겠어요.
B: 아무도 몰라요. 사고 났다는 얘기 안 하려고요.

> 여친: girlfriend (short for '여자 친구') 생기다: to get 친구들: friends 알다: to know 당분간은: for a while · for the time being 비밀로 하다: to keep sth secret 사고(가) 나다: to have an accident 많이: a lot · much 놀라다: be surprised 가족: family 걱정하다: to worry 얘기(를) 안 하다: don't tell (short for '이야기(를) 안 하다')

---

45) 드라마 <눈이 부시게> 9회의 내사를 참고하였다.

아유, 깜짝이야!

1. Oh, my! What a surprise. · You scared me.
= 아유, 놀래라!

: 당황하고 놀랐을 때 쓰는 표현.
an expression used when you are embarrassed or surprised

A: 아유, 깜짝이야! 인기척 좀 내.
B: 놀랐어? 미안.

A: 아유, 깜짝이야! 도대체 저 차 뭐예요?
B: 미쳤군요. 이 좁은 길에서 저렇게 빠르게 달리다니.

> 놀래라!: I am so surprised! 인기척(을) 내다: to give a sign of presence 놀라다: be surprised 도
> 대체: what the hell 저: that 차: car 미치다: be crazy 좁은: narrow 길: road 저렇게: like that ·
> so 빠르게: fast 달리다: to drive

아이고

1. Ouch
= 아유 · 어휴

: 아프거나 힘들 때 쓰는 감탄사.
an exclamation used when you are in pain or having a hard time

A: 아이고, 다리 아파.
B: 저기 정자에서 잠깐 쉬었다 갈까?

A: 아이고, 힘들어 죽겠네요.
B: 오랜만에 뛰어서 그래요.

> 다리: leg 아프다: to feel hurt 저기: over there 정자: pavilion 잠깐: for a minute 쉬다: to get
> some rest 힘들어 죽겠다: be so tired · It's killing me. 오랜만에: It's been a long time since~ 뛰다:
> to run ~아/어서 그래요: it is because ~

2. Wow!
= 우와! · 와우!

: 누군가를 만나 반가울 때 쓰는 감탄사.
an exclamation used when you are happy to see someone

A: 아이고, 이게 누구야?

B: 나 기억해? 오랜만이다.

A: 아이고, 어서 와요.

B: 초대해 주셔서 감사합니다.

> 이게 누구야?: Who is this! · Look who's here! 기억하다: to remember 오랜만이다: Long time no see. · It has been a while. 어서 와요.: Come on in. 초대하다: to invite

3. Oh, my! · Goodness!
= 어쩌나! · 세상에!

: 당황했을 때 쓰는 감탄사.
an exclamation used when one is embarrassed

A: 아이고, 이러지 마!

B: 오늘 점심값은 내가 내도록 해줘.

A: 아이고, 핸드폰을 두고 왔어요.

B: 빨리 기숙사에 갔다 와요.

> 이러지 마!: Please don't do this! 오늘 점심값: today's lunch bill 내다: to pay 핸드폰: cell phone 두고 오다: to leave behind 빨리: quickly 기숙사: dormitory 갔다 오다: to go (and get)

안 그래(요)?

1. Isn't it? · Doesn't it?
= 그렇지 않아(요)? · 내 말이 틀려(요)?

: 자신의 말이나 생각에 대해 상대방의 동의를 구하고 싶을 때 쓰는 표현.
an expression used when you want to seek the other person's consent to your words or thoughts

A: 더울 땐 물냉면이지. 안 그래?

B: 그래. 물냉면 먹으러 가자.

A: 말을 안 하는데 어떻게 민수 씨의 마음을 알 수 있겠어요? 안 그래요?[46]

B: 내 말이 그 말이에요.

> 틀리다: be wrong 더울 땐: when It's hot · on hot days (short for '더울 때에는') 물냉면: mul-naengmyeon (cold buckwheat noodles) 말을 안 하다: don't say 어떻게: how 마음: mind · feelings 알다: to know · to understand 내 말이 그 말이에요.: That's what I'm saying. · You're telling me.

---

46) 드라마 <낭만닥터 김사부 I> 11회의 내사를 참고하였다.

안 될 거 같은데(요).

1. I don't think it will work.
= 곤란한데(요).

: 상대방의 요청이나 부탁을 부드럽게 거절할 때 쓰는 표현.
an expression used when gently rejecting someone's request

A: 이런, 책 가져오는 걸 깜박했어. 내일 돌려줘도 돼?
B: 안 될 거 같은데. 오늘 봐야 해.

A: 오늘 요가 수업 한 시간만 미룰 수 있어요?
B: 안 될 거 같은데요. 죄송합니다.

> 곤란한데(요).: I'm afraid you can't. 이런: My goodness 책: book 가져오다: to bring 깜박하다: to forget to · to slip one's mind 내일: tomorrow 돌려주다: to return 오늘: today 요가 수업: yoga class 한 시간: one hour 미루다: to put off

안 봐도 뻔해(요).

1. Even without looking, it's obvious.
= 보나 마나 뻔해(요). · 보나 마나지(요).

: 확인해 보지 않아도 쉽게 예상할 수 있을 때 사용하는 표현.
an expression used when something is easily predictable without the need to verify it

A: 누가 이 접시 깼어?
B: 안 봐도 뻔해. 유나가 그랬을 거야.

A: 이번 시험 누가 제일 잘 봤을까요?
B: 안 봐도 뻔해요. 항상 잭이 1등이잖아요.

> 보나 마나: be obvious 뻔하다: be clear · be obvious 접시: dish · plate 깨다: to break 이번: this 시험(을) 잘 보다: to do well on a test 누가: who 제일: (the) best 항상: always 1등: first place · the top

안 할래(요).

1. I won't do it. · I don't want to do it.
= 하지 않을래(요). · 싫어(요). · 싫은데(요).

: 어떤 제안을 거절할 때 쓰는 표현. 가까운 사이에서 사용한다.
an expression used when rejecting an offer, used among people who are close

A: 소개팅할래?
B: 아니, 안 할래.

A: 같이 농구할래요?
B: 안 할래요. 오늘은 꼼짝하기 싫어요.

> 소개팅: blind date 같이: together 농구하다: to play basketball 오늘: today 꼼짝하기 싫다: don't want to move an inch

안녕히 계세요.

1. Good bye. [Lit. "Stay in peace."]
= 잘 있어요.

: 헤어질 때 하는 인사말. 통화를 종료할 때에도 쓴다.
a parting greeting, also used to end a call

A: 오늘 감사했어요. 안녕히 계세요.
B: 네, 또 놀러 오세요.

A: 긴 시간 제 얘기 들어주셔서 고맙습니다. 안녕히 계세요.
B: 네, 다음에 또 통화해요.

> 오늘: today 또: again 놀러 오다: to come and see 긴 시간: for a long time 얘기: story (short for '이야기') 듣다: to listen to 다음에: later 통화하다: to talk on the phone

안부 전해 줘. · 안부 전해 주세요.

1. Say hello to sb. · Give my regards to sb.

: 제3자에게 대신해서 인사를 부탁할 때 사용하는 표현.
an expression used when asking a third party to say hello to someone for you

A: 안나 만나러 가는데 같이 갈래?
B: 난 일이 있어서 못 가. 대신 안부 전해 줘.

A: 민수 씨, 부모님께 안부 전해 주세요.
B: 네, 그럴게요.

안부: one's regards 전하다: to say · to give 만나러 가다: to go to see 같이: together 일(이) 있다: to have some business (to take care of) 대신: for (me) 부모님: parents 그럴게요.: Okay. I will. (short for '그렇게 할게요.')

안색이 별로 안 좋아 보여(요).

1. You don't look so good. · The color is drained from your face.
= 낯빛이 별로 안 좋아(요).

: 상대방의 낯빛이 나빠 보여서 건강이 걱정될 때 사용하는 표현.
an expression to show concern about the other person's health because they do not look well

A: 어디 아파? 안색이 별로 안 좋아 보여.
B: 머리가 너무 아파. 혹시 두통약 있어?

A: 안색이 별로 안 좋아 보여요. 무슨 일 있어요?
B: 없어요. 어제 잠을 못 자서 그래요.

안색: looks · complexion 별로: not that · not very 아프다: to feel pain 머리: head 너무: too · extremely 혹시: to happen to 두통약: headache pill 어제: yesterday 잠을 못 자다: can't sleep

안성맞춤이야. · 안성맞춤이에요.

1. That's tailor-made. · That's perfect. · That suits you.
= 제격이야. · 제격이에요. · 딱이네. · 딱이네요.

: 어떤 대상이 주어진 상황에 잘 어울리거나 적절할 때 쓰는 표현.
an expression used when something fits well or is appropriate for a situation

A: 결혼식 갈 때 이 옷 입을까 해. 어때?
B: 좋은데? 결혼식 의상으로 안성맞춤이야.

A: 이 원룸은 혼자 살기에 안성맞춤이에요.
B: 좋긴 한데 월세가 좀 비싸네요.

제격이다: be well suited 딱이다: be perfect for 결혼식: wedding 가다: to attend 옷: clothes · dress 입다: to wear 의상: attire 원룸: studio (apartment) 혼자: alone 살기에: for living 월세: monthly rent 비싸다: be high · be expensive

알아들었어(요)?

1. Did you get it? · Do you understand?
= 이해했어(요)?

: 상대방의 이해 여부를 확인할 때 쓰는 표현.
an expression to check if the other person understands your words

A: 내 말 알아들었어?
B: 그럼! 다 이해했어.

A: 방금 아나운서가 한 말 알아들었어요?
B: 대충 이해했어요.

> 그럼!: Sure! 다: all · fully 이해하다: to understand · to get 방금: just 아나운서: announcer ·
> anchorman 대충: roughly

알았다니까(요)!

1. I got it! · I told you I got it!
= 알았어(요), 알았다고(요)! · 알았어, 그만해! · 알았어요, 그만하세요.

: 반복되는 상대방의 말이나 간섭에 불쾌감을 나타내는 표현.
an expression conveying displeasure at the repetition of words or interference by the other person

A: 수강 신청 내일까지야.
B: 알았다니까!

A: 추우니까 목도리하고 장갑 가져가.
B: 알았다니까요! 벌써 챙겼어요.

> 그만하다: to stop 수강 신청: enrolment · signing up for classes 내일까지: by tomorrow 춥다:
> be cold 목도리: muffler 장갑: gloves 가져가다: to bring 벌써: already 챙기다: to pack

알았어(요), 알았다고(요)!

1. Okay, I got it! I understand.
= 알았다니까(요)!

: 상대방의 반복되는 말과 간섭에 짜증이 났을 때 사용하는 표현.

an expression used when one is annoyed by the other person's repeated words and interference

A: 그만 먹어! 다이어트해야 한다며?
B: 알았어, 알았다고!

A: 얼른 일어나요. 회사에 늦겠어요.
B: 알았어요, 알았다고요!

> 그만 먹다: to stop eating 다이어트하다: to go on a diet 얼른: promptly · quickly 일어나다: to get up 회사: company · work 늦다: be late

앗, 뜨거워!

▌1. Ouch, it's hot!

: 뜨거운 것을 만졌을 때 쓰는 표현.
an expression used when touching something hot

A: 앗, 뜨거워!
B: 왜 그래? 데었어?

A: 아메리카노 나왔습니다. 뜨거우니까 조심하세요.
B: 앗, 뜨거워!

> 왜 그래?: What's wrong? 데다: to burn oneself 나오다: Here's ~ · be ready 뜨겁다: be hot 조심하다: to beware of · to watch out

어디 좀 봐(요).

▌1. Let me see. · Let me look at it.
▌= 내가 좀 봐도 돼(요)? · 한번 봅시다.

: 곤경에 처해 있거나 어려움을 만난 듯한 상대방을 도우려고 할 때 사용하는 표현.
an expression used when trying to assist someone who is in trouble or appears to be facing difficulties

A: 귀에 뭐가 들어갔나 봐.
B: 어디 좀 봐.

A: 배추 절이는 게 쉽지 않네요.
B: 어디 좀 봐요. 소금 얼마나 넣었어요?

어디까지 얘기했더라?

1. Where was I? · How far did we get? · Where were we?
= 어디까지 얘기했어?

: 중단된 대화를 계속하려고 하지만 어디에서 중지되었는지 기억할 수 없을 때 사용하는 표현.

an expression used when you try to continue a conversation that was interrupted, but can't remember where it was stopped

A: 내가 어디까지 얘기했더라?
B: 한국에 온 지 1년 되었다. 거기까지 말했어.

A: 결혼 포기한 얘기 계속해 주세요.
B: 궁금해? 어디까지 얘기했더라?

어디까지: What (was I saying?) · Where (was I?) 거기까지: just there 말하다: to say 결혼: getting married 포기하다: to give up 얘기: story (short for '이야기') 계속하다: to continue · to go on with 궁금하다: to wonder · be curious

어디서 거들먹거려?

1. Stop bragging!
= 어디서 잘난 척해? · 건방(을) 떨어?

: 잘난 척하며 함부로 행동하는 사람에게 불쾌감을 나타내는 표현.

an expression to convey displeasure towards someone who acts arrogantly and pretentiously

A: 어디서 거들먹거려? 돈 좀 벌었다고 잘난 척하는 거야?
B: 내가 뭘 어쨌다고 그래?

A: 네가 그렇게 아는 게 많아? 어디서 거들먹거려?
B: 그렇게 보였다면 죄송합니다.

어디서: where (short for '어디에서') 거들먹거리다: to act arrogant 잘난 척하다: to get on one's high horse 돈 좀 벌다: to make some[a lot of] money 어쨌다고: What have I done (to you) (short for '어떻게 했다고') 그렇게: like that 보이다: to look (like)

어디서 들었어(요)?

1. Where did you hear that? · Where did you get that?
= 어떻게 알았어(요)?

: 상대방이 어떤 소식을 알고 있는 것에 놀랐을 때 쓰는 표현.
an expression to show surprise at someone's knowing some news

A: 너 이번에 박사 학위 받는다며?
B: 어디서 들었어? 소식 빠르다.

A: 교통사고 났다면서요?
B: 네, 오늘 아침에요. 근데 어디서 들었어요?

> 이번에: this time · soon 박사 학위: doctorate degree 받다: to receive · to get 소식: news 빠르다: be fast 교통사고(가) 나다: to have a car accident 오늘 아침에: this morning 근데: by the way (short for '그런데')

2. Where did you hear that? · Where did you get that?
= 누가 그래(요)? · 누구한테 들었어(요)?

: 어떤 소식의 출처를 묻는 표현.
an expression to ask the source of some news

A: 기말시험이 연기됐대.
B: 진짜? 어디서 들었어?

A: 이번에 외국인 조교를 뽑는대요.
B: 그래요? 어디서 들었어요?

> 기말시험: final exam 연기되다: be postponed 진짜?: Really? 이번에: this time 외국인: foreigner 조교: teaching assistant 뽑다: to recruit · to pick 그래요?: Is it? · Are they?

어디서 만난 적 있지(요)?

1. Where have we met before? · Haven't we met before?
= 우리 만난 적 있지 않아(요)?

: 상대방을 전에 본 적이 있는 것 같지만 기억이 나지 않을 때 사용하는 표현.
an expression used when you think you've seen someone before but can't remember

A: 우리 어디서 만난 적 있지?
B: 그런가? 고등학교 어디 나왔어?

A: 어디서 만난 적 있지요?

B: 글쎄요, 저는 처음 뵙는 거 같은데요.

> 어디서: where (short for '어디에서') 그런가?: Have we? 고등학교: high school · senior high
> school 나오다: to graduate from 글쎄요: well 처음: the first time 뵙다: to see (honorific
> of '보다')

어디에서 이런 걸 배웠어(요)?

1. Where did you learn that? · When did you have time for that?
= 어디서 그런 걸 배웠어(요)?

: 상대방이 보여 준 특별한 기술이나 실력에 감탄할 때 쓰는 표현.
an expression to show admiration for someone's special skill or ability

A: 어디에서 이런 걸 배웠어? 갈비가 참 맛있다.

B: 인터넷 보고 따라 한 거야.

A: 이거 제가 만든 가방이에요.

B: 와! 어디에서 이런 걸 배웠어요?

> 어디서: where (short for '어디에서') 맛있다: be tasty · be delicious 인터넷 보고 따라 하다: to
> follow sth on the Internet 만들다: to make 가방: bag · purse 와!: Wow! · Amazing!

어떡하지(요)?

1. What should I do?
= 어떡하면 좋지(요)?

: 자신이 처한 문제나 어려운 상황에 대해 상대방의 도움이나 조언을 기대할 때 쓰는
표현.
an expression used when expecting help or advice from the others regarding a problem or
difficult situation

A: 어떡하지? 나 핸드폰 잃어버렸어.

B: 저런, 침대 주변부터 찾아 봐.

A: 어떡하지요? 오늘 저녁 모임에 못 갈 거 같아요.

B: 알겠어요. 제가 가서 잘 애기할게요.

잃어버리다: have lost 침대: bed 주변: around · surroundings 찾다: to find 오늘 저녁: this evening · today's dinner 모임: gathering · party 얘기하다: to tell · to say (short for '이야기하다')

어떡해(요).

1. I'm in a jam. · What should I do?
= 큰일 났어(요).

: 두렵거나 당황스러운 일이 생겼을 때 쓰는 표현.
an expression used when facing a difficult or disastrous situation

A: 어떡해. 창문 열어 놓고 나왔어.
B: 헐, 비 많이 오는데...

A: 어떡해요. 말하기 시험 망쳤어요.
B: 나도 못 봤어요. 시험 문제가 너무 어렵던데요.

큰일(이) 나다: be in big trouble 창문: window 열어 놓다: to leave sth open 나오다: to leave (home) 헐: oh my 비(가) 오다: to rain 말하기 시험: speaking test 망치다: to screw up 문제: question 시험 못 보다: do not well on the test 어렵다: be difficult

어떤 차이가 있어(요)?

1. What's the difference?
= 뭐가 달라(요)? · 어떻게 달라(요)?

: 비교되는 두 대상의 다른 점을 물을 때 쓰는 표현.
an expression used when asking about the differences between two things being compared

A: 이 자전거랑 저 자전거랑 어떤 차이가 있어?
B: 별 차이 없어. 아무거나 타.

A: 선생님, '한테'와 '에게'는 어떤 차이가 있어요?
B: '한테'는 말할 때 많이 써요.

이: this 자전거: bicycle 저: that 별 차이(가) 없다: there's no big difference 아무거나: either one (of them) 타다: to ride 한테: to[for] sb 에게: to[for] sb 많이: commonly · usually 쓰다: to use

어떻게 감사드려야 할지 모르겠어요.

1. I don't know how to thank you.
= 얼마나 감사한지 몰라요. · 이 은혜를 어떻게 갚아야 할지 모르겠어요. · 정말 감사합니다.

: 상대방에게 감사한 마음을 강조해서 말할 때 쓰는 표현.
an expression to emphasize one's gratitude toward the other person

A: 어떻게 감사드려야 할지 모르겠어요. 선배님께 정말 많이 배웠습니다.
B: 내가 뭘. 졸업 축하해.

A: 합격자 발표 났어요?
B: 선생님 덕분에 합격했어요. 어떻게 감사드려야 할지 모르겠어요.

> 은혜: favor · kindness 갚다: to pay back 선배(님): senior 정말: really 배우다: to learn 내가
> 뭘.: Dont' mention it. 졸업 축하해(요).: Congratulations on your graduation. 합격자: admitted
> applicant · qualified student 발표(가) 나다: Results are released · to get the results 선생님:
> teacher 덕분에: thanks to 합격하다: to pass

2. How can I thank you?
= 어떻게 감사드리는 게 좋을까요?

: 감사의 마음을 어떻게 표현하면 좋을지 조언을 구할 때 사용하는 표현.
an expression used when asking for advice on expressing gratitude

A: 미나 씨에겐 어떻게 감사드려야 할지 모르겠어요.
B: 손 편지를 한번 써 보세요. 아주 좋아할 거예요.

A: 하숙집 아주머니께 어떻게 감사드려야 할지 모르겠어요.
B: 꽃을 선물하는 건 어떨까요?

> 손 편지: handwritten letter 쓰다: to write 좋아하다: to like 하숙집: boarding house 아주머니:
> (boarding house) keeper (also referring to a middle aged woman) 꽃: flower 선물하다: to give
> a gift 어떨까요?: What about~ ?

어떻게 생각하세요?

1. What do you think?

: 어떤 문제에 대해 상대방의 의견을 알고 싶거나 조언을 구할 때 사용하는 표현.
an expression used when you want to know the other person's opinion on some matter or ask for
advice

A: 알바보다 공부가 더 중요하지 않나요? 어떻게 생각하세요?

B: 저도 그렇게 생각합니다만...

A: 대학원에 가는 거 어떻게 생각하세요?

B: 공부 계속하고 싶어 했잖아요. 도전해 보세요.

> 알바: part-time work (short for '아르바이트') 공부: study 더: more 중요하다: be important 그렇
> 게: so 생각하다: to think 대학원: graduate school 계속하다: to continue 도전하다: to go for it

어떻게 이럴 수가!

| 1. How can this happen?
| = 어떻게 이런 일이 있을 수 있어? · 세상에!

: 어떤 일을 알게 되어 아주 많이 놀라거나 충격을 받았을 때 쓰는 표현.

an expression used when you are very surprised or shocked to know something

A: 어떻게 이럴 수가! 민수가 회사에서 쫓겨나다니...[47]

B: 그러게. 나도 너무 속상해.

A: 어떻게 이럴 수가! 연애를 하더니 사람이 변했어요.[48]

B: 왜요? 계속 전화를 안 받아요?

> 세상에!: Oh my god! 회사: company 쫓겨나다: to get kicked 속상하다: be upset 연애를 하다:
> to date 변하다: to change 계속 전화를 안 받다: be not answering the phone

어떻게 진행되고 있어(요)?

| 1. How is it going? · How far did you get?
| = 어떻게 되어 가고 있어(요)?

: 어떤 일이 되어 가고 있는 상태를 점검할 때 쓰는 표현.

an expression used when checking a task's progress

A: 대회 준비는 어떻게 진행되고 있어?

B: 응, 착착 되어 가고 있어.

---

47) 드라마 <인형의 집> 93회의 대사를 참고하였다.

48) 예능 <나 혼자 산다> 209회 출연자의 대화를 참고하였다.

A: 보고서는 어떻게 진행되고 있어요?

B: 거의 끝나가요. 마지막 수정만 남았어요.

> 대회: competition · contest (준비가) 되어 가다: to get ready · be going 착착: one by one · as planned · smoothly 보고서: report 거의 끝나가다: be almost completed 마지막: the last 수정: modification · revision 남다: be left · to have yet to do

어떻게 하면 좋을까(요)?

1. What should I do? · What do you suggest?
= 어떻게 하는 게 좋을까(요)?

: 어떤 상황이나 문제에 대해 상대방에게 조언을 구할 때 쓰는 표현.

an expression used when asking the other person for advice about a certain situation or problem

A: 어떻게 하면 좋을까? 유학을 갈까 말까?

B: 나 같으면 졸업하고 갈 거 같아.

A: 민수 씨 집들이 선물 어떻게 하면 좋을까요?

B: 우리 같이 쇼핑하러 갈래요?

> 유학을 가다: to study abroad 말다: or not 나 같으면: if I were you 졸업하다: to graduate 집들이: housewarming party 선물: present 같이: together 쇼핑하러 가다: to go shopping

어떻게 할래(요)?

1. What do you want to do?
= 어떻게 하고 싶어(요)?

: 상대방의 의향이나 계획을 물어볼 때 쓰는 표현.

an expression used when asking a question to determine the other person's plan or intentions

A: 어떻게 할래? 난 지금 퇴근할래.

B: 나도. 우리 같이 나가자.

A: 바람이 너무 부는데 어떻게 할래요?

B: 집에 들어가서 코트 입고 나올게요.

> 난: I (short for '나는') 지금: now 퇴근하다: to get off work 같이: together 바람이 불다: the wind blows 집: home 들어가다: to go back 코트: coat 입다: to wear 나오다: to come out

어떻게 해야 할지 잘 모르겠어(요).

1. I'm not really sure how to do it. · I don't know how.
= 아직 생각 중이야. · 아직 생각 중이에요. · 아직 결정을 못했어(요).

: 어떤 문제에 대해 결정을 내리지 못하고 망설일 때 쓰는 표현.
an expression used when one cannot make a decision on a certain issue and hesitates

A: 졸업하고 한국에서 일자리 구할 거야?
B: 글쎄... 어떻게 해야 할지 잘 모르겠어.

A: 방학 때 한국에 계속 있을 거예요?
B: 아직은 어떻게 해야 할지 잘 모르겠어요.

> 아직: still 생각 중이다: be (still) thinking about 결정을 못하다: haven't decided yet 졸업하다: to graduate 한국: Korea 일자리: job 구하다: to find · to get 방학 때: during vacation 계속 있다: to stay

어련하겠어(요).

1. You'll manage. · I'm sure.
= 확실하지(요). · 맞겠지(요).

: 상대방의 지식이나 정보를 신뢰할 때 사용하는 표현.
an expression used when trusting the other person's knowledge or information

A: 이 카페가 요즘 인기래. 한번 가 볼까?
B: 네가 찾았는데 어련하겠어. 가자!

A: 이 노트북, 완전히 망가진 거 같아요. 그래도 AS 센터에 한번 가 볼까요?
B: 전공자 판단인데 어련하겠어요.

> 요즘: these days 인기이다: be popular 한번: sometime later 찾다: to search 노트북: laptop 완전히: completely 망가지다: not to work · to break down 그래도: still · yet AS 센터: repair shop 전공자: major · specialist 판단: judgment

2. Famous last words.
= 어련하시겠어요?

: 잘난 척하거나 허세가 있는 상대방의 말에 대해 비아냥거리는 의미를 나타내는 표현.
a sarcastic expression to make fun of the other person's pretentious words and attitude

A: 노래? 나는 노래도 잘하지만 춤도 잘 춰.

B: 어련하겠어. 경연 대회에 한번 나가 봐.

A: 저는 못 하는 외국어가 없어요.

B: 어련하겠어요. 언어 천재잖아요?

> 노래: singing 잘하다: be good at 춤추다: to dance 경연 대회(에) 나가다: to go to a contest 못
> 하다: be not good at 외국어: foreign language 언어: language 천재: genius

어림없어(요)!

1. No way! · Not a chance! · Impossible!

: 상대방의 추측이 자신의 추측에 훨씬 못 미친다고 생각할 때 쓰는 표현.

an expression used when you believe that someone's guess or estimation falls far short of yours

A: 감자는 이만큼 사면 될까?

B: 어림없어! 세 배는 더 많이 사야 돼.

A: 한 시간 안에 도착할 수 있을까요?

B: 어림없어요! 두 시간도 넘게 걸릴 것 같아요.

> 감자: potato 이만큼: this much 사다: to buy 세 배: three times 더: more 한 시간 안에: within
> an hour 도착하다: to arrive · to get to 넘게: over 걸리다: to take

어색해 죽는 줄 알았어(요).

1. I almost died of awkwardness. · I died of embarrassment.
= 어색해서 어찌 해야 할지 모르겠던데(요).

: 친하지 않거나 불편한 상황에 처한 사람을 만났을 때 자연스럽지 못했던 자신의 감정
을 나타내는 표현.

an expression that expresses a feeling that was not natural when you met someone you were not
close to or in an uncomfortable situation

A: 개인 인터뷰하고 오는 거야?

B: 응. 어색해 죽는 줄 알았어.[49]

A: 소개팅 잘 했어요?

B: 아뇨, 어색해 죽는 줄 알았어요.

---

49) 드라마 <스물다섯 스물하나> 9화의 대사를 참조하였다.

어서 오세요.

1. Welcome.

: 상점이나 식당 주인이 손님을 맞이할 때 사용하는 표현. 손님을 집으로 초대할 때도 사용한다.

an expression used when a shop or restaurant owner greets their customers, also used when inviting guests to one's home

A: 어서 오세요. 몇 분이세요?
B: 다섯 명이요.

A: 어서 오세요. 집 찾기 어렵지 않았어요?
B: 아뇨, 쉽게 찾았어요.

분: person (honorific of '명' or '사람') 다섯 명: five (people) 찾다: to find 어렵다: be difficult 쉽게: easily

어쩌나!

1. Good heavens!
= 어떡해! · 어쩌지?

: 예상치 못한 상황을 만났을 때 당황스러움을 나타내는 표현.

an expression used when expressing bewilderment in an unexpected situation

A: 어쩌나! 비가 많이 오네.
B: 우산 없어? 나랑 우산 같이 쓰자.

A: 어쩌나! 마트가 문을 닫았네요.
B: 저기 편의점으로 가요.

비가 오다: to rain 우산: umbrella 같이 쓰다: to share 마트: grocery store · supermarket 문을 닫다: be closed 저기: over there 편의점: convenience store 가다: to go

어쩌지(요)?

1. What are we going to do?
= 이를 어쩌나! · 이것 참! · 이런!

: 예상치 못한 상황에 직면했을 때 사용하는 표현.
  an expression used when you are at a loss facing an unexpected situation

A: 어쩌지? 월요일 휴무라 써 났네.
B: 다른 식당으로 가지 뭐.

A: 어쩌지요? 현관 비밀번호를 잊어버렸어요.
B: 어디 메모해 놓은 거 없어요?

> 월요일: Monday 휴무: Closed (on Monday) 써 났다: be posted (short for '써 놓았다') 다른:
> another · other 식당: restaurant 현관: entrance 비밀번호: password 잊어버리다: to forget 메
> 모하다: to write down · to put down

어쩐지.

1. No wonder. · I knew it. I had a feeling.
= 왠지.

: 정확한 원인이나 이유는 잘 모르지만 자신의 예측이 정확했을 때 쓰는 표현.
  an expression used when your prediction was correct although you are not sure of the exact
  cause or reason

A: 오늘 회의 취소됐대.
B: 어쩐지. 오늘 집에서 나오기 싫더라니...

A: 유나 씨가 과로로 입원했대요.
B: 어쩐지. 요새 너무 무리하는 거 같았어요.

> 오늘: today 회의: (business) meeting 취소되다: be canceled 집에서 나오기 싫다: do not feel
> like leaving home 과로: overwork 입원하다: be in hospital 요새: recently 무리하다: to overdo

어쩔 수 없잖아(요).

1. It is what it is.
= 다른 방법이 없잖아(요).

: 주어진 상황에서 무력감을 느끼고 우울해하는 사람을 위로할 때 사용하는 표현. 다른 방법이 없기 때문에 현재 상황을 받아들이라는 의미이다.
an expression used when comforting someone who is depressed because they feel helpless in the given situation. It means to accept the current situation because there is no other way.

A: 할머니께서 많이 편찮으셔. 가보지 못하니까 속상해.
B: 유학생이니까 어쩔 수 없잖아. 전화라도 자주 드려.

A: 저만 일찍 퇴근해서 죄송합니다.
B: 어쩔 수 없잖아요. 아이가 열이 많이 난다면서요?

> 할머니: grandmother 많이: seriously 편찮으시다: be ill (honorific of '아프다') 가보다: to go and see 속상하다: be upset and worried 전화(를) 드리다: to give a call (honorific of '전화(를) 하다') 자주: as often as possible 일찍: earlier · before the others 퇴근하다: to get off work · to leave the workplace 열이 나다: to have a fever

어쩔 수 없지(요), 뭐.

1. There's nothing we can do. · It can't be helped.
= 할 수 없지(요), 뭐. · 별 수 없지(요), 뭐.

: 자신의 의지에 반하여 잘못되어 버린 일에 대한 실망을 나타내는 표현.
an expression to convey disappointment about things that go wrong against one's will

A: 제주도 가고 싶었는데 아쉽다.
B: 어쩔 수 없지, 뭐. 태풍 지나가면 다시 계획 세우자.

A: 같이 청소해야 하는데 끝까지 못 해서 죄송해요.
B: 어쩔 수 없지요, 뭐. 빨리 가 보세요.

> 별 수 없다: no other choice 제주도: Jeju Island 가고 싶다: to want to go 아쉽다: be sorry that 태풍: typhoon 지나가다: to pass by 다시: again 계획(을) 세우다: to make a plan 청소하다: to clean up 끝까지 (같이) 못하다: to leave in the middle 빨리: quickly

어쩜 나한테 이럴 수 있어(요)?

1. How could you do this to me? · How can you be so rude to me?
= 어떻게 나한테 이럴 수가 있어(요)? · 나한테 이럴 줄 상상도 못했어(요).

: 상대방의 말이나 행동이 자신에게 모욕감을 주었다고 느낄 때 쓰는 표현.
an expression used when you feel insulted by the other person's words or actions

A: 어쩜 나한테 이럴 수 있어?
B: 미안, 나도 어쩔 수가 없었어.

A: 어쩜 나한테 이럴 수 있어요?
B: 잭 씨가 먼저 약속 어겼잖아요.

> 어쩜: How could you ~? (short for '어쩌면') 상상하다: to imagine 나한테: to me 먼저: first 약속
> (을) 어기다: to break one's promise

어쩜 이렇게 솜씨가 좋아(요)?

1. How are you so good at this? · Where did you learn to do this?
= 정말 솜씨가 대단하네(요).

: 상대방의 능력을 칭찬할 때 쓰는 표현. 주로 요리, 운전, 공예 등 손을 사용해서 하는 일을 잘할 때 사용한다.
an expression used when praising someone's abilities, especially in tasks involving manual skills such as cooking, driving, and crafts

A: 어쩜 이렇게 솜씨가 좋아?
B: 뭘, 맛있게 먹어 줘서 고마워.

A: 어쩜 이렇게 솜씨가 좋아요?
B: 몇 년 전부터 취미로 옷을 만들어 왔거든요.

> 어쩜: How ~ (short for '어쩌면') 이렇게: like this 솜씨: skills · ability 맛있게 먹다: to enjoy · to
> like 몇 년 전부터: since a few years ago 취미: hobby 옷: clothes · dress 만들다: to make

어쩜 좋지(요)?

1. What should I do?
= 어떡하지(요)? · 어떡해(요)!

: 예상치 못한 상황에 불안이나 걱정을 나타낼 때 쓰는 표현.
an expression used when expressing anxiety or worry over unexpected situations

A: 자고 일어나니 열이 많이 나.
B: 어쩜 좋지? 해열제 먹었어?

A: 어쩜 좋지요? 발표 주제를 아직도 못 정했어요.
B: 아직도 결정 못 했어요? 서둘러요!

> 자다: to sleep 일어나다: to get up · to wake up 열이 나다: to have a fever 해열제: fever reducer
> 발표: presentation 주제: topic · theme 아직(도): yet 정하다: to decide on 결정(을) 못 하다:
> have not decided yet 서두르다: to hurry

어찌나 맛있던지(요).

1. It was so delicious.
= 얼마나 맛있던지(요). · 정말 맛있었어(요).

: 맛있는 음식을 먹었던 시간을 떠올리며 이를 회상할 때 쓰는 표현.
an expression of admiration used when recalling the pleasant moment of having delicious food

A: 네가 만들어 준 만두가 어찌나 맛있던지. 가끔 생각나.
B: 진짜? 다음에 또 해 줄게.

A: 어릴 때 부모님과 같이 먹었던 국수라고요?
B: 네, 그땐 이 국수가 어찌나 맛있던지요. 가끔 혼자 와서 먹곤 해요.[50]

> 만들어 주다: to make sth for 만두: dumpling 가끔: sometimes · now and then 생각(이) 나다: to
> come to mind 진짜?: Really? 다음에: sometime later 또: again 어릴 때: when I was young 부
> 모님: parents 국수: noodles 가끔: sometimes · occasionally 혼자: alone

언제나 옳아(요).

1. You're always right. · You can't go wrong.
= 언제나 틀림없어(요). · 늘 확실해(요).

: 어떤 대상이나 현상에 대해 확실한 신뢰를 나타낼 때 쓰는 표현.
an expression used when expressing a high level of trust in something or someone

---

50) 드라마 <사내맞선> 8회의 대사를 참고하였다.

A: 잡채 진짜 맛있어. 애들 말에 너무 신경 쓰지 마.

B: 아냐, 아이들의 반응은 언제나 옳아.

A: 내 말만 듣지 말고 다른 사람들에게도 물어봐.

B: 아니에요. 선배님 말씀은 언제나 옳아요.

> 언제나: always · all the time 틀림없다: without a doubt 잡채: japchae (Korean glass noodle dish with vegetables, soy sauce, and sesame oil seasoning) 진짜: really 맛있다: be delicious 얘들: kids 말: words 너무: too much 신경 쓰지 마(세요).: Never mind. 아냐: No (short for '아니야') 아이들: children 반응: reaction 내 말만 듣다: just listen to what I am saying 다른: other · different 선배(님): senior 말씀: words (honorific of '말')

2. It's always good.
= 국룰이지(요).

: 어떤 대상이나 현상이 항상 좋거나 만족스러운 결과를 가져올 때 쓰는 표현.

an expression when an object or situation is consistently excellent or always yields satisfactory results

A: 이 상황에서 '사랑한다.'는 말을 어떻게 하나?

B: '사랑한다.'는 말은 언제나 옳아. 화해하고 싶으면 빨리 연락해 봐.[51]

A: 이 집 비빔밥은 언제나 옳아요.

B: 맞아요. 진짜 맛있어요.

> 상황: situation 사랑한다.: I love you. 화해하다: to make up with 빨리: quickly 연락하다: to contact · to call 이 집: this restaurant 비빔밥: bibimbap 맞아요.: You're right. 진짜: really · so 맛있다: be tasty · be delicious

언제든지(요).

1. Whenever.
= 아무 때나(요).

: 상대방의 제안이나 부탁을 흔쾌히 들어주겠다는 의사를 나타낼 때 쓰는 표현.

an expression to show your willingness to listen to the other person's suggestions or requests

A: 언제 영화 보러 갈 수 있어?

B: 언제든지. 오늘 갈까?

---

51) 드라마 <또 오해영> 12회의 대사를 참고하였다.

A: 지금은 별로 말하고 싶지 않은데요.

B: 말하기 싫으면 안 해도 돼요. 그런데 필요하면 언제든지요.[52]

> 언제: when 영화: movie 오늘: today 지금은: now 별로 ~고 싶지 않다: do not feel like ~ing 말하다: to tell · to say 싫다: do not want to 그런데: but · however 필요하면: if necessary

얼떨떨해(요).

1. I still can't believe it.
= 실감이 안 나(요).

: 예상하지 못한 기쁜 일에 당황스러운 마음을 나타내는 표현.
an expression displaying pleasant surprise over something unexpected

A: 축하해.

B: 내가 백일장 1등이라니, 얼떨떨해.

A: 유학생회 회장에 뽑힌 소감이 어때요?

B: 얼떨떨해요. 제가 정말 회장 된 거 맞아요?

> 정신이 없다: I'm out of it today. 백일장: writing contest 1등: first place · first prize 유학생회: international student community 회장: chairman · president 뽑히다: be elected 소감: feelings 어때요?: How do you feel? 정말: really · Is it true that ...? 되다: to become 맞아요?: Right? · Is it true?

얼른(요)!

1. Hurry up! · Come on!
= 빨리(요)! · 어서(요)!

: 상대방에게 빠르게 어떤 행동을 하라고 재촉할 때 쓰는 표현. 가까운 사이에서 사용한다.
an expression used when urging someone to do something quickly, mostly used among people who are close

A: 영화 시작하겠다. 뛰자. 얼른!

B: 알았어.

A: 식사해요. 얼른요!

---

52) 드라마 <너는 나의 봄> 2회의 대사를 참고하였다.

B: 밥 먹을 시간 없어요. 회의 끝나고 나서 먹을게요.

영화: movie 시작하다: to start 뛰다: to run 식사하다: to have a meal 먹을 시간: time to eat 없다:
there is no ~ · I have no ~ 회의: meeting 끝나고 나서: after ~ 먹다: to eat

얼마나 걸려(요)?

1. How long does it take?
= 시간이 얼마나 걸릴까(요)?

: 어떤 일의 소요 시간을 물을 때 쓰는 표현.
an expression used when asking how long something will take to be done

A: 세탁기에 빨래 돌리는 데 얼마나 걸려?
B: 1시간쯤?

A: 기사님! 서울역으로 가 주세요. 얼마나 걸려요?
B: 30분이면 갈 겁니다.

세탁기: washing machine 빨래(를) 돌리다: to do the laundry 얼마나: how long 걸리다: to take
1시간쯤: about an hour 기사님: (cab) driver 서울역: Seoul Station 가다: to go

얼마나 드릴까요?

1. How much do you need?
= 얼마나 필요하세요?

: 필요한 양이나 시간 등을 묻는 표현.
an expression asking about the amount or time required

A: 소고기 좀 주세요.
B: 네, 얼마나 드릴까요?

A: 시간을 얼마나 더 드릴까요?
B: 부품 구하려면 일주일은 더 있어야 할 거 같아요.

얼마나: how much 드리다: to give (honorific of '주다') 필요하다: to need 소고기: beef 시간:
time 부품: part · component 구하다: to get · to obtain 일주일: a week 더: more

얼마야? · 얼마예요?

▎1. How much is it?

: 가격을 물을 때 쓰는 표현.

an expression used when asking about the price of an item

A: 구두 샀네. 예쁘다! 얼마야?

B: 오만 원. 괜찮지?

A: 환율이 많이 올랐네요.

B: 오늘 얼마예요?

> 구두: heels 사다: to buy 예쁘다!: Pretty! 환율: exchange rate 오르다: to go up · to rise 많이: a lot 오늘: today

엄마야!

▎1. Oh, my goodness!
= 아유, 깜짝이야.

: 깜짝 놀랐을 때 쓰는 감탄사.

an exclamation used when one is extremely surprised

A: 엄마야! 저기 벌레 있어.

B: 어디?

A: 엄마야! 부엌 바닥이 물바다네요.

B: 저런, 수도가 새나 봐요.

> 깜짝이야.: I'm so surprised. 저기: over there 벌레: insect · bug 부엌: kitchen 바닥: floor 물바다: there is water all over ... 저런: Oh, dear 수도가 새다: the water is leaking

엄살 좀 그만 부려(요).

▎1. Stop being so dramatic. · Stop acting like such a baby.
= 엄살 좀 부리지 마(요).

: 어떤 일을 과장되게 표현하는 상대방에게 핀잔을 줄 때 쓰는 표현.

an expression used when reprimanding someone who exaggerates something

A: 아이고, 아파 죽겠다.

B: 엄살 좀 그만 부려.

A: 어떡해요! 나 시험 망했어요.

B: 늘 성적 장학금 받잖아요. 엄살 좀 그만 부려요.

> 엄살: fuss 부리다: to make (a fuss) 아파 죽겠다: be dying of pain 어떡해!: Oh, no! 시험: test
> · exam 망하다: to screw up · do not do well 늘: always 성적 장학금: academic scholarship ·
> scholarship for good grades 받다: to receive · to get

엉망진창이네(요)!

1. It's a train wreck! · What a mess!
= 엉망이네(요)!

: 어떤 일이 잘 되지 않았거나 공간의 상태가 어수선해서 불만을 나타낼 때 쓰는 표현.
an expression used when expressing dissatisfaction because something did not go well or the space is messy

A: 어휴, 부엌이 엉망진창이네!

B: 기다려 봐! 맛있는 부침개 먹게 해줄게.

A: 저 팀은 노래가 엉망진창이네요!

B: 그죠? 갑자기 합창곡을 바꿨대요.

> 엉망: wreck · mess · disaster 어휴: phew 부엌: kitchen 기다리다: to wait 맛있는: delicious 부
> 침개: (pan-fried) pancake 노래: singing 그죠?: You think so too? (short for '그렇죠?') 갑자기:
> suddenly 합창곡: chorus · choral song 바꾸다: to change

여기 뭐가 제일 맛있어(요)?

1. What's the best here? · What's the most delicious?
= 맛있는 음식 좀 추천해 줘. · 맛있는 음식 좀 추천해 주세요.

: 맛있는 음식을 추천받고자 할 때 쓰는 표현.
an expression used when you want a recommendation for delicious food

A: 여기 뭐가 제일 맛있어?

B: 이 집은 불고기가 최고야!

A: 여기 뭐가 제일 맛있어요?

B: 삼계탕 한번 드셔 보세요.

> 추천하다: to recommend 불고기: bulgogi (Korean beef dish) 최고야!: (It's) the best! 제일:
> the best 삼계탕: samgyetang (ginseng chicken soup) 한번 드셔 보세요.: Give it a try. (드시다:
> honorific of '먹다', '마시다')

여기 앉아도 될까(요)?

1. Do you mind if I sit here? · May I sit here?
= 여기 앉아도 괜찮을까(요)?

: 어떤 자리에 앉아도 되는지 상대방에게 허락을 구할 때 쓰는 표현.
an expression to ask the other person for permission to sit in a specific position

A: 여기 앉아도 될까?
B: 그럼. 앉아도 돼.

A: 여기 앉아도 될까요?
B: 친구가 맡아 놓은 자리예요. 죄송합니다.

> 여기: here 앉다: to sit 그럼.: Sure. 친구: friend 맡아 놓다: to save a seat for 자리: seat

여기 있네(요)!

1. It's here!
= 여깄네(요)! · 여기 있잖아(요)!

: 사물, 사람 또는 장소의 위치를 나타낼 때 사용되는 표현.
an expression used when indicating the location of an object, person, or place

A: 내 핸드폰 못 봤어?
B: 핸드폰? 여기 있네!

A: 이 사진에 안나 씨는 어디 있어요?
B: 여기 있네요.

> 내: my (short for '나의') 핸드폰: cell phone 못 봤어?: Didn't you see ~ ? 사진: picture · photo

여기요!

1. Excuse me!
= 저기요!

: 식당이나 카페 등의 장소에서 직원을 부를 때 쓰는 표현.
an expression to call an employee in places such as restaurants or cafes

A: 여기요! 물 좀 주세요.
B: 네, 여기 있습니다.

A: 여기요!
B: 네, 주문하시겠습니까?

> 물: water 주다: to give 여기 있습니다.: Here it is. 주문하다: to order

여보세요.

1. Hello.

: 전화를 받거나 걸 때 쓰는 표현.
an expression used when making or receiving a phone call

A: 여보세요.
B: 유나? 나 잭이야.

A: 여보세요. 한국학과 사무실입니다.
B: 저, 김민수 조교 좀 부탁합니다.

> 한국학과: department of Korean studies 사무실: office 조교: teaching assistant · research assistant (name of the person one wants to speak to) 좀 부탁합니다.: Can I speak to ~? (on the phone)

연락해(요).

1. Contact me.
= 연락 줘(요).

: 헤어질 때 상대방에게 전화하라는 의미를 나타내는 표현. 계속 교류하기를 바라는 마음을 표현일 때 주로 사용한다.

an expression used when parting ways to show one's desire to keep in touch with the other person

A: 잘 가. 또 보자.
B: 응, 연락해.

A: 언제 밥 한번 먹어요.
B: 네, 시간 나면 연락해요.

> 잘 가.: Good bye. 또: again 보다: to see · to meet 연락하다: to contact · to call 언제: sometime later 밥 한번 먹어요.: Let's have a meal together. 시간(이) 나다: to have time for

연세가 어떻게 되세요?

1. How old are you?
= 연세를 여쭤 봐도 돼요?

: 자신보다 나이가 많아 보이거나 지위가 높은 사람에게 나이를 묻는 표현.
an expression to ask someone's age who looks much older than you or is a person of high rank

A: 할머니 연세가 어떻게 되세요?
B: 칠십!

A: 사장님은 연세가 어떻게 되세요?
B: 내 나이는 왜 물어요?

> 연세: age (honorific of '나이') 할머니: grandmother 사장님: boss 내: my (short for '나의') 나이: age 왜 물어요?: Why are you asking?

열 내지 마(세요).

1. Don't get mad. · Don't let it get to you.

: 어떤 일에 흥분하거나 화가 난 상대방을 진정시킬 때 쓰는 표현.
an expression used when calming down someone who is excited or angry about something

A: 어휴, 축구를 왜 이렇게 못 해?
B: 열 내지 마. 아직 전반전이잖아.

A: 열 시 약속인데 아직도 안 나타나네. 이 친구 늘 이래요?
B: 너무 열 내지 마세요. 주문 먼저 할까요?

열(을) 받다: to push one's button · to piss one's off 어휴: phew 축구: soccer 이렇게: like this
못하다: be poor · be bad 아직: still 전반전: first half 약속: appointment 나타나다: to show up
늘: always 이래요?: the way one is? 주문: order 먼저: first

열받네(요).

1. I'm pissed off. · I'm angry.
= 짜증나네(요). · 화 나네(요).

: 무언가에 대해 짜증나고 화가 났을 때 사용하는 표현.
an expression used when you are annoyed and angry about something

A: 어휴, 열받네. 음식이 잘못 배달됐어.
B: 배고픈데... 그냥 먹자.

A: 엘리베이터가 또 고장 났어요.
B: 또요? 정말 열받네요.

짜증나다: be annoyed · be irritated 어휴: phew 음식: food 잘못 배달되다: be wrongly delivered
배고프다: be hungry 그냥: just 또: again 고장(이) 나다: to break down · be not working 정말:
really

예를 들면

1. For example
= 예를 들어 · 예컨대

: 구체적인 사례를 일일이 제시할 때 사용하는 표현.
an expression used to give specific examples

A: 매운 음식 좋아한다고 했지? 뭐 좋아해?
B: 예를 들면, 낙지볶음이나 떡볶이.

A: 재활용 쓰레기가 뭐야?
B: 예를 들면, 종이, 유리, 플라스틱처럼 다시 쓸 수 있는 거.

매운: spicy 음식: food 좋아하다: to like 낙지볶음: nakji-bokkeum (stir-fried octopus) 떡볶이:
tteokbokki (stir-fried rice cake) 재활용 쓰레기: recyclable trash 종이: paper 유리: glass 다시:
again 쓰다: to use

예컨대

1. For example
= 예를 들자면 · 예를 들어 말하면

: 구체적인 사례를 일일이 제시할 때 사용하는 표현.
an expression used to give specific examples

A: 살을 빼려면 무슨 운동이 제일 좋을까?
B: 유산소 운동이 최고야. 예컨대, 달리기나 자전거 타기.

A: '공공장소'가 어디를 말하는지 좀 설명해 주시겠어요?
B: 공공장소는 사람들이 많이 이용하는 곳, 예컨대 박물관, 도서관 같은 곳을 말합니다.

> 살(을) 빼다: to lose weight 제일: the best 유산소 운동: aerobic activity · aerobic exercise 최고: the best 달리기: running 자전거 타기: biking 공공장소: public place 어디: where · what place 설명하다: to explain 이용하다: to use · to gather 박물관: museum 도서관: library

오늘은 여기까지(요)!

1. Let's call it a day!
= 오늘은 그만(요)!

: 하던 행동을 종료할 때 쓰는 표현. 보통 강의나 회의, 작업 등을 마칠 때 진행자가 사용한다.
an expression to end an action, usually spoken by facilitators at the end of lectures, meetings, or tasks

A: 몇 시야? 벌써 열 시가 넘었네.
B: 오늘은 여기까지! 나머지 포장은 내일 하자.

A: 오늘은 여기까지요! 다음 시간에 계속합시다.
B: 네, 선생님.

> 몇 시야?: What time is it? 벌써: already 넘다: over ~ 나머지: the rest 포장: packaging 내일: tomorrow 다음 시간에: in next class 계속하다: to continue

오늘은 힘들겠는데(요).

1. It's going to be difficult for me to make it today.
= 오늘은 안 되겠는데(요).

: 어떤 제안이나 요청을 우회적으로 거절할 때 쓰는 표현. 오늘은 안 되지만 상황이 바뀌면 다른 때에는 가능할 수도 있다는 여지를 남길 때 사용한다.
an expression used when indirectly rejecting a proposal or request. It is used to leave room for something that may not be possible today but could be considered at some other time if circumstances change.

A: 이따가 저녁 먹으러 올래?
B: 오늘은 힘들겠는데. 할 게 너무 많아.

A: 저, 한국어 번역한 거 좀 봐줄 수 있어요?
B: 미안해요. 오늘은 힘들겠는데요.

> 오늘: today 이따가: later 저녁: dinner 먹으러 오다: to come to eat 할 게 너무 많다: to have too much to do 한국어: Korean 번역하다: to translate 봐주다: to have a look at · to proofread

2. It's not your/their day.
= 오늘은 불가능하겠는데(요).

: 어떤 일이 불가능함을 나타낼 때 쓰는 표현.
an expression indicating that something is not possible

A: 바람이 많이 부네. 테니스 칠 수 있을까?
B: 오늘은 힘들겠는데.

A: 우리 팀이 이길 수 있을까요?
B: 오늘은 힘들겠는데요. 상대 팀이 훨씬 잘해요.

> 바람이 불다: the wind blows 많이: a lot · hard 테니스(를) 치다: to play tennis 우리: we 이기다: to win 상대: opponent 훨씬: far · a lot 잘하다: be better at

오른쪽으로 도세요.

1. Turn right.
= 우측으로 가세요.

: 상대방에게 방향을 오른쪽으로 바꾸라고 지시할 때 사용하는 표현.
an expression used when instructing the other person to change their direction to the right

A: 약국이 어디에 있어요?
B: 흰색 건물 오른쪽으로 도세요. 그럼 약국이 보일 거예요.

A: 손님, 어디에 세워 드릴까요?
B: 다음 신호에서 오른쪽으로 도세요. 그리고 횡단보도 앞에 세워 주세요.

우측: right-hand side 약국: pharmacy · drugstore 흰색: white 건물: building 그럼: then 보이
다: be seen 손님: passenger 세우다: to drop sb off 어디에 세워 드릴까요?: Where would you
like me to drop you off? 다음 신호: next traffic light 횡단보도: crosswalk

오히려 제가 죄송해요.

1. No, I'm sorry.
= 오히려 제가 죄송하죠.

: 미안하다고 말한 상대방에게 자신도 사과할 때 사용하는 표현.
an expression used when one apologizes to the other person who said sorry to you

A: 안나 씨, 늦어서 죄송합니다.
B: 아니에요. 오히려 제가 죄송해요. 쉬는 날 뵙자고 해서...

A: 많이 못 도와줘서 미안해요.
B: 아니에요. 바쁜데 도와 달라고 해서 오히려 제가 죄송해요.

늦어서 죄송합니다.: Sorry for being late. 쉬는 날: on one's day off 뵙다: to meet (honorific of '보
다') 도와주다: to help 미안하다: be sorry 바쁘다: be busy 도와 달라고 하다: to ask for help

와 주셔서 고맙습니다.

1. Thank you for coming.
= 와 주셔서 감사합니다.

: 방문객에게 감사한 마음을 나타낼 때 쓰는 표현.
an expression to convey gratitude to people for their visit

A: 와 주셔서 고맙습니다.
B: 초대해 주셔서 감사합니다.

A: 결혼 축하합니다.
B: 바쁘신데 와 주셔서 고맙습니다.

와, 신기하다!

1. Wow, amazing!
= 와, 놀랍다!

: 새롭고 특이한 사물이나 사람, 현상에 대해 놀라움을 나타낼 때 쓰는 표현.
an expression used when showing surprise at a new and unusual object, person, or phenomenon

A: 와, 신기하다! 식당에 로봇이 있어.
B: 그러게. 로봇이 서빙을 하네.

A: 와, 신기하다! 어젯밤에 주문했는데 오늘 책이 왔어.
B: 진짜 편리한 세상이지요?

놀랍다: be surprised 식당: restaurant 그러게: so it is 서빙을 하다: to serve 어젯밤: last night 주문하다: to order 오늘: today 책: book 진짜: really · truly 편리한: convenient 세상: world

완전(요)!

1. Perfect! · Very! · Completely!

: 어떤 사물이나 상황이 완벽하게 좋거나 마음에 들 때 감탄사처럼 쓰는 표현.
an expression used like an exclamation when an object or situation is perfectly good or pleasing

A: 갈비찜 맛있어?
B: 완전! 너도 먹어 봐.

A: 이 의자 맘에 들어요?
B: 완전요! 너무 편안해요.

갈비찜: galbijjim (braised short ribs) 맛있다: be delicious 의자: chair 맘에 들다: to like (short for '마음에 들다') 너무: too · very 편안하다: be comfortable

왜 그래(요)?

1. What's wrong?
= 무슨 일이야? · 무슨 일이에요?

: 상대방이 지금의 감정 상태를 보이는 이유를 묻는 표현.
an expression to ask what puts someone into the current state of feelings

A: 왜 그래? 왜 울어?
B: 너무 좋아서. 나 장학생으로 선발됐대.

A: 무슨 일 있어요? 왜 그래요?
B: 어쩌죠? 어제가 엄마 생신이었는데 깜박했어요.

> 울다: to cry 장학생: scholarship student 선발되다: be selected · be picked 무슨 일 있어요?: Is
> there something wrong? 어쩌죠?: What do I do? (short for '어떻게 하지요?') 어제: yesterday 생
> 신: birthday (honorific of '생일') 깜박하다: to slip one's mind

2. What's wrong with you?
= 도대체 왜 그러는 거야? · 도대체 왜 그러는 거예요?

: 도저히 이해할 수 없는 일이나 행동에 대해 비난할 때 쓰는 표현.
an expression used when criticizing someone or an action that is not understandable

A: 요즘 애들은 왜 그래? 툭하면 연락도 없이 알바를 안 나와.
B: 너무 힘드나 보지 뭐.

A: 도대체 왜 그래요? 내가 뭘 잘못했어요?
B: 왜 나 없는 데에서 험담을 해요? 내가 얼마나 기분 나빴는지 알아요?

> 도대체: on earth 요즘: today · these days 애들: young people (short for '아이들') 툭하면: easily
> · often 알바: part-time work (short for '아르바이트') 안 나오다: do not come to work 힘들다:
> be hard · be tough 잘못하다: to do something wrong 없는 데에서: behind someone 험담을 하
> 다: to speak ill of · to gossip 얼마나: how much 기분 나쁘다: be upset

왜 그렇게 안절부절못하니?

1. Why are you so tense? · Why can't you relax?
= 왜 그렇게 좌불안석이야?

: 걱정으로 어찌할 바를 모르는 상대방을 나무라며 불안해하는 이유를 물을 때 쓰는
표현.
an expression used when criticizing someone who feels uneasy, asking the source of their

uneasiness

A: 왜 그렇게 안절부절못하니?
B: 곧 합격자 발표라 그래.

A: 왜 그렇게 안절부절못하니?
B: 어젯밤 룸메이트가 집에 안 들어왔어. 전화도 안 받고.

> 좌불안석이다: be on pins and needles 곧: soon 합격자: applicants who passed the exam 발표:
> announcement 어젯밤: last night 집: house 안: not 들어오다: to come home · to get home
> 전화(를) 안 받다: not to answer the phone

왜 이렇게 연락이 안 돼(요)?

1. Why can't I get hold of you?
= 왜 이렇게 전화를 안 받아(요)?

: 한동안 연락할 수 없었던 사람이 걱정될 때 사용하는 표현.
an expression used when you are worried about someone you could not reach for a while

A: 왜 이렇게 연락이 안 돼?
B: 미안, 핸드폰 배터리가 나갔어.

A: 왜 이렇게 연락이 안 돼요? 걱정했잖아요.
B: 고향에 갔다 왔어요. 할머니가 편찮으셔서...

> 전화를 안 받다: not to answer the phone 배터리가 나가다: the battery is dead 걱정하다: to
> worry 고향: hometown 갔다 오다: have been · to visit 할머니: grandmother 편찮으시다: be ill
> (honorific of '아프다')

왜 짜증이야? · 왜 짜증이에요?

1. What's with you? · Why are you so annoyed?
= 왜 신경질이야? · 신경질을 왜 내요? · 왜 이렇게 신경질을 내(요)?

: 짜증을 내는 상대방에게 부정적으로 반응할 때 쓰는 표현. 친한 사람들 사이에서만
사용한다.
an expression used when reacting negatively to someone who is throwing a tantrum, only used
among people who are close

A: 오는 왜 짜증이야?

B: 미안. 어젯밤에 잠을 설쳐서.

A: 샤워하고 나면 머리카락 좀 치우라고 몇 번 말했어요?
B: 아침부터 왜 짜증이에요?

신경질을 내다: to get the hump 어젯밤: last night 잠을 설치다: to lose sleep over · cannot sleep well 샤워하다: to take a shower 머리카락: hair 치우다: to clean up 몇 번: how many times 말하다: to tell · to say 아침부터: since early morning

왠지 예감이 안 좋아(요).

1. For some reason, I've got a bad feeling[premonition].
= 왠지 불길해(요). · 왠지 느낌이 안 좋아(요).

: 좋지 않은 일이 일어날 것 같아 불안할 때 쓰는 표현.
an expression used when you feel anxious that something bad will happen

A: 합격할 거야. 너 열심히 했잖아.
B: 왠지 예감이 안 좋아. 떨어지면 어떡하지?

A: 컵이 왜 깨졌죠? 왠지 예감이 안 좋아요.
B: 그런 미신을 믿어요? 별일 없을 거예요.

불길하다: be sinister 느낌: feel · hunch 안 좋다: be not good 합격하다: to pass 열심히: hard 떨어지다: to fail 어떡하지?: What if? 깨지다: to break 미신: superstition 믿다: to believe in 별일 없을 거예요.: Nothing serious will happen.

왼쪽으로 가세요.

1. Go left.
= 좌측으로 가세요.

: 상대방에게 방향을 왼쪽으로 바꾸라고 알려줄 때 사용하는 표현.
an expression used when giving directions that tells the other person to change the direction to the left

A: 화장실이 어디에 있어요?
B: 왼쪽으로 가세요. 복도 끝에 있어요.

A: 백화점에 가려면 어떻게 해야 돼요?
B: 저 사거리에서 왼쪽으로 가세요. 10분쯤 걸으면 돼요.

요새 어떻게 지내(요)?

1. How are you these days?
= 요새 별일 없어(요)?

: 오랜만에 만난 상대방에게 안부를 물을 때 쓰는 표현.
an expression to ask about the well-being of someone you haven't seen in a long time

A: 요새 어떻게 지내?
B: 잘 지내지. 공부도 하고 운동도 하고.

A: 요새 어떻게 지내요?
B: 이틀 전에 이사했어요. 집 정리하느라 좀 바빠요.

요약하자면

1. To sum up · In short
= 요컨대 · 간단히 말하면

: 지금까지 말한 내용의 핵심을 정리할 때 사용하는 표현.
an expression to give a gist of what has been said

A: 요약하자면, 외국어를 잘하려면 자주 사용해야 된다는 거지.
B: 그걸 누가 몰라?

A: 그래서 하고 싶은 말이 뭐예요?
B: 요약하자면, 돈 벌기가 어렵다는 거죠.

요즘 같은 세상에!

1. In this day and age!
= 요즘 같은 때에!

: 시대의 흐름에서 벗어난 행동이나 태도에 대한 의심과 놀라움을 나타낼 때 쓰는 표현.
an expression to display suspicion and surprise about behavior or attitude that deviates from the trends of the times

A: 뉴스 봤어? 어떤 남자가 지하철에 뛰어드는 사람을 구했대.
B: 요즘 같은 세상에! 정말 대단하다.

A: 한 시간 회의하러 세 시간 운전해서 왔어요.
B: 요즘 같은 세상에! 온라인으로 하지 그랬어요?

> 어떤: certain 남자: man 지하철: subway (rails) 뛰어들다: to jump into 구하다: to save ·
> to rescue 정말: really · absolutely 대단하다: be awesome · be great 회의하다: to attend
> a meeting 세 시간: three hours 운전하다: to drive 온라인으로 (회의)하다: to hold a video
> conference online

요즘 왜 그러는데(요)?

1. What is with you these days? · What's wrong with you these days?
= 요즘 왜 그래(요)? · 요즘 무슨 일 있어(요)?

: 상대방이 평소와 다른 모습이나 행동을 하는 이유에 대해서 물을 때 쓰는 표현.
an expression used when asking why someone looks or acts different than usual

A: 요즘 왜 그러는데? 계속 짜증만 내고...
B: 나 좀 이해해 주면 안 돼? 잠을 통 못 잔단 말이야.

A: 요즘 왜 그러는데요? 우울해 보여요.
B: 어머니가 많이 편찮으세요.

> 계속 짜증(을) 내다: to keep being grumpy 이해하다: to understand 잠을 통 못 자다: cannot
> sleep enough[well] 우울해 보이다: to look depressed 많이: a lot · seriously 편찮으시다: be sick
> (honorific of '아프다')

요즘 힘들어(요).

1. I'm going through hard times these days.
= 요즘 힘들어 죽겠어(요).

: 안부를 묻는 상대방에게 잘 지내고 있지 못함을 전달하는 표현.
an expression conveying that you are having a hard time, used as a response to a well-being question

A: 오랜만이다. 잘 지냈어?
B: 요즘 힘들어. 일이 너무 많아.

A: 어디 아파요? 얼굴이 안 좋아요.
B: 네, 요즘 힘들어요. 많이 피곤하네요.

> 힘들어 죽겠다: be so tough 오랜만이다.: It has been a while. 잘 지내다: be well 일이 많다: to have a lot of work to do 아프다: be sick 얼굴이 안 좋다: do not look well 많이: a lot · extremely 피곤하다: be tired · be exhausted

요컨대

1. In short
= 요약하자면 · 간단히 말하자면

: 지금까지 말한 내용의 핵심이나 진의를 정리할 때 사용하는 표현.
an expression used when giving the core information of what you've said

A: 그 말은, 요컨대 네가 나를?[53]
B: 응, 내가 너를 좋아한다고!

A: 토론자님, 지금까지 말씀하신 저출산 문제의 해결책을 정리해 주시겠습니까?
B: 네, 요컨대 더 적극적이고 획기적인 대책이 나와야 한다는 겁니다.

> 간단히: simply 네가(=너+가): you 나(를): me 내: I 너: you 토론자(님): debater 지금까지: so far 저출산: low birthrate 문제: problem 해결책: solution 정리하다: to wrap up 더: more 적극적이다: be aggressive 획기적인: groundbreaking · radical 대책: action · countermeasure 나오다: to come up with · be established

---

53) 드라마 <법대로 사랑하라> 5회의 내사를 참고하였다.

용서가 안 돼(요).

1. I can't forgive you.
= 용서할 수가 없어(요).

: 어떤 이의 잘못을 봐줄 수 없을 때 쓰는 표현.
an expression used when you cannot forgive someone's mistakes

A: 너무 화내지 마.
B: 용서가 안 돼. 어떻게 나한테 이럴 수가 있어?

A: 다른 여자를 만나다니 도저히 용서가 안 돼요.
B: 미안해요. 용서해 주세요.

> 용서하다: to forgive 너무: too 화(를) 내다: to get angry 어떻게: how could you ~? 다른:
> another 여자: girl · woman 만나다: to date 미안해요.: I'm sorry.

용서해 줘. · 용서해 주세요.

1. Forgive me.
= 용서해 주(시)면 안 될까(요)?

: 자신의 잘못에 대해 용서를 구할 때 쓰는 표현.
an expression used when asking for forgiveness for one's mistakes

A: 내가 잘못했어. 용서해 줘.
B: 어떻게 약혼반지를 빼고 다닐 수 있어?

A: 저기요, 여기에서 담배 피우셨죠? 신고하겠습니다.
B: 죄송합니다. 한 번만 용서해 주세요.

> 잘못하다: to do sth wrong · to make a mistake 약혼반지: engagement ring 빼다: to take off 다
> 니다: to go around 저기요: excuse me · hey 여기에서: here 담배 피우다: to smoke 신고하다: to
> report 한 번만: only this time

우리 그만 화해하자.

1. Let's bury the hatchet. · Let's patch things up. · Let's reconcile.
= 우리 그만 싸우자. · 우리 그만 화 풀자.

: 갈등이 있었던 상대방에게 사이좋게 지내자는 의사를 나타낼 때 쓰는 표현.

an expression used when expressing a desire to get along well with a person with whom there has been a conflict

A: 우리 그만 화해하자. 내가 잘못했어.

B: 나도 미안해. 어제 내가 너무 심하게 화냈지?

A: 언제까지 화낼 거야? 우리 그만 화해하자.

B: 넌 그렇게 화해가 쉬워?

> 그만 싸우다: to stop fighting 화(를) 풀다: to blow off steam 잘못하다: be wrong 심하게: so
> · excessively 화내다: to get angry 넌: you (short for '너는') 그렇게: so 화해: reconciliation ·
> making up (with sb) 쉽다: be easy

우리 말 놓을까(요)?

1. Shall we talk casually?
= 우리 말 놓는 게 어때요?

: 상대방에게 반말을 사용하자고 제안할 때 쓰는 표현. 나이가 비슷하거나 어느 정도 사이가 가까워진 사람에게 사용한다.

an expression used when suggesting that the other person use informal language, typically with people of a similar age or those who are somewhat close to each other

A: 이천 년생이군요. 저랑 동갑이네요.

B: 그럼 우리 말 놓을까?

A: 나이가 비슷한 거 같은데 우리 말 놓을까요?

B: 좋아요. 먼저 놓으세요.

> 이천 년생: person who was born in 2000 동갑: be of the same age 그럼: then 나이: age 비슷
> 하다: be similar 먼저: first

우리가 남이야? · 우리가 남이에요?

1. Are we strangers?
= 우리가 이 정도 사이야? · 우리가 이 정도 사이에요?

: 가까운 사이라고 생각했으나 차갑게 행동하는 상대방에 대한 서운함을 나타낼 때 쓰는 표현.

an expression to show disappointment and sadness towards someone who you thought you were in close relationship with but is behaving coldly

A: 작문 숙제 좀 도와줘. 우리가 남이야?
B: 숙제는 자신의 힘으로 해야지.

A: 무슨 고민인데 얘기를 못 해요? 우리가 남이에요?
B: 미안해요. 별로 얘기하고 싶지 않아요.

> 사이: relationship 작문: writing 숙제: homework 도와주다: to help 자신의 힘으로 하다: to do it on one's own 고민: problem · concern 얘기를 못 하다: can't bring it up 별로: would rather not

2. We are brothers/sisters!
= 우린 가족 같은 사이잖아(요).

: 당신에게 감사를 표현하는 상대방의 부담을 덜어주기 위해 쓰는 표현으로, 그와 친밀한 관계를 강조할 때 쓴다.
an expression used to relieve the burden of the other person expressing gratitude to you, usually used to emphasize a close relationship with them

A: 큰돈 빌려줘서 고마워.
B: 우리가 남이야? 다음에 여유 생기면 갚아.

A: 죽 끓여 줘서 고마워요. 덕분에 다 나은 거 같아요.
B: 별말씀을요. 우리가 남이에요?

> 가족: family 큰돈: big money 빌려주다: to lend 다음에: later 여유(가) 생기다: to afford 갚다: to pay back 죽: porridge 끓이다: to boil · to cook 덕분에: thanks to 다: completely 낫다: to get better · to recover 별말씀을요.: Don't mention it.

우선

1. Firstly · First of all
= 제일 먼저 · 일단 · 가장 먼저

: 말하려거나 해야 할 일들의 목록을 나열할 때 맨 앞에 쓰는 표현.
an expression used at the beginning of a list of things you want to say or that need to be done

A: 제주도 여행 가려면 뭐 준비해야 돼?
B: 우선 비행기표부터 알아봐야지.

A: 우리 뭐 할까요?
B: 우선 책장 정리부터 할까요?

제주도: Jeju Island 여행: trip 준비하다: to prepare 비행기표: airline ticket 알아보다: to book ·
to get 우리: we 책장: bookshelf 정리: tidying up

우회전하면 돼(요).

1. Turn right.
= 오른쪽으로 돌면 돼요.

: 방향을 제시할 때 사용하는 표현으로, '오른쪽으로 도시오.'라는 뜻이다.
an expression used when giving directions, meaning 'Turn to the right.'

A: 근처에 치과가 어디에 있는지 알아?
B: 응, 저 건물에서 우회전하면 돼.

A: 저, 박물관은 이쪽으로 쭉 가면 돼요?
B: 네, 가다가 사거리에서 우회전하면 돼요.

오른쪽: right (side) 돌다: to turn · to make a turn 근처: nearby 치과: dental clinic 건물:
building 저: Um... 박물관: museum 이쪽: this way 쭉 가다: to go straight 사거리: junction ·
intersection

웃기고 있네!

1. That's ridiculous!
= 어이가 없네!

: 어떤 행동이나 모습이 한심해 보이거나 거짓으로 보일 때 쓰는 표현. 가까운 사이에서
사용한다.
an expression used when someone's action or behavior seems pitiful or insincere, only used
among people who are close

A: 나 지금부터 다이어트할 거야.
B: 웃기고 있네! 방금 맥주 마셨잖아.

A: 나 이번엔 꼭 A 받을 거야.
B: 웃기고 있네! 수업에 잘 들어가지도 않았으면서...

어이가 없다: be absurd 다이어트(를) 하다: to go on a diet 방금: just 맥주: beer 마시다: to drink
이번엔: this time (short for '이번에는') 꼭: surely A(를) 받다: to get an A (grade) 수업에 들어가
지 않다: not to attend class

원래 그런 거야. · 원래 그런 거예요.

1. That's how it is.
= 다 그래(요).

: 좌절하고 속상한 사람을 위로할 때 사용하는 표현으로, 모든 사람이 겪는 일임을 강조한다.
an expression used when comforting someone who is frustrated and upset emphasizing that this is something everyone goes through

A: 엄마가 너무 보고 싶어.
B: 집 떠나면 원래 그런 거야. 학기 시작하고 바빠지면 괜찮아.

A: 어떡해요! 뉴스를 하나도 알아듣지 못하겠어요.
B: 처음에는 원래 그런 거예요. 꾹 참고 계속 들으세요.

> 보고 싶다: to miss 집(을) 떠나다: to leave · to be away from 학기: semester 시작하다: to begin 바빠지다: to get busy 어떡해요!: Oh, no! · What do I do? 하나도: nothing 알아듣지 못하다: can't understand 처음에는: at first · in the beginning 원래 그렇다: That's just the way it is. 꾹 참다: to wait and see 계속 듣다: to keep listening

원수가 따로 없네(요).

1. My enemy is no-one but you. · You are my true enemy.
= 진짜 원수 같아(요).

: 자주 싸우는 사람이나 갈등에 자주 휘말리는 사람을 지칭하는 비유적 표현.
a figurative expression to refer to someone who frequently engages in a fight or conflict with one

A: 형이 왜 이렇게 싫지? 원수가 따로 없네.
B: 나도 형하고 어릴 때 맨날 싸웠어.

A: 두 사람 절친 맞아요? 원수가 따로 없네요.
B: 저 두 사람, 매일 싸우고 또 금방 화해해요.

> 원수: enemy · stone in one's shoe 따로 없다: be just like ~ 형: older brother (for men) 싫다: to hate · to dislike 어릴 때: when I was young 맨날: every day · always 싸우다: to fight · to quarrel 절친: best friend · close friend 매일: every day 금방: soon · shortly 화해하다: to make up with

웬일이니?

1. How can that be? · Look at you! · What's going on?
= 해가 서쪽에서 뜨겠네.

: 특이하거나 믿을 수 없는 일에 대한 놀라움을 표현할 때 사용하는 표현.
an expression used when showing surprise at something unusual or unbelievable happening

A: 웬일이니? 네가 이렇게 일찍 일어나고?
B: 오늘 점심에 데이트가 있거든.

A: 우와, 오늘은 숙제가 없대.
B: 웬일이니? 신난다!

> 해: the sun 서쪽: the west 뜨다: to rise · to be up 이렇게 일찍: so early 일어나다: to get up 오늘: today 점심: lunchtime 우와: Wow 숙제: homework 신난다!: I'm excited!

웬일이야? · 웬일이에요?

1. What happened?
= 무슨 일이야? · 무슨 일이에요? · 웬일이래(요)?

: 평소와 다른 행동이나 믿기 힘든 일에 대해 놀라움을 나타낼 때 쓰는 표현.
an expression used when expressing surprise at something unusual or unbelievable happening

A: 우리 대학 축제에 아이돌 그룹이 온대.
B: 어머, 웬일이야? 같이 가자.

A: 수업 끝나고 같이 쇼핑하러 갈래요?
B: 웬일이에요? 안나 씨 쇼핑 안 좋아하잖아요.

> 대학: university 축제: festival 아이돌 그룹: idol group 어머: what? 같이: together 수업(이) 끝나고: after class 안 좋아하다: don't like

위하여!

1. Cheers!
= 건배!

: 무엇에서 여러 사람이 건배할 때 사용하는 표현. 건강이나 젊음 등을 소망하거나 중요

하게 여기는 것을 희망하면서 외친다.

an expression used when a group of people toast at a gathering, usually shouted in hopes of good health, youth, or something important to them

A: 우리 모두를 위하여!

B: 위하여!

A: 새 출발을 위하여!

B: 위하여!

| 건배!: Cheers! 우리 모두: (to) all of us 새: new 출발: start

음식 솜씨가 참 좋으시네요.

1. You're such a good cook. · You have great cooking skills.
= 요리를 참 잘하시네요. · 어쩜 이렇게 음식 솜씨가 좋으세요?

: 음식을 준비한 상대방에게 요리 실력을 칭찬할 때 쓰는 표현.
an expression to praise someone's cooking skills who prepared food

A: 음식 솜씨가 참 좋으시네요.

B: 감사합니다. 많이 드세요.

A: 맛이 괜찮아요?

B: 정말 맛있어요. 음식 솜씨가 참 좋으시네요.

| 요리를 잘하다: be good at cooking 많이 드세요.: Help yourself. 맛: taste 정말: really · so 맛있다: be tasty · be great

음식이 참 맛있네(요)!

1. The food is out of this world! · Delicious!
= 음식이 정말 맛있네(요)! · 어쩜 이렇게 맛있어(요)?

: 음식 맛이나 수준을 칭찬할 때 쓰는 표현.
an expression used when praising the taste or quality of food

A: 음식이 참 맛있네!

B: 그렇지? 이 식당 진짜 맛집이야.

A: 음식이 입에 맞아요?

B: 그럼요. 음식이 참 맛있네요.

어쩜 이렇게: How ~! · so ~! 음식: food 그렇지?: You think so too? 식당: restaurant 진짜: really ·
truly 맛집: must-visit restaurant 입에 맞다: to suit one's taste 그럼요.: Sure.

의리를 지켜야지(요).

1. We should uphold our principles. · We need to maintain our integrity.
= 의리가 있어야지(요).

: 인간관계에서 믿음과 충성심을 강조할 때 사용하는 표현.
an expression used when emphasizing faithfulness and loyalty in relationships

A: 밥 먹으러 안 가?
B: 너 일 끝나면 같이 가자. 사람이 의리를 지켜야지.

A: 팀 과제, 나하고 같이 할래요?
B: 같이 하기로 한 친구가 있어요. 약속했으니 의리를 지켜야지요.

의리: loyalty 밥(을) 먹다: to have a meal 일: work · task 끝나다: be over · to finish 같이:
together 팀 과제: team project 친구: friend 약속하다: to promise

이 얘길 또 해야 돼(요)?

1. Do I need to tell you again?

: 이미 말한 것을 반복해서 말하게 만드는 사람에게 짜증이 났을 때 사용하는 표현.
an expression used when annoyed by someone who makes you repeat what you have already said

A: 음식 쓰레기 어떻게 버려야 한다고?
B: 이 얘길 또 해야 돼? 카드 찍고 뚜껑 열어 버리면 된다고!

A: 주말 모임 언제라고 했지요?
B: 이 얘길 또 해야 돼요? 토요일, 저녁 6시라고요.

음식 쓰레기: food waste 어떻게: how · what to do with 버리다: to throw away · to dispose
of 카드(를) 찍다: to tap a card 뚜껑: lid 열다: to open 주말 모임: weekend gathering 토요일:
Saturday 저녁: in the evening · p.m.

이 자리 비었어(요)?

1. Is this seat taken?
= 여기 앉아도 돼(요)?

: 놀이터, 공연장, 잔디밭 등과 같은 곳에서 특정한 자리에 앉기 위해서 허락을 요청하는 표현.

an expression that asks for permission to sit in a specific seat in places such as a playground, performance hall, lawn, etc.

A: 이 자리 비었어?
B: 응, 앉아도 돼.

A: 이 자리 비었어요?
B: 아니요, 사람 있는데요.

> 자리: seat 여기: here 앉다: to sit 비다: be vacant · be not taken 사람(이) 있다: It has been taken.

이 정도면 됐어(요).

1. That should do it. · This is enough.
= 이 정도면 괜찮아(요).

: 현재의 수준이나 금액에 대해서 대체로 만족함을 전달하는 표현.

an expression to convey general satisfaction with the current level of performance or amount

A: 치킨 더 시킬까? 부족하지 않을까 모르겠네.
B: 이 정도면 됐어. 충분해.

A: 시간 더 주시면 PPT 다르게 만들어 볼게요.
B: 이 정도면 됐어요. 잘 만들었어요.

> 더: more 시키다: to order 부족하다: be insufficient 충분하다: be enough 시간: time 주시다: to give · to allow (honorific of '주다') 다르게 만들다: to make it different

이거 별거 아닌데(요)...

1. It's no big deal...

: 선물을 주는 사람이 겸손하게 이 선물이 대단하지 않다고 말할 때 쓰는 표현.

an expression said by gift-givers when humbly indicating that the gift is not great

A: 이거 별거 아닌데... 생일선물이야.
B: 어머? 고마워.

A: 뭘 만들어 왔어요? 그냥 와도 되는데...
B: 이거 별거 아닌데요, 불고기 조금 만들어 봤어요.

> 생일선물: birthday gift 어머?: Oh, my... 뭘: what 만들다: to make 그냥 와도 되다: There's no
> need to bring anything... just yourself. 불고기: bulgogi (Korean beef dish) 조금 만들어 보다: to
> prepare some ~

이거 어떻게 된 거지(요)?

1. What happened? · How did this happen?
= 이거 왜 이렇게 된 거지(요)?

: 예상하지 못한 상황이 발생하게 된 이유나 원인을 알아볼 때 쓰는 표현.
an expression to inquire about the reason or cause of an unexpected situation

A: 택배 아직도 못 받았대. 이거 어떻게 된 거지?
B: 그래? 전화해서 알아봐.

A: 갑자기 전기가 나갔어요. 이거 어떻게 된 거지요?
B: 두꺼비집 어디에 있어요? 한번 봅시다.

> 택배: delivered goods · the parcel 아직도: yet 못: not 받다: to receive 그래?: Is it? · Really? 알
> 아보다: to inquire 갑자기: suddenly 전기가 나가다: The power goes out. 두꺼비집: fuse box ·
> circuit box 한번 보다: to have a look at

이건 아니야. · 이건 아니에요.

1. Not this. · This doesn't work.
: 어떤 사태에 대한 불만족이나 거부감을 강하게 드러낼 때 쓰는 표현.
an expression to convey strong dissatisfaction with or rejection of a particular situation

A: 다른 옷 입고 가. 이건 아니야.
B: 왜? 이 옷이 어때서?

A: 또 밤새울 거라고요? 이건 아니에요.

B: 논문을 반밖에 못 썼는데 어떡해요?

> 다른: different · other 옷: clothes 입다: to wear 어때서?: What's wrong with? 또: again 밤새우
> 다: to stay up all night 논문: dissertation · thesis 반밖에: only half 못: not 쓰다: to write 어떡
> 해요?: What should I do?

이것 좀 해 줄래(요)?

1. Could you do this for me?
= 이것 좀 해 줄 수 있어(요)?

: 상대방에게 도움을 요청할 때 쓰는 표현.
an expression used when seeking help from someone

A: 이것 좀 해 줄래?
B: 응, 병따개 어디 있어?

A: 미안하지만 이것 좀 해 줄래요?
B: 네, 몇 장 복사하면 될까요?

> 이것: this 병따개: opener 몇 장: how many copies 복사하다: to make a copy

이게 다야? · 이게 다예요?

1. Is that it? · Is this everything? · Are you sure that's all?
= 이게 전부야? · 이게 전부예요? · 더 없어(요)?

: 음식이나 물건 등이 충분하지 않아 불만족스러움을 나타낼 때 쓰는 표현.
an expression to show dissatisfaction with a shortage of food or goods

A: 이게 다야?
B: 응, 바쁘니까 대충 먹자.

A: 이게 다예요?
B: 부족해요? 맥주 좀 더 사 올까요?

> 전부: all 바쁘다: be busy 대충 먹다: to grab a bite 부족하다: be not enough 맥주: beer 더:
> more 사다: to buy

이게 말이 돼(요)?

1. Does this make sense?
= 이건 말도 안 돼(요).

: 상식에 어긋나는 상황이기 때문에 받아들이기 어려울 때 사용하는 표현.
an expression used when a situation is hard to accept because it is against common sense

A: 이게 말이 돼? 이번 전쟁 때문에 어린이가 천 명 이상 죽었대.
B: 뭐라고? 그렇게 많이?

A: 항공권 가격이 너무 비싸요.
B: 그러게요. 두 배나 오르다니 이게 말이 돼요?

> 이건: this (short for '이것은') 말도 안 되다: be absurd · be irrational 이번: this 전쟁: war 때문에:
> due to 어린이: children 천 명 이상: more than one thousand 죽다: to be killed 항공권: plane
> ticket 가격: price 비싸다: be expensive 그러게요: Right 두 배: two times · to double 오르다:
> to increase

이게 맞는 건지 잘 모르겠어(요).

1. I don't know if this is right.
= 이게 맞는 건지 확신이 안 서(요).

: 자신이 내린 결정이 옳은지 의심할 때 쓰는 표현.
an expression used when you doubt the correctness of your decision

A: 무슨 걱정 있어?
B: 귀국하기로 한 거, 이게 맞는 건지 잘 모르겠어.

A: 잭 씨, 대학원 공부가 그렇게 힘들어요?
B: 네, 공부 그만두려고요. 그런데 이게 맞는 건지 잘 모르겠어요.

> 걱정: concern · worry 귀국하다: to return to one's country · to go back home 대학원: graduate
> school 그만두다: to quit · to give up 공부: study 그렇게: so 힘들다: be hard · be tough 그런데:
> but · however

이게 사과로 될 일이야? · 이게 사과로 될 일이에요?

1. Are you passing this off as an apology?
= 이게 사과한다고 될 일이야? · 이게 사과한다고 될 일이에요?

: 상대방의 사과를 받아들일 생각이 없음을 강하게 나타낼 때 쓰는 표현.
an expression strongly indicating that you do not intend to accept the other person's apology

A: 이게 사과로 될 일이야?
B: 그럼 내가 어떻게 하면 좋을까?

A: 이게 사과로 될 일이에요?
B: 정말 죄송합니다. 제가 세탁비는 드릴게요.

> 사과하다: to apologize 그럼: then 정말: really · so 세탁비: laundry cost 드리다: to give · to pay
> (honorific of '주다')

이게 얼마 만이야? · 이게 얼마 만이에요?

1. How long has it been? · Long time no see.
= 정말 오랜만이네(요).

: 오랜만에 만난 지인에게 기쁨과 반가움을 나타낼 때 쓰는 표현.
an expression to convey pleasure and happiness when reuniting with a long-lost acquaintance

A: 이게 얼마 만이야?
B: 그러게. 중학교 졸업하고 처음 만나는 거지?

A: 혹시 김 선생님 아니세요?
B: 이게 얼마 만이에요? 여기 어쩐 일이세요?

> 오랜만이다: It has been a while. 그러게: Right · So it is 중학교: junior high school · middle
> school 졸업하다: to graduate 처음: first time 만나다: to meet 혹시: I wonder · perhaps 선생님:
> teacher 여기 어쩐 일이세요?: What brings you here?

이래라저래라 하지 마(세요).

1. Don't boss me around.
= 참견하지 마(세요). · 내가 알아서 할게(요).

: 상대방이 귀찮게 간섭한다고 생각하여 불쾌함을 나타낼 때 쓰는 표현.
an expression conveying displeasure when you feel someone is annoyingly interfering with you

A: 양말 좀 뒤집어 벗어 놓지 마.
B: 어휴, 이래라저래라 하지 마.

A: 그 일 그만뒀으면 좋겠다.
B: 나도 힘들지만 일이 필요해서 하는 거예요. 그러니까 나한테 이래라저래라 하지 마세요.[54]

> 참견하다: to intervene 양말: socks 뒤집어 놓다: to put sth inside out 벗다: to take off 어휴: phew 일을 그만두다: to quit a job 힘들다: be hard · be tough 필요하다: to need 그러니까: so 나한테: to me

이러다 망해(요).

1. If you keep doing this, you're going to ruin it[fail].
= 이러다간 망해(요).

: 어떤 행동을 계속하면 좋지 않은 결과가 나올 것이라고 경고할 때 쓰는 표현.
an expression to warn that continuing a certain action will lead to bad results

A: 우리 오늘까지 실컷 놀고 내일부터 공부하자.
B: 안 돼, 이러다 망해. 난 시험공부하러 갈래.

A: 불고기에 간장 더 넣을까요?
B: 간장을 또 넣는다고요? 이러다 망해요.

> 오늘까지: until today 실컷: heartily 놀다: to play · to hang out 내일부터: from tomorrow 난: I (short for '나는') 시험공부하다: to study for an exam 불고기: bulgogi (Korean beef dish) 간장: soy sauce 더: more 넣다: to put sth in 또: again

이러다 병나겠다.

1. If you persist, you're going to get sick.
= 이러다간 병나겠다. · 이러다간 쓰러지겠다.

: 건강을 돌보지 않고 일하는 상대방을 염려할 때 쓰는 표현.
an expression used when concerned about someone working too hard not taking care of their

---

54) 드라마 <파도야, 파도야> 59회의 대사를 참고하였다.

health

A: 그만 자. 이러다 병나겠다.

B: 아냐, 부엌은 다 정리하고 자야지.

A: 너무 무리하는 거 아냐? 이러다 병나겠다.

B: 괜찮아요. 끄떡없어요.

> 쓰러지다: to collapse · be sick 아냐: No (short for '아니야') 부엌: kitchen 다: all 정리하다: to tidy up 무리하다: to overdo 끄떡없다: be okay · be invincible

이러지도 저러지도 못하겠어(요).

1. I am caught in the middle. · I can't decide.
= 어떻게 해야 할지 모르겠어(요).

: 난처한 상황 앞에서 결정을 내리지 못할 때 쓰는 표현.
an expression used when you can't make a decision in a difficult situation

A: 이사하고 싶다더니 어떻게 하기로 했어?

B: 이러지도 저러지도 못하겠어. 월세가 너무 올랐어.

A: 남편과 헤어지기로 했어요?

B: 아이를 생각하면 이러지도 저러지도 못하겠어요. 아빠를 너무 좋아해서요.[55]

> 이사하다: to move (out) 월세: monthly rental 오르다: to go up 남편: husband 헤어지다: to get divorced 아이: child · kid 생각하다: to consider 아빠: dad 좋아하다: to like

이런 건 첨 봐(요).

1. I've never seen this before. · It's the first time I've seen this.
= 진짜 신기해(요).

: 새로운 경험을 했을 때 놀라움을 전하는 표현.
an expression to convey surprise when you have a novel experience

A: 우와, 고기를 산처럼 쌓았네.

B: 이런 건 첨 봐. 신기하다.

---

55) 드라마 <마인> 12회의 대사를 참고하였다.

A: 작품이 참 묘하네요.

B: 네, 저도 이런 건 첨 봐요.

신기하다: be amazing · be marvelous 고기: meat 산처럼: like a mountain 쌓다: to pile up · to build 작품: work · artwork 참: really · so 묘하다: be unique · be odd

이런다고 달라질 건 없어(요).

1. I don't think it is going to make any difference.
= 이래봤자 아무 소용없어(요).

: 상대방의 사과를 받아들일 의사가 없을 때 쓰는 표현.

an expression used when you have no intention to accept the other person's apology

A: 내가 앞으로 진짜 잘할게. 미안해.

B: 이런다고 달라질 건 없어.

A: 유나 씨 좋아하는 커피 사 왔어요. 화 푸세요.

B: 이런다고 달라질 건 없어요. 그만 가 보세요.

소용없다: be of no use 앞으로: from now on 잘하다: be nice · be kind 사다: to buy 화(를) 풀다: to stop getting angry 그만 가 보다: just leave · just go away

이럴 수가!

1. I don't believe it! · How can it be?
= 말도 안 돼! · 세상에!

: 전혀 예상하지 못한 일이 발생했을 때 쓰는 표현.

an expression used when something completely unexpected happens

A: 이럴 수가! 밤새 작업한 파일이 다 날아갔어.

B: 정말? 저장 안 했어?

A: 이럴 수가! 이 곡 나오자마자 또 1위래요.

B: 그래요? 난 K-POP을 잘 몰라서...

말도 안 돼!: Oh, my gosh! 밤새: all night 작업하다: to work on 다: all 날아가다: be gone · be deleted 정말?: Really? · Are you serious? 저장하다: to save 곡: (piece of) music 나오자마자: as soon as it is released 1위: first place 그래요?: Is it?

이럴 줄 몰랐어(요).

1. I didn't know this would happen.
= 이럴 줄 상상도 못했어(요).

: 어떤 일이나 사람에게 실망하여 서운한 마음을 나타낼 때 쓰는 표현.
an expression to show disappointment in something or someone

A: 잭이 나한테 이럴 줄 몰랐어.
B: 왜? 무슨 일 있었어?

A: 정말 이럴 줄 몰랐어요. 왜 나한테 말 안 했어요?
B: 너무 미안해서 얘길 꺼낼 수가 없었어요.

> 상상: imagining 나한테: to me 무슨 일(이) 있었어?: What happened? 정말: really 꺼내다: to bring up

이렇게 하면 어떨까(요)?

1. What if I do this? · What if I do it this way?
= 이렇게 하는 게 어떨까(요)? · 이렇게 하면 좋을 거 같아(요).

: 어떤 해결책을 제안할 때 쓰는 표현.
an expression to suggest a solution

A: 서랍 정리, 이렇게 하면 어떨까?
B: 어떻게?

A: 동아리 회비가 좀 남았는데 어떻게 쓸까요?
B: 이렇게 하면 어떨까요? 절반은 기부하고 나머지는 식사 한번 하면 좋겠어요.

> 서랍: drawer 정리: tidying up 이렇게: like this 어떨까?: What do you think? 동아리: club 회비: membership fee 좀: a little · some (short for '조금') 남다: be left 쓰다: to spend 절반: half 기부하다: to donate 나머지: the rest 식사 한번 하다: to get together for a meal

이만 끊을게(요).

1. I'm going to hang up now.
= 그만 끊을게(요).

: 전화 통화를 끝낼 때 쓰는 표현.
an expression to end a phone call

A: 내 맘 이해했지? 이만 끊을게.
B: 응, 잘 자.

A: 그럼 수요일 다섯 시에 봐요.
B: 네, 이만 끊을게요.

> 이해하다: to understand 이만: now (전화를) 끊다: to hang up 잘 자.: Good night. 그럼: then
> 수요일: Wednesday

이상으로 발표를 마치겠습니다.

1. This is the end of my presentation.
= 제 발표는 여기까지입니다.

: 자신의 발표가 끝났음을 알릴 때 사용하는 표현.
an expression used when announcing the end of one's presentation

A: 이상으로 발표를 마치겠습니다.
B: 수고하셨습니다.

A: 이상으로 발표를 마치겠습니다. 질문 있으세요?
B: 어떤 연구방법론을 사용했는지 설명해 주실래요?

> 수고하다: to take effort · to do a good job 질문: question 어떤: what type of 연구방법론:
> research methodology 사용하다: to use · to adopt 설명하다: to explain

이제 가 봐야 할 것 같아(요).

1. I think I should go now. · I think I need to leave now.
= 이젠 가야 할 것 같아(요). · 이제 그만 가 봐야 할 것 같아(요).

: 떠나겠다는 의사를 부드럽게 밝힐 때 쓰는 표현. 헤어질 때 사용하는 인사말이다.
an expression to gently announce one's intention to leave, mostly used when parting ways

A: 이제 가 봐야 할 것 같아.
B: 그래. 다음에 또 보자.

A: 죄송하지만 저는 이제 가 봐야 할 것 같아요.

B: 네, 저희는 조금 더 있다가 갈게요.

> 이젠: now (short for '이제는') 그래.: Okay. 다음에: later 죄송하지만: Sorry but · I'm afraid that 저희: we (honorific of '우리') 조금 더 있다: to stay a bit longer

이제 그만 일어날게(요).

1. I'm going to leave now.
= 이제 그만 가 볼게(요).

: 모임을 가지고 있는 장소를 먼저 떠날 때 사람들에게 하는 인사.
a greeting to people when you leave a place you were having a meeting with them

A: 이제 그만 일어날게.
B: 왜? 조금만 더 있다 가면 안 돼?

A: 저는 이제 그만 일어날게요.
B: 네, 안녕히 가세요.

> 이제: now 조금 더 있다: to stay a bit longer 안녕히 가세요.: Good bye.

이제 와 무슨 소용이야? · 이제 와 무슨 소용이에요?

1. By now, what's the point?
= 후회해도 아무 소용없잖아(요).

: 무언가를 후회하는 사람을 위로할 때 사용되는 표현. 후회한다고 해서 상황이 바뀌지 않는다는 것을 강조한다.
an expression used when comforting someone who regrets something, emphasizing that regret won't change the situation

A: 이제 와 무슨 소용이야? 있을 때 잘하지!
B: 지금 불난 집에 부채질해?

A: 슬퍼하지 말아요. 이제 와 무슨 소용이에요?
B: 아버지께 좀 잘할 걸 너무 후회되요.

> 후회하다: to regret 이제: now 소용없다: be useless · be pointless 잘하다: be nice · be kind 불난 집에 부채질하다: add fuel to the fire 슬퍼하다: be sad 아버지: father 후회되다: to feel remorse

이젠 질렸어(요).

1. I'm sick of it.
= 이젠 쳐다보기도 싫어(요). · 이젠 꼴도 보기 싫어(요).

: 어떤 일이 반복되어 생긴 피로감을 나타낼 때 쓰는 표현.
an expression used when conveying weariness caused by doing something repeatedly

A: 우리 라면 먹을까?
B: 또? 너무 많이 먹어서 이젠 질렸어.

A: 어제 듣던 노래 틀까요?
B: 이젠 질렸어요. 다른 거 들어요.

> 쳐다보다: to look 라면: ramyeon (instant noodles) 또: again 너무 많이: too much · too many
> times 어제: yesterday 듣다: to listen to 노래(를) 틀다: to play a song 다른 거: a different one

인기척 좀 내(세요).

1. You should have alerted me to your presence. · You could've given me a heads-up.

: 상대방이 너무 조용히 들어와서 놀랐을 때 쓰는 표현.
an expression used when you are surprised by someone's quiet entrance to your place

A: 깜짝이야. 인기척 좀 내.
B: 미안, 놀랐어?

A: 도착한 줄 몰랐잖아요. 인기척 좀 내세요.
B: 두 번이나 노크했는데요.

> 깜짝이야.: What a surprise. 놀라다: be surprised 도착하다: to arrive · be present 모르다: do not
> know 두 번이나: twice 노크하다: to knock

인정 못하겠어(요).

1. I can't admit it.
= 받아들일 수 없어(요).

: 불합리하다고 생각해서 받아들이지 않을 때 사용하는 표현.

an expression used when refusing to accept an unreasonable situation

A: 저게 골이 아니라고? 인정 못하겠어.
B: 지금 비디오 판독하고 있잖아. 기다려 봐.

A: 제 잘못이라고요? 인정 못하겠어요.
B: 그럼 경찰 부릅시다.

> 받아들이다: to accept · to take 골: goal 인정하다: to accept 지금: now 비디오 판독하다: to replay the video 기다리다: to wait and see 잘못: mistake · fault 그럼: then 경찰: police 부르다: to call

일단 한번 해 보자!

1. Let's give it a try!
= 일단 한번 가 보자!

: 상대방을 격려할 때 쓰는 표현. 가까운 사이에서 사용한다.
an expression for encouragement, often used in close relationships

A: 기타를 잘 칠 수 있을까?
B: 일단 한번 해 보자! 잘할 수 있을 거 같아.

A: 우리가 영화를 제작하는 건 어때?
B: 좋아, 일단 한번 해 보자!

> 일단: just 기타를 치다: to play the guitar 영화: movie · film 제작하다: to produce 어때?: How about ...? 좋아.: Sounds good.

일등!

1. First place!

: 어떤 일을 제일 먼저 했거나 가장 잘한 사람을 칭찬하는 표현.
an expression for praising someone who did something first or best

A: 오늘도 일등! 항상 일등으로 와 있네.
B: 좋은 아침!

A: 오~ 일등! 달리기 진짜 잘하네요.
B: 감사합니다.

일은 잘 돼 가(요)?

1. How's your work going?
= 일은 어떻게 돼 가(요)?

: 상대방의 안부를 묻거나 어떤 일의 진행 상황을 물을 때 쓰는 표현.
an expression to ask about someone's well-being or a work in progress

A: 일은 잘 돼 가?
B: 응, 그럭저럭.

A: 일은 잘 돼 가요?
B: 네, 지난주에 다 끝났어요.

잘 돼 가다: to make good progress 일은 어떻게 돼 가?: How's your work going? 그럭저럭: somewhat · to manage to 지난주: last week 다 끝나다: be completed · be finished

일이 꼬여서

1. Because things got tangled up · Things got complicated
= 일이 잘못되어서

: 어떤 일이 예상한 대로 잘되지 않았을 때 쓰는 표현.
an expression used when things do not go as expected

A: 처음에 말했던 여행 계획과 다르네.
B: 응, 자꾸 일이 꼬여서 일정을 바꿨어.

B: 새해에는 좋은 일만 생길 거예요.
A: 고마워요. 새 집 짓는 동안 일이 꼬여서 힘들었어요.

꼬이다: to go wrong 처음에: at first 여행 계획: travel plan 다르다: be different 자꾸: again and again 일정을 바꾸다: to change schedule 새해: new year 생기다: to come up 새 집(을) 짓다: to build a new house 힘들다: to have a hard time

일이 이렇게 커질 줄 몰랐어(요).

1. It became a bigger deal than I expected.
= 일이 이렇게 커질 거라고 예상 못 했어(요).

: 어떤 일이 예상과 달리 매우 크게 확대되었을 때 쓰는 표현.
an expression used when some event develops into a larger scale in an unexpected way

A: 등산 가는데 대형버스를 빌렸다면서?
B: 응, 일이 이렇게 커질 줄 몰랐어. 신청자가 너무 많았어.

A: 이번 사건으로 뉴스 인터뷰도 했다면서요?
B: 저도 일이 이렇게 커질 줄 몰랐어요.

> 등산 가다: to go hiking 대형버스: large bus 빌리다: to rent 신청자: applicant 사건: event ·
> incident

1도 몰라(요).

1. I don't know a thing.
= 하나도 몰라(요). · 아는 게 하나도 없어(요). · 전혀 몰라(요).

: 어떤 대상에 대한 지식이 전혀 없음을 강조하여 사용하는 표현.
an expression to emphasize that you have no knowledge of an object

A: 요즘 배달 음식 자주 먹는데 남편은 내가 원하는 걸 잘 시켜.
B: 우리 남편은 내 마음을 1도 몰라.[56]

A: 소주 마셔 본 적 있어요?
B: 아뇨, 술은 1도 몰라요.

> 요즘: these days 배달 음식: delivery food 자주: often 먹다: to eat 남편: husband 시키다: to
> order 내가 원하는 걸: what I want 내 마음: what I want 소주: soju 마셔 보다: have tried 술:
> alcohol

---

56) 예능 <신랑수업> 81회 출연진의 대화를 참고하였다.

119 부를까(요)?

1. Do you need emergency services? · Shall I call 119?
= 119 불러드릴까요? · 구급차 불러(요)?

: 위급한 상황에서 주변에 있는 사람들에게 응급구조대를 불러야 하는지 물을 때 쓰는 표현.
an expression used in an emergency to ask people around if you should call the emergency services

A: 어머, 저 여학생 쓰러졌어. 119 부를까?
B: 그러자. 학생, 학생, 정신 차려요!

A: 119 부를까요?
B: 네, 그래야 할 거 같아요.

> 구급차: ambulance 부르다: to call (for) 여학생: school girl 쓰러지다: to fall down · to collapse
> 그러자.: Let's do that. 정신 차려요!: Wake up! 그래야 할 것 같아요.: I think we'd better do that.

입맛이 없어(요).

1. I have no appetite.
= 식욕이 없어(요). · 밥맛이 없어(요).

: 건강이 좋지 않거나 걱정과 우울 등으로 식욕이 없을 때 쓰는 표현.
an expression used when you've lost your appetite due to a bad condition or an emotional problem

A: 점심 왜 안 먹어?
B: 요즘 통 입맛이 없어.

A: 이 김밥 좀 먹어 봐요. 맛있어요.
B: 못 먹겠어요. 입맛이 없어요.

> 식욕: appetite 밥맛: appetite 점심: lunch 요즘: recently · these days 통: completely 입맛:
> appetite 김밥: gimbap (Korean seaweed rice rolls)

입방정 떨지 마(세요).

1. Don't talk carelessly.
= 함부로 얘기하지 마(세요).

: 섣부르게 판단해서 함부로 말하는 사람에게 주의를 줄 때 쓰는 표현.
an expression to warn people not discreet in talking

A: 나 이번 시험에 또 떨어진 것 같아.
B: 입방정 떨지 마. 아직 결과 안 나왔잖아.

A: 십 분 남았다. 기차 놓치면 어떡하지?
B: 입방정 떨지 마.

> 시험에 떨어지다: to fail the test 입방정(을) 떨다: to talk carelessly and recklessly 아직: yet 결과
> (가) 나오다: to get the results 남다: be left until 놓치다: to miss

입이 가벼워(요).

1. (Someone) has a big mouth.
= 입이 싸(요).

: 다른 사람에게 말을 쉽게 옮기는 사람을 나타낼 때 쓰는 표현.
an expression used when describing someone who inappropriately reveals someone else's information

A: 넌 입이 가벼워.
B: 내가?

A: 저 친구는 정말 입이 가벼워요.
B: 네, 그래서 조심해야 해요.

> 입이 싸다: be gossipy · be a blabbermouth 넌: you (short for '너는') 친구: guy (a casual way
> of referring to a person, not literally a friend in the dialogue) 정말: really 그래서: so 조심하다:
> be careful

입이 무거워(요).

1. (Someone) can keep a secret. · (Someone) is a man of few words.
= 비밀을 잘 지켜(요). · 신뢰할 수 있어(요).

: 말을 함부로 하지 않고 비밀을 잘 지키는 사람을 나타낼 때 쓰는 표현.
an expression to describe someone who is secret enough to whom to reveal your personal matters

A: 네 남자친구 인상이 참 좋더라. 성격은 어때?
B: 입이 무거워. 자상하기도 하고.

A: 아무에게도 말하면 안 돼요!
B: 걱정하지 마세요. 저 입이 무거워요.

> 비밀: secret 신뢰하다: to trust 남자친구: boyfriend 인상: impression 성격: personality 자상하다:
> be kind · be sweet 아무에게도: to anyone

있잖아(요)

1. Well... · You know... · I'll tell you what.
= 있지(요) · 그런데 말이야 · 그런데 말이에요

: 상대방에게 어떤 말을 시작할 때 쓰는 표현.
an expression used when starting to say something to someone

A: 있잖아... 할 말이 있어.
B: 뭔데?

A: 있잖아요, 선생님. 드릴 말씀이 있는데요.
B: 네, 얘기해 보세요.

> 할 말: something to tell you 뭔데?: What is it? · What's up? 선생님: sir · teacher 드릴 말씀:
> something to speak to you about (말씀드리다: honorific of '말하다') 얘기하다: to tell · to talk

잊어버릴 뻔했다.

1. I almost forgot (to do that).
= 까먹을 뻔했다. · 깜빡할 뻔했다.

: 잊어버리면 안 될 일을 기억해 냈을 때 안도감을 나타내며 쓰는 표현.
an expression used when revealing relief after you manage to recall something that is very important and should be done

A: 내일 약속 잊지 않았지?
B: 아차, 네가 말하지 않았으면 잊어버릴 뻔했다.

A: 카드 챙겼어?

B: 고마워, 하마터면 잊어버릴 뻔했다.

> 까먹다: to forget 잊어버리다: have forgot 약속: appointment 잊다: to forget 챙기다: to get it back 하마터면 ~할 뻔하다: almost · nearly

잊지 않을게(요).

1. I'll never forget (it).
= 꼭 기억할게(요).

: 계속 기억하겠다고 약속할 때 쓰는 표현.

an expression used when promising that you won't forget something

A: 오늘 내 생일인 걸 어떻게 모를 수 있어?

B: 미안, 앞으로 절대 잊지 않을게.

A: 고향에 돌아가시면 행복하게 사세요.

B: 감사합니다. 베풀어주신 사랑을 잊지 않을게요.

> 생일: birthday 모르다: don't know 미안.: Sorry. 앞으로 ~지 않을게.: : I won't ~ 절대: never 고향: hometown 돌아가다: to go back 행복하게: happily 베풀다: to give help or charity to others

ㅈ

자, 이렇게 하자! · 자, 이렇게 합시다!

1. Let's do it this way.
= 자, 이렇게 결정하자! · 자, 이렇게 결정합시다! · 자, 이렇게 정하자! · 자, 이렇게 정합시다!

: 어떤 행동이나 방법을 정하고 그것을 함께 하자고 할 때 쓰는 표현.
an expression to decide an action or a method and suggest doing it together

A: 범인 잡히면 끝나지 않겠어?
B: 자, 이렇게 하자! 너 범인 잡고 싶잖아. 나랑 같이 잡자.[57]

A: 다음 주까지 보고서를 완성하기에는 시간이 부족해요.
B: 자, 그럼 이렇게 합시다!

> 결정하다: to decide 정하다: to decide on 범인: criminal 잡다: to arrest 끝나다: be over 같이:
> together 보고서: report 완성하다: to complete · to finish 부족하다: be short on

자업자득이지(요).

1. (It) Serves you right! · That's what you get!
= 인과응보의 결과지(요). · 뿌린 대로 거두는 거지(요).

: 자기가 저지른 일이나 잘못의 결과를 자기가 받는다는 의미를 나타내는 표현.
an expression saying that one receives the consequences of what one has done, especially one that turned out negative

A: 말하기 시험 또 망쳤어.
B: 열심히 준비하지 않았으니 자업자득이지.

A: 체중이 갑자기 는 이유가 뭐예요?
B: 매일 야식을 먹었거든요. 이게 다 자업자득이지요.

---

57) 드라마 <비밀의 숲> 8회의 대사를 참고하였다.

자주 놀러 와(요).

1. Drop by more often. · Swing by more.
= 또 놀러 와(요).

: 집에 온 손님이 떠날 때 쓰는 인사말.
a greeting used when a guest leaves the house

A: 초대해 주어 고마웠어.
B: 그래, 자주 놀러 와.

A: 오늘 정말 즐거웠어요. 음식도 맛있었고요.
B: 와 줘서 고마워요. 자주 놀러 와요.

초대하다: to invite 고맙다: to thank 자주: often 즐겁다: to enjoy oneself 음식: food 맛있다: be delicious

자주 보자! · 자주 봅시다!

1. Let's hang out again! · Let's hang out often.
= 자주 만나자! · 자주 만납시다!

: 헤어질 때 쓰는 인사말. 가까운 사이에서 사용한다.
a greeting used when people part after having a good time together, used mostly among people who are close

A: 잘 가.
B: 응, 자주 보자!

A: 저녁 맛있게 먹었습니다. 감사합니다.
B: 잘 가요. 앞으로 자주 봅시다!

잘 가.: Good bye. 자주: often 보다: to see · to get together 저녁: dinner 먹다: to eat 앞으로: from now on

잘 가(요).

1. Take care. · Bye.
= 조심히 가(요).

: 헤어질 때 사용하는 일반적인 표현.
a common expression used when people part

A: 조심히 가. 또 보자.
B: 응, 너도 잘 가!

A: 잘 가요.
B: 네, 운전 조심하세요.

조심히 ~하다: be careful in ~ 가다: to go 운전: driving 조심하다: be careful

잘나가네(요).

1. You're riding high. · You're on a roll.

: 어떤 사람이 사회적으로 성공하고 있다고 생각할 때 쓰는 표현.
an expression used when you think that the other person keeps succeeding socially

A: 사업도 잘되고 결혼도 하고. 너 요즘 잘나가네.
B: 주변 사람들이 다 도와줘서 그래.

A: 안나 씨가 팀장으로 승진했다면서요?
B: 네, 요즘 잘나가네요.

사업: business 사업이 잘되다: to prosper in business 결혼하다: to get married 요즘: these days
팀장: team leader 주변 사람: people around one 승진하다: to get a promotion

2. It sells well. · It's in great demand.
= 잘 팔리네(요). · 판매 실적이 좋네(요).

: 물건이 잘 팔리거나 유행할 때 쓰는 표현.
an expression used when a product is selling well or in fashion

A: 딸기가 제일 잘나가네.
B: 요즘 제철이잖아.

A: 오늘은 모자가 잘나가네요.
B: 네, 없어서 못 팔겠어요.

잘 들려(요)?

1. Can you hear me?
= 내 말 들려(요)?

: 소리가 잘 들리는지 확인할 때 쓰는 표현.
  an expression to check if the other person can hear you well

A: 여보세요? 여보세요? 내 말 잘 들려?
B: 응, 난 잘 들려.

A: 제 목소리 잘 들려요?
B: 네, 또렷하게 들립니다.

잘 들어(요).

1. Listen (carefully).
= 집중해서 들어(요).

: 상대방에게 어떤 내용을 말하기 전에 집중하도록 요구할 때 쓰는 표현.
  an expression to ask the other person to focus on something before you say it

A: 내 말 잘 들어.
B: 그래, 얘기해 봐.

A: 지금부터 내가 하는 말 잘 들어요.
B: 네, 말씀하세요.

2. Do what I say.
= 시키는 대로 해(요).

: 상대방에게 순종할 것을 요구할 때 쓰는 표현. 주로 친구나 아랫사람에게 말할 때 사용한다.

an expression to demand obedience from the other person, usually used to someone close or younger than you

A: 앞으로는 내 말 잘 들어.
B: 알았어요.

A: 제발 부모님 말씀 좀 잘 들어요.
B: 잔소리 좀 그만해요.

> 시키다: to tell sb to do sth   제발: please   부모님: parents   잔소리: nagging   그만하다: to stop doing

잘 먹겠습니다.

1. Thank you for the food. [Lit. "I will eat this food well."]
= 맛있게 먹겠습니다. · 감사히 먹겠습니다.

: 식사하기 전에 하는 인사말.
an expression to convey thanks to the host before a meal

A: 자, 식사합시다.
B: 네, 잘 먹겠습니다.

A: 차린 건 없지만 많이 드세요!
B: 네, 잘 먹겠습니다.

> 맛있게 먹다: to enjoy[relish] food   감사히: thankfully   식사하다: to have[eat] a meal   차리다: to prepare food   많이: a lot   드시다: to enjoy food (honorific of '먹다')

잘 모르겠는데

1. I don't know.(information) · I'm not following.(understanding)
: 어떤 사실을 잘 알지 못하여 말을 흐릴 때 쓰는 표현.
an expression to blur words because one is not familiar with certain facts or fails to understand someone's words

A: 마라톤 대회 나가려면 어떻게 해야 할까?
B: 나도 잘 모르겠는데 사무실에 가서 물어보자.

A: 잘 모르겠는데 한 번 더 말씀해 주시겠어요?

B: 네, 다시 설명해 드릴게요.

> 마라톤: marathon 대회: race · competition 사무실: office 설명하다: to explain · to tell in detail

잘 모르겠습니다.

1. I have no idea. · I don't know.
= 잘 모릅니다. · 잘 모르겠는데요.

: 어떤 사실을 잘 알지 못하거나 원치 않는 상황이라서 이를 피하고 싶을 때 쓰는 표현.
an expression used when one is not familiar with a fact or to avoid an unwanted situation

A: 김 선생님이 어느 동네에 사는지 알아요?
B: 그건 저도 잘 모르겠습니다.

A: 복사기가 왜 갑자기 고장 났는지 알아요?
B: 잘 모르겠습니다.

> 동네: town · neighborhood 그건: that · it (short for '그것은') 모르다: to have no idea · don't know 복사기: copier 갑자기: suddenly 고장(이) 나다: to break down

잘 몰라서 그랬어(요).

1. I'm sorry, but I really didn't know.

: 자신의 실수나 잘못을 변명할 때 쓰는 표현.
an expression to make an excuse for a mistake one has made

A: 물김치에 소금을 너무 많이 넣은 것 같아.
B: 잘 몰라서 그랬어. 물을 더 부을까?

A: 음식 쓰레기를 여기에 버리면 어떡해요?
B: 죄송합니다. 제가 잘 몰라서 그랬어요.

> 물김치: mulkimchi · water kimchi 소금: salt 넣다: to put · to add 물: water 붓다: to pour 음식(물) 쓰레기: food waste 여기에: here 버리다: to throw away 어떡해요?: Why did you ~? · You shouldn't have ~

잘 부탁드립니다.

1. I look forward to working together with you. · I appreciate your help. · I'm counting on you.
= 잘 부탁드리겠습니다.

: 비즈니스 상황에서 처음 만난 상대방에게 쓰는 표현.
a conventional expression used when meeting someone for the first time in a business situation, hoping for a good partnership

A: 앞으로 잘 부탁드립니다.
B: 저야말로 잘 부탁드립니다.

A: 처음 뵙겠습니다. 잘 부탁드립니다.
B: 네, 만나서 반갑습니다.

> 부탁드리다: to sincerely ask someone for their best effort 앞으로: in the future 저야말로: as for me 처음 뵙겠습니다.: Glad to meet you.

잘 안 들려(요).

1. I can't hear you well.
= 소리가 잘 들리지 않아(요).

: 소리가 잘 들리지 않을 때 쓰는 표현.
an expression used when you can't hear well

A: 여보세요?
B: 잘 안 들려. 내가 다시 전화할게.

A: 강의실 뒤쪽은 소리가 잘 안 들려요.
B: 잠깐만 기다리세요. 마이크를 켤게요.

> 다시: again 강의실: classroom · lecture room 뒤쪽: the back of sth 잠깐만: for a second 마이크: microphone 켜다: to turn on

잘 알고 있습니다.

1. I am aware of that.
= 잘 압니다.

: 어떤 일이나 사실에 대해 알고 있거나 지식을 가지고 있음을 나타낼 때 쓰는 표현.
an expression to indicate that one is aware of something or has knowledge of it

A: 김 대리, 내일 회의 아주 중요한 거 알죠?
B: 네, 잘 알고 있습니다.

A: 환경 문제에 대해서는 안나 씨가 잘 알고 있습니다.
B: 그래요? 그럼 안나 씨한테 부탁해야겠군요.

> 알죠?(short for '알지요?'): You understand, right? 환경 문제: environmental issue 부탁하다: to
> make a request · to consult

잘 있어(요).

1. Take care. · Bye. · So long.
= 잘 지내(요). · 잘 지내세요.

: 헤어질 때 떠나는 사람이 사용하는 인사말.
a greeting used by the person leaving to the person staying

A: 잘 있어.
B: 응, 내일 봐.

A: 가실 때 운전 조심하세요.
B: 그래요, 잘 있어요.

> 내일: tomorrow 가실 때: when you go 운전: driving 조심하다: be careful

잘 자(요).

1. Good night. · Sweet dreams.
= 좋은 꿈 꿔(요).

: 편히 잠들기를 바랄 때 사용하는 인사말.
a greeting to wish someone a good night's sleep

A: 안녕히 주무세요.
B: 그래, 잘 자.

A: 이제 통화 그만해야겠네요. 잘 자요.
B: 네, 좋은 꿈 꿔요.

꿈(을) 꾸다: to have a dream 좋은 꿈(을) 꾸다: to have a sweet dream 통화: talking on the phone 그만하다: to stop doing

잘 지내(요).

1. I'm doing well. · Everything is going well.
= 좋아(요). · 괜찮아(요). · 잘 있어(요).

: 상대방의 안부 인사에 대한 대답으로 자주 쓰는 표현.
an expression to respond to someone asking you how you are doing

A: 요새 어때?
B: 난 잘 지내. 너는 어때?

A: 오랜만이에요. 아프다고 들었는데 다 나았어요?
B: 네, 건강하게 잘 지내요.

요새: these days 오랜만이다: Long time no see. · It's been a long time. 나았다: to get better · to recover 건강하게 지내다: to live in good health

잘 지냈어(요)?

1. How have you been (doing)?
= 어떻게 지냈어(요)?

: 오랜만에 만난 상대방에게 안부를 묻는 표현.
an expression to say hello to someone you haven't seen in a while

A: 오랜만이다. 잘 지냈어?
B: 무지 바빴어. 넌?

A: 그동안 잘 지냈어요?
B: 그럼요.

오랜만이다.: Long time no see. 무지: really · so 바쁘다: be busy 그럼요.: Sure.

ㅈ

잘난 척 좀 그만해(요)!

1. Stop showing off!
= 잘난 체 좀 그만해(요)!

: 외모나 능력 등을 자랑하는 상대방을 말리거나 힐난할 때 쓰는 표현. 가까운 사이에서 사용한다.
an expression to stop or criticize someone who boasts of their appearance or ability, only used among close friends

A: 내가 모르는 게 어디 있어? 난 천재야!
B: 잘난 척 좀 그만해!

A: 잘난 척 좀 그만해요!
B: 제 자랑이 지나쳤나요?

> 잘나다: be smart · be distinguished ~(으)ㄴ/는 체하다: to pretend to ~ ~(으)ㄴ/는 척하다: to pretend to ~ 천재: genius 그만해!: Stop doing sth! 자랑: showing off 지나치다: to go too far

잘난 척하고 있네.

1. You're showing off.
= 잘난 체하고 있네.

: 외모나 능력 등을 자랑하는 상대방에게 불쾌감을 나타낼 때 쓰는 표현. 가까운 사이에서 사용한다.
an expression to show discomfort to someone who boasts about their appearance or ability, only used for people in close relationships

A: 불고기가 먹고 싶다고? 내 요리 실력이면 십 분이면 돼.
B: 잘난 척하고 있네.

A: 넌 역시 나한테 안 돼. 세 게임 모두 졌잖아.
B: 잘난 척하고 있네. 오늘은 운이 안 좋았어.

> 불고기: bulgogi (Korean beef dish) 요리 실력: cooking skills 역시: as expected 게임에 지다: to lose the game 운: luck

잘난 척하지 마(세요)!

1. Don't show off! · Don't toot your own horn so much!
= 잘난 체하지 마(세요)! · 잘난 척 좀 그만해(요)!

: 외모나 능력 등을 자랑하는 상대방에게 그만하라고 말할 때 쓰는 표현.
an expression to tell someone who is showing off their abilities to stop boasting

A: 나는 키도 크고 얼굴도 잘생기고 똑똑해. 대체 부족한 게 뭐지?
B: 잘난 척하지 마!

A: 잘난 척하지 마세요!
B: 알았어요, 알았다고요.

키: height 얼굴: face 잘생기다: be handsome 똑똑하다: be smart 대체: what on earth 부족하다: to lack in

잘 됐네(요)!

1. Good for you! · That's great news!
= 대박!

: 상대방이 바라던 일이 이뤄졌을 때 축하하는 표현.
an expression to congratulate someone who has achieved what they have been hoping for

A: 나 여자친구 생겼어.
B: 잘 됐네, 축하해.

A: 드디어 한식 조리사 시험에 합격했어요!
B: 정말요? 잘 됐네요!

대박!: congratulatory exclamation to a great success 생기다: to get 드디어: finally · at last 한식: Korean food 조리사 시험: cook's license 합격하다: to pass

잘못했어(요).

1. I'm sorry. That's my fault.
= 죄송해요.

· 자신의 옳지 않은 행동을 사과할 때 쓰는 표현.

an expression to apologize for one's wrong behavior

A: 잘못했어, 다시는 안 늦을게.
B: 이번 한 번만 용서한다. 다시는 늦지 마.

A: 아무 연락도 없이 시험 날 결석하면 어떡해요?
B: 잘못했어요, 선생님! 손가락이 부러져서 연락할 수 없었어요.

> 다시는 안 ~: never ~ 한 번만: only once 용서하다: to let it slide · not to make an issue of it 늦다: be late 연락: prior notice 결석하다: to cut class 손가락이 부러지다: to break one's finger

잘하고 있어(요)!

| 1. You're doing well. · You are getting the hang of it!

: 상대방을 격려할 때 쓰는 표현.
an expression to encourage someone to persevere

A: 정상까지 도저히 못 올라가겠어. 포기할래.
B: 아냐, 잘하고 있어! 힘내!

A: 대파는 이렇게 썰면 되나요?
B: 네, 아주 잘하고 있어요!

> 정상: top · peak 도저히: just can't 올라가다: to climb 포기하다: to give up 대파: green onion 썰다: to cut · to chop

잘하기는(요).

| 1. You flatter me. · I'm not good at all.
= 별말씀을(요).

: 상대방에게 칭찬받았을 때 겸손을 나타내는 표현.
an expression of modesty when praised by the other person

A: 와, 너 한국어 진짜 잘한다.
B: 아니야, 잘하기는.

A: 노래를 아주 잘하시네요.
B: 잘하기는요. 노래 잘하는 사람이 얼마나 많은데요.

잠깐 통화 가능해(요)?

1. Can I talk to you for a moment? · Are you available to talk now?
= 잠깐 통화할 수 있어(요)?

: 전화를 받은 사람에게 통화할 수 있는 상황인지 묻는 표현.
an expression to ask if the other person is available to talk by phone right now

A: 잠깐 통화 가능해?
B: 응, 말해.

A: 김민수인데요, 잠깐 통화 가능해요?
B: 네, 말씀하세요.

통화하다: to talk on the phone 가능하다: be available 잠깐: for a moment

잠깐!

1. Hold on! · Wait!
= 잠깐만! · 잠시만!

: 갑자기 어떤 행동이나 대화를 중단시킬 때 쓰는 표현.
an expression to suddenly interrupt an action or a conversation

A: 잠깐!
B: 왜? 왜 그러는데?

A: 잠깐! 안전벨트 매셨나요?
B: 당연하죠.

왜?: Why? 안전벨트: seatbelt 매다: to fasten · to tie 당연하죠.: Sure. · Definitely.

잠깐만 기다리세요.

1. Please wait a minute.
= 잠시만 기다리세요. · 잠깐만 기다려 주세요.

: 상대방에게 잠시 기다려 줄 것을 요청할 때 쓰는 표현.
an expression to ask the other person to wait for a while

A: 안녕하세요? 2인실 예약했는데요.
B: 네, 잠깐만 기다리세요.

A: 안나 씨, 저 지금 정문 앞에 도착했어요.
B: 네, 바로 내려갈 테니까 잠깐만 기다리세요.

> 2인실: double (room) 예약하다: to book · to make a reservation 정문: front door 앞에: in front of 도착하다: to get to · to arrive 바로 right away

잠시만 기다리시겠어요?

1. Could you wait for a minute?
= 잠시만 기다려 주시겠습니까? · 잠깐만 기다려 주시겠어요? · 잠깐만 기다려 주시겠습니까?

: 상대방에게 기다려 줄 것을 공손하게 요청할 때 쓰는 표현.
an expression to politely ask for a short wait

A: 식당은 11시에 열어요. 잠시만 기다리시겠어요?
B: 네, 알겠어요.

A: 입구에서 잠시만 기다리시겠어요?
B: 오래 기다려야 하나요?

> 잠시: for a minute 기다리다: wait 식당: restaurant 열다: to open 입구: at the entrance 오래: for a while · for a long time

잠시만(요)!

1. One moment. · Hang on. · Wait.
= 잠깐만(요)!

: 대화를 하다가 상대의 말을 끊을 때 쓰는 표현.
an expression to cut in between someone's words during a conversation

A: 어제 잭하고 영화를 봤는데...
B: 잠시만. 뭐라고?

A: 다음은 주차 문제입니다. 아시다시피 주차난이 심각합니다.

B: 잠시만요. 5분만 쉬었다가 합시다.

> 영화(를) 보다: to see a movie 주차: parking 문제: problem 아시다시피: as you know 주차난: parking problem 쉬다: to take a break

장난으로 하는 말이지(요)?

1. You're kidding, right?
= 농담이지(요)? · 진심으로 하는 말 아니지(요)?

: 믿기 힘든 말을 들었을 때 진심을 확인하기 위해 쓰는 표현.

an expression to confirm something one just heard from the other person that is hard to believe

A: 어떡해. 좀 전에 노트북에 커피 쏟았어.

B: 뭐라고? 장난으로 하는 말이지?

A: 저 이번 주까지만 나와요. 퇴사하기로 했어요.

B: 장난으로 하는 말이지요?

> 장난으로: for fun · just for kicks 농담: joke 진심으로: seriously 좀 전에: just · a minute ago 쏟다: to spill 퇴사하다: to quit a company

장난하지 마(세요).

1. Don't fool around. · Stop messing around.
= 장난치지 마(세요).

: 짓궂은 어떤 행동이나 말을 못 하게 할 때 쓰는 표현.

an expression to prevent someone from acting or speaking in a mischievous way

A: 나 잡아 봐라.

B: 에이, 장난하지 마.

A: 선생님 책에 제 전화번호 써도 돼요?

B: 안 돼요. 자꾸 장난하지 마세요.

> 잡다: to catch 전화번호: phone number 쓰다: to write down 자꾸: to keep ~ing

재밌게 놀아(요).

1. Have a great time. · Have fun.
= 재밌는 시간 보내(요). · 재미있게 놀다 와(요).

: 여행이나 모임에 가는 상대방에게 즐거운 시간을 보내고 오라고 하는 인사말.
a greeting to the person who is going on a trip or to a social gathering to have a good time

A: 내일 아침 7시 기차로 출발해.
B: 좋겠다. 여행 가서 재밌게 놀아.

A: 동창회 다녀올게요. 오늘 좀 늦을 거예요.
B: 네, 재밌게 놀아요.

> 내일: tomorrow 아침: a.m. · morning 기차: train 출발하다: to leave 여행 가다: to go on a trip
> 동창회: school[class] reunion 오늘: today 늦다: be late

저, 그런데요

1. Well... · By the way
= 저기 있잖아요 · 저 근데요

: 대화를 중단시키거나 말하기 어려운 화제를 꺼낼 때 쓰는 표현.
an expression to change the subject or to bring up a topic that is hard to say

A: 저 그런데요, 우리 어디서 만난 적 있지 않나요?
B: 글쎄요, 처음 뵙는 거 같은데요.

A: 저 그런데요, 왜 그렇게 과민 반응을 보이세요?
B: 아, 제가 그랬나요?

> 근데: by the way (short for '그런데') 어디서: somewhere 뵙다: to see (honorific of '보다') 과민
> 반응: overreaction · sensitive response

저 뭐하면 될까요?

1. What can I do to help you?
= 저는 뭐 할까요? · 저는 뭐하면 좋을까요?

: 상대방에게 무엇을 하면 도움이 될지 묻는 표현.

an expression to ask if there's anything that one can be of help when someone looks busy

A: 저 뭐하면 될까요?
B: 상추 좀 씻어줘. 고마워!

A: 과장님, 저 뭐하면 될까요?
B: 자료집 정리해 줘요.

> 상추: lettuce 과장님: Mr./Ms. (name of the director[manager]) 자료집: document · file 정리하
> 다: to organize · to sort out

저 사람 짜증 나(요)!

1. He's annoying! · He's a nuisance!
= 저 사람 정말 싫어(요)!

: 상대방이 싫거나 귀찮을 때 쓰는 표현.
an expression to show that you really don't like someone or you are bothered by them

A: 저 친구 너무 느려서 우리 팀이 꼴찌야.
B: 아, 저 사람 짜증 나!

A: 저 남자 말만 하면 다 자기 자랑이에요.
B: 진짜 저 사람 짜증나요!

> 싫다: to hate · to dislike 느리다: be sluggish · be slow in everything 꼴찌: the last · at the
> bottom 짜증(이) 나다: be annoyed · be irritated 남자: guy 자기 자랑: bragging about oneself

ㅈ

저, 드릴 말씀이 있는데요.

1. I have something to tell you. · I'd like to talk to you about something.
= 저, 드리고 싶은 말이 있는데요.

: 조심스럽게 해야 할 말을 꺼낼 때 쓰는 표현.
an expression to carefully bring up something to the other person

A: 저, 드릴 말씀이 있는데요.
B: 네, 말씀하세요.

A: 저, 드릴 말씀이 있는데요. 잠깐 시간 낼 수 있으세요?

B: 지금은 바쁘니까 3시쯤 얘기해도 될까요?

| 말씀드리다: to tell (honorific of '말하다') 잠깐 시간(을) 내다: to give a minute 지금: now 바쁘다: be busy

저것 좀 봐(요).

1. Look. · Look over there.
= 저기 좀 봐(요).

: 놀라운 물건이나 현상이 나타났을 때 이를 보라고 하는 표현.
an expression telling you to look at an amazing object or phenomenon

A: 저것 좀 봐. 야경이 진짜 환상적이야.
B: 그러게, 정말 멋지다.

A: 응급차가 왜 이렇게 많이 지나갈까요?
B: 저것 좀 봐요. 큰 사고가 난 거 같은데요.

| 저기: over there 야경: night view 환상적이다: be fantastic 멋지다: be amazing 응급차: ambulance 지나가다: to pass by 사고(가) 나다: there's an accident

저게 뭐지(요)?

1. What's that?
= 저게 뭐야? · 저게 뭐예요?

: 어떤 대상이 무엇인지 분명하지 않아서 물을 때 쓰는 표현.
an expression to clarify something one is seeing that's obscure

A: 어머, 창가에 꼼지락거리는 저게 뭐지?
B: 새끼 고양이 같아.

A: 멀리서 반짝이는 저게 뭐지요?
B: 와, 불꽃놀이하나 봐요!

| 창가: window 꼼지락거리다: to move · to wriggle 새끼 고양이: kitten 멀리서: far over there 반짝이다: to twinkle 불꽃놀이: fireworks

저녁 식사 같이 하실래요?

1. Shall we have dinner together?
= 저녁 같이 드실래요?

: 저녁을 함께 먹을 수 있는지 물어볼 때 쓰는 표현.
an expression to ask someone out for dinner

A: 오늘 저녁 식사 같이 하실래요?
B: 어떡하죠? 선약이 있어요.

A: 저녁 식사 같이 하실래요?
B: 좋아요, 뭐 먹으러 갈까요?

| 저녁 식사: dinner 선약이 있다: to have an appointment 뭐: what (short for '무엇')

저는 그렇게 생각 안 하는데요.

1. I don't think so. · I have a different idea. · I don't agree with that.
= 제 생각은 반대예요. · 제 생각은 달라요. · 저는 그 의견에 반대해요.

: 상대방의 의견에 동의하지 않을 때 쓰는 표현.
an expression used when one disagrees with the other person's opinion

A: 어머니는 가족을 위해 희생해야 한다고 생각해요.
B: 저는 그렇게 생각 안 하는데요.

A: 이번엔 금발의 키 큰 선수가 이길 거 같아요.
B: 저는 그렇게 생각 안 하는데요.

| 반대: disagreement 생각이 다르다: to have a different idea 의견: opinion 반대하다: to be
against someone's opinion · to disagree 어머니: mother 가족: family 희생하다: to sacrifice 금
발: blonde (hair) 키(가) 크다: be tall 선수: player 이기다: to win · to beat

저는 그렇게 생각하지 않습니다.

1. I don't think so. · I have a different idea. · I don't agree with that.
= 제 의견은 다릅니다. · 제 생각은 다릅니다.

: 상대방의 의견에 동의하지 않을 때 쓰는 표현. 토론이나 회의 등에서 많이 사용한다.

an expression to show disagreement with someone's opinion, often used in discussions, a debate, or a meeting

A: 당연히 약물 치료보다 운동이 더 효과적입니다.

B: 저는 그렇게 생각하지 않습니다. 정확한 진단과 치료가 더 중요해요.

A: 저는 그렇게 생각하지 않습니다.

B: 그럼 안나 씨 의견을 들어볼까요?

> 당연히: clearly 약물 치료: medical treatment 운동: exercise · workout 효과적이다: be effective
> 정확한: accurate 진단: diagnosis 치료: treatment · cure 의견을 듣다: to hear an opinion

저는 못 받아들이겠어요.

1. I can't accept it.
= 저는 인정 못하겠어요.

: 어떤 사실이나 상황을 인정할 수 없을 때 쓰는 표현.
an expression used when a certain fact or a situation is unacceptable for you

A: 저는 못 받아들이겠어요.

B: 왜 그러시는지 이유를 물어봐도 돼요?

A: 제 잘못이라고요? 저는 못 받아들이겠어요.

B: 그럼 어떻게 하는 게 좋을까요?

> 인정하다: to accept · to admit 받아들이다: to accept 이유: reason 잘못: fault · mistake

저는 문외한이라서(요).

1. I'm a layperson. · I don't know anything about that.
= 저는 잘 모르는 분야라서(요).

: 어떤 일에 관계가 없거나 어떤 분야에 전문적인 지식이 없음을 나타내는 표현.
an expression indicating that you have no specialized knowledge in a field

A: 누가 더 잘 그린 거 같아요?

B: 저는 그림에는 문외한이라 잘 모르겠어요.

A: 이 한자 좀 읽어주시겠어요?

B: 저는 한자에 문외한이라 못 읽어요. 한자는 제임스 씨가 많이 알아요.

저는 생각이 좀 다른데요.

1. I don't think so. · I'm afraid I disagree.
= 저는 그렇게 생각하지 않는데요.

: 상대방의 의견에 반대함을 우회적으로 나타내는 표현.
an expression to oppose someone's opinion indirectly

A: 더치페이가 편하지 않아요?
B: 글쎄요, 저는 생각이 좀 다른데요.

A: 출퇴근 자유시간제가 더 낫지 않아요?
B: 저는 생각이 좀 다른데요.

저도 같은 생각이에요.

1. I thought the same. · That's what I was thinking.
= 제 생각도 같아요. · 동감이에요.

: 상대방의 의견과 다르지 않음을 나타낼 때 쓰는 표현.
an expression to show that one's thoughts are not different from the other's

A: 3시 기차 타려면 곧 출발해야 할 것 같아요.
B: 저도 같은 생각이에요.

A: 안나 씨는 음악 천재인 것 같아요.
B: 저도 같은 생각이에요.

저도 그 생각에 동의해요.

1. I agree with that idea.
= 저도 그렇게 생각해요. · 저도 동감이에요. · 저도 같은 생각이에요.

: 상대방의 의견과 같음을 나타낼 때 쓰는 표현.
an expression used when you have the same opinion as the other person

A: 저도 그 생각에 동의해요. 여행 기간은 2주가 딱 좋아요.
B: 그럼 2주간 도보 여행하는 것으로 결정합시다.

A: 찬성하십니까?
B: 네, 저도 그 생각에 동의해요.

> 동감이다: to agree with 동의하다: to agree 여행 기간: travel period 딱 좋다: be perfect 2주간:
> for two weeks 도보 여행: hiking · travel on foot 결정하다: to decide on 찬성하다: to agree

저도 어쩔 수가 없어요.

1. There's nothing I can do. · I can't help it.
= 저도 다른 방법이 없네요.

: 상대방의 요청을 들어주고 싶지만 다른 방법이 없음을 나타낼 때 쓰는 표현.
an expression to indicate that one wants to comply with the other person's request but there is no other way

A: 좀 늦었지만 공연장에 들어가게 해 주세요.
B: 규정 때문에 안 됩니다. 죄송하지만 저도 어쩔 수가 없어요.

A: 안색이 너무 안 좋아요. 회사에 연락하고 집에서 쉬는 게 어때요?
B: 저도 어쩔 수가 없어요. 중요한 회의가 있어서 출근해야 해요.

> 방법: way 늦다: be late 공연장: concert hall 들어가다: be admitted 규정: rule · regulation 안색:
> complexion 연락하다: to call in sick 중요한: important 회의: meeting 출근하다: to go to work

저도요.

1. Me too. · So do I.
= 저도 그래요.

: 상대방과 같은 생각 또는 상황임을 나타낼 때 쓰는 표현.

an expression to show that one has the same thought as the other person or is in the same situation as they are

A: 저는 딸기 아이스크림 좋아해요.

B: 어머, 저도요.

A: 저는 월말까지 정신없이 바쁠 거 같아요.

B: 저도요. 그럼 우리 다음 달에 만날까요?

> 딸기 strawberry 월말: the end of a month 정신없다: be hectic 바쁘다: be busy 다음 달: next month

저러다 큰일 날 텐데

1. Looks like that's going to cause some trouble. · That doesn't seem like a good idea.
= 저러다가 큰일 날 거 같은데 · 저러면 안 될 것 같은데

: 상대방의 무리한 행동이나 힘든 상황에 대해 염려할 때 쓰는 표현.

an expression used when you are concerned about someone pushing themselves too hard or going through a difficult situation which might lead to a bad consequence

A: 저러다 큰일 날 텐데 병원 가야 하지 않을까?

B: 맞아, 내가 병원에 데리고 갈게.

A: 안나 씨 부서는 일이 많아 한 달째 야근하고 있대요.

B: 저러다 큰일 날 텐데 어떡하면 좋아요?

> 저러다(가): Judging from what I'm seeing 큰일 나다: will be a big trouble 병원: hospital 데려가다: to take someone to somewhere 부서: department 일이 많다: to have a lot of work 한 달째: for a month 야근하다: to work overtime

저런!

1. Oh, my!
= 어떡해! · 아이고!

: 안타까운 일을 보거나 들었을 때 쓰는 표현.

an expression used when you just heard something unfortunate happened to someone

A: 나 졸업 시험 떨어졌어.

B: 저런!

A: 잭 씨가 교통사고를 당했대요.

B: 저런! 많이 다쳤대요?

> 졸업 시험: exit exam · graduation exam 시험에 떨어지다: to fail a test · to flunk a test 교통사고
> (를) 당하다: to have a traffic accident 다치다: to get hurt · to be injured

저리 가(요)!

1. Go away. · Get lost.
= 귀찮게 하지 마(세요). · 나 좀 내버려 둬(요).

: 귀찮게 하지 말아 달라는 뜻으로 쓰는 표현. 가까운 사이에서 사용한다.
an expression to tell the others not to be in the way or to meddle with things, only used among
people who are close

A: 나 청소기 돌리고 있잖아, 저리 가.

B: 미안. 설거지는 내가 할게.

A: 이게 다 뭐예요? 폭풍 쇼핑했군요.

B: 귀찮게 하지 말고 저리 가요.

> 귀찮게 하다: to bother 내버려 두다: to leave sb alone 청소기(를) 돌리다: to vaccum 설거지:
> doing the dishes 폭풍 쇼핑하다: to go on a shopping spree

적당히 좀 해(요).

1. Don't go too far. · That's enough.
= 그만 좀 해(요).

: 상대방의 말이나 행동이 지나치다고 생각할 때 그만하라는 뜻으로 사용하는 표현.
an expression to show that the other person is speaking or acting excessively about something

A: 나 소개팅하기로 했어. 옷 사고, 미용실에 가고, 피부 관리 받고 또...

B: 적당히 좀 해.

A: 제 여자 친구가 요리도 아주 잘해요. 정말 못 하는 게 없는 것 같아요.

B: 알겠으니까 적당히 좀 해요.

적당히: not too far 나: I 소개팅하다: to go on a blind date 미용실: hair salon · har dresser's 피부 관리(를) 받다: to get skin care 여자 친구: girlfriend 요리: cooking 알다: to know

전데요.

1. It's me.
= 저예요. · 접니다.

: 본인임을 밝히면서 다음 반응을 기대할 때 쓰는 표현.
an expression to identify yourself while expecting the next response from the other person

A: 여보세요. 김민수 씨 좀 부탁합니다.
B: 전데요. 어디시죠?

A: 화분 깬 사람 누구야?
B: 전데요. 죄송합니다.

여보세요.: Hello. 부탁합니다.: I'd like to speak to sb please. 화분: flowerpot 깨다: to break

전혀 관심 없어(요).

1. I'm not interested at all. · I have no interest whatsoever.
= 관심 1도 없어(요).

: 어떤 사람이나 상황에 대해 무관심함을 나타낼 때 쓰는 표현.
an expression to show indifference to a person or a situation

A: 오해하는 거 같은데, 나는 잭 씨한테 전혀 관심 없어.
B: 응, 알겠어.

A: 고양이 한번 키워 보는 거 어때요?
B: 저는 반려동물한테는 전혀 관심 없어요.

관심: interest 오해하다: to misunderstand 전혀: not at all · not in the least 관심 없다: be not interested in 고양이: cat 반려동물: pet · companion animal

ㅈ

전화 잘못 거셨어요.

1. You have the wrong number.
= 전화 잘못 하셨어요.

: 상대방이 틀린 번호로 전화했을 때 쓰는 표현.
an expression used when the other person calls the wrong number

A: 여보세요? 거기 서울 병원이죠?
B: 전화 잘못 거셨어요.

A: 안나, 뭐 해?
B: 전화 잘못 거셨어요. 아닙니다.

> 거기 ~(이)죠?: It's (a place), right? 병원: hospital 전화(를) 걸다: to make a phone call 아닙니다.:
> This is not ~

전화 잘못 거신 것 같은데요.

1. I'm afraid you've got the wrong number. · I think you have the wrong number.
= 전화 잘못 거셨어요.

: 상대방이 틀린 번호로 전화했을 때 쓰는 표현.
an expression saying that the caller has the wrong number

A: 전화 잘못 거신 것 같은데요. 어디에 하셨어요?
B: 한국대학교 아닌가요?

A: 여보세요? 잭 씨 맞죠?
B: 전화 잘못 거신 것 같은데요.

> 전화(를) 잘못 걸다: to have the wrong number 어디에 (전화)하셨어요?: Who are you calling?
> A 아닌가요?: Isn't this A? 맞죠?: Right?

전화 주세요.

1. Give me a call, please.
= 전화 부탁해요.

: 상대방에게 전화해 달라고 요청할 때 쓰는 표현.
an expression used when you ask someone to call you

A: 언제 통화 가능하세요?
B: 오후 아무 때나 괜찮아요. 이따 전화 주세요.

A: 시간 나실 때 전화 주세요.
B: 네, 수업 끝나면 전화 드릴게요.

> 전화: call · ring 부탁하다: to ask 통화: talking on the phone 가능하다: be avaiable 오후: in the afternoon 아무 때나: anytime 이따: later 시간(이) 나다: be free · be available 수업: class · lecture 끝나다: be finished

전화해(요).

1. Call me. · Give me a ring.
= 전화 줘(요).

: 상대방에게 전화할 것을 요청할 때 쓰는 표현. 가까운 사이에서 사용한다.
an expression to ask a person to call, especially used among people who are close

A: 수업 끝나면 전화해.
B: 응, 알겠어.

A: 집에 도착하자마자 전화해요.
B: 네, 그럴게요.

> 전화하다: to call 수업 끝나면: after class 집에 도착하자마자: as soon as one gets home

ㅈ

절대 반대!

1. No way! · Absolutely not! · I'm absolutely against it!
= 절대 안 돼! · 결사 반대!

: 상대방과 의견이 다름을 단호하게 나타낼 때 쓰는 표현.
an expression to firmly express a difference of opinion from the other's

A: 우리도 반려동물 키울까?
B: 절대 반대! 난 알레르기가 심해.

A. 올 여름엔 어디로 갈까? 산 어때?

B: 절대 반대! 난 바다에 가서 수영하고 싶어.

> 절대: absolutely 반대: to oppose 반려동물: pet · companion animal 키우다: to raise · to keep 알레르기가 심하다: be highly allergic 올 여름: this summer 산: mountain 바다: sea 수영하다: to swim

정 그렇다면

1. If you insist · If that's the case
= 꼭 그렇다면 · 그렇게 원한다면

: 상대가 무엇인가 강력하게 원하거나 주장할 때 어쩔 수 없이 허락하며 쓰는 표현.
an expression used when you are forced to accept what the other person strongly wants or demands

A: 나 혼자 화장실 못 가겠어. 너무 무서워.
B: 정 그렇다면 내가 같이 가 줄게.

A: 오늘 저녁은 제가 살게요.
B: 정 그렇다면 그러세요. 디저트는 제가 살게요.

> 꼭: must 원하다: to want 혼자: alone 화장실: restroom 무섭다: be scared 저녁: dinner (밥) 사다: to treat · to buy a meal

정말 고마웠습니다.

1. Thank you so much for everything.
= 정말 감사드립니다.

: 상대방이 베풀어준 호의에 대해 고마움을 나타낼 때 쓰는 표현.
an expression to show gratitude for the favor that the other person has done

A: 그동안 감사했습니다.
B: 네, 저도 정말 고마웠습니다.

A: 덕분에 즐거운 여행이었어요. 정말 고마웠습니다.
B: 저도 즐거웠어요. 또 만납시다.

> 정말: really 그동안: so far 덕분에: thanks to 즐거운: nice · great 여행: trip

정말 대단하다.

1. Incredible. · Wow, that's really something.
= 정말 굉장하다.

: 어떤 사람이나 상황에 감탄하며 쓰는 표현.
  an expression of admiration for a person or an impressive situation

  A: 난 어떤 사람을 처음 만나잖아? 한 시간 안에 친구로 만들 수 있어.
  B: 친화력 정말 대단하다.

  A: 부엌 전체를 내가 다 고쳤어.
  B: 진짜? 너 정말 대단하다.

  > 대단하다: be incredible 굉장하다: be amazing 처음: for the first time 한 시간 안에: within an
  > hour 친구로 만들다: to make friends with 친화력: sociability · friendliness 부엌: kitchen 전체:
  > the whole 고치다: to remodel

2. Oh, that's just great.

: 어떤 사람의 말이나 행동의 정도가 심해서 부정적으로 나타낼 때 쓰는 표현.
  a sarcastic expression to mock or make fun of someone's words or action

  A: 나 여자친구 새로 생겼어.
  B: 정말 대단하다.

  A: 우산 또 잃어버렸어.
  B: 정말 대단하다. 도대체 몇 번째니?

  > 새로 생기다: to get a new ~ 우산: umbrella 잃어버리다: to lose 도대체: on earth 몇 번째니?:
  > How many now? I've lost count.

정말 멋지다.

1. Amazing. · How cool!
= 정말 훌륭하다. · 정말 근사하다. · 정말 멋있다.

: 어떤 것이 마음에 들거나 보기 좋을 때 감탄하며 쓰는 표현.
  an expression of admiration used when something is pleasing or looks good

  A: 여기 야경 정말 끝내준다!
  B: 응, 정말 멋지다.

ㅈ

A: 알바해서 번 돈으로 부모님하고 제주 여행 다녀왔어.

B: 너 정말 멋지다.

> 훌륭하다: be wonderful 근사하다: be splendid 멋있다: be cool 야경: night view 끝내준다!:
> Amazing! · Fabulous! 알바: part-time work 벌다: to earn 돈: money 부모님: parents 여행 다녀
> 오다: to go on a trip to

정말 즐거웠어(요).

1. It was great. · We had a really good time.
= 정말 좋았어(요). · 정말 재미있었어(요).

: 헤어질 때 상대방에게 기쁜 마음을 나타내며 쓰는 표현.

an expression used when you part with someone you just spent a great time together with

A: 오늘 정말 즐거웠어.

B: 즐거웠다니 다행이야.

A: 이번 여행 정말 즐거웠어요.

B: 네, 다음에 또 같이 가요.

> 좋다: be great 즐겁다: to have a great time 다행이다: I'm glad that ~ 다음에: next time 같이:
> together

정말 실망이야. · 정말 실망이에요.

1. What a bummer! · It was disappointing.
= 정말 실망했어(요).

: 바라는 대로 되지 않아서 서운함을 나타낼 때 쓰는 표현.

an expression to show one's disappointment that something is not going as one wishes

A: 잔뜩 기대하고 왔는데 일출을 못 보다니...

B: 맞아. 정말 실망이야.

A: 같이 야구장 가자고 약속해 놓고 못 지켰네요.

B: 정말 실망이에요.

> 실망하다: be disappointed 잔뜩: very much 기대하다: to look forward to 일출: sunrise 야구장
> 가다: to go to a baseball game · to go to the ball park 약속하다: to promise 약속(을) 못 지키다:
> to fail to keep the promise

정말(요)?

1. Really?
= 진짜(요)? · 맞아(요)?

: 대화를 잘 이어가기 위해 협력하거나 상대방의 말이 사실인지 확인할 때 쓰는 표현.
an expression for cooperation to keep the conversation going or for checking if the other person's words are actually true

A: 나 어제 소개팅했어.
B: 정말? 그래서 어떻게 됐어?

A: 이거 받아. 보성 갔다가 녹차 하나 샀어.
B: 정말요? 진짜 제 선물이에요?

> 진짜: really 맞다: be true 소개팅하다: to go on a blind date 이거 받아.: This is for you. 보성: Boseong (an area in Korea which is famous for green tea production) 녹차: green tea 선물: gift

정신 나갔니?

1. Are you crazy?
= 정상이야? · 미쳤어? · 돌았니?

: 상대방의 이상한 행동을 나무랄 때 쓰는 표현. 가까운 사이에서 사용한다.
an expression to criticize the other person's strange behavior, only used among people who are close

A: 나 자동차 샀어. 멋진 차 한 대가 집으로 올 거야.
B: 뭐? 정신 나갔니?

A: 반바지 입고 나가도 되겠지?
B: 정신 나갔니? 지금 바깥은 영하야.

> 자동차: car 멋진: nice · great 정신(이) 나가다: be crazy · be out of one's mind 반바지: shorts 바깥: outside 영하: below zero

ㅈ

정신 차려(요).

1. Wake up.
= 정신 차려 봐(요).

: 희미해지고 있는 의식을 다시 찾으라고 말할 때 쓰는 표현.
an expression to tell the other person to regain their fading consciousness

A: 자꾸 어지럽고 속이 메슥거려. 쓰러질 거 같아...
B: 얘! 정신 차려.

A: 여기가 어디예요?
B: 정신 차려요. 병원인데 기억 안 나요?

> 자꾸: to keep ~ing 어지럽다: be dizzy 속: stomach 메슥거리다: to feel sick 쓰러지다: to fall down · to collapse 정신(을) 차리다: to come to one's senses 기억(이) 나다: to remember · to recall

2. Get it together.
= 정신 안 차릴래(요)?

: 상대방의 잘못된 행동을 야단칠 때 쓰는 표현.
an expression to scold the other person's wrong behavior

A: 게임 하느라 밤새웠어. 새로 나온 게임, 진짜 재밌어.
B: 정신 차려. 다음 주가 시험이야.

A: 우리 학교까지 택시 타고 갈까요?
B: 정신 차려요. 방금 생활비 아껴야 한다고 말했으면서...

> 밤새우다: to stay up all night 새로 나온: newly released 재밌다: be fun 생활비: living expenses 아끼다: to save · to cut

질문 있어(요)?

1. Any questions?
= 궁금한 거 있어(요)?

: 상대방에게 궁금한 것이 있는지 물을 때 쓰는 표현.
an expression to ask the others if they have any questions

A: 질문 있어?
B: 아니, 없어.

A: 질문 있어요?

B: 네, 발표자께서는 지구 온난화를 극복할 수 있다고 보세요?

> 궁금하다: to wonder 질문: question 발표자: presenter · speaker 지구 온난화: global warming
> 극복하다: to overcome · to solve

제 말이 틀림없다니까요.

1. I'm telling you. · I told you so.
= 제 말이 맞다니까요. · 제 말이 확실하다니까요.

: 자신이 한 말이 확실하다고 생각할 때 쓰는 표현.
an expression to emphasize what you are saying is true

A: 제 말이 틀림없다니까요.

B: 그래요? 한번 믿어 볼게요.

A: 잭 씨는 정말 요리를 잘하네요. 한식, 일식, 중식, 서양식 모두 맛있어요.

B: 그렇죠? 제 말이 틀림없다니까요.

> 틀림없다: that's for certain 맞다: be true 확실하다: I bet that be true 믿다: to believe 요리:
> cooking 한식: Korean food 일식: Japanese food 서양식: Western food

제 목소리 잘 들리세요?

1. Can you hear me?
= 제 목소리 잘 들려요?

: 목소리가 잘 들리는지 상대방에게 확인할 때 쓰는 표현.
an expression to check to see if the other person can hear your voice well

A: 아아아! 제 목소리 잘 들리세요?

B: 네, 잘 들립니다.

A: 제 목소리 잘 들리세요?

B: 뭐라고요? 하나도 안 들려요.

> 목소리: voice 확인하다: to check 뭐라고요?: What? · What did you say? 하나도: at all

제 생각은 조금 다른데요.

1. I have a slightly different opinion. · I don't think so.
= 저는 그렇게 생각하지 않아요. · 저는 생각이 좀 달라요.

: 상대방의 생각과 같지 않음을 나타낼 때 쓰는 표현.
an expression to indicate that you have a different opinion from the other's

A: 외국어는 어려서부터 배워야 한다고 생각해요.
B: 제 생각은 조금 다른데요.

A: 감시 카메라를 더 많이 설치해야 한다고요? 제 생각은 조금 다른데요.
B: 네, 반대 의견 좀 들어볼까요?

> 외국어: foreign language 어려서부터: since a very early age 배우다: to learn 감시 카메라:
> surveillance camera · security camera 설치하다: to install 반대 의견: opposing opinion

제 얘긴

1. I mean... · What I'm saying is...
= 제 말은 · 제가 하고 싶은 말은

: 앞서 한 말의 의도를 분명하게 다시 말할 때 쓰는 표현.
an expression to clarify the intention of what one just said in order to avoid misunderstanding

A: 갑자기 학생 교류를 중단하자고 말씀하시니 당황스러워요.
B: 제 얘긴 잠시 생각할 시간을 갖자는 거예요.

A: 무슨 말씀을 하고 싶은 거예요?
B: 제 얘긴 아직은 이사할 생각이 없다는 거예요.

> 내 얘기: my intention · what I'm saying 갑자기: suddenly · all at once 학생 교류: exchange
> student program 중단하다: to stop · to discontinue 당황스럽다: be baffled 시간을 갖다: to take
> some time 이사하다: to move out

제가 귀가 좀 얇아요.

1. I'm easily influenced. · I'm quite gullible.
= 제가 팔랑귀예요.

: 화자가 남의 말에 쉽게 움직여 결정한 것을 자주 바꾸는 경향이 있음을 고백하는 표현.

a confession that one is easily influenced or persuaded by others and ends up changing their initial plan

A: 갑자기 여행을 취소하면 어떻게 해?

B: 의사 선생님이 약 먹고 쉬랬어요. 제가 귀가 좀 얇아요.

A: 친구 말 듣고 가방을 또 샀다고요?

B: 제가 귀가 좀 얇아요.

> 귀: ear 귀(가) 얇다: be easily influenced by others 팔랑귀이다: be easily influenced by others 취소하다: to call off 약 먹다: to take some medicine 쉬다: to rest · to stay in bed 친구 말 듣고: heard a friend's suggestion and ~ 가방: (designer) bag

제가 다시 전화 드리겠습니다.

| 1. I'll call you back later.
| = 제가 이따가 전화 드리겠습니다.

: 지금은 통화하기 힘든 상황임을 간접적으로 나타내거나 조금 후에 상대방에게 전화를 걸겠다는 표현.

an expression indirectly indicating that it is difficult to talk on the phone now promising to call the other person a little later

A: 지금 통화 가능하세요?

B: 운전 중입니다. 제가 다시 전화 드리겠습니다.

A: 기숙사에 들어갈 수 있는지 알아보고 제가 다시 전화 드리겠습니다.

B: 네, 꼭 전화 주세요.

> 이따가: later 통화: talking on the phone 가능하다: be available 운전 중이다: be driving · to be on the car 다시: again 기숙사: dormitory 들어가다: to move into 알아보다: to check · to inquire 꼭: to make sure to ~

제가 다음에 전화 드려도 될까요?

| 1. Can I call you back later?
| = 나중에 전화 드려도 될까요?

: 통화하기 힘든 상황이거나 별로 통화하고 싶지 않음을 정중하게 나타낼 때 쓰는 표현.

an expression to let the caller know that you are not available for the call or to politely reject the call

A: 죄송하지만 제가 다음에 전화 드려도 될까요?
B: 네, 알겠습니다.

A: 지금 빨리 나가 봐야 합니다. 제가 다음에 전화 드려도 될까요?
B: 네, 전화 기다리겠습니다.

> 다음에: sometime soon 죄송하지만: Sorry, but 빨리: quickly 나가 봐야 하다: have to get going
> 기다리다: to wait for

제가 도와드릴까요?

│ 1. May I help you? · Do you need any help?

: 힘들어 보이는 상대방에게 도움이 필요한지 묻는 표현.
an expression to ask a person in trouble if they need help

A: 경사가 심해서 걷기 너무 힘들다.
B: 제가 도와드릴까요? 뒤에서 밀어드릴게요.

A: 제가 도와드릴까요?
B: 아뇨, 괜찮습니다.

> 경사: slope 심하다: be serious · be steep 걷기: walking 힘들다: be hard[difficult] 돕다: to help
> 뒤에서: from behind 밀다: to push 괜찮다: No, thanks · (No,) That's alright.

제가 드리고 싶은 얘기는

│ 1. What I want to say is
│ = 제가 하고 싶은 말은

: 자신이 하고 싶은 말의 초점을 잡고 싶을 때 사용하는 표현.
an expression used when you want to convey your point, making the others pay attention to what you are about to say

A: 제가 드리고 싶은 얘기는 안나 씨는 제 은인이라는 거예요.
B: 아니에요. 제가 뭐 한 게 있나요?

A: 제가 드리고 싶은 얘기는 우리 모두가 힘들다는 거예요.
B: 네, 잘 알고 있어요.

은인: lifesaver 제가 뭐 한 게 있나요?: No thanks necessary. 우리 모두: we all 힘들다: to have a hard time

제가 살게요.

1. I'll treat you. · It's on me.
= 제가 쏠게요. · 제가 낼게요.

: 음식이나 물건값을 계산하고 싶은 의향을 나타낼 때 쓰는 표현.
an expression to show that one is willing to pay for a meal or something for the other person

A: 민수 씨, 승진을 축하해.
B: 감사합니다. 오늘 점심은 제가 살게요.

A: 점심 맛있게 잘 먹었습니다. 커피는 제가 살게요.
B: 좋아요.

쏘다: to treat (a meal) 내다: to pay for 승진: promotion 축하하다: to congratulate 점심: lunch
사다: to buy · to treat

제가 연락드려도 될까요?

1. Can I call?
= 제가 전화해도 될까요? · 제가 전화 걸어도 괜찮을까요?

: 상대방에게 연락해도 되는지 물어볼 때 쓰는 표현.
an expression to ask if it is okay to contact the other person

A: 이게 김 선생님 전화번호예요.
B: 김 선생님께 제가 연락드려도 될까요?

A: 이 전화번호로 제가 연락드려도 될까요?
B: 네, 그렇게 하세요.

이게: this 전화번호: phone number · contact number 연락하다: to contact

제가 이해하기로는

1. As far as I understand
= 제가 알고 있기로는 · 제가 받아들이기로는

: 상대방의 의중을 파악한 내용을 예상하여 말할 때 쓰는 표현.
an expression to convey what you understand of someone's intention based on your own grasp
of the overall situation

A: 잭 씨가 동아리에 계속 참여한다는 거예요? 못 한다는 거예요?
B: 제가 이해하기로는 탈퇴하겠다는 거 같아요.

A: 제가 이해하기로는 안나 씨가 사직하고 싶은 거 같아요.
B: 맞아요. 저도 그렇게 이해했어요.

> 이해하다: to understand 받아들이다: to interpret 동아리: club 참여하다: to participate 탈퇴하다:
> to quit · to leave 사직하다: to quit · to resign

제가 전화드린 건

1. I'm calling to... · The reason I'm calling is...
= 제가 전화드린 이유는

: 전화를 건 목적을 말하려고 할 때 쓰는 표현.
an expression to say the purpose of a call

A: 제가 전화드린 건 다름이 아니라 난방이 안 돼서요.
B: 그래요? 몇 호세요?

A: 잭 씨, 오랜만이에요. 어쩐 일이세요?
B: 제가 전화드린 건 고민이 좀 있어서요...

> 다름이 아니라: It's just that ~ 난방: heating 몇 호세요?: What's your room number? 고민:
> problem · worry 있다: to have

제가 조사한 바에 따르면

1. According to my research · From what I've found out
= 제가 조사한 바에 의하면

: 객관적인 자료를 바탕으로 조사한 결과를 보고할 때 시작하는 말로 쓰는 표현.
an expression used when starting to report the results of the survey based on factual data

A: 안나 씨, 말씀하세요.

B: 제가 조사한 바에 따르면 불경기가 장기간 계속된다는 것입니다.

A: 다른 의견 있습니까?

B: 네, 제가 조사한 바에 따르면 학교 폭력이 매우 심각하다는 겁니다.

> 조사하다: to research · to survery 불경기: recession · depression 장기간: for a long period of time 계속되다: to continue · to last 다른: any other 의견: opinion 학교 폭력: school violence 매우: very · extremely 심각하다: be serious

제가 하고 싶은 말은

| 1. What I want to say is...
| = 제가 드리고 싶은 말은

: 대화 중에 자신이 진짜 하려는 말을 꺼낼 때 쓰는 표현.
an expression to emphasize the point you are trying to make as you speak

A: 제가 하고 싶은 말은 돈이 가장 중요한 건 아니라는 거예요.

B: 네, 저도 그렇게 생각해요.

A: 제가 하고 싶은 말은 김 선생님 강의가 최고라는 거예요.

B: 그래요? 저도 그 강의 들어 보고 싶어요.

> (말)하다: to say · to tell (말씀)드리다: to say · to tell (honorific of '(말)하다') 돈: money 가장: the most ~ 중요하다: be important · to matter ~(으)ㄴ/는 건 아니다: It's not necessarily true that ~ 강의: lecture · class 최고: the best 강의(를) 듣다: to take a class

ㅈ

제가 한 말씀 드려도 될까요?

| 1. May I interject? · May I add my two cents here?
| = 저도 한 말씀 드려도 될까요?

: 대화에 끼어들고 싶은 마음을 공손하게 나타낼 때 쓰는 표현.
an expression used when you try to add your comment or concern in a non-disruptive way while engaged in a conversation

A: 제가 한 말씀 드려도 될까요?

B: 네, 말씀하세요.

A: 이 사업은 전망이 아주 좋아요. 서둘러 계약합시다.

B: 제가 한 말씀 드려도 될까요?

> 한 말씀: a few words · one's two cents 사업 전망이 좋다: The business outlook is favorable. 서
> 둘러: hurry up and ~ 계약하다: to sign a contract

제가 한턱낼게요.

1. I'll treat you.
= 제가 살게요. · 제가 쏠게요. · 제가 계산할게요.

: 자신이 음식 값을 계산하고 싶다는 마음을 나타낼 때 쓰는 표현. 주로 좋은 일이 있을
때 사용한다.
an expression to show one's willingness to pay for a bill, usually when there is something to celebrate

A: 오늘은 제가 한턱낼게요.

B: 오~ 민수 씨, 좋은 일 있나 봐요?

A: 여기요! 계산서 주세요.

B: 오늘은 제가 한턱낼게요.

> 한턱내다: to treat 쏘다: to treat 내다: to pay for a bill 계산하다: to pay 좋은 일: something
> good · something to celebrate 계산서: bill 오늘: today

제가 해 드릴게요.

1. I'll do it for you. · Let me help you.
= 제가 도와드릴게요.

: 상대방에게 도와주겠다는 의지를 나타낼 때 쓰는 표현.
an expression to show willingness to help the other person

A: 침대 조립 어떻게 하는 거예요? 이렇게 하는 게 맞아요?

B: 제가 해 드릴게요.

A: 어지러워서 운전 못 할 것 같아요.

B: 그럼 제가 해 드릴게요. 저 운전 잘해요.

제가요?

| 1. Do you mean me? · Who, me? · Me?

: 본인에 대한 얘기인지를 확인하기 위해 사용하는 표현.
an expression to ask the speaker if they are aiming what they say at you

A: 민수 씨가 과장님께 연락해 볼래요?
B: 제가요?

A: 노래는 안나 씨가 제일 잘 부르는 것 같아요.
B: 제가요?

과장님: boss · chief 연락하다: to contact · to get in touch with 노래: singing 제일: best 노래를 잘 부르다: to sing well

조금만 크게 말씀해 주시겠어요?

| 1. Would you speak louder?
= 조금 더 크게 말씀해 주세요.

: 목소리가 잘 안 들릴 때 크게 말해 주기를 요청하며 쓰는 표현.
an expression to ask the speaker to say louder in a situation when you can't hear well

A: 죄송한데, 조금만 크게 말씀해 주시겠어요?
B: 네! 이 정도면 될까요?

A: 발표를 시작하겠습니다.
B: 잘 안 들려요. 조금만 크게 말씀해 주시겠어요?

조금: a little 크게: loud(er) 이 정도: this much 이 정도면 될까요?: Is this enough? 발표: presentation 시작하다: to start · to begin 들리다: be heard

ㅈ

조마조마해(요).

1. I'm nervous. · I have butterflies in my stomach.
= 불안불안해(요). · 걱정스러워(요). · 염려돼(요).

: 앞으로 생길 일이 걱정이 되어 마음이 불안할 때 쓰는 표현.
an expression used when you are worried about future events

A: 아직도 면접 결과 안 나왔어?
B: 응, 안 나왔어. 너무 조마조마해.

A: 회사 그만둔 거 어머니가 아실까 봐 조마조마해요.
B: 아직도 말씀 안 드렸어?

> 불안하다: be uneasy · be restless 걱정스럽다: be worried about 염려되다: be concerned about
> 아직도: yet 면접: interview 결과(가) 나오다: to get the results 회사 그만두다: to quit the job

조심한다고 했는데

1. I tried (my best) to be careful but...
= 조심하느라고 했는데 · 조심하려고 했는데

: 좋지 않은 결과에 대해서 변명할 때 쓰는 표현.
an expression to make an excuse for a bad outcome caused by you

A: 어쩌다가 무릎을 또 다쳤어?
B: 조심한다고 했는데 계단에서 넘어졌어.

A: 운전 제대로 한 거 맞아요?
B: 죄송합니다. 조심한다고 했는데 자전거를 보지 못했어요.

> 조심하다: be careful 어쩌다(가): How come ~? 무릎: knee 다치다: to get injured 계단: stairs 넘
> 어지다: to fall down 제대로: properly 자전거: bike · bicycle

졸업 축하해(요).

1. Congratulations on your graduation.
= 졸업을 축하합니다.

: 졸업을 축하할 때 가장 많이 쓰는 인사말.

the most common greeting to congratulate someone on graduation

A: 졸업 축하해. 공부하느라 수고 많았어.

B: 고마워.

A: 졸업 축하해요.

B: 감사합니다.

> 졸업: graduation 축하하다: to congratulate 공부하다: to study 수고 많았어.: You did a great job.

좀 깎아 주세요.

1. Give me a discount, please. · Could you come down a little bit?
= 좀 싸게 해 주세요.

: 물건을 살 때 가격을 할인해 달라고 부탁하는 표현.
an expression used when asking for a discount on the price of a product you want to buy

A: 파란 모자로 드릴까요?

B: 네, 다음에 또 올 테니까 좀 깎아 주세요.

A: 다 해서 3만 원입니다.

B: 사장님, 좀 깎아 주세요.

> 좀: a little bit 깎다: to give a discount 싸다: be cheap 파란 모자: blue hat 다음에: sometime soon 또: again 다 해서: in all 사장님: sir/ma'am (when addressing the shop owner in a polite, friendly way)

ㅈ

좀 껄끄럽긴 한데

1. I'm a little uncomfortable, but... · I feel a bit awkward, but...
= 좀 껄끄럽긴 하지만 · 조금 거북하긴 하지만

: 마음이 불편하고 거북하지만 피할 방법이 없음을 나타낼 때 쓰는 표현.
an expression used when one feels uncomfortable in interacting with someone, but bears with the social situation

A: 동창회에 민수도 온대. 두 사람 싸웠다면서 괜찮겠어?

B: 좀 껄끄럽긴 한데 어쩌겠어?

A: 부장님도 회의에 오신대요. 부담되시죠?

B: 좀 껄끄럽긴 한데 피할 수 없잖아요.

> 좀: a bit (short for '조금') 껄끄럽다: to feel uncomfortable 거북하다: to feel uncomfortable 동
> 창회: school reunion 싸우다: to have a quarrel 부장님: department manager · director 회의:
> meeting 부담되다: to feel the pressure 피하다: to avoid

좀 더 드시지 그래요?

1. Would you like some more?
= 좀 더 드세요.

: 상대방에게 음식을 더 먹으라고 권할 때 쓰는 표현.
an expression to encourage the other person to eat more

A: 잘 먹었습니다.

B: 식사 벌써 끝났어요? 좀 더 드시지 그래요?

A: 좀 더 드시지 그래요?

B: 배불러요. 많이 먹었습니다.

> 좀 더: a little more 드시다: to have · to eat 식사: meal 벌써: already 끝나다: be finished 배부
> 르다: be full

좀 더 생각해 보는 게 좋을 것 같아(요).

1. You might think it over again.
= 생각할 시간을 더 갖지 그래요?

: 상대방에게 다시 생각할 것을(재고하기를) 부드럽게 제안할 때 쓰는 표현.
an expression to gently advise the other person to rethink

A: 나 회사 그만둬야겠어. 힘들어서 못 다니겠어.

B: 그건 좀 더 생각해 보는 게 좋을 것 같아.

A: 내일부터 새벽 수영반을 다닐까 해요.

B: 좀 더 생각해 보는 게 좋을 것 같아요. 아침 일찍 못 일어나잖아요?

> 회사(를) 그만두다: to quit the job 힘들다: be tough on sb 회사 다니다: to work at a company
> 새벽: early morning 수영반: swimming class 수영반 다니다: to take a swimming class 아침 일찍:
> early in the morning 못 일어나다: cannot get up

좀 더 생각해 볼게(요).

1. I'll have to think about it a little more.
= 생각할 시간이 더 필요해(요).

: 어떤 결정을 하기 전에 시간이 더 필요함을 나타낼 때 쓰는 표현. 마음에 들지 않아서 간접적으로 거절할 때에도 쓸 수 있다.
an expression to say that more time is needed before a decision is made. It also serves as an indirect way to reject an offer

A: 민수 씨를 한번 만나보는 거 어때?
B: 글쎄... 좀 더 생각해 볼게.

A: 고객님, 이 여행 상품으로 예약하시겠어요?
B: 좀 더 생각해 볼게요.

> 필요하다: to need 만나다: to meet 글쎄: well 고객: customer 여행 상품: tour package 예약하다: to make a reservation

좀 봐줘. · 좀 봐주세요.

1. Sorry. · My apologies. · Go easy on me.

: 상대방에게 실수나 잘못을 저지른 후 용서를 구할 때 쓰는 표현.
an expression asking for forgiveness after committing a small mistake

A: 이렇게 늦게 오면 어떡해?
B: 길이 너무 막혔어. 좀 봐줘.

A: 어제, 말없이 회식 자리에서 사라졌죠?
B: 분위기 깰까 봐 조용히 나갔어요. 좀 봐주세요.

> 이렇게 늦게: so late 길(이) 막히다: be stuck in traffic 말없이: without saying anything 회식 자리: company get-together 사라지다: be gone 분위기 깨다: to ruin the atmosphere 조용히: quietly · without saying good-bye 나가다: to get out · to leave

좀 전에 말했듯이

1. As I just told you
= 방금 말씀드린 것처럼

: 말하려는 내용이 앞에서 이야기한 것과 같음을 강조할 때 쓰는 표현.
an expression to emphasize that one is going to repeat what they mentioned earlier

A: 좀 전에 말했듯이 우리 집으로 이사할 생각 없어? 같이 살자!
B: 고마워. 한번 생각해 볼게.

A: 좀 전에 말했듯이 마감일을 꼭 지켜 주세요.
B: 네, 알겠습니다.

> 방금: just now 좀 전에: just now · earlier 이사하다: to move (into) ~(으)ㄹ 생각이 있다: to think of doing 같이: together 마감일: deadline 꼭 ~하다: to make sure to ~ 지키다: to keep · to meet

좀 조용히 하라고(요)!

1. Be quiet! · Zip it!
= 좀 잠자코 있어(요)!

: 소란 피우지 않을 것을 명령할 때 쓰는 표현.
an expression to order the others not to make a fuss

A: 뭐 해? 심심한데 농구하러 나가자.
B: 좀 조용히 하라고! 나 공부하고 있잖아!

A: 저녁에 맛있는 거 사 먹고 영화 보고 맥주 한잔할까?
B: 좀 조용히 하라고! 나 모레 중요한 시험 본다 했잖아.

> 조용히 하다: be quiet 잠자코 있다: to keep silent 심심하다: be bored 농구하다: to play basketball 나가다: to go out 영화 보다: to see a movie 맥주 한잔하다: to have a beer 모레: the day after tomorrow 시험(을) 보다: to have[take] a test

좀 조용히 해 줘. · 좀 조용히 해 주세요.

1. Please keep it down. · Please be quiet.
= 좀 조용히 해 줄래? · 좀 조용히 해 주시겠어요?

: 큰 소리를 낮추거나 소란 피우지 않을 것을 정중하게 부탁할 때 쓰는 표현.
an expression to politely ask the others not to make a big noise or make a fuss

A: 미안하지만 좀 조용히 해 줘.
B: 음악 소리가 그렇게 컸나?

A: 기차 안에서는 좀 조용히 해 주세요.

B: 죄송합니다.

| 미안하지만: Sorry but 음악 소리: the sound of music 크다: be loud 기차 안: in the train |

좀 지나갈게(요).

1. Please let me through.

= 좀 비켜 줘(요). · 좀 비켜 주세요.

: 통과하기 위한 공간을 내어달라고 부탁할 때 쓰는 표현.

an expression to ask for space to pass through

A: 나 좀 지나갈게.

B: 응, 이쪽으로 지나가.

A: 좀 지나갈게요.

B: 아, 죄송합니다.

| 지나가다: to move past 비키다: to step aside 이쪽: this way 죄송하다: be sorry |

좀 천천히 말해 줘. · 좀 천천히 말해 주세요.

ㅈ

1. Speak more slowly, please.

= 좀 천천히 말해 주시겠어요?

: 말의 속도를 늦춰 달라고 부탁할 때 쓰는 표현.

an expression to ask the speaker to slow down their speech

A: 좀 천천히 말해 줘.

B: 이해가 잘 안 돼?

A: 여기에서 우회전해서 가다가 은행이 보이면 좌회전하세요. 그러면 서점이 있어요.

B: 죄송하지만 좀 천천히 말해 주세요.

| 천천히: slowly 이해가 잘 안 되다: can't understand well 여기에서: from here 우회전하다: to turn right 좌회전하다: to turn left 은행: bank 서점: bookstore |

좋긴 한데(요).

1. It looks good, but
= 좋기는 해(요).

: 상대방의 말을 일부 수용하면서 다른 의견을 말할 때 쓰는 표현.
an expression to introduce a negative opinion while partially showing approval

A: 나 머리 잘랐는데 괜찮아?
B: 응, 좋긴 한데. 밝은 색으로 염색도 해.

A: 이 모델은 어떠세요? 최신형 선풍기입니다.
B: 네, 좋긴 한데요. 가격차가 좀 크네요.

> 머리(를) 자르다: to have one's hair cut 밝은 색: bright color 염색하다: to dye 최신형: latest
> model 선풍기: electric fan 가격차: price gap 크다: be big

좋아 죽을 것 같아(요).

1. I could die from happiness. · I feel like I'm in heaven.
= 너무 좋아(요). · 좋아 죽겠어(요).

: 행복하고 기쁜 감정을 과장해서 나타낼 때 쓰는 표현.
an expression to exaggerate happy feelings

A: 방학하면 전국 일주하자. 제주도에서 설악산까지 여행 다니자.
B: 와, 너무 좋아 죽을 것 같아.

A: 요즘 늘 웃고 다니시네. 결혼하니 그렇게 좋아요?
B: 네, 좋아 죽을 것 같아요.

> 좋다: be happy 죽다: to die 방학하다: the vacation begins 전국 일주하다: to travel around the
> country 제주도: Jeju Island 설악산: Mount Seorak 늘: all the time 웃다: to smile 결혼하다: to
> get married

좋아 죽겠어(요).

1. I could die from happiness.
= 좋아 죽을 거 같아(요). · 너무 좋아(요).

: 행복하고 기쁜 감정을 과장해서 나타낼 때 쓰는 표현.
an expression to exaggerate happy feelings

A: 유럽 여행 간다며? 좋겠다.
B: 응, 좋아 죽겠어.

A: 헤어진 남자친구랑 다시 만난다고요? 어때요?
B: 행복해요. 좋아 죽겠어요.

유럽 여행: trip to Europe 헤어지다: to break up 남자친구: boyfriend 다시: again 행복하다: be happy

좋아하는 음식이 뭐야? · 좋아하는 음식이 뭐예요?

1. What food do you like?
= 어떤 음식을 좋아해(요)?

: 상대방이 어떤 음식을 좋아하는지 물을 때 쓰는 표현.
an expression to ask someone's taste in food

A: 한국 음식 중에 가장 좋아하는 음식이 뭐야?
B: 난 양념치킨을 가장 좋아해.

A: 안나 씨는 좋아하는 음식이 뭐예요?
B: 떡볶이요.

어떤: what (kind of) 음식: food 가장: the most 좋아하다: to like 양념치킨: seasoned spicy chicken 떡볶이: tteokbokki (Korean spicy food made with white rice cakes and vegetables)

ㅈ

좋았어(요)!

1. Sounds great! · Perfect!
= 좋아(요)!

: 만족한 느낌을 나타낼 때 쓰는 표현. 동의나 허락의 의미를 포함하기도 한다.
an expression showing great satisfaction with something, often conveying full agreement or permission

A: 멕시코 음식 먹어 본 적 있어? 저녁에 멕시코 식당 가는 거 어때?
B: 오, 한번 먹어 보고 싶었는데 좋았어!

A: 이제 슬슬 나가볼까? 바닷가부터 걷자.

B: 좋았어요! 출발!

> 멕시코 음식: Mexican food 먹어 보다: to try (food) 저녁에: in the evening 한번 ~아/어/해 보다: to give it a try 이제 슬슬: now 바닷가: beach 걷다: to take a walk 출발!: Let's go!

좋은 생각이다.

1. That's a good idea.
= 좋은 생각인걸!

: 상대방의 의견에 찬성할 때 쓰는 표현.

an expression to agree with someone's suggestion or idea

A: 점심 특선이 있네. 이거 시킬까?

B: 좋은 생각이다.

A: 세 사람이 분담해서 일하면 빨리 끝날 것 같아.

B: 오, 좋은 생각이다.

> 생각: idea 점심 특선: lunch special 시키다: to order 분담하다: to share 일하다: to work 빨리: soon · quickly 끝나다: be done · be finished

좋은 일 있나 봐(요)?

1. (You look happy.) Something good must be happening?
= 좋은 일 있지(요)? · 좋은 일 있는 거 같은데(요)?

: 기쁜 일이 있는 것 같은 상대방에게 관심을 드러낼 때 쓰는 표현.

an expression used when showing interest in someone who seems happy

A: 오늘 좋은 일 있나 봐? 멋진데!

B: 응, 친구랑 연극 보러 가기로 했어.

A: 안나 씨, 좋은 일 있나 봐요?

B: 네, 고향에서 부모님이 오세요.

> 멋지다: to look nice 연극: play 고향: hometown 부모님: parents 오시다: to come to visit (honorific of '오다')

좋은데(요)!

| 1. It's good!
| = 훌륭해(요)! · 멋져(요)!

: 의견을 구하는 상대방에게 긍정의 의미로 답할 때 쓰는 표현.
an expression when answering in a positive way to someone who asks for an opinion about something

A: 이거 안나한테 선물 받은 팔찌야. 어때?
B: 좋은데!

A: 이 소파 어때요? 거실하고 어울려요?
B: 네, 아주 좋은데요!

이거: this (a casual way of saying '이것') 선물: present 받다: to receive 팔찌: bracelet 거실:
living room 어울리다: to go with · to match

좋을 대로 해. · 좋을 대로 하세요.

| 1. Do as you please. · As you wish. · Suit yourself.
| = 마음대로 하세요. · 전 아무래도 상관없어요. · 하고 싶은 대로 하세요.

: 본인은 상관없으니 상대방이 원하는 대로 결정하라고 할 때 쓰는 표현.
an expression used when telling the other person to decide as they want because it doesn't matter to you

A: 출발 시간을 30분 앞당기는 거 어때?
B: 좋을 대로 해. 난 일찍 가도 상관없어.

A: 안내 책자 하나 더 가져가도 돼요?
B: 좋을 대로 하세요.

마음대로: as one likes 아무래도: whatever 상관없다: don't care · doesn't matter 출발 시간:
departure time 앞당기다: to move up · to push forward 일찍: earlier 안내 책자: guidebook
하나 더: one more 가져가다: to take

좌회전하세요.

| 1. Turn left.
| = 왼쪽으로 도세요.

: 왼쪽 방향으로 돌라고 길을 안내할 때 쓰는 표현.
an expression to instruct a person to turn left

A: 가까이에 은행이 있어요?
B: 네, 횡단보도 건너서 좌회전하세요. 첫 번째 골목에서 우회전하시면 돼요.

A: 실례합니다. 장례식장이 어디에 있는지 아세요?
B: 편의점에서 좌회전하세요. 입구가 보일 거예요.

> 왼쪽: left 가까이에: nearby 은행: bank 횡단보도: crosswalk 건너다: to cross 첫 번째: the first
> 골목: alley 우회전하다: to turn right 장례식장: funeral hall 편의점: convenience store 입구:
> entrance

주말에 시간 되세요?

1. Do you have time this weekend?
= 주말에 시간 있어요? · 주말에 시간 낼 수 있어요?

: 주말에 시간을 낼 수 있는지 물을 때 쓰는 표현.
an expression to ask if the other person can make time on the weekend

A: 이번 주말에 시간 되세요?
B: 아니요. 친구 결혼식에 가야 해요.

A: 민수 씨, 혹시 주말에 시간 되세요?
B: 네, 특별한 일 없어요. 왜요?

> 주말: weekend 시간(이) 있다: to have free time · be available 시간(을) 내다: to make time for
> 친구: friend 결혼식: wedding 혹시: to happen to 특별한 일(이) 없다: to have nothing particular
> to do

주말 잘 보내세요.

1. Have a good weekend.
= 좋은 주말 보내세요.

: 주말을 앞두고 헤어질 때 하는 인사말.
a greeting used when having a weekend ahead

A: 다음 주에 만나요.
B: 네, 주말 잘 보내세요.

A: 이번 주 일이 많았죠? 주말에 푹 쉬어요.

B: 네, 사장님도 주말 잘 보내세요.

> 잘 보내다: to have a good time 일이 많다: to have a lot of work to do 푹 쉬다: to rest up · to
> have a good rest 사장님: Mr./Ms. (name of the boss)

주문하시겠어요?

1. May I take your order?
= 주문하시겠습니까?

: 식당 직원이 손님에게 주문을 받을 때 쓰는 표현.
an expression used by restaurant staff to take orders from customers

A: 주문하시겠어요?

B: 갈비 2인분 주세요.

A: 주문하시겠어요?

B: 일행이 더 올 거예요. 오면 주문할게요.

> 주문하다: to give[place] an order 갈비: galbi (Korean beef ribs marinated in soybean sauce)
> 2인분: for two · two servings of 일행: party · company 더 오다: to have some more to come

주문할게요.

1. I'd like to order. · I'm ready to order.
= 음식 시킬게요.

: 식당에서 직원에게 음식을 시킬 때 쓰는 표현.
an expression when ordering food in a restaurant

A: 지금 주문하시겠습니까?

B: 네, 주문할게요. 삼계탕 두 개 주세요.

A: 여기요! 저희 주문할게요.

B: 네, 뭐 드시겠습니까?

> 주문하다: to give an order 음식(을) 시키다: to order food 지금: now 삼계탕: samgyetang
> (Korean chicken soup, especially popular on hot summer days) 저희: we (honorific of '우리')

죽다 살아났어(요).

1. It almost killed me.
= 너무 아팠어(요). · 죽을 만큼 아팠어(요).

: 매우 심하게 아팠다는 것을 과장해서 나타낼 때 쓰는 표현.
an exaggerated expression to say that one was very ill

A: 그동안 왜 안 보였어?
B: 독감 걸려서 죽다 살아났어.

A: 허리 아프다더니 다 나았어요?
B: 죽다 살아났어요. 한 달 동안 꼼짝 못 했어요.

> 너무: too · extremely 아프다: be ill · be sick 그동안: for a while 독감(에) 걸리다: to catch a flu
> 살아나다: to come to life · to survive 허리: back 다 낫다: to get well · to recover 꼼짝 못 하다:
> be sick in bed

죽어도 못 잊을 거야. · 죽어도 못 잊을 거예요.

1. I'll never forget it. · I'll remember till the day I die.
= 절대 못 잊을 거야. · 절대 못 잊을 거예요. · 평생 못 잊을 거야. · 평생 못 잊을 거예요.

: 지금의 마음을 끝까지 간직하겠다고 할 때 쓰는 표현. 감사한 마음이 강할 때에도, 억
울하거나 화가 났을 때에도 쓴다.
an expression used when you have deep gratitude for or resentment at something

A: 일이 잘 해결되어서 다행이야.
B: 네가 걱정하고 도와준 일, 죽어도 못 잊을 거야. 고마워.

A: 안나 씨, 이제 괜찮아요?
B: 네, 억울하지만 어쩌겠어요? 이번 일은 죽어도 못 잊을 거예요.

> 죽다: to die 잊다: to forget 해결되다: has been solved 다행이다: I'm glad that ~ 걱정하다: be
> worried about 돕다: to help 억울하다: to feel something is unfair

죽을죄를 졌어(요).

1. The fault is all mine. · It's all my fault. · I deserve all the blame.
= 입이 열 개라도 할 말이 없어(요).

: 아주 큰 실수나 잘못을 저질렀을 때 사과하기 위해 쓰는 표현.
an expression to apologize by blaming oneself for something one did wrong

A: 네가 나한테 어떻게 그럴 수 있어?
B: 죽을죄를 졌어. 용서해 줘.

A: 왜 사고 내고 그냥 가셨어요?
B: 정말 죄송합니다. 제가 죽을죄를 졌어요.

> 죽을죄: unforgivable sin 입이 열 개라도 할 말이 없다: there is no excuse for 용서하다: to forgive
> 사고(를) 내다: to cause an accident 그냥: just · without taking proper action 죄를 짓다: to do
> wrong

준비 다 됐어(요).

1. I'm ready. · I'm all set!
= 준비 완료!

: 무엇을 시작하기 위해 필요한 준비가 끝났을 때 쓰는 표현.
an expression to indicate that you are prepared to take action or start a task

A: 이제 나갈까?
B: 응, 준비 다 됐어.

A: 뭐 좀 도와드려요?
B: 아뇨, 준비 다 됐어요. 맛있게 드시면 돼요.

> 준비: preparation 완료: done 이제: now 나가다: to go out 뭐: something (short for '무엇') 준
> 비 다 되다: be ready 맛있게 들다: to help oneself to · to enjoy 드시다: to eat (honorific of '먹다')

ㅈ

준비 완료!

1. I'm ready. · I'm all set!
= 시작해도 돼! · 준비 다 됐어!

: 무엇을 시작하기 위해 필요한 준비가 끝났을 때 쓰는 표현.
an expression used when you are ready to do something

A: 가방은 다 싸 놨어?
B: 응, 준비 완료! 내일 일어나자마자 출발하면 돼.

A: 준비하는 데 얼마나 걸려요?

B: 다 끝났어요. 난 준비 완료!

> 시작하다: to start 가방: bag 가방(을) 싸다: to pack a bag 내일: tomorrow 일어나다: to get up
> 출발하다: to leave · to set off 걸리다: to take 끝나다: be over

즐겨(요)!

1. Enjoy yourself!
= 누려(요)!

: 걱정이 많고 즐기지 못하는 상대방에게 이 순간을 즐겁게 보내라고 할 때 쓰는 표현.
an expression to encourage someone who is anxious all the time to enjoy the moment

A: 막상 말을 타려고 하니까 무서워.

B: 재미있을 거야. 즐겨!

A: 원래 계획은 이게 아니었는데... 태풍 때문에 집에 갇혔네요.

B: 이왕 이렇게 된 거 영화 보며 즐겨요!

> 즐기다: to enjoy oneself 누리다: to enjoy 막상: actually 말: horse 타다: to ride 무섭다: be
> scared 원래: initial 계획: plan 태풍: typhoon 이왕 이렇게 된 거: Well, we might as well 영화(를)
> 보다: to see a movie

지겨워 죽겠네(요).

1. I'm sick of it. · I'm fed up.
= 정말 지긋지긋해(요).

: 어떤 일이 너무 지루하고 싫을 때 쓰는 표현.
an expression showing disgust when you have experienced too much of someone or something

A: 지금 내 남친은 어디서 뭐 하고 있을까?

B: 또 그 얘기야? 정말 지겨워 죽겠네.

A: 하루 종일 인사만 하다가 목 떨어지겠어요.[58]

B: 정말 지겨워 죽겠네요.

---

58) 드라마 <우리들의 블루스> 5회의 대사를 참고하였다.

지겹다: be tired of 정말: so · really 지긋지긋하다: be sick of 남친: boyfriend (short for '남자친구')
어디서: where (on earth) 하루 종일: all day 인사: nodding 목: neck 목(이) 떨어지다: to have
one's neck fly away (literally meaning "to have one's neck broken" due to repeated nodding)

지금 그게 중요해(요)?

1. Does it matter now? · Right now, is it this that matters?
= 그게 대수야? · 그게 대수예요? · 지금 그게 중요한 게 아니잖아(요)!

: 아주 바쁘거나 심각한 상황에서 눈치 없는 질문을 했을 때 쓰는 표현. 가까운 사이에
서 사용한다.
an expression used when someone asks an irrelevant question in a serious situation, only used
among people who are close

A: 그런데 저녁은 언제 먹어?
B: 너는 지금 그게 중요해?

A: 무슨 색이 제일 예뻐요?
B: 지금 그게 중요해요?

지금: now 그게: it (short for '그것이') 대수: something important 중요하다: be important · to
matter 그런데: so · by the way 저녁: dinner 언제: when 무슨: what 색: color 제일: the most
예쁘다: be pretty

지금 당장!

1. Right now! · Right away!
= 어서!

: 지금 바로 어떤 말이나 행동을 하라고 할 때 쓰는 표현. 가까운 사이에서 사용한다.
an expression used when urging the other person to do something immediately, used among
people who are close

A: 세탁기를 지금 꼭 돌려야 해?
B: 양말이 없어서 빨래해야 돼. 지금 당장!

A: 5분만 더 자고 일어날게요.
B: 안 돼, 일어나. 지금 당장!

당장: at once 어서!: Come on! 세탁기를 돌리다: to run the washer 지금 꼭 ~아야/어야/해야 해?: Do you have to do it now? 양말: socks 없다: to run out of 빨래하다: to do the laundry 자다: to sleep 일어나다: to get up

지금 비웃는 거야? · 지금 비웃는 거예요?

1. Are you laughing at me?
= 나 무시하는 거야? · 지금 웃었어?

: 상대방이 나를 무시하는 태도를 보인다고 생각했을 때 쓰는 표현. 가까운 사이에서 사용한다.
an expression used when you feel the other person is sneering at you by saying playfully, only used among people who are close

A: 와, 비주얼 진짜...⁵⁹⁾
B: 지금 비웃는 거야?

A: 네가 일등 했다니 축하한다, 축하해.
B: 지금 비웃는 거예요?

비웃다: to laugh at 무시하다: to ignore 비주얼 진짜: What a sight! 일등(을) 하다: to win first place 축하하다: to congratulate

지금 통화 가능하세요?

1. Can I speak to you now? · Are you available to call?
= 지금 통화할 수 있어요?

: 상대방에게 지금 통화할 수 있는 상황인지 물어볼 때 쓰는 표현.
an expression to ask the other person if they are available for a call at the moment

A: 안녕하세요. 지금 통화 가능하세요?
B: 운전 중이에요.

A: 잘 있었어요? 지금 통화 가능하세요?
B: 네, 말씀하세요.

지금: now · at the moment 통화: call 가능하다: be available · can 운전 중이다: be driving 말씀하세요.: Go ahead.

---

59) 드라마 <도깨비> 1회의 대사를 참고하였다.

지금 통화하기 좀 곤란합니다만

1. I'm not available to take your call
= 지금은 통화하기가 어렵습니다만

: 전화하기 어려운 상황임을 공손하게 나타낼 때 쓰는 표현.
an expression to politely indicate a difficult situation to take a phone call

A: 안녕하세요? 잠깐 통화 가능하세요?
B: 지금 통화하기 좀 곤란합니다만...

A: 고객님! 새로 나온 휴대폰 요금제를 안내해 드릴게요.
B: 제가 지금 통화하기 좀 곤란합니다만...

> 통화하다: to take a call 곤란하다: be unavailable · be difficult to 잠깐: for a moment 고객님:
> sir (to customer) 새로 나온: newly released · the latest 휴대폰: cell phone 요금제: payment
> system · phone plan 안내하다: to inform

지금 한다, 해.

1. Alright, I'm doing it! · I'm working on it.
= 지금 할게, 한다고. · 지금 하면 되잖아?

: 상대방의 재촉에 어쩔 수 없이 움직이며 쓰는 표현. 가까운 사이에서 사용한다.
an expression used when you reluctantly fulfill a promise due to persistent urging from someone
in a close relationship

A: 빨리 설거지해! 온종일 TV만 볼 거야?
B: 지금 한다, 해.

A: 이 선생님께 전화 드렸어? 전화 기다리실텐데...
B: 지금 한다, 해.

> 지금: right now 빨리: to hurry up and 설거지하다: to do the dishes 온종일: all day 전화 드리다:
> to make a call 기다리시다: to wait for (honorific of '기다리다')

지금부터 발표를 시작하겠습니다.

1. Now I'll start my presentation.

: 학술내회나 회의 등에서 발표 시각을 선언할 때 쓰는 표현.

an expression to announce the start of a presentation at an academic conference

A: 첫 번째 발표자는 김안나 박사입니다.
B: 김안나입니다. 지금부터 발표를 시작하겠습니다.

A: 다음 발표자 나와 주세요.
B: 안녕하세요? 김민수입니다. 지금부터 발표를 시작하겠습니다.

> 지금부터: now 발표: presentation 시작하다: to start 첫 번째: the first 발표자: presenter 박사:
> Dr (doctor) 다음: next 나와 주세요.: Please come up. · I'd like to hand over to ~

지긋지긋해(요).

1. I'm sick of it. · I'm fed up with it.
= 넌덜머리 나(요). · 지겨워 죽겠어(요).

: 반복되는 것에 대해 지루하고 싫음을 나타낼 때 쓰는 표현. 가까운 사이에서 사용한다.
an expression used when bored with something you have experienced too much and come to hate, only used among people in close relationships

A: 옷장 정리 얼마나 했어?
B: 아직 반도 못 했어. 지긋지긋해.

A: 집에서 요리하세요?
B: 사 먹는 음식은 지긋지긋해요. 그래서 직접 만들어 먹어요.

> 지긋지긋하다: be sick and tired of 넌덜머리(가) 나다: be sick of 지겹다: be sick of 옷장:
> wardrobe 정리: to arrange · to clean up 얼마나: how much of it 아직: yet 반: half 집에서: at
> home 요리하다: to cook 직접 만들다: to cook oneself · to do one's own cooking

지당하신 말씀입니다.

1. You are absolutely right.
= 당연한 말씀입니다. · 맞는 말씀입니다.

: 상대방의 말에 대해 전적인 동의를 나타낼 때 쓰는 표현.
an expression to show full agreement with someone's words

A: 이 정도는 하나도 힘들지 않아요. 젊어서 고생은 사서도 한다잖아요.
B: 지당하신 말씀입니다.

A: 환경 문제를 해결하려면 일회용품 사용부터 금지해야 해요.

B: 지당하신 말씀입니다.

> 지당하다: be totally right 당연하다: be reasonable 말씀: what you say 이 정도는 하나도 힘들지
> 않아요.: This is nothing. 하나도 ~지 않다: not ~ at all 젊다: be young 고생: hard work 사서 하다:
> can't get too many 환경 문제: environmental problem 해결하다: to solve 일회용품: disposable
> goods 사용: using 금지하다: to ban

지루해 죽을 뻔했어(요).

| 1. I was bored to death.
| = 너무 재미없었어(요). · 지루해서 혼났어(요).

: 따분하고 지루한 마음을 강조해서 드러낼 때 쓰는 표현.
an expression to emphasize how boring and unexciting something was

A: 어제 특별 강연 들으러 갔어?

B: 응, 갔지. 그런데 지루해 죽을 뻔했어.

A: 그 영화 어때요?

B: 지루해 죽을 뻔했어요. 재미없으니까 보지 마세요.

> 지루하다: be bored 재미없다: be not interesting 어제: yesterday 특별 강연: special lecture 영화:
> movie

ㅈ

지지합니다!

| 1. I support (you)! · (You have) my support!
| = 응원합니다!

: 누군가의 생각을 전적으로 믿고 따른다는 것을 나타낼 때 쓰는 표현.
an expression used when you trust someone in their course of action and promise support

A: 저 학생회장 선거에 나가기로 했어요.

B: 지지합니다! 당선되길 빌어요.

A: 여러분, 북극곰을 위한 환경보호 운동에 참여해 주세요.

B: 지지합니다!

지지하다: to support 응원하다: to cheer · to support 저: I (honorific of '나') 학생회장: student president 선거: election 나가다: to run for 당선되다: be elected 빌다: to wish 여러분: everyone · ladies and gentlemen 북극곰: polar bear 환경보호 운동: environmental campaign 참여하다: to join · to participate

직업이 뭐예요?

1. What do you do (for a living)? · What's your occupation?
= 무슨 일을 하세요? · 직업이 어떻게 되세요?

: 직업이 무엇인지 물을 때 쓰는 표현.
an expression to ask about someone's job

A: 직업이 뭐예요?
B: 영어 선생님이에요.

A: 저는 서점 주인이에요. 미나 씨는 직업이 뭐예요?
B: 저는 회사원이에요.

직업: job · occupation 일: work for a living 영어 선생님: English teacher 서점: bookstore 주인: owner 회사원: office worker

직진하세요.

1. Go straight.
= 앞으로 쭉 가세요.

: 앞을 향해 계속 가라고 길을 안내할 때 쓰는 표현.
an expression giving directions to keep going forward

A: 중앙 도서관이 어디에 있는지 아세요?
B: 50미터 직진하세요.

A: 여기에서 지하철역이 멀어요?
B: 계속 직진하세요. 사거리에서 우회전하면 바로 보여요.

앞으로: forward 쭉: straight 중앙 도서관: central[main] library 지하철역: subway station 멀다: be far 계속 직진하다: to keep going straight 사거리: intersection 우회전하다: to turn right

진작 할걸(요).

1. I/We should have done it earlier.
= 진작 할걸 그랬어(요). · 좀 더 일찍 할걸(요).

: 지나간 일에 대해 아쉬워하거나 뉘우침을 나타낼 때 쓰는 표현.
an expression used when you're happy with having done something you didn't try or put off doing

A: 요가 배워 보니 어때?
B: 아주 좋아. 진작 할걸.

A: 건강검진하고 나니까 맘 편하지?
B: 네, 진작 할걸요. 괜히 겁냈어요.

> 진작: sooner · earlier 일찍: earlier 요가: yoga (an exercise, originally from India, intended to give control over the body and mind) 배우다: to learn 아주: very · so 건강검진: checkup 맘: mind (short for '마음') 맘이 편하다: to feel at ease 괜히 겁내다: be frightened for nothing

진짜 싫다!

1. I hate it! · I loathe it!
= 너무 싫다!

: 상대방의 언행이 마음에 들지 않아 불쾌함을 나타낼 때 쓰는 표현.
an expression to show one's discomfort with someone's words or actions

A: 그 남자를 또 만난다고? 진짜 싫다!
B: 넌 상관하지 마.

A: 이 식당 맛도 없고 불친절해. 진짜 싫다!
B: 그래 다신 오지 말자.

> 진짜: really 싫다: to hate 남자: man · guy 또: again 상관하지 마.: None of your business. 식당: restaurant 맛: taste 불친절하다: be unkind · be not welcoming 다신: again (short for '다시는')

진짜 진짜 좋아해(요).

1. I really really like it.
= 아주 많이 좋아해(요). · 굉장히 좋아해(요).

: 아주 많이 좋아할 때 쓰는 표현.

an expression used when you like something or someone a lot

A: 난 평양냉면이 제일 맛있어.

B: 나도 평냉 진짜 진짜 좋아해.

A: 여자친구를 진짜 진짜 좋아해요. 그래서 빨리 결혼하고 싶어요.

B: 와, 프로포즈 하셨어요?

> 진짜: really · truly 아주: really · very 굉장히: really · extremely 평양냉면: pyeongyang naengmyeon (cold noodles, usually served in cold soup) 평냉: short for '평양냉면' 좋아하다: to like 빨리: quickly · to hurry up 결혼하다: to get married 프러포즈하다: to make a proposal

진짜(요)?

1. Really?
= 웬일이니! · 웬일이에요! · 정말(요)?

: 예상치 못한 소식을 듣고 놀랐을 때 쓰는 표현.

an expression to ask what you heard is true when it is something surprising or unexpected

A: 밖에 눈이 펑펑 오고 있어.

B: 뭐? 진짜?

A: 안나 씨가 1등 했대요.

B: 진짜요?

> 밖에: outside 눈이 오다: it snows 펑펑: heavily · a lot 일등하다: to win first place

2. You can't be serious. · It couldn't be true.
= 정말(요)? · 설마(요)!

: 상대방의 말을 믿을 수 없어서 의심하며 쓰는 표현.

an expression used when you hear something unbelievable and show doubt about it

A: 나 차 팔았어.

B: 진짜? 에이~ 설마!

A: 저 연예인, 내 사촌이에요.

B: 진짜요? 거짓말하지 마요.

> 설마: No way! · Never! 차: car 팔다: to sell 저: that 연예인: entertainer · celebrity 사촌: cousin 거짓말하다: to tell a lie

질문이 있는데(요).

1. I have a question. · I wonder
= 물어볼 게 있는데(요). · 궁금한 게 있는데(요).

: 질문을 하기 위해 말을 꺼낼 때 쓰는 표현.
an expression to bring up a question

A: 질문이 있는데.
B: 응, 뭔데?

A: 질문 있으세요?
B: 네, 연구방법에 대해 질문이 있는데요.

> 질문: question 있다: I have ... 뭔데?: What is it? 연구방법: research method

질문이 있어(요).

1. I have a question. · I wonder ...
= 물어볼 게 있어(요). · 궁금한 게 있어(요).

: 질문을 하기 위해 말을 꺼낼 때 쓰는 표현.
an expression to bring up a question

A: 질문이 있어요. 회비는 언제까지 내야 해요?
B: 다음 모임 전까지 내면 돼요.

A: 저, 질문이 있어요. 자료는 어디에서 구하셨나요?
B: 통계청에서요.

> 궁금하다: I wonder 회비: membership fee · dues 내다: to pay 다음: next 모임: gathering 전까지: before 자료: data 어디에서: where 구하다: to get 통계청: National Statistical Office

잘 들어갔니?

1. Did you make it home safely?
= 잘 갔어?

: 별일 없이 집에 잘 들어갔는지 확인할 때 쓰는 표현.
an expression to make sure that the other person got home safely

A: 잘 들어갔니?
B: 응, 방금 집에 도착했어.

A: 어제 잘 들어갔니?
B: 친구들하고 맥주 한잔 더 하고 헤어졌어요.

> 잘 들어가다: to get home safely 방금: just 도착하다: to arrive 어제: yesterday 친구들: friends
> 맥주: beer 한잔하다: to have[grab] a drink 헤어지다: to part

짜잔!

1. Surprise! · Ta-da!

: 상대방에게 예상하지 못한 것을 자랑스럽게 내보일 때 쓰는 표현.
an expression used when proudly showing something unexpected to the others

A: 짜잔! 얘들아, 누가 왔는지 봐!
B: 아니, 이게 누구야!

A: 짜잔! 귀걸이 갖고 싶다 했죠? 선물이에요.
B: 그 말을 기억하고 있었다고요? 감동이에요.

> 얘들아!: guys! 아니: Oh, my (god) 귀걸이: earring 갖고 싶다: to want to have 선물: present 기
> 억하다: to remember 감동이에요.: I'm so moved. · I'm touched.

짜증 좀 부리지 마(세요).

1. Don't be grumpy.
= 짜증 좀 내지 마(세요).

: 마음에 들지 않는 상황 때문에 분노를 드러내는 사람을 나무랄 때 쓰는 표현.
an expression to blame a person who shows anger because of frustration and stress they feel

A: 공연 시간이 다 돼 가는데 준비가 전혀 안 돼 있어.
B: 짜증 좀 부리지 마. 무슨 문제가 있는지 알아보자.

A: 날씨는 덥고, 사람들은 많고, 길은 왜 이렇게 막히죠?
B: 짜증 좀 부리지 마세요.

짜증(을) 내다: to get cross · be grumpy 공연 시간: showtime 시간이 다 되다: close to 준비: preparation 전혀 ~지 않다.: not ~ at all 문제: problem 알아보다: to find out 날씨: weather 덥다: be hot 사람들: people 많다: a lot of · many 길(이) 막히다: be stuck in traffic

짜증낸다고 뭐가 달라지니?

1. Being grumpy won't make it any better.
= 짜증내도 아무 소용없어.

: 마음에 들지 않는 상황 때문에 분노를 드러내는 사람을 달랠 때 쓰는 표현.
an expression to soothe a person who shows anger because of an unfavorable situation

A: 짜증 좀 부리지 마. 짜증낸다고 뭐가 달라지니?
B: 아, 몰라. 그냥 짜증 나.

A: 30분이 넘게 전화 걸고 있어. 왜 이렇게 연결이 안 되는 거야?
B: 짜증낸다고 뭐가 달라지니? 다시 전화해 보자.

뭐: what (short for '무엇') 달라지다: to make difference 짜증(을) 내다: to get irritated 전화(를) 걸다: to ring up 왜 이렇게: why on earth 연결이 안 되다: cannot get through 다시: again

ㅈ

차 한잔할까(요)?

1. Shall we go for tea/coffee/a drink?
= 커피 한잔할까(요)?

: 이야기를 나눌 시간 여유가 있는지 물어볼 때 쓰는 표현.
an expression to invite someone for talk over tea

A: 일 끝나고 뭐 해? 차 한잔할까?
B: 응, 그러자.

A: 시간 되시면 차 한잔할까요?
B: 좋죠. 어디로 갈까요?

> 차: tea · coffee   일 끝나고: after work   시간(이) 되다: to have time for   어디로 갈까요?: Where shall we go?

차이가 뭐야? · 차이가 뭐예요?

1. What's the difference?
= 뭐가 달라(요)? · 다른 점이 뭐예요?

: 다른 점이 무엇인지 물을 때 쓰는 표현.
an expression to ask for a detailed information about two things that are seemingly same

A: 이 스마트폰은 차이가 뭐야?
B: 기능은 같은데 디자인이 달라.

A: 추측과 예측의 차이가 뭐예요?
B: 큰 차이 없어요.

> 차이: difference   기능: function   같다: be the same   다르다: be different   추측: guess   예측: prediction   큰: big

착하게 살자!

1. Let's live well!
= 바르게 살자!

: 선하고 바르게 살고자 다짐할 때 쓰는 표현.
an expression used when making a commitment to live a good and truthful life

A: 어린이를 구하려다 사망한 선생님 뉴스 봤어?
B: 나도 그거 보고 울었어. 우리도 착하게 살자!

A: 착하게 살자!
B: 그래. 하늘을 우러러 한 점 부끄럼이 없도록!

> 착하게: virtuously 살다: to live 바르게: righteously 어린이: child 구하다: to save · to rescue 사
> 망하다: to die (a formal word of '죽다') 그거: that (short for '그것') 울다: be sad · to cry 하늘을
> 우러러: before God 한 점 부끄럼(이) 없다: to have nothing to be ashamed of · to have no sins
> or remorse

참 당황스럽다.

1. It throws me off. · It caught me off guard. · It's embarrassing.
= 참 어이가 없다.

: 예상하지 않은 일에 놀라서 어떻게 해야 할지 모르는 마음을 나타낼 때 쓰는 표현.
an expression used when one is faced with an unexpected situation and doesn't know what to do

A: 너는 내게 모욕감을 줬어. 사과해.[60]
B: 나더러 사과하라니 참 당황스럽다.

A: 너랑 같은 방을 쓰기 싫어졌어. 기숙사에서 나갈래.
B: 갑자기 무슨 말이야? 참 당황스럽다.

> 참: so 당황스럽다: be perplexed 어이(가) 없다: be confused · be puzzled 모욕감: insult ·
> offence 주다: to give 사과하다: to apologize 같은 방을 쓰다: to share a room 기숙사: dormitory
> 나가다: to leave 갑자기: all of a sudden

---

60) 영화 <달콤한 인생>의 대사를 참고하였다.

참 안됐다.

1. That's too bad. · I'm sorry that ...
= 참 안타깝다. · 이를 어째?

: 어떤 일이나 상황이 안 좋게 이루어진 것을 보고 동정하는 마음을 나타낼 때 쓰는 표현.
an expression to show sympathy for someone facing a bad situation

A: 민수 씨가 교통사고 당했대.
B: 저런, 참 안됐다. 많이 다쳤대?

A: 몇 달을 고생하며 해 온 프로젝트가 중단됐어.
B: 정말? 참 안됐다.

> 안타깝다: I'm sorry to hear ~ 교통사고(를) 당하다: to have a car accident 많이: a lot 다치다: to
> get injured 몇 달: for a few months 고생하며 해오다: have worked on 프로젝트: project 중단되
> 다: to stop 정말?: Really?

참 좋네(요)!

1. Cool! · Great! · I like it!
= 참 멋져(요)!

: 마음에 들고 기분이 흡족할 때 쓰는 표현.
an expression to show that you like something and feel satisfied with it

A: 이 화분 어때? 내가 가져다 놨어.
B: 그래? 참 좋네!

A: 재래시장 가서 잠옷 샀어요.
B: 참 좋네요! 디자인도 예쁘고 질감도 좋고...

> 좋다: to like 멋지다: be nice · be cool 화분: flowerpot 재래시장: traditional market 잠옷:
> nightdress · pajama 사다: to buy 예쁘다: be good · be pretty 질감: texture · feel

참견하고 싶진 않지만

1. I don't want to meddle, but
= 끼어들고 싶진 않지만 · 이래라저래라 하고 싶진 않지만

: 상대방의 일에 끼어들고 싶진 않지만 어쩔 수 없이 자신의 생각을 나타내야 할 때 쓰는 표현.
an expression used when you have to reluctantly express your thoughts in another's affairs

A: 참견하고 싶진 않지만 갈색 의자가 더 좋은 거 같아.

B: 그래?

A: 참견하고 싶진 않지만 발음이 분명하지 않은 데가 있어요.

B: 알겠습니다. 발음 연습 열심히 할게요.

> 참견하다: to interfere in · to meddle in 끼어들다: to interfere in 이래라저래라 하다: to interfere
> in 발음: pronunciation 분명하지 않다: be not clear 데: part 발음 연습: pronunciation practice
> 열심히: hard

참견하지 마(세요)!

1. Don't interfere! · None of your business! · Don't poke your nose into
my business!
= 나서지 마(세요)! · 끼어들지 마(세요)! · 간섭하지 마(세요)!

: 어떤 사건이나 일에 끼어들고 싶어 하는 사람을 말릴 때 쓰는 표현.
an expression to thwart someone who gives unwanted comments or questions

A: 내 생각엔 네가 말실수한 거 같아.

B: 내 잘못이라고? 잘 알지도 못하면서... 참견하지 마!

A: 또 쇼핑했구나. 이 가방은 얼마 주고 샀어?

B: 참견하지 마!

> 참견하다: to interfere · to meddle 나서다: to butt in 끼어들다: to cut in 간섭하다: to interfere
> 내 생각엔: I think 말실수하다: words got twisted 잘못: fault 잘 알지도 못하다: don't even know
> 가방: bag 얼마 주고 샀어?: How much did you pay for it?

ㅊ

참을 만큼 참았어(요).

1. I've had enough. · I've endured as much as I can. · I've held back
enough.
= 더 이상은 못 참아(요).

: 인내심이 한계에 도달하여 더 이상은 견딜 수 없을 때 쓰는 표현.

an expression used when your patience reaches its limit and you can no longer endure a situation or a person

A: 옆집 음악 소리가 너무 커. 책에 집중할 수가 없어.

B: 그치? 참을 만큼 참았어. 같이 가서 항의하고 오자!

A: 고향 친구라면서요? 그냥 봐 줘요.

B: 참을 만큼 참았어요. 거짓말을 밥 먹듯 하니까 더는 용서가 안 돼요.

> 참다: to bear with 더 이상: no more 옆집: next door 음악 소리: sound of music (소리가) 크다: loud 책: book 집중하다: to concentrate on 그치?: Isn't it? 항의하다: to protest · to complain 고향 친구: hometown friend 그냥: just 봐 주다: to pass it over 거짓말: lie 거짓말을 밥 먹듯 하다: be always lying 더는: not any more 용서가 안 되다: cannot forgive

처음 뵙겠습니다.

| 1. Glad to meet you.

: 상대방을 처음 만났을 때 많이 쓰는 인사말.
a greeting used when you meet someone for the first time

A: 김유나예요. 처음 뵙겠습니다.

B: 안녕하세요? 만나서 반갑습니다.

A: 처음 뵙겠습니다. 김민수라고 합니다.

B: 저는 이안나라고 합니다.

> | 뵙다: to see (honorific of '보다, 만나다') 만나서 반갑습니다.: Nice to see you.

천만에(요).

| 1. Nonsense.
= 전혀 그렇지 않아(요). · 아니에요!

: 상대방의 말이나 의견을 다소 강하게 부정할 때 쓰는 표현.
an expression to strongly disagree with someone's words or opinion

A: 벌레들이 더 많아지기 전에 약 뿌려 죽여야겠어.

B: 천만에요. 난 살충제는 쓰지 않아야 한다고 생각해.

A: 시골에 사니까 조용하고 차도 안 막혀서 좋죠?

B: 천만에요. 사람이 없으니까 심심하고 어두워지면 무서워요.

전혀 그렇지 않다: not at all 벌레: bug · insect 약(을) 뿌리다: to spray[use] pesticide 죽이다: to kill 난: I (short for '나는') 살충제: pesticide 시골: countryside 조용하다: be quiet 막히다: be stuck in traffic 심심하다: be bored 무섭다: be scared

2. You're welcome! · Not at all!
= 별말씀을(요)! · 아니에요!

: 상대방의 감사 인사를 겸손하게 받는 표현.
an expression to modestly respond to thanks expressed to you

A: 고마워. 네가 도와준 덕분에 한국어 시험 합격했어.
B: 천만에! 내가 뭘 했다고.

A: 음식이 다 맛있어. 요리 솜씨가 참 좋은 거 같아.
B: 천만에요! 그냥 인터넷 보고 따라한 거예요.

도와주다: to help 한국어 시험: Korean language test 합격하다: to pass 내가 뭘 했다고.: It was nothing. 요리 솜씨: cooking skills 그냥: just 따라하다: to copy · to follow the recipe

천천히 말씀해 주시겠어요?

1. Would you speak more slowly? · Could you slow down a bit?
= 좀 천천히 말씀해 주세요.

: 말의 속도를 늦춰 달라고 공손하게 부탁할 때 쓰는 표현.
an expression to politely ask someone to slow down their speech

A: 500미터 직진하다가 사거리에서 우회전해서 쭉 가면 됩니다.
B: 천천히 말씀해 주시겠어요?

A: 좀 천천히 말씀해 주시겠어요?
B: 어려워요? 그럼 지도를 보면서 설명하겠습니다.

천천히: slowly 직진하다: to go straight 사거리: intersection 우회전하다: to turn right 쭉 가다: to go straight 그럼: then 지도: map 설명하다: to explain

초면에 실례지만

1. Excuse me, but
= 초면에 죄송하지만 · 초면에 실례인 줄 알지만

: 처음 만난 상황에서 어떤 행위를 하려고 할 때 양해를 구하기 위해 쓰는 표현.
an expression to politely attract someone's attention, especially someone you do not know

A: 초면에 실례지만 결혼하셨어요?
B: 네, 아이가 둘이에요.

A: 초면에 실례지만 전화 좀 빌려 쓸 수 있을까요?
B: 네, 그러세요.

> 초면에: when people first meet 실례지만: Excuse me, but 결혼하다: to get married 아이: child
> 둘: two 전화(를) 빌리다: to borrow a phone

추천 좀 해 줘. · 추천 좀 해 주세요.

1. Give me some recommendations, please.

: 맛있는 음식이나 장소 등을 소개해 달라고 부탁할 때 쓰는 표현.
an expression to ask for suggestions or recommendations for food or places to visit

A: 오늘 저녁 메뉴 추천 좀 해 줘.
B: 비 오니까 파전하고 칼국수 어때?

A: 제주도에 여행 가요. 좋은 곳 추천 좀 해 주세요.
B: 오름을 걸어 보세요.

> 추천하다: to recommend 좀 해 줘.: Please do sth. 저녁 메뉴: dinner menu · dinner idea 비 오다:
> to rain 파전: pajeon (Korean green onion pancake) 칼국수: kalguksu (Korean knife-cut noodle
> soup) 제주도: Jeju Island 여행 가다: to go on a trip 좋은 곳: good place to visit 오름: oreum
> (volcanic cone) 걷다: to walk · to hike

취미가 뭐야? · 취미가 뭐예요?

1. What's your hobby? · What do you do in your free time?
= 시간 있을 때 주로 뭐 해요?

: 상대방의 취미가 무엇인지 물을 때 쓰는 표현.

an expression used when asking about someone's hobby

A: 취미가 뭐야?
B: 서플댄스. 얼마나 재밌는지 몰라.

A: 취미가 뭐예요? 좋아하는 거 있어요?
B: 저는 시간 날 때마다 여행 가요.

취미: hobby · pastime 시간(이) 있다: to have some spare time 주로: usually 서플댄스: shuffle dance 시간(이) 날 때: in spare time 여행(을) 가다: to travel

ㅊ

큰일 나겠다.

1. (If you keep going like that,) You'll be in big trouble.

: 감당하기 힘든 어려움이 생길 것을 염려할 때 쓰는 표현.

an expression to convey your worries to someone who pushes themselves too hard

A: 나 어제도 밤새웠어.

B: 쉬엄쉬엄해. 그렇게 무리하다 정말 큰일 나겠다.

A: 너무 과속하지 마. 그러다 큰일 나겠다.

B: 지금 몇 시야? 비행기 놓치면 안 되는데...

> 큰일: big trouble 밤(을) 새우다: to stay up all night 쉬엄쉬엄해.: Take it easy. 그렇게: so · that
> 무리하다: to work too hard 정말: really 과속하다: to speed · to drive too fast 지금 몇 시야?:
> What time is it? 비행기: flight 놓치다: to miss

큰일 났군(요).

1. You're in big trouble. · Oh no!
= 큰일 났네(요). · 큰일이네(요).

: 감당하기 힘들 만큼의 큰 문제가 생겼음을 알았을 때 쓰는 표현.

an expression used when noticing the situation is getting out of someone's hand

A: 오늘까지 발표 원고 다 써야 해.

B: 백 페이지나 되는 거를? 큰일 났군.

A: 어떡하죠? 회의 자료를 택시에 두고 내렸어요.

B: 큰일 났군요. 얼른 대책을 세웁시다.

> 큰일: big trouble 오늘까지: by today 발표 원고: manuscript for presentation 다 쓰다: to
> finish writing 어떡하죠?: What should I do? 회의 자료: meeting materials 두다: to put ·
> to leave behind 얼른 ~(으)ㅂ시다.: Let's get going~. · Hurry up. 대책을 세우다: to develop
> countermeasures

통화 가능해(요)?

1. Are you available for a call? · Can you talk?
= 통화할 수 있어(요)?

: 전화 통화를 할 수 있는 상황이 되는지 묻는 표현.
an expression to ask about the availability of someone for a phone call

A: 지금 통화 가능해?
B: 응, 얘기해.

A: 저 안나예요. 통화 가능해요?
B: 네, 무슨 일이세요?

> 통화: phone call 가능하다: be available 지금: now 얘기해.: Go ahead. 무슨 일이세요?:
> What's up? · What are you calling for?

투덜대지 좀 마(세요).

1. Stop whining.
= 투덜거리지 좀 마(세요). · 툴툴거리지 좀 마(세요).

: 불평과 불만을 드러내는 상대방에게 이를 멈추라고 할 때 쓰는 표현.
an expression to tell someone to stop complaining or expressing dissatisfaction

A: 요즘 내가 얼마나 힘든지 알아? 할 일이 산더미 같이 쌓였어.
B: 알았어. 투덜대지 좀 마.

A: 장마철이라 짜증이 나요. 공부도 잘 안 되고, 재밌는 일도 없고...
B: 투덜대지 좀 마세요.

> 투덜거리다: to complain · to grumble 툴툴거리다: to grumble 요즘: these days 힘들다: to go
> through hard times 할 일: things to do 산더미: mountain-high 쌓이다: be piled up 장마철:
> rainy season 짜증이 나다: to get irritated · to get cranky 공부: study · schoolwork 잘 안 되다:
> can't focus 재밌는: fun (short for '재미있는')

틀림없을걸(요).

1. I'm sure. · I don't think I'm wrong.
= 확실할걸(요). · 맞을걸(요).

: 어떤 일이나 상황에 대해 확신할 때 쓰는 표현.
an expression used when you are confident about something

A: 저 두 사람 사귀는 거 같아. 틀림없을걸.
B: 왜 그렇게 생각해?

A: 안나 씨 MBTI는 ENFP일 거 같아요.
B: 저도 그렇게 생각해요. 틀림없을걸요.

> 틀림없다: be sure · must be 두 사람: the two 사귀다: to go out · to become a couple 왜 그렇게
> 생각해?: What makes you think so? 저도 그렇게 생각해요.: I think so, too.

틀림없지(요)?

1. You are sure, right?
= 확실하지(요)? · 분명하지(요)?

: 어떤 사안이 분명한지 확인하려 할 때 쓰는 표현.
an expression to ask someone to confirm what they have said to remove doubt about it

A: 세 시, 대회의실에서 보고회 시작! 틀림없지?
B: 넵!

A: 안나 씨에겐 꽃을 선물하면 기뻐할 거예요.
B: 그 말 틀림없지요?

> 틀림없다: be positive 확실하다: be sure 분명하다: be sure 대회의실: conference room 보고회:
> reporting session · briefing session 시작(되다): to start 넵!: Sure! · Absolutely! 꽃: flower 선물
> 하다: to give a gift 기뻐하다: be pleased 말: one's words

편하게 있어(요).

1. Make yourself at home.
= 편히 있어(요). · 내 집처럼 생각해(요).

: 집주인이 초대 손님에게 마음 편하게 지내기를 바랄 때 쓰는 표현.
an expression used when a host wants his guest to be comfortable at his place

A: 저녁 준비 다 해 놨어. 그냥 편하게 있어.
B: 그래도 돼? 와, 집 참 좋다.

A: 제가 좀 일찍 왔죠?
B: 괜찮아요. 사람들 올 때까지 음악 들으며 편하게 있어요.

> 편히: be comfortable with (short for '편하게') 내 집: one's (own) home 저녁 준비 다 하다: dinner is ready 그냥: just 집: house 좋다: be good · to like 일찍: early 음악 듣다: to enjoy music

포기하긴 일러(요).

1. It's too early to give up.
= 아직 포기하지 마(세요). · 벌써 포기하면 안 돼(요).

: 힘든 상황에 놓인 상대방을 격려할 때 쓰는 표현. 하던 일을 계속하라는 의미가 포함되어 있다.
an expression to encourage someone in a difficult situation to keep going

A: 자동차 시동이 자꾸 꺼지네. 아무래도 여행 못 가겠지?
B: 그래도 아직 포기하긴 일러.

A: 나이가 들수록 공부하는 게 힘들어요. 그만할까 봐요.
B: 에이~ 포기하긴 일러요. 아주 잘하고 계신데요.

> 포기하다: to give up 벌써: yet 자동차: car 시동이 꺼지다: to stall · to turn off 자꾸: to keep ~ing 아무래도: I think ~ · maybe 그래도 아직: still 이르다: be too early to 나이(가) 들다: to get old 공부하다: to study · to learn 그만하다: to stop · to give up 잘하고 계시다: be doing well (honorific of '잘하고 있다')

핑계 대지 마(세요).

| 1. Don't make excuses.
| = 변명하지 마(세요). · 둘러대지 마(세요).

: 자신이 한 일을 변명하는 상대방에게 그만두라고 명령할 때 쓰는 표현.
an expression to chide someone for their attitude of trying to making excuses first

A: 어제 약속 어겨 미안해. 갑자기 복통이 심해서...
B: 핑계 대지 마. 전화라도 했어야지.

A: 아깐 깜빡 잠들어 전화 못 받았어요.
B: 핑계 대지 마세요. 요즘 저를 피하잖아요.

> 핑계(를) 대다: to give an excuse 변명하다: to make an excuse 둘러대다: to make up a story 약
> 속(을) 어기다: to break one's word[promise] 갑자기: suddenly 복통: stomachache 심하다: be
> severe 아깐: a while[minute] ago (short for '아까는') 깜빡 잠들다: to fall asleep 전화(를) 못 받다:
> to miss the call 요즘: lately 피하다: to avoid

하고 싶은 말이 뭐야? · 하고 싶은 말이 뭐예요?

1. What's your point? · What are you getting at?
= 용건이 뭐야? · 무슨 말을 하고 싶어(요)?

: 상대방이 하려는 말의 핵심이나 의도를 물어볼 때 쓰는 표현.
an expression to ask the intention or core of what the other person is trying to say

A: 하고 싶은 말이 뭐야?
B: 돈 좀 빌려줘.

A: 저에게 하고 싶은 말이 뭐예요?
B: 저하고 같은 팀 해요. 팀 과제 같이 하고 싶어요.

> 용건: what the talk is about 돈: money 빌려주다: to lend 팀: team 팀 과제: team assignment
> 같이 하다: to do together

하나도 안 중요해(요).

1. It doesn't matter at all. · It's not important.
= 전혀 중요하지 않아(요).

: 상대방이 말한 것보다 훨씬 더 중요한 것이 있으니 신경 쓸 거 없다는 뜻을 나타낼 때 쓰는 표현.
an expression indicating that there is something much more important than what is being mentioned, so there is no need to worry about it

A: 책 표지도 많이 신경 써야 하지?
B: 아니, 하나도 안 중요해. 그 무엇보다 내용이 좋아야 돼.

A: 어디로 여행 가고 싶어요?
B: 장소는 하나도 안 중요해요. 전 누구랑 함께 가는지가 더 중요해요.

> 책 표지: book cover 많이: a lot 신경쓰다: to put a lot of thought into 그 무엇보다: more than
> anything else 내용: content 장소: place · where to visit 전: I (honorific of '난(나는)') 누구랑:
> with whom

ㅎ

하늘의 별 따기야. · 하늘의 별 따기예요.

1. It's nearly impossible. · You're reaching for the stars.
= 거의 불가능해(요).

: 무엇을 얻거나 이루기가 매우 어렵다는 것을 나타낼 때 쓰는 표현.
an expression to indicate that something is very difficult to obtain or achieve

A: 김 교수님 수업은 수강 신청이 너무 힘들다며?
B: 맞아, 인기가 엄청나. 수강 신청하기가 하늘의 별 따기야.

A: 열심히 저축해서 예쁜 집을 사고 싶어요.
B: 저는 꿈도 안 꿔요. 내 집 마련은 정말 하늘의 별 따기예요.

> 불가능하다: be impossible 교수님: professor 수강 신청: signing up for courses 힘들다: be difficult 인기가 엄청나다: be extremely popular 열심히: very hard 저축하다: to save money 예쁜: pretty · nice 사다: to buy 꿈꾸다: to dream of 내 집 마련: owning a home 정말: really

하지 마(세요)!

1. Don't do anything! · Stop it.
= 그냥 가만히 있어(요)!

: 상대방의 어떤 행동을 말릴 때 쓰는 표현.
an expression to stop or discourage someone from doing something

A: 9시인데 벌써 자려고?
B: 응, 잘 거야. 음악 틀지 마, 청소하지 마! 아무것도 하지 마!

A: 노트북 내가 한번 고쳐 볼까?
B: 하지 마세요! 전문가에게 수리 맡길 거예요.

> 그냥: just 가만히 있다: to do nothing · not to try to do anything 벌써: already 자다: to go to sleep 음악(을) 틀다: to turn on the music 청소하다: to clean 고치다: to fix 전문가: expert 수리(를) 맡기다: to have it fixed

한마디로 말해서

1. In a word
= 한마디로 요약하면

: 앞서 말한 내용을 요약해서 말할 때 쓰는 표현.
an expression to summarize what has been said or to give a gist of something

A: 사랑이 뭐라고 생각해?
B: 사랑은 한마디로 말해서 희생이라고 생각해.

A: 지금까지의 강연을 마무리해 주시겠어요?
B: 네, 한마디로 말해서 자기 자신을 사랑하자는 것입니다.

> 한마디: one word · short word 요약하다: to summarize 사랑: love 희생: sacrifice 강연: lecture
> 마무리하다: to wrap up · to make a conclusion 자기 자신: oneself 사랑하다: to love

한국말로 뭐라고 해(요)?

| 1. How do you say it in Korean? · What's the word in Korean?
| = 한국어로 어떻게 말해(요)?

: 어떤 의미를 한국말로 어떻게 말하는지 물을 때 쓰는 표현.
an expression asking for the Korean equivalent of a word or an expression

A: 'ruler'를 한국말로 뭐라고 해?
B: '자'라고 하면 돼.

A: 'Gracias.'를 한국말로 뭐라고 해요?
B: '고마워요.'라고 말하면 돼요.

> 한국말: Korean 한국어: Korean 자: ruler 말하다: to say

한마디 덧붙이자면

| 1. Just to add one more thing
| = 한마디만 더 하자면

: 앞서 한 말에 자신의 생각을 추가하고자 할 때 쓰는 표현.
an expression used when you want to add a comment or suggestion to a list of ideas mentioned

A: 예문을 통째로 암기하는 게 한국어를 잘하는 비결 같아.
B: 나도 한마디 덧붙이자면 뉴스를 집중해서 보는 것도 좋은 방법이야.

A: 규칙적인 식사와 운동. 그밖에 어떤 장수의 비결이 더 있을까요?
D: 한마디 덧붙이자면 꾸준히 정신 수련을 하는 것도 중요해요.

ㅎ

덧붙이다: to add 추가하다: to add 예문: example sentence 통째로: in whole 암기하다: to memorize 비결: tip · the key to 집중하다: to watch attentively 방법: way 규칙적인: regular 식사: meal 운동: exercise · workout 그밖에: else 장수: longevity 꾸준히: consistently · steadily 정신 수련: mind training 중요하다: be important

한 번 더 얘기해 줄래(요)?

1. Come again? · Could you say that again, please? · Excuse me?
= 한 번 더 말해 줄 수 있어요?

: 상대의 말을 잘 이해하지 못했을 때 한 번 더 말할 것을 요청하는 표현.

an expression to ask someone to repeat what they've just said because you didn't catch or understand it

A: 못 알아듣겠어. 한 번 더 얘기해 줄래?
B: 음... 그러니까 나는 다른 집으로 이사갈 거라는 거야.

A: 제 말 이해했어요?
B: 이해 못 했어요. 한 번 더 얘기해 줄래요?

못 알아듣다: can't understand 그러니까: what I mean is 얘기하다: to say 다른: another 집: house 이사(를) 가다: to move out 이해 못 하다: can't understand

한번 생각해 볼게(요).

1. I'll think about it. · I'll consider this (and we can discuss it later).
= 조금 더 고민해 볼게(요). · 조금 더 생각해 볼게(요).

: 상대방의 조언이나 제안에 대해 생각할 시간이 필요함을 나타낼 때 쓰는 표현.

an expression to indicate the need for time to think about the other person's advice or suggestion

A: 나랑 같이 가야금 배우지 않을래?
B: 가야금? 한번 생각해 볼게.

A: 조건이 괜찮은데, 이 회사에 지원해 보는 거 어때요?
B: 좋은 정보 고마워요. 한번 생각해 볼게요.

조금 더: a little more 고민하다: to consider · to think about 나랑 같이: with me · to join me 가야금: gayageum (Korean zither with twelve strings) 배우다: to learn 조건: (working) conditions 지원하다: to apply for 정보: information

한번 해 봐(요).

1. Give it a try.
= 도전해 봐(요). · 시도해 봐(요).

: 어떤 일을 시도하려는 상대방을 격려할 때 쓰는 말.
an expression to encourage someone to try something

A: 나 음치 탈출을 위해 노래 학원 다니기로 했어.
B: 잘했다. 한번 해 봐.

A: 오늘은 제가 커피 내려도 될까요?
B: 그럼요. 안나 씨가 한번 해 봐요.

도전하다: to give a try 시도하다: to give a try 격려하다: to encourage 음치: bad singer · be tone-deaf 탈출: an escape from · to stop being ~ 노래 학원: vocal academy 커피 내리다: to make coffee

한판 붙자는 거야?

1. So you want a fight, eh? · Are you challenging me?
= 한판 뜨자는 거야? · 지금 싸우자는 거야?

: 시비를 거는 상대방의 말이나 행동에 대해 강한 불쾌감을 나타낼 때 쓰는 표현.
an expression to convey strong displeasure at provoking words or actions from the other person

A: 한판 붙자는 거야?
B: 그래, 한판 붙자.

A: 한판 붙자는 거야?
B: 왜 이러세요? 경찰 불러야겠어요.

한판 붙다: to have a fight 한판 뜨다: to have a fight 싸우다: to fight 왜 이러세요?: Why are you doing this to me? · What's wrong with you? 경찰(을) 부르다: to call the police

할 수 있겠어(요)?

1. Can you do it?
= 가능하겠어(요)?

: 어떤 일에 대한 가능성을 물을 때 쓰는 표현.
an expression seeking confirmation about the possibility of something happening

A: 떨지 않고 잘 할 수 있겠어?
B: 응, 최선을 다할게.

A: 김 과장, 영업 보고서 이번 주까지 할 수 있겠어요?
B: 네, 부장님. 가능합니다.

> 가능하다: can be achieved 떨지 않다: be not nervous 최선을 다하다: to do one's best 과장: Mr./Ms. (name of the manager) 영업 보고서: sales report 이번 주까지: by this week

2. Are you sure you can make it?
= 가능하겠어(요)?

: 상대방의 능력을 의심하며 묻는 표현.
an expression to question the possibility of something happening because you doubt the other person's ability

A: 마라톤 완주? 네가? 할 수 있겠어?
B: 하하하... 내 실력을 못 믿는구나.

A: 제가 다 할게요.
B: 뭐라고요? 이걸 혼자서 다 할 수 있겠어요?

> 마라톤: marathon 완주: running the full course 실력: skills and ability 믿다: to trust 혼자서: all oneself

할 일이 산더미야. · 할 일이 산더미예요.

1. I have tons of work to do. · I've got a mountain of work to do. · I have a lot on my plate right now.
= 할 일이 너무 많아(요).

: 해야 할 일이 너무 많음을 비유적으로 나타내는 표현.
a figurative expression indicating one has too much work to do

A: 나 진짜 급해! 컴퓨터 써야 한단 말이야.
B: 나도 지금 할 일이 산더미야. 넌 PC방 가!

A: 얼굴이 왜 그래요? 어디 아파요?
B: 이번 주 내내 잠을 못 잤어요. 할 일이 산더미예요.

할까 말까?

1. Shall I do it or not?
= 할까 하지 말까?

: 어떤 일을 할 것인지 안 할 것인지 확실하게 정하지 못하고 망설일 때 쓰는 표현.
an expression used when you hesitate to do something

A: 다음 학기에 시사 한국어 수업이 열린대. 할까 말까?
B: 그 수업 꽤 어렵다던데.

A: 중앙도서관 알바 자리가 생겼는데 할까 말까?
B: 뭘 고민해요? 해요!

다음: next 학기: semester 시사 한국어: current Korean 수업이 열리다: to open a class · be
in course offerings 꽤: quite 어렵다: be difficult · be tough 중앙도서관: main library 알바:
part-time job 자리가 생기다: there is a job opening 고민하다: be worried about · to hesitate
to

할 말이 없네, 할 말이 없어.

1. I'm just speechless. · I'm lost for words.
= 무슨 말을 해야 할지 모르겠네. · 어이가 없네.

: 전혀 예상하지 못한 상황을 만나 당황하거나 어이가 없을 때 쓰는 표현.
an expression used when you are at a loss for words by an unexpected situation or by the other
person's silly words or action

A: 길거리가 엉망이군. 내 이런 난장판은 처음 봐.
B: 할 말이 없네, 할 말이 없어.

A: 곰이 연어 잡으려고 물속에 뛰어드는데 우리한테 오는 줄 알았죠.
B: 할 말이 없네, 할 말이 없어.[61]

---

61) 출처: MBC 나류 <곰>의 에필로그를 참고하였다.

어이가 없다: be at a loss for words 길거리: street 엉망이다: be messy 이런 난장판: all this mess
곰: bear 연어: salmon 잡다: to catch 물속에: into the water 뛰어들다: to jump into

해가 서쪽에서 뜨겠다.

1. Strange. · What's gotten into you? [Lit. "It looks like the sun is about to rise in the west."]
= 믿기 힘든 일이 일어났군.

: 전혀 예상하지 못했거나 일어날 수 없는 일이 일어나서 놀라움을 나타내는 표현.
an expression used when showing surprise to see that something you believe there is no chance of happening actually happened

A: 연휴 내내 밖에 한 번도 안 나가고 공부했어.
B: 진짜? 해가 서쪽에서 뜨겠다.

A: 제가 화장실부터 부엌까지 싹 청소해 놨어요.
B: 웬일이야? 해가 서쪽에서 뜨겠다.

해: the sun 서쪽: the west 뜨다: to rise 연휴 내내: throughout the holidays 밖에: outside 한 번
도 안 ~ : never ~ 공부하다: to study 화장실: bathroom 부엌: kitchen 싹: completely 청소하다:
to clean up 웬일이야?: What's gotten into you?

해결 방안은 다음과 같습니다.

1. The solution is as follows.
= 해결책은 다음과 같습니다.

: 어떤 일이나 문제를 해결하기 위한 방법을 제시하려고 할 때 쓰는 표현. 주로 회의에서
나 발표할 때 사용한다.
an expression to present a way to solve a task or problem, mostly used in meetings and presentations

A: B조의 의견은 어떻습니까?
B: 네, 저희의 해결 방안은 다음과 같습니다.

A: 층간 소음 문제를 어떻게 해결해야 할까요?
B: 제가 생각하는 해결 방안은 다음과 같습니다.

해결 방안: solution 해결책: solution 조: group · team 의견: opinion · idea 층간 소음 문제: noise
problem between floors 해결하다: to solve

행운을 빌게(요)!

1. Good luck! · I'll pray for you.
= 행운을 빌어(요)!

: 상대방이 잘되기를 바라며 응원할 때 쓰는 표현.
an expression to wish someone well and cheer them on

A: 인터넷 쇼핑몰 사업 시작했어.
B: 와, 행운을 빌게! 잘될 거야!

A: 원하던 회사에 합격했어요.
B: 축하해요. 행운을 빌게요.

> 행운(을) 빌다: to wish someone luck 사업(을) 시작하다: to start business 원하다: to want 회사:
> company 합격하다: to be accepted

헐

1. Oh · Gosh · Wow!
= 대박!

: 놀라거나 어이가 없을 때 쓰는 표현.
an expression used when you are surprised or realize that something has gone wrong

A: 나 안나 씨랑 사귀기 시작했어.
B: 헐. 어제 처음 만났잖아?

A: 왜 알람이 계속 울리죠?
B: 헐. 요리하고 나서 가스를 안 껐어요.

> 대박!: What a surprise! 사귀다: to go out with · to date 어제: yesterday 처음: for the first time
> 알람: alarm 계속 울리다: to keep going off 요리하다: to cook 끄다: to turn off

헛소리하지 말고

1. Don't talk nonsense. · Don't be ridiculous.
= 말도 안 되는 소리 하지 말고 · 어림없는 소리 말고

: 쓸데없는 말을 하는 상대방을 나무랄 때 쓰는 표현. 가까운 사이에서 사용한다.

ㅎ

an expression to criticize someone who says something that is irrelevant or good for nothing

A: 방학하면 세계 일주할까? 남미랑 아프리카, 유럽을 다 돌아다니고 싶어.
B: 헛소리하지 말고 기말시험 공부나 해.

A: 휴학하고 1인 방송 한번 해 볼까?
B: 헛소리하지 말고 하던 공부나 열심히 해.

> 방학하다: be on vacation 세계 일주: world tour 남미: South America 헛소리하다: to say something pointless 기말시험 공부: studying for the final exams 휴학: taking a semester[year] off

현금으로 할게요.

1. I'll pay in cash.
= 현금으로 낼게요.

: 현금으로 계산하겠다는 표현.
an expression saying that one will make the payment in cash

A: 카드, 현금 뭐로 계산하시겠어요?
B: 현금으로 할게요.

A: 모두 85,000원입니다. 결제는 뭐로 하시나요?
B: 네, 현금으로 할게요.

> 현금: cash 뭐로: how · which (of the two) 계산하다: to pay 모두: in all · in total 결제: payment

형편없었어(요).

1. It was terrible. · It didn't go well.
= 실망스러웠어(요). · 너무 별로였어(요).

: 기대에 못 미쳐 크게 실망했을 때 쓰는 표현.
an expression to show disappointment in someone or something for not meeting your expectations

A: 유명한 맛집 간다더니 어땠어?
B: 기대가 너무 컸나 봐. 형편없었어.

A: 여행은 즐거웠어요?

B: 형편없었어요. 몸도 피곤하고 돈도 아깝네요.

실망스럽다: be disappointed 별로이다: be not good 유명한: popular · famous 맛집: go-to restaurant 기대가 크다: to have high expectations for 여행: trip · travel 몸: body 피곤하다: be tired 돈: money 아깝다: be not worth

호랑이도 제 말 하면 온다더니

1. Speak of the devil, (here he/she comes). [Lit. "A tiger comes if you talk about it."]
= 까마귀 제 소리 하면 온다더니

: 어떤 사람에 대해 얘기하고 있는데 마침 그 사람이 나타났을 때 쓰는 속담.
an old saying used when the very person you are talking about suddenly appears

A: 안나 씨는 요새 어떻게 지내? 못 본 지 한참 됐네.
B: 호랑이도 제 말 하면 온다더니 저기 안나 씨 오네.

A: 민수는 어떻게 지낸대요?
B: 호랑이도 제 말 하면 온다더니 지금 민수한테서 전화가 와요.

호랑이: tiger 제: he or she (short for '저의') 제 말 하면: if we talk of somebody 제 소리하면: if we talk of somebody 까마귀: crow 요새: these days · lately 한참 되다: It's been a long time since 전화(가) 오다: to get a call

확실치는 않지만

1. I'm not sure but · It's not certain but
= 확실한 건 아니지만 · 확실하지는 않지만

: 확실하다고 말할 수는 없지만 어느 정도 사실일 가능성이 있을 때 쓰는 표현.
an expression used when conveying information that one cannot say for sure but is likely to be true

A: 확실치는 않지만 오늘 중대 발표가 있을 거래.
B: 뭐? 뭔데?

A: 확실치는 않지만 안나 씨가 실연한 거 같아요.
B: 그래요? 만나서 얘기 좀 해 봐야겠어요.

ㅎ

후회막급이다.

1. I shouldn't have done that. · I'm so full of regrets.
= 너무 후회된다.

: 이미 잘못한 일에 대해서 크게 후회할 때 쓰는 표현.
an expression used when you deeply regret something you've already done

A: 속도위반했다며? 벌금 많이 나왔지?
B: 후회막급이다. 다신 과속 안 할 거야.

A: 아무래도 우리 팀이 질 것 같아.
B: 응, 후회막급이다. 연습 좀 열심히 할걸.

후회하다: to regret 속도위반하다: to speed 벌금 나오다: to get a ticket · to get fined 다신: again (short for '다시는') 과속: speeding 아무래도: It seems ... · maybe 지다: to lose · to be defeated 연습: practice

후회막심이야. · 후회막심이에요.

1. I'm going crazy with regrets. · I'm so full of regrets.
= 후회막급이야. · 후회막급이에요.

: 이미 잘못한 일에 대해서 크게 후회할 때 쓰는 표현.
an expression used when you deeply regret something you've already done

A: 얼굴이 퉁퉁 부었네. 어제 또 라면 먹고 잤어?
B: 응, 후회막심이야.

A: 모임에 왜 안 나왔어요? 진짜 재밌었는데.
B: 자느라고요... 후회막심이에요.

후회막급이다: be remorseful 얼굴: face 퉁퉁 붓다: to swell up 라면: ramyeon (instant noodles) 모임에 안 나오다: not to attend the meeting 자다: to sleep

후회해도 소용없어(요).

1. It's no use regretting.
= 후회해도 어쩔 수 없어(요).

: 이미 벌어진 일이라 아무리 후회해도 돌이킬 수 없음을 나타낼 때 쓰는 표현.
an expression saying that what's done is done, and there's no going back no matter how much you regret it

A: 버스 아니라 지하철을 탔어야 했어. 기차 놓쳐서 어떡해?
B: 후회해도 소용없어. 얼른 다른 교통편 알아보자.

A: 화내지 말고 참을걸. 내가 왜 그랬을까요?
B: 후회해도 소용없어요. 이미 지난 일이에요.

> 소용없다: It's no use ~ 지하철: subway 기차(를) 놓치다: to miss a train 얼른: quickly · to hurry up and 교통편: transportation (option) 알아보다: to look for 화내다: to get angry · to blow up 참다: to hold back 지난: of the past

힘내(요)!

1. Cheer up!
= 기운 내(요)! · 파이팅!

: 용기와 의욕이 생기도록 격려하고 응원할 때 쓰는 표현.
an expression to boost one's courage and motivation

A: 요즘 하는 일마다 되는 일이 없어.
B: 힘내! 좋은 날이 꼭 올 거야.

A: 오늘 대학원 면접 보러 가요. 너무 떨려요.
B: 힘내요! 파이팅!

> 힘내다: to cheer up 요즘 되는 일이 없다: Nothing is working out these days. 대학원: graduate school 면접 보다: to have an interview 떨리다: be nervous

힘들 것 같아(요).

1. I'm afraid I can't.
= 어려울 것 같아(요).

ㅎ

: 어떤 일이 이뤄질 가능성이 낮다고 생각하거나 곤란할 것 같을 때 쓰는 표현.
an expression used when you think something is unlikely to be accomplished or out of your reach

A: 이사 혼자 할 수 있겠어?
B: 아니, 힘들 것 같아. 좀 도와 줘!

A: 합창 대회에서 우승할 자신 있어요?
B: 아뇨, 힘들 것 같아요.

> 힘들다: be difficult to achieve 어렵다: be unlikely to happen 합창 대회: choir competition
> 우승하다: to win the cup 자신(이) 있다: be confident of 이사: moving 혼자: by oneself

2. It must be really tough.
= 힘들겠어(요).

: 누군가가 어려운 처지에 놓였음을 예상할 때 쓰는 표현.
an expression used when anticipating that someone would be in a challenging situation

A: 안나 씨 소식 들었어? 부모님이 교통사고 당하셨다면서?
B: 응, 안나 씨가 많이 힘들 것 같아.

A: 정 대리가 사장님한테 완전 찍힌 것 같아요.
B: 그러게요. 민수 씨 회사 생활이 앞으로 많이 힘들 것 같아요.

> 소식(을) 듣다: to hear of 부모님: parents 교통사고(를) 당하다: to get into a car accident 사장님:
> boss · president 완전 찍히다: to get busted 회사 생활: business life 앞으로: be going to

3부

한국어 수업에서
말하기 문법
가르치기

Teaching Speaking
Grammar in
Korean Classes

한국어 수업지도안 1

언어 수준: 초급

목표 기능: 감사 표현하기

목표 표현: 와 주셔서 고맙습니다. 그동안 감사했습니다. 눈물 나게 고마워요.

수업 시간: 50분

준비물: ppt 자료(글, 사진), 카드나 엽서

도입

- 오늘의 목표 기능인 '감사 표현하기'와 관련된 이야기를 이끌어냄으로써 오늘의 수업 목표를 자연스럽게 소개한다.
- 생일 파티나 결혼식에서 인사하는 모습, 선물을 받고 좋아하는 모습 등 '감사'를 추측할 수 있는 사진을 보여 주며 학습자의 스키마를 활성화시킨다.
- 교사는 사진을 보여 주면서 감사 표현의 상황과 관련된 질문을 한다.

  예) 상황① "아파서 병원에 가야 하는데 한국어를 잘 못해요. 한국 친구가 병원에도 같이 가주고 통역도 해 줬어요. 그 친구에게 뭐라고 인사해요?"

  상황② "친구들을 생일 파티에 초대했어요. 친구들이 내 생일 파티에 왔어요. 친구들에게 뭐라고 인사해요?"

  상황③ "여러분이 한국에서 공부를 마치고 고향에 돌아갈 거예요. 헤어질 때 사람들에게 뭐라고 인사해요?"

- 오늘의 목표 기능이 '감사 표현하기'임을 분명히 하고 목표 표현을 제시한다.
- 〈Korean 말말말 사전〉에 제시되어 있는 예문을 보여 주고 교사는 천천히 대화문을 읽는다.

눈물 나게 고마워(요). A: 이 가방 내가 정말 아끼는거 알지? 너 줄게. B: 진짜지? 눈물 나게 고마워. A: 덕분에 운전 면허 시험 합격했어요. 눈물 나게 고마워요. B: 어머, 잘됐네요. 축하해요!	도움이나 선물에 대한 고마움을 강조할 때
와 주셔서 고맙습니다. A: 와 주셔서 고맙습니다. B: 초대해 주셔서 감사합니다. A: 결혼 축하합니다. B: 바쁘신데 와 주셔서 고맙습니다.	방문객에게 감사한 마음을 나타낼 때
그동안 감사했습니다. A: 덕분에 잘 있다 갑니다. 그동안 감사했습니다. B: 자주 연락합시다. 잘 가요! A: 이제 떠난다고 하니 서운하군요. B: 네, 그동안 감사했습니다.	헤어질 때 상대방에게 그간의 감사함을 나타낼 때

- 각 표제어의 유사 표현 '정말 고마워요.', '와 주셔서 감사합니다.', '그동안 고마웠습니다.', '그간 감사했어요.'도 언급한다.
- 세 개의 표현이 모두 "감사"를 나타내지만 각각 다른 의미가 있음을 학습자에게 설명한다.

연습

1) 대화문 읽기

- 학습자들이 목표 표제어를 익힐 수 있도록 대화문 예시 부분을 반복해서 읽는다.
- 교사가 먼저 읽고 학습자가 따라 읽는다. 문장이 길어서 따라 하지 못할 경우에는 의미 단위로 끊어서 읽도록 한다. 처음에는 학생 전체가 합창하듯이 따라 읽고 이후에 개인 연습을 한다.

교　사: 감사했습니다.
학생들: 감사했습니다.

교　사: 그동안 감사했습니다.
학생들: 그동안 감사했습니다.

---

2) 문장 완성하기

- 상황에 맞는 감사 표현을 사용할 수 있도록 연습한다.

예

> 〈보기〉 그동안 감사했습니다　　눈물 나게 고마워요　　와 주셔서 고맙습니다

1. 대화에 들어갈 말을 〈보기〉에서 골라 대화를 완성하세요.

　1) A: 잘 있다 갑니다. _____.
　　 B: 집에 도착하면 연락하세요. 잘 가요!

　2) A: 제 연주회에 _____.
　　 B: 별말씀을요. 정말 멋진 연주였어요!

　3) A: 와! 이 표를 어떻게 구했어요? 정말 _____.
　　 B: 콘서트에 꼭 가고 싶어 했잖아요.

활용

- 3~4명씩 조별로 모여 앉아 한국에서 언제, 누구에게 감사했는지, 왜 감사한지를 이야기해 본다. 배운 목표 표현을 사용해서 고마운 사람에게 카드를 쓰고 발표하게 한다.
- 카드 쓰기를 어려워할 수 있으므로 교사가 먼저 견본이 되는 실물 카드나 사진을 준비해서 보여 준다.

마무리

- 오늘 학습한 표현들을 정리한다.
- 오늘 쓴 카드를 감사한 사람에게 직접 전달하고, 학습한 표현들을 실생활에서 사용해 보는 것을 과제로 제시한다.

한국어 수업지도안 2

언어 수준: 중급

목표 기능: 초대하기, 제안을 수용하기·거절하기

목표 표현: 고맙지만 사양할게(요). 됐어(요). 그건 좀 곤란해(요).

그건 좀 그런데(요). 그래 주면 고맙지(요). 그래 줄래(요)?

그렇게 해 줄래(요)? 나야 좋지(요)! 그게 좋겠다.

그게 좋을 것 같아(요). 그날은 선약이 있어(요).

오늘은 힘들겠는데(요). 안 될 거 같은데(요). 언제든지(요).

난 아무 때나 괜찮아(요).

수업 시간: 50분

준비물: 초대, 제안 상황을 나타낸 ppt 자료(글, 그림, 사진, 영상 등)

도입

- 오늘 수업의 목표 기능인 '초대하기/제안 수용하기/제안 거절하기'와 관련된 이야기를 통해 목표를 자연스럽게 노출한다.

- 교사가 상대의 초대나 제안에 수락 또는 거절하는 여러 상황을 제시하면 학생들은 한국어로 어떻게 말하면 적절할지 자유롭게 답하는 시간을 가진다.

  예) 상황① "친구가 집들이에 초대를 했어요. 그런데 친구가 초대한 날에 다른 약속이 있어서 집들이에 갈 수 없어요. 한국어로 어떻게 말하면 좋을까요?"

상황② "친구가 영화를 보러 가자고 해요. 그런데 오늘은 너무 피곤
해서 영화를 보고 싶지 않아요. 어떻게 말하면 좋을까요?"
상황③ "아주 추운 날이에요. 친구가 차로 집까지 데려다 준다고 해
요. 그 말이 아주 반가웠어요. 이때 어떻게 말하면 좋을까
요?"
상황④ "반대로 그 친구가 좀 불편해요. 그 친구를 별로 좋아하지
않아요. 혼자 가고 싶어요. 이런 경우 어떻게 말하면 좋을까
요?"

제시

- 오늘의 목표 기능이 "상대방의 초대, 제안을 수용 또는 거절하기"임을
이야기하고 목표 표현을 제시한다.
- 상대의 초대에 긍정의 의미로 답할 때 사용하는 "언제든지(요)./난 아
무 때나 괜찮아(요).", 부정의 의미로 답할 때 사용하는 "그날은 선약이
있어(요)./오늘은 힘들겠는데(요)./안 될 거 같은데(요)."의 의미와 용법
을 〈Korean 말말말 사전〉을 활용하여 제시한다.
- 상대의 제안을 기꺼이 수용할 때 사용하는 "그래 주면 고맙지(요)./그
래 줄래(요)?/그렇게 해 줄래(요)?/나야 좋지(요)!/그게 좋겠다./그게 좋
을 것 같아(요).", 상대의 제안을 거절할 때 사용하는 "고맙지만 사양할
게(요)./됐어(요)./그건 좀 곤란해(요)./그건 좀 그런데(요)."의 의미와 용
법을 〈Korean 말말말 사전〉을 활용하여 제시한다.
- 〈Korean 말말말 사전〉에 제시되어 있는 예문을 같이 읽어 본다.

연습

- 통제된 연습: 전체 학습자를 대상으로 (도입 단계에서 제시한 것처럼)
교사가 초대, 제안과 관련된 구체적인 상황을 제시하면 목표 표현을 사

용하여 이에 적절히 반응하는 연습을 한다.

예1) 교사: 이사를 해야 해요. 혼자 어떻게 짐을 옮겨야 하나 걱정이 되는데
　　　　　친구가 이사를 도와주겠다고 해요. 친구의 그 말이 정말 반가워
　　　　　요. 친구에게 어떻게 말할까요?
　　　학생: 그래 주면 고맙지./그래 줄래?/그렇게 해 줄래?/나야 좋지!

예2) 교사: 친구가 여행을 가는데 강아지를 맡길 곳이 없다면서 며칠만 돌
　　　　　봐 달라고 해요. 그런데 나는 강아지를 안 좋아해요. 친구에게
　　　　　어떻게 말할까요?
　　　학생: 그건 좀 곤란해./그건 좀 그런데.

- 유의미한 연습: 교사가 개별 학습자를 대상으로 초대나 제안을 하면
학습자들은 목표 표현을 사용하여 초대나 제안에 적절하게 대응하는
(수락 또는 거절하는) 연습을 한다.

예 1) 교사: 밥 좀 더 줄까요?
　　　학생: 아니, 됐어요./고맙지만 사양할게요.

예 2) 교사: 민수는 등산을 좋아하니까 생일선물로 등산화 어때?
　　　학생: 그게 좋겠다./그게 좋을 것 같아./그건 좀 그런데.

예 3) 교사: 나 커피숍 갈 건데 커피 한 잔 사다 줄까?
　　　학생: 나야 좋지!/그래 주면 고맙지./그래 줄래?/고맙지만 사양할게.

예 4) 교사: 잠깐 내 발표 자료 좀 봐 줄 수 있어?
　　　학생: 미안. 오늘은 좀 힘들겠는데. 급한 거야?

- 짝활동: 교사가 대화 맥락을 제시해 주면 학습자들이 짝을 지어 제시
된 맥락에 맞는 대화를 자유롭게 구성하여 말한다.

예)	A	B
	• 토요일에 B와 만나서 영화도 보고 저녁도 같이 먹고 싶다. • 액션 영화를 보고 싶다. • 한식을 좋아한다.	• 토요일에는 아르바이트를 해야 한다. 일요일에는 시간이 있다. • 코미디 영화를 보고 싶다. • 음식은 가리지 않는 편이다.

활용

- 모둠 활동: 서너 명씩 모둠을 만들어 함께 여행을 가는 상황을 가정한 후 언제 출발할 것인지, 어디로 갈 것인지, 어디에서 묵을 것인지, 교통편은 어떻게 할 것인지, 무엇을 준비할 것인지, 여행지에서 무엇을 할 것인지 등을 정하는 활동을 하게 한다. 활동을 하는 과정에서 제안하고, 목표 표현을 사용하여 그 제안을 수용하고 거절하는 말하기를 할 수 있도록 유도한다.
- 여행 계획 대신 모임 날짜와 장소 정하기, 생일 파티 계획하기, 집들이 선물 준비하기, 동아리 만들기 등의 활동을 해 볼 수도 있다.

마무리

- 오늘 배운 표현들을 정리한다.
- 실제 생활에서 오늘의 배운 표현을 사용해 보는 것을 과제로 준다.

한국어 수업지도안 3

언어 수준: 중급
목표 기능: 격려하기
목표 표현: 기운 내(세요)! 넌 할 수 있어! 바로 그거야! 바로 그거예요!
수업 시간: 50분
준비물 : PPT(사진, 영상 자료)

도입

- 오늘 수업의 목표 기능인 '격려하기'와 관련된 이야기를 통해 목표 표현을 노출시키거나 유도한다.
- 교사는 격려가 필요한 여러 상황을 제시하고 학생들과 이 상황에서 어떻게 말하면 적절할지 이야기해 본다.

  예) 상황① "안 좋은 일이 생겨서 힘들어하는 친구가 있어요. 그 친구에게 어떤 말을 해 주면 좋을까요?"
  상황② "내일 중요한 면접을 보는 친구가 있어요. 걱정하고 있는 친구에게 어떤 말을 해 주면 좋을까요?"
  상황③ "기타를 처음 배운 친구가 있어요. 그 친구가 자신 없는 표정으로 잘 쳤는지 물어봐요. 여러분은 그 친구에게 어떤 말을 해 주면 좋을까요?"

- 오늘의 목표 기능이 '격려하기'임을 이야기하고 목표 표현을 제시한다.
- '기운 내(세요)!'는 어렵거나 힘든 일을 겪고 있는 상대방을 격려할 때 쓰는 표현임을 설명한다.
- 〈Korean 말말말 사전〉에 제시되어 있는 예문을 보여 주고 같이 읽어 본다.

기운 내(세요)!

A: 고마워. 일부러 와 주고.
B: 아버지 걱정하느라 아무것도 못 먹었지? 먹고 기운 내!

A: 시험에 또 떨어졌어요. 너무 우울해요.
B: 저런, 기운 내세요! !

- 나이가 비슷하거나 가까운 사람에게는 "기운 내!", 나이가 많거나 예의를 지켜야 하는 사람에게는 "기운 내세요!"를 사용함을 이야기한다.
- 유사 표현 "힘내(세요)!"도 함께 제시한다.
- 오늘의 목표 표현 "넌 할 수 있어!(상황②)","바로 그거야! 바로 그거예요!(상황③)"도 이와 같은 방식으로 제시한다.

연습

1. 〈보기〉에서 알맞은 표현을 골라 대화를 완성하고 짝과 함께 연습한다.

> 〈보기〉 기운 내(세요)   넌 할 수 있어   바로 그거야 /바로 그거예요

1) A: 한국어로 발표하는 게 처음인데... 잘할 수 있겠지?
   B: 그럼, 어제 열심히 준비했잖아. _____.

2) A: 선생님, 김치찌개에 넣을 김치는 이렇게 썰면 돼요?

B: 네~ _____.

3) A: 어제 어머니가 쓰러지셔서 입원하셨대요. 걱정이 돼서 한숨도 못 잤어요.

   B: _____. 괜찮으실 거예요.

2. 교사는 학습자들에게 목표 표현을 사용할 수 있는 상황을 제시하여 격려의 말을 전하는 연습을 한다.

예 1) 교사: 이번에는 다이어트 꼭 성공할 수 있겠지?

   학생: (물론이지. 넌 할 수 있어.)

예 2) 교사: 요즘 회사 생활이 너무 힘들어요. 매일 혼나기만 하고, 일은 얼마나 많은지...

   학생: (기운 내세요.)

예 3) 교사: 민수야, 동영상 이렇게 찍으면 되는 거야?

   학생: (맞아! 바로 그거야!)

활용

- 두 명이 짝을 지어 격려가 필요한 상황을 제시하고 이때 어떤 격려의 말이 필요한지 역할극으로 구성하여 발표하게 한다.
- 구체적인 상황을 떠올리지 못하는 경우, 교사가 예를 제시한다.

마무리

- 오늘 학습한 표현들을 정리한다.
- 실생활에서 오늘 학습한 표현들을 사용해 보는 것을 과제로 제시한다.

한국어 수업지도안 4

언어 수준: 고급
목표 기능: 놀라움 표현하기
목표 표현: 간 떨어질 뻔했어(요). 아유, 깜짝이야! 엄마야! 세상에!
수업 시간: 50분
준비물:　영상, 사진

도입

- 오늘 수업의 목표 기능인 '놀라움 표현하기'와 관련된 말하기를 통해 오늘의 수업 목표를 자연스럽게 노출시킨다.

  예) "선생님이 학교 오는 길에 누군가가 등을 쳐서(동작과 함께) 정말 깜짝 놀랐어요." 그래서 간이 떨어질 뻔했어요.(동작으로 의미를 유추하게 끔 하면서) "여러분은 이렇게 놀랄 때 보통 어떻게 말해요?"
- 혹은 교실 안에서 학생을 놀라게 할 만한 상황을 만들어 학생들의 놀라는 반응을 이끌어내도 된다.

제시

- 오늘의 목표 기능이 '놀라움 표현하기'임을 분명히 하고 목표 표현을 제시한다.
- 사진을 보여 주며 '간이 떨어지다', '간이 떨어질 뻔했어(요).'가 진짜 놀

랐음을 비유적으로 말하는 표현임을 설명한다.
- 〈Korean 말말말 사전〉에 제시되어 있는 예문을 보여 주고 같이 읽어 본다.

간 떨어질 뻔했어(요). = 간 떨어질 뻔했잖아(요). · 간 떨어질 뻔했네(요). · 심장 떨어지는 줄 알았어(요). A: 뭐 해? B: 깜짝이야. 간 떨어질 뻔했어. A: 왜 그래요? B: 밤새 작업한 파일 날린 줄 알았어요. 진짜 간 떨어질 뻔했 어요.	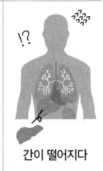 **간이 떨어지다**

- 유사 표현도 함께 제시하며 "심장 떨어지는 줄 알았어(요).'에 대해 설명 해 준다.
- '아유, 깜짝이야!', '엄마야!', '세상에!' 등도 놀랄 때 감탄사처럼 자주 사 용하며 이 표현들은 "아유, 깜짝이야! 간 떨어질 뻔했어(요)", "엄마야! 심장 떨어지는 줄 알았어(요)."처럼 비유적 표현과 동시에 사용할 수 있음을 이야기한다.

연습

- 표제어를 사용할 수 있는 사진이나 동영상 자료를 보여 주고 표현을 연 습하게 한다. 놀라는 감정을 잘 드러내도록 느낌을 살려 말하게 하되 오 늘 배운 표현을 다양하게 다 사용해 보도록 한다. 처음에는 전체적으로 대답하게 하고 익숙해지면 한 명씩 개인적으로 말해 보도록 한다.

예 1) 1박 2일의 한 장면

(https://www.youtube.com/watch?v=hFrSg5RDxYY 참조)

출연자들이 문을 열었는데 뭔가 무서운 것을 보고 깜짝 놀라는 상황을 영상으로 제시, 왼쪽 화면에서 정지, 학생들이 표현을 말하도록 한다. 충분히 다 이야기하면 그 다음 영상을 보여 준다.

예 2) 프로듀스 101

(https://www.youtube.com/watch?v=qA_D3KiWXWM 참조)

잠깐 다른 행동을 하고 있는 참가자를 치는 장면을 제시, 잠시 화면을 멈추고 참가자의 반응이 어땠을지 학생들이 표현을 말하도록 한다.

- 같은 화면을 띄워 놓고 패들렛 등을 사용하여 누가 먼저 정확한 표현을 쓰는지 연습할 수도 있다.

활용

- 학습자들의 경험을 조별 활동으로 이야기하게 한다. 살면서 언제 간이 떨어질 뻔했는지, 심장이 떨어질 뻔했는지 가장 놀랐던 경험을 배운 비유 표현을 사용해서 말하게 한다.
- 학습자들의 나라에 '간 떨어질 뻔했어요.'와 같은 비슷한 표현들이 있는지, 어디에 비유해서 말하는지 서로 나누어 본다.
- '아유, 깜짝이야!', '엄마야!' 등의 표현들도 학습자들의 나라에서는 어

떻게 표현하는지 이야기한다.

- 오늘 표현들을 정리한다.
- 실제 생활에서 놀랄 때 오늘의 표현을 한번 사용해 보는 것을 과제로 부과한다.
- 이 표현을 사용한 경험을 핸드폰에 녹음해서 파일로 제출하게 한다.
- 교수자가 과제를 들어 보고 가장 재미있고 실감 나게 이야기를 한 사람을 정해 다음 수업 시간에 들려준다.

찾아보기

가까스로 44, 49

가는 날이 장날이라더니 44

가능하겠어(요)? 415, 416

가리는 거 없어(요). 45

가리지 않아(요). 45

가만두지 않을 거야(거예요). 45

가만 안 둬(요). 45

가만히 좀 있어 볼래(요)? 46

가만히 좀 있어 봐(요). 46

가만히 좀 있어(요). 46

가망 없을 거 같아(요). 46

가지 말까(요)? 50

간단히 말하면 301

간단히 말하자면 48, 303

간단히 말해서 48

간담이 서늘했어(요). 47

간 떨어질 뻔했네(요). 47

간 떨어질 뻔했어(요). 47

간 떨어질 뻔했잖아(요). 47

간략하게 말하면 48

간섭하지 마(세요). 48, 252, 401

간섭하지 마(요). 251

간신히 44, 49

간이 콩알만 해졌어(요). 47

갈까(요) 말까(요)? 50

갈 시간 됐어(요). 49

갈 시간이야. 49

갈 시간이에요. 49

감사합니다. 56

감사해(요). 56

감사히 먹겠습니다. 50, 335

감사히 먹을게요. 50

같은 거로 주세요. 51

같은 거 주세요. 51

거기 누가 있어요? 51

거기 누구야? 51

거기 누구예요? 51

거기 맛있어(요). 65

거의 불가능해(요). 412

거짓말 마(세요)! 52

거짓말하고 있네. 232

거짓말하지 마(세요)! 52

거참 51

걱정도 팔자다. 53

걱정돼 떠나지 못하겠어(요). 216

걱정 마(세요). 52

걱정스러워(요). 372

걱정하지 마(세요). 52, 252

건강은 괜찮으세요? 53
건강은 좀 어떠세요? 53
건강하세요! 54
건강하시길 빌어요. 54
건강하십시오. 54
건배! 54, 309
겨우 44, 49
견뎌 봐(요). 54
결국 55
결론을 말하자면 55
결론적으로 55
결사반대! 55
결사반대야! 55, 130
결사반대예요! 55
경치가 끝내줘(요). 94
계속하렴. 56
계속해(요). 56
고마워(요). 56
고맙습니다. 56
고맙지만 괜찮아(요). 57
고맙지만 됐어(요). 57
고맙지만 사양할게(요). 57
고생 많았어(요). 57
고생하셨습니다. 244
고생했어(요). 57
곤란한데(요). 266
곧 연락드릴게요. 214
과연 그럴까(요)? 58
관둬(요). 58
관심 1도 없어(요). 355
괜찮겠어요? 59
괜찮겠죠? 221
괜찮겠지(요)? 221, 263

괜찮아(요). 59, 77, 339
괜찮았어(요). 116
괜찮을까(요)? 60
괜한 짓 하지 마(세요)! 257
괜히 말했어(요). 61
굉장한 건 아니지만 157
굉장히 놀랐어(요). 107
굉장히 있어 보여(요). 61
굉장히 좋아해(요). 393
구경 좀 하려고요. 61
구경 좀 할게요. 61
구급차 불러(요)? 327
국룰이지(요). 285
굳이 그럴 거 없어(요). 62, 88
굳이 그럴 거 있어(요)? 62, 88
궁금한 거 있어(요)? 362
궁금한 게 있는데(요). 395
궁금한 게 있어(요). 395
귀찮게 하지 마(세요). 62, 354
귀찮게 하지 말라고! 63
귀찮게 하지 말랬지? 63
그간 감사했어요. 79
그거 빼고 66
그거 빼고는 66
그거 알아(요)? 66, 131
그거 영어로(는) 뭐야? 67
그거 영어로(는) 뭐예요? 6, 67
그거 영어로 뭐라고 해(요)? 67
그거 좋네(요). 67, 76
그거 좋은데(요). 67
그거 좋은 생각이야. 67
그거 좋은 생각이에요. 67
그건 곤란해(요). 69

그건 그렇고 67
그건 아니고(요). 68, 75
그건 안 돼(요). 69
그건 절대 불가능해(요)! 86
그건 좀 곤란한데(요). 69
그건 좀 곤란해(요). 69
그건 좀 그런데(요). 70
그건 좀 아닌 것 같은데(요). 70
그건 좀 어려울 것 같은데(요). 69
그건 좀 힘들어(요). 69
그걸 내가 어떻게 알아(요)? 70, 121
그걸 누가 모르나(요)! 71, 115
그걸 누가 몰라(요)? 71
그게 가당하기나 해(요)? 71
그게 당연하지(요). 72
그게 당연한 것 아닌가(요)? 72
그게 대수야? 387
그게 대수예요? 387
그게 더 나아(요). 73
그게 더 좋아(요). 73
그게 말이 돼(요)? 71, 77
그게 무슨 뜻이야? 73
그게 무슨 뜻이에요? 73
그게 무슨 말씀이세요? 74
그게 무슨 말씀이신지요? 74
그게 무슨 말이야? 73, 161
그게 무슨 말이에요? 73, 161
그게 뭐가 중요해(요)? 72
그게 뭐 대수야? 72
그게 뭐 대수예요? 72
그게 뭐야? 75
그게 뭐예요? 75
그게 뭐 큰일이야? 72

그게 뭐 큰일이에요? 72
그게 뭔데(요)? 75
그게 아니고(요). 68, 75
그게 아니라(요). 68, 75
그게 좋겠다. 76
그게 좋겠어(요). 76
그게 좋을 것 같아(요). 76
그게 지금 말이 된다고 생각해(요)? 77
그날은 선약이 있어(요). 77
그날은 약속이 있어(요). 77
그냥 가만히 있어(요)! 412
그냥 그래(요). 97
그냥 넘어가 줄게(요). 146
그냥(요). 78
그냥 잊어버려(요). 77
그냥저냥(요). 84
그냥 좀 둘러볼게요. 61
그니까(요). 78, 82, 83
그다음에는 63
그다음으로는 63
그동안 감사했습니다. 79
그동안 고마웠습니다. 79
그래서 말인데(요) 81
그래야지(요). 81
그래(요)? 82
그래(요). 80
그래 주면 감사하지(요). 79
그래 주면 고맙지(요). 79, 80
그래 줄래(요)? 79, 80, 93
그러게 말이야. 82, 83, 124
그러게 말이에요. 82, 83, 124
그러게(요). 124
그러니까 네가 하고 싶은 말은 123

그러니까 내 말은 130
그러니까 말이야. 82, 83
그러니까 말이에요. 82, 83
그러다간 큰일 나(요). 83
그러다 큰일 나(요). 83
그러려고 한 건 아닌데 89
그러세요. 92
그러지 마(세요)! 84, 86
그럭저럭 괜찮아(요). 85
그럭저럭(요). 84
그런가 봐(요). 87
그런 거 같아(요). 87
그런 것 같기도 해(요). 87
그런 것 같아(요). 87
그런대로 괜찮아(요). 85
그런대로(요) 84
그런데 67
그런데 말야 98
그런데 말이야 67, 87, 329
그런데 말이에요 87, 98, 329
그런데 말이지(요) 87, 98
그런데요 346
그런데 있지 67
그런데 있지(요) 87, 98
그런 말은 뭐 하러 해(요)? 85
그런 말 하지 마(세요)! 86
그런 소리는 왜 해(요)? 85
그런 소리 마(세요). 85, 86
그런 의도는 아니었는데 89
그런 일은 안 일어나(요)! 86
그런 일은 없어(요)! 86
그런 일은 없을걸(요). 86, 93
그럴 거까지 뭐 있어(요)? 88

그럴 거까진 없어(요). 88
그럴 기분 아니야. 112
그럴 리(가) 없어(요). 88, 89, 260
그럴 리가(요). 58, 88, 89
그럴 생각은 없었는데 89
그럴 수도 있지(요). 90, 255
그럴 필요 없어(요). 62
그럼 그렇지(요). 278
그럼 네가 해! 90
그럼 네가 해 보든가! 90
그럼 네가 해 봐! 90
그럼 들어가(세요). 91
그럼(요). 91, 199
그럼 좋지(요)! 117
그렇게는 안 될걸(요). 93
그렇게 원한다면 358
그렇게 하는 거 맞아(요). 214
그렇게 하면 돼(요). 92
그렇게 하면 맞아(요). 92
그렇게 하세요. 92
그렇게 해야지(요). 81
그렇게 해요. 92
그렇게 해 주(시)겠어(요)? 93
그렇게 해 줄래(요)? 93
그렇고말고(요). 82
그렇지? 133
그렇지 않아(요)? 93, 265
그렇지(요)? 93
그렇지(요). 80
그리웠어(요). 223
그림 같아(요). 94
그만 끊을게(요). 320
그만 놀려(요). 94

그만두겠습니다. 96
그만두고 싶어(요). 166
그만둘게요. 96
그만둬(요). 58, 95
그만 들어가(요)! 117
그만 좀 하세요. 96
그만 좀 할래(요)? 95
그만 좀 해(요)! 95
그만 좀 해(요). 94, 354
그만하면 좋겠어요. 96
그만하세요. 96, 269
그만해(요). 16, 58, 94, 95, 269
그만 화 풀어(요). 95
그 말도 맞지만 64
그 말도 일리가 있지만 64
그 밖에는 65, 66
그 소식 들었어(요)? 66
그 식당 맛있어(요). 65
그야 모르지(요). 97
그야 알 수 없지(요). 97
그 얘기 들었어? 131
그 얘긴 관둬(요). 64
그 얘긴 그만둬(요). 64
그 얘긴 처음 들어(요). 100
그 얘긴 하지 마(세요). 64
그 외에는 65, 66
그저 그래(요). 97
그 집 맛집이야 65
그 집 맛집이에요. 65
극혐! 98
극혐이야! 98
극혐이에요! 98
근데(요) 67, 98

근데 있잖아(요) 87, 98
글렀어(요). 46
글쎄(요). 99
금강산도 식후경. 99
금강산도 식후경이라는데 99
금시초문인데(요). 100
급해(요)! 100
기가 막히네(요). 176
기가 막히죠? 100
기가 막히지(요)? 100
기분 나빠(요). 102
기분 나빠 죽겠네(요). 101
기분 나쁘셨다면 사과할게요. 102
기분 상했어(요). 102
기분이 어때(요)? 103
기분 좋은 일 있어(요)? 197
기억나(요)? 103
기억 안 나(요)? 103
기운 내(요)! 423
길이 너무 막혔어(요). 105
길 좀 비켜 주세요. 104
김치! 105
까마귀 제 소리 하면 온다더니 421
까먹었어(요). 106
까먹을 뻔했다. 329
까불고 있네. 106
까불지 마. 106
깎아 주세요. 257
깜빡할 뻔했다. 329
깜빡했어(요). 106
깜짝 놀랐잖아(요). 107
깜짝이야! 264
깜짝이야. 288

꺼져! 107
꺼져 버려! 107
꼭 그런 건 아니야. 108
꼭 그런 건 아니에요. 108
꼭 그렇다고 할 순 없어(요). 108
꼭 그렇다면 358
꼭 그렇진 않아(요). 108
꼭 기억할게(요). 330
꽝이야! 108
꽝이에요! 108
꿈 깨(셔)! 109, 110
꿈 깨시지! 109
꿈도 꾸지 마(세요)! 109
꿈도 야무져. 110
꿈도 야무지군! 110
꿈도 야무지네. 109
꿈만 같아(요). 110
끔찍해! 98
끝내주지(요)? 100
끝이야! 111
끼어들고 싶진 않지만 400
끼어들지 마(세요)! 48, 401

나 같으면 안 그럴 거야. 116
나 같으면 안 그럴 거예요. 116
나 기분 별로야. 112
나 기분 안 좋아. 112
나도 그래(요)! 114
나도 나도! 114
나도 당연히 알지(요)! 71
나도 마찬가지야! 114

나도 마찬가지예요! 114
나도 말 좀 합시다. 114
나도 몰라! 121
나도 몰라(요). 70
나도 알거든(요)! 115
나도 얘기 좀 할게요. 114
나도 참을 만큼 참았어(요). 115
나도 할 만큼 했어(요). 115
나라고 알겠니? 121
나라면 112
나라면 그렇게 안 할 거야. 116
나라면 그렇게 안 할 거예요. 116
나라면 안 그럴 거야. 116
나라면 안 그럴 거예요. 116
나를 말렸어야지(요)! 113
나 무시하는 거야? 388
나쁘지 않아(요). 182
나쁘진 않았어(요). 116
나서지 마(세요)! 401
나야 좋지(요)! 117
나였다면 112
나오지 마(세요)! 117
나잇값 좀 해(요)! 118
나 좀 건드리지 마! 113
나 좀 내버려 두라니깐! 63
나 좀 내버려 둬(요). 113, 354
나 좀 말리지 그랬어(요)! 113
나중에 전화 드려도 될까요? 365
나한테 맡겨(요). 118
나한테 이럴 줄 상상도 못했어(요). 283
난 관심 없어(요). 119
난들 알겠니? 121
난들 알아(요)? 70

난리 났네, 난리 났어! 121
난 모르겠는데(요). 119
난 모르는데(요). 119
난 몰라(요). 119
난 상관없어(요). 119
난 아무 때나 괜찮아(요). 120
난 (아무래도) 괜찮아(요). 119
난 (아무래도) 상관없어(요). 119
난 할 수 있어(요)! 120
날 바보로 생각해(요)? 145
날씨가 참 좋네(요). 122
날씨가 참 좋죠? 122
날 좀 내버려 두라고! 63
날 좀 내버려 둬(요)! 62
날 좀 믿어(요). 123
남의 일에 참견 마(세요)! 122
낯빛이 별로 안 좋아(요). 268
내가 경고했다! 125
내가 계산할게(요). 126
내가 괜한 걸 물었어(요). 199
내가 나중에 전화할게(요). 126
내가 낼게(요). 126
내가 너라면 112
내가 듣기로는 127, 128
내가 듣기론 127, 128
내가 들은 얘기로는 127
내가 들은 얘기론 127
내가 뭐랬어? 71
내가 미쳤나 봐(요). 127
내가 미쳤었나 봐(요). 127
내가 보기에는 125
내가 보기엔 125
내가 볼 때는 128

내가 볼 땐 128
내가 분명히 말했다! 125
내가 살게(요). 126
내가 생각하기에는 125
내가 생각하기엔 125
내가 실수한 거야? 129
내가 실수한 거예요? 129
내가 쏠게(요). 126
내가 알기로는 127, 128
내가 알기론 127, 128
내가 알아서 할게(요). 316
내가 왜 그랬을까(요)? 129
내가 왜 말했을까(요)? 61
내가 이따가 전화할게(요). 126
내가 잘못한 거야? 129
내가 잘못한 거예요? 129
내가 전해 듣기로는 127
내가 전해 듣기론 127
내가 정신이 나갔나 봐(요). 129
내가 좀 봐도 돼(요)? 270
내가 좀 이따 연락할게(요). 126
내가 좀 잘해! 130
내가 죽기 전엔 안 돼! 130
내가 쫌 하지! 130
내가 틀렸어(요)? 124
내가 하고 싶은 말은 130
내가 하고 싶은 얘기는 130
내가 하지 말라고 했잖아(요). 131
내가 하지 말랬지(요)? 131
내가 할게(요)! 118
내게 묻지 마! 121
내 눈에 흙이 들어가기 전엔 안 돼! 130
내 말대로 해(요). 1/3

내 말 들려(요)? 334
내 말 들어(요)! 122
내 말 들어(요). 173
내 말 알아들었어(요)? 194
내 말은 123
내 말이(요). 83, 124
내 말이 그 말이야. 83, 124
내 말이 그 말이에요. 83, 124
내 말이 맞잖아. 71
내 말이 맞지? 71, 133
내 말이 바로 그거야. 124
내 말이 바로 그거예요. 124
내 말이 틀려(요)? 124, 265
내 말 이해했어(요)? 194
내 말 정말이야. 123
내 말 정말이에요. 123
내 말 좀 들어 봐(요). 260
내 말 좀 들을래(요)? 122
내 말 좀 믿어(요). 123
내 생각도 같아(요)! 114, 213
내 생각에는 125, 128
내 생각엔 125, 128
내 얘기 좀 들어 봐(요). 260
내 집처럼 생각해(요). 125, 409
내 집처럼 편하게 지내(요). 125
냅두라고! 63
냅두라니까! 63
냅둬(요)! 62
너 그 얘기 알아? 131
너는 상관하지 마. 141
너는 어떻게 생각해? 137
너도 그렇게 생각하지? 133
너도 마찬가지야. 234

너를 위한 선물이야. 139
너만 알고 있어. 133
너무 걱정하지 마(세요)! 135
너무 걱정하지 마(세요). 243
너무 괴로워하지 마(세요). 135
너무 기분 나빠(요). 101
너무나 불쾌해(요). 101
너무 너무 싫어! 98
너무 너무 좋아(요). 110, 133
너무 마음 아파하지 마(세요). 135
너무 마음 아프네(요). 134
너무 마음 졸이지 마(세요)! 135
너무 배고팠어(요). 217
너무 별로였어(요). 420
너무 불안해. 227
너무 비싸게 샀네(요). 213
너무 뻔해. 231
너무 속 끓이지 마(세요)! 135
너무 속상해하지 마(세요). 135
너 무슨 일 있어? 132
너무 싫다! 393
너무 싫어! 255
너무 싫어(요). 136
너무 아까워. 258
너무 아팠어(요). 384
너무 안타까워(요). 134
너무 애태우지 마(세요)! 135
너무 재미없었어(요). 391
너무 좋아(요). 378
너무 피곤해 보여(요). 189
너무 피곤해(요). 135
너무 후회된다. 422
너무 힘들어(요). 136

너 미쳤구나! 132
너 왜 그래? 132
너 정신 나갔구나! 132
너 제정신(이) 아니구나! 132
너한테 딱이다. 136
너한테만 말하는 거야. 133
너한테 안성맞춤이다. 136
넌 끼어들지 마! 138
넌 늘 그런 식으로 말하더라. 137
넌 늘 그런 식이야. 137
넌 늘 그렇게 말하더라. 137
넌덜머리 나(요). 390
넌 상관 마! 138
넌 어때? 137
넌 어떻게 지냈어? 138
넌 잘 지내? 138
넌 잘할 수 있을 거야! 139
넌 잠자코 있어! 138
넌 좀 빠져! 138
넌 좀 빠지세요. 138
넌 할 수 있어! 138
널 위해 준비했어. 139
네가 무슨 상관이야? 141
네가 알기나 해? 142
네가 참아. 142
네까짓 게 뭘 안다고 그래? 142
네까짓 게 뭘 알아? 142
네 말대로 140
네 말대로 하자. 140
네 말대로 할걸. 139
네 말 들을걸. 139
네 말이 맞아. 141, 180
네 말처럼 140

네 말처럼 하자. 140
네 생각은 어때? 137
놀랍다! 297
놀래라! 264
농담이지(요)? 52, 345
농담하지 마(세요)! 52
누가 그래(요)? 143, 272
누가 그렇게 말했어(요)? 143
누가 말리겠어(요)? 191
누구시라고 전할까요? 144
누구시라고 전해 드릴까요? 144
누구 찾아오셨어요? 143
누구한테 들었어(요)? 143, 272
누구한테 하는 말이야? 144
누구한테 하는 말이에요? 144
누구한테 하는 소리야? 144
누구한테 하는 소리예요? 144
누굴 만나러 오셨어요? 143
누굴 바보로 알아(요)? 145
누굴 찾으세요? 143
누려(요)! 386
누워서 떡 먹기야. 145, 251
누워서 떡 먹기예요. 145, 251
눈 감아 줄게(요). 146
눈물 나게 고마워(요). 146
눈이 높아(요). 147
눈치가 백단이에요. 148
눈치가 빨라(요). 148
눈치 백단이야. 148
느낌이 어때(요)? 103
늘 그런 건 아냐. 148
늘 그런 건 아니에요. 148, 151
늘 그렇진 않아(요). 148

늘 확실해(요). 284

다 귀찮아(요). 149
다 그냥 그런데(요). 149
다 그래(요). 308
다 그런 거 아니겠어(요)? 150
다 그런 거야. 150
다 그런 거예요. 150
다 그저 그래(요). 149
다른 방법이 없잖아(요). 282
다른 질문 있어요? 152
다 소용없어(요). 150
다시 말해 봐(요). 151, 205
다시 말해 줘(요). 151
다시 안 그러면 되잖아(요). 153
다시 한번 더 말해 주세요. 152
다시 한번 더 말해줄래(요)? 204
다시 한번 말씀해 주시겠어요? 152
다시 한번 말해 봐(요). 151
다 쓸데없어(요). 150
다음부터는 주의하세요. 154
다음부터 안 하면 되잖아(요). 153
다음부턴 그러지 마(세요). 153
다음부턴 그러지 마세요. 154
다음부턴 안 그러셨으면 좋겠어요. 154
다음에 다시 들를게(요). 154
다음에 다시 올게(요). 154
다음에 또 와(요). 167
다음에 만나. 155
다음에 보자. 155
다음에 봬요. 155

다음에 뵐게요. 155
다음엔 그러지 마(세요). 153
다음 질문 받을게요. 152
다음 질문(하세요)! 152
다 잘될 거야. 151, 188
다 잘될 거예요. 151, 188
다 좋아(요). 45
닥쳐! 155
단도직입적으로 말하면 156
닭살 돋아(요). 241
당신 말이 맞아요. 180
당연하지(요)! 156
당연하지(요). 91, 199
당연한 거 아니야? 156
당연한 거 아니에요? 156
당연한 말씀입니다. 390
대단하다! 210
대단한 건 아닌데(요) 157
대단한 건 아닙니다만 157
대단히 죄송합니다. 203
대박! 157, 253, 341, 419
대박 났네! 157
대박이다! 157
대찬성! 158
더는 못 참겠어(요). 159
더는 못 참아(요). 159
더는 못 해! 111
더 생각해 볼게(요). 158
더 생각해 봐야겠어(요). 158
더 없어(요)? 314
더 이상은 못 참아(요). 159, 401
덕분에 즐거운 시간 보냈어(요). 159
덕분에 즐거웠어(요). 159

덤벼! 160
덤벼 봐! 160
도대체 몇 번째야? 160
도대체 몇 번째예요? 160
도대체 무슨 소리야? 161
도대체 무슨 소리예요? 161
도대체 왜 그래(요)? 161
도대체 왜 그러는 거야? 298
도대체 왜 그러는 거예요? 298
도대체 이유가 뭐래? 161
도대체 이유가 뭐예요? 161
도로가 꽉 막혔어(요). 105
도와주세요! 162
도와줘요! 162
도전해 봐(요). 415
돈 많이 버세요! 226
돌았군 209
돌았니? 361
돌았다! 209
돌았어! 162
돌았어. 209
동감이에요. 351
됐고(요). 162
됐어(요). 58, 162, 163, 252
두고 봐(요)! 164
두말하면 잔소리! 156
두말하면 잔소리죠. 164
두말하면 잔소리지(요). 164
둘러대지 마(세요). 410
드리고 싶은 말이 있는데요. 347
드릴 말씀이 있는데요. 347
듣기 싫어(유) 220
듣던 중 반가운 소리네(요)! 165

등골이 오싹했어(요). 47
딱 걸렸어(요). 165
딱 들켰어(요). 165
딱이네. 268
딱이네요. 268
딱이야! 166
딱이에요! 166
딱 좋네(요)! 166
딱 좋을걸(요). 166
때려치우고 싶어(요). 166
떠날 시간이야. 49
떠날 시간이에요. 49
또 그러는군(요)! 168
또 놀러 와(요). 167, 332
또 만나(요). 167
또 봐(요). 167
또 시작이군(요)! 168
또 이러(시)면 곤란해(요). 168
또 이러(시)면 안 돼(요). 168
뜨거워! 270

마감 임박! 169
마시자! 54
마음껏 드세요. 172
마음대로 하세요. 381
마음에 드세요? 177
마음에 들어(요)? 177
마음에 들지 않아(요). 170
마음에 안 들면 어쩌지(요)? 169
마음에 안 들어(요). 170
마음에 안 차면 어떻게 하시(요)? 169

마음이 너무 안 좋네(요). 134
마음이 바뀌었어(요)? 170
마음이 변했어(요)? 170
막상막하야. 171
막상막하예요. 171
만나고 싶었어(요). 223
만나 뵙게 되어 기쁩니다. 226
만나서 기뻐(요). 171
만나서 반가워(요). 171
많이 드세요. 172
말 걸지 마(세요). 172
말 나온 김에 하는 말인데(요) 81
말도 꺼내지 마(세요). 173
말도 마(세요). 173
말도 안 돼! 319
말도 안 돼(요). 88, 89, 174
말도 안 되는 소리 하지 말고 419
말만 해(요)! 174
말문이 막히지(요)? 101
말 시키지 마(세요). 172
말씀대로 할게요. 176
말씀 많이 들었습니다. 175
말씀 좀 전해 주세요. 175
말씀 좀 전해 주시겠어요? 175
말씀 중에 죄송한데요. 175
말씀 중에 죄송합니다. 175
말씀하신 대로 따를게요. 176
말이 나왔으니 하는 말인데(요) 81
말이 돼(요)? 174
말이 되지 않아(요). 174
말이 안 나와(요). 176
말 좀 들어(요). 173
말하지 말걸 그랬어(요). 61

맘에 들어(요)? 177
맘에 들지 모르겠어(요). 178
맙소사! 178
맛없지 않아(요). 182
맛있게 드세요. 178
맛있게 먹겠습니다. 335
맛있게 먹었어(요). 179
맛있는 식당 맞네(요)! 179
맛있는 음식 좀 추천해 주세요. 289
맛있는 음식 좀 추천해 줘. 289
맛집 맞네(요)! 179
망했다. 180
망했어! 180
맞겠지(요). 278
맞는 말씀입니다. 390
맞는 말이야. 141, 180
맞는 말이에요. 180
맞아(요)? 361
맞을걸(요). 408
맞지(요)? 93
맞혀 보세요. 181
맞혀 봐. 181
머리를 좀 써 봐(요)! 181
머리를 좀 쓰라구(요). 181
먹을 만해(요). 182
먼저 가도 돼(요). 182
먼저 가도 될까(요)? 183
먼저 가든가(요). 182
먼저 가(세요). 182
먼저 가(요). 182
먼저 일어나도 될까(요)? 183
먼저 하세요. 183
먼저 하시죠. 183

멀리 안 나갈게(요). 184
멋지다! 184, 210
멋진데! 184
메모 남겨 드릴까요? 185
메시지 남겨 드릴까요? 185
몇 년생이세요? 185
몇 년생이야? 185
몇 번에 거셨어요? 186
몇 번으로 전화하셨어요? 186
몇 살이세요? 185
몇 살이야? 185
모두 다 뒤죽박죽이야. 187
모두 다 뒤죽박죽이에요. 187
모두 제 잘못이에요. 187
모두 제 탓이에요. 187
모두 집중(하세요)! 188
모든 게 엉망이야. 187
모든 게 엉망이에요. 187
모든 게 잘될 거야. 151, 188
모든 게 잘될 거예요. 151, 188
모른다고(요)? 189
모른단 말야? 189
모른단 말이에요? 189
몰골이 말이 아니네(요). 189
몰라서 물어(요)? 190
몸은 좀 괜찮아(요)? 190
몸은 좀 어때(요)? 190
몸이 좀 안 좋아(요). 190
몸이 좀 힘들어(요). 190
몸조심해(요)! 191
못 말려(요). 191
못 본 처해 줄게(요). 146
못 알아들었어(요). 192

못 해(요). 163
무난했어(요). 116
무리하지 마(요). 245
무슨 그런 사람이 다 있어(요)? 262
무슨 말씀인지는 알겠는데 192
무슨 말씀인지는 알겠어(요). 192
무슨 말씀인지는 알겠지만 192
무슨 말을 못 하겠네(요). 193
무슨 말을 하고 싶어(요)? 411
무슨 말을 해야 할지 모르겠네. 417
무슨 말을 해야 할지 모르겠어(요). 193
무슨 말이 위로가 되겠습니까? 204
무슨 말인지는 알겠는데 194
무슨 말인지 이해했어(요)? 194
무슨 문제 있어(요)? 195, 203
무슨 소리야? 194
무슨 소리예요? 194
무슨 소용이 있겠어(요)? 150
무슨 얘기예요? 194
무슨 의미로 한 말이야? 74
무슨 의미로 한 말이에요? 74
무슨 일로 전화하셨어요? 197
무슨 일을 하세요? 392
무슨 일이야? 298, 309
무슨 일이에요? 298, 309
무슨 일이 있는 건 아니겠지(요)? 195
무슨 일이 있는 건 아니지(요)? 197
무슨 일 있어(요)? 195
무슨 일 하세요? 196
무슨 좋은 소식 있어(요)? 196
무슨 좋은 일 있어(요)? 196, 197
무슨 할 말이 있겠어(요)? 198
문제없어(요). 60, 198

문제없을까(요)? 60
물러나 주세요. 104
물론이죠. 199
물론이지(요)! 156
물론이지(요). 91, 164, 199
물어본 내가 잘못이지(요). 199
물어볼 게 있는데(요). 395
물어볼 게 있어(요). 395
뭐. 233, 282
뭐가 가장 중요해? 207
뭐가 달라(요)? 202, 274, 398
뭐가 문제야? 132, 203
뭐가 문제예요? 203
뭐가 잘 안 돼(요)? 203
뭐 그런 생각을 할 수도 있겠지만 200
뭐 그렇게 생각할 수도 있겠지만 200
뭐든 얘기해(요)! 174
뭐든지 말해(요)! 174
뭐라고 말씀하셨어요? 205
뭐라고(요)? 204
뭐라고 하셨어요? 205
뭐라고 했어? 206
뭐라는 거야? 205
뭐라 드릴 말씀이 없습니다. 203
뭐래? 205
뭐 마실래(요)? 200
뭐 재미난 일 없어(요)? 201
뭐 좀 먹는 게 어때(요)? 201
뭐 좀 먹을까(요)? 201
뭐 좀 물어봐도 돼요? 202
뭐 하나 여쭤 봐도 돼요? 202
뭐 하러 그런 소리를 해(요)? 85
뭔데(요)? 206

뭔 말인지는 알지만 194
뭘 이런 걸 다. 207
뭘 이런 걸 준비했어요? 207
뭘 이렇게 많이 준비했어요? 207
뭘 이렇게 많이 차리셨어요? 207
뭣이 중헌디? 207
미안하지만 못하겠어(요). 208
미안하지만 못 할 거 같아(요). 208
미안해서 어떡하죠? 208
미안해서 어쩌죠? 208
미쳤군. 209
미쳤네. 209
미쳤다! 209
미쳤어! 162
미쳤어? 361
미쳤어. 209
미쳤어(요)? 210
믿거나 말거나 211
믿기 힘든 일이 일어났군. 418
믿든 말든 211
믿든 안 믿든 211
믿어. 211
믿어도 돼(요). 212
믿어 보세요. 211, 212
믿어 봐. 211
믿어 봐(요). 212
믿어지지 않아(요). 254
믿으세요. 211

바가지를 썼네(요). 213
바로 그거야! 213

바로 그거예요! 213

바로 전화드릴게요. 214

바르게 살자! 399

박빙이야. 171

박빙이에요. 171

반대 의견 없으신가요? 214

반대 의견 없으십니까? 214

반대 의견 있으신가요? 214

받아들일 수 없어(요). 323

발이 넓어(요). 215

발이 묶였어(요). 215

발이 안 떨어져(요). 216

밥맛이 없어(요). 327

밥 먹고 합시다. 216

밥 먹은 다음에 합시다. 216

밥은 먹고 다니냐? 217

밥은 먹었어(요)? 217

밥은 잘 먹고 사니? 217

방금 말씀드린 것처럼 375

배고파 죽는 줄 알았어(요). 217

벌써 가려고(요)? 218

벌써 떠나려고(요)? 218

벌써 포기하면 안 돼(요). 409

변덕 부리지 마(세요). 218

변명하지 마(세요). 219, 410

별거 아냐. 219, 221

별거 아니에요. 219, 221

별로 듣고 싶지 않아(요). 220

별로면 어떻게 하지(요)? 169

별로야. 97

별로예요. 97

별로인데(요). 220

별말씀을 다 하십니다. 221

별말씀을(요)! 403

별말씀을(요). 221, 342

별 수 없지(요) 282

별 의미 없어(요). 262

별 이유 없어(요). 78

별일 아니야. 219, 221

별일 아니에요. 219, 221

별일 없겠죠? 221

별일 없겠지(요)? 221, 263

별일 없는 거겠지(요)? 195

별일 없어(요). 222

별일이네(요). 223

별일 있는 건 아니죠? 197

별일 있는 건 아니지(요)? 197

보고 싶었어(요). 223

보기 좋다! 185

보나 마나 뻔해(요). 266

보나 마나야. 224, 231

보나 마나예요. 224

보나 마나지(요) 266

본론으로 들어가자. 224

본론으로 들어갑시다. 224

본업에 충실해(요). 225

본의 아니게 폐를 끼쳤네(요). 225

뵙게 되어 영광입니다. 226

부자 되세요! 226

부탁드릴 게 있는데(요). 227

부탁 좀 들어주시겠어요? 227

부탁 한 가지만 들어주시겠어요? 227

분명하지(요)? 408

불났어요! 228

불안불안해(요). 372

불안해 죽겠나. 227

불안해 죽을 것 같다. 227
불이야! 228
불쾌하셨다면 사과할게요. 102
불쾌해(요). 102
비밀을 잘 지켜(요). 328
비밀이야! 246
비밀이야. 133
비밀이에요! 246
비밀 지켜. 133
비밀 지켜(요)! 228
비밀 지켜 줄 거지(요)? 229
비밀 지켜 줄 수 있지(요)? 229
비밀 지킬 수 있지(요)? 229
비켜 주세요. 229
비행기 태우지 마(세요). 230
빠르면 빠를수록 좋아(요). 230
빨리! 231, 239
빨리 나으세요. 230
빨리 낫길 바랍니다. 230
빨리(요)! 239, 286
빨리 좀 해(요)! 248
빨리 좀 해(요). 239
뻔하지 뭐. 231
뻥까시네. 232
뻥치고 있네. 232
뻥치지 마(세요)! 52
뿌린 대로 거두는 거지(요). 331

사과드립니다. 233
사과의 말씀을 드립니다. 233
사는 게 다 그렇지(요) 233

사돈 남 말 하고 있네. 234
사람 그렇게 안 봤는데 234
사랑해(요). 235
사실은 235
사죄드립니다. · 233
살살해(요). 245
상관 마(세요)! 122
상관하지 마(세요)! 48
상관하지 마(요). 251
상상이 가(요)? 236
상상이 돼(요)? 236
상상이 안 돼(요). 236
상황 봐서 236
상황을 보고 236
상황을 본 다음에 236
새삼스럽게 237
새해 복 많이 받으세요. 237
생각나(요)? 103
생각 안 나(요)? 103
생각 좀 더 해 볼게(요). 158
생각할 시간을 더 갖지 그래요? 374
생각할 시간을 좀 주세요. 238
생각할 시간을 좀 줄래(요)? 238
생각할 시간을 좀 줘. 238
생각할 시간이 더 필요해(요). 375
생각할 시간이 좀 필요한 것 같아(요).
    238
생각할 시간이 필요해(요). 249
생일 축하해(요). 238
서둘러(요)! 231, 248
선택 기준이 높아(요). 147
선택의 여지가 없어(요). 239
설마(요)! 58, 88, 89, 394

세상에! 178, 240, 265, 276, 319
세상에 이런 곳이 다 있군(요). 240
세상에 이런 데가 다 있어(요)? 240
세상에 이런 데가 다 있군(요). 240
세월 정말 빠르다. 240
세월 참 빠르다. 240
소감이 어때(요)? 103
소름 끼쳐(요). 241
소름 돋아(요). 241
소리가 잘 들리지 않아(요) 337
소리 좀 낮춰 주세요. 241
소리 좀 낮춰 줄래(요)? 241
소리 좀 낮춰 줘. 241
소리 좀 줄여 주세요. 241
소리 좀 줄여 줄래(요)? 241
소리 좀 줄여 줘. 241
소리 질러! 242
소식 들었어(요)? 242
속 끓이지 마(세요). 243
손이 좀 커(요). 243
솔직히 말하면 244
솔직히 말해서 244
수고 많았어(요). 57
수고 많으셨습니다. 244
수고했어(요). 57
숨이 멎는 줄 알았어(요). 245
숨이 멎을 뻔했어(요). 256
쉬엄쉬엄해(요). 245
스마일! 105
슬슬 긴장되네(요). 246
시간 가는 줄 몰랐어(요). 247
시간 괜찮아(요)? 247
시간 나면 보통 뭐 해(요)? 248

시간 낼 수 있어(요)? 247
시간 다 됐어(요). 49
시간 돼(요)? 247
시간을 정확히 지켰네(요). 248
시간을 칼같이 맞췄네(요). 248
시간을 칼같이 지켰네(요). 248
시간이 그렇게 빨리 가는 줄 몰랐어(요). 247
시간이 얼마나 걸려(요)? 287
시간이 좀 필요할 것 같아(요). 249
시간 있을 때 보통 뭐 해(요)? 248
시간 있을 때 주로 뭐 해요? 404
시간 참 빨리 간다. 240
시끄러워! 155
시도해 봐(요). 415
시작해도 돼! 385
시키는 대로 해(요). 334
시험이 끝났습니다. 249
시험이 종료되었습니다. 249
식사는 했어(요)? 217
식사하셨어요? 250
식욕이 없어(요). 327
식은땀 났어(요). 250
식은 죽 먹기야. 145, 251
식은 죽 먹기예요. 145, 251
신경 꺼(요). 251
신경 쓰지 마(세요). 252
신경질을 왜 내(요)? 252
신경질을 왜 부려(요)? 252
신기하다! 297
신난다! 253
신뢰할 수 있어(요). 328
신세 많이 졌습니다. 253
실감이 안 나(요). 254

실감이 안 돼(요). 254
실례해도 괜찮을까요? 254, 255
실례해도 될까요? 254
실망스러웠어(요). 420
실수할 수도 있지(요). 255
실은 말이야 235
싫다는 거지(요)? 256
싫다는 말(씀)이지(요)? 256
싫어! 255
싫어(요). 163, 266
싫은 거지(요)? 256
싫은데(요). 266
심장 떨어지는 줄 알았어(요). 47
심장이 멎는 줄 알았어(요). 245
심장이 터질 것 같아(요). 256
심장 터질 뻔했어(요). 256
싸게 해 주세요. 257
싸게 해 주시면 안 돼요? 257
쓸데없는 걱정을 다 한다. 53
쓸데없는 걱정을 하네. 53
쓸데없는 짓 하지 마(세요)! 257
씀씀이가 좀 커(요). 243

아닐 거 같아(요). 261
아닐 거 같은데(요). 261
아닐 거야. 88, 89, 260
아닐 거예요. 88, 89, 260
아닐걸(요). 261
아무것도 하고 싶지 않아(요). 149
아무도 몰라(요). 263
아무 때나 가능해(요). 120
아무 때나 오세요. 261
아무 때나 오셔도 괜찮아요. 261
아무 때나 와. 261
아무 때나 와도 괜찮아. 261
아무 때나(요). 285
아무 말도 못 하겠어(요). 193
아무 말도 안 하는 게 낫겠어(요). 193
아무 생각이 없는 사람이네(요). 262
아무에게도 말하지 마(세요)! 228
아무 의미 없어(요). 262
아무한테도 말 안 했어(요). 263
아무한테도 말하면 안 돼(요). 133, 246
아무한테도 말하지 마. 133
아무 할 말이 없어(요). 198
아쉽다. 258
아유 264, 288
아이고 264
아이고! 353
아주 많이 좋아해(요). 393
아주 보기 좋아(요). 61
아주 좋아(요). 110
아직 결정을 못했어(요). 278
아직 생각 중이야. 278
아직 생각 중이에요. 278
아직 포기하지 마(세요). 409

아까워. 258
아깝다. 258
아는 게 하나도 없어(요). 326
아는 사람이 꽤 많아(요). 215
아니라고(요)! 259
아니라니까(요)! 259
아니야. 260
아니에요! 402, 403

아침(점심/저녁) 드셨어요? 250
아프다더니 괜찮아(요)? 190
안 그래? 133
안 그래(요)? 93, 124, 265
안녕. 91
안녕히 가세요. 91
안녕히 계세요. 267
안 돼(요)! 84
안 돼(요). 163
안됐군(요). 51
안됐네(요). 51
안됐어(요). 51
안 될 거 같은데(요). 266
안 봐도 뻔해(요). 266
안 봐도 알아(요). 224
안부 전해 주세요. 267
안부 전해 줘. 267
안색이 별로 안 좋아 보여(요). 268
안성맞춤이야. 166, 268
안성맞춤이에요. 166, 268
안 할래(요). 266
알아들었어(요)? 269
알아맞혀 보세요. 181
알아맞혀 봐. 181
알았다고(요)! 269
알았다니까(요)! 269
알았어(요). 269
앞으로 쭉 가세요. 392
애썼어(요). 57
애쓰셨습니다. 244
애 태우지 마(세요). 243
야단났네, 야단났어! 121
야호! 253

얘기 들었어(요)? 66, 242
얘기하고 싶지 않아(요). 172
어디까지 얘기했더라? 271
어디까지 얘기했어? 271
어디서 거들먹거려? 271
어디서 그런 걸 배웠어(요)? 273
어디서 들었어(요)? 272
어디서 만난 적 있지(요)? 272
어디서 잘난 척해? 271
어디 아파(요)? 59
어디에서 이런 걸 배웠어(요)? 273
어디에 전화하셨어요? 186
어디 좀 봐(요). 270
어디 편찮으신 데는 없으시죠? 53
어떡하면 좋지(요)? 273
어떡하지(요)? 273, 283
어떡해(요). 178, 274, 280, 283, 353
어떤 용건이신가요? 197
어떤 음식을 좋아해(요)? 379
어떤 일을 하세요? 196
어떤 차이가 있어(요)? 274
어떻게 감사드려야 할지 모르겠어요. 275
어떻게 감사드리는 게 좋을까요? 275
어떻게 나한테 이럴 수가 있어(요)? 283
어떻게 달라(요)? 274
어떻게 되어가고 있어(요)? 276
어떻게 알았어(요)? 272
어떻게 위로의 말씀을 드려야 할지
    모르겠습니다. 204
어떻게 이런 일이 있을 수 있어(요)? 276
어떻게 이럴 수가! 276
어떻게 지냈어(요)? 339
어떻게 진행되고 있어(요)? 276

어떻게 하고 싶어(요)? 277
어떻게 하는 게 좋을까(요)? 277
어떻게 하면 좋을까(요)? 277
어떻게 할래(요)? 277
어떻게 해야 할지 모르겠어(요). 318
어떻게 해야 할지 잘 모르겠어(요). 278
어려울 것 같아(요). 423
어련하겠어(요). 278
어림없는 소리 말고 419
어림없어(요)! 109, 279
어색해서 어찌 해야 할지 모르겠던데(요). 279
어색해 죽는 줄 알았어(요). 279
어서 오세요. 280
어서(요)! 248, 286, 387
어이가 없네(요). 176, 307, 417
어이없지(요)? 101
어쩌나! 265, 280
어쩌지(요)? 280, 281
어쩐지. 281
어쩔 수가 없어(요). 239
어쩔 수 없잖아(요). 282
어쩔 수 없지(요) 282
어쩜 나한테 이럴 수 있어(요)? 283
어쩜 이렇게 맛있어(요)? 310
어쩜 이렇게 솜씨가 좋아(요)? 283
어쩜 이렇게 음식 솜씨가 좋으세요? 310
어쩜 좋지(요)? 283
어찌나 맛있던지(요). 284
어휴 264
언제나 그렇진 않아(요). 148
언제나 옳아(요). 284
언제나 틀림없어(요). 284
언제든 돼(요). 120

언제든 좋아(요). 120
언제든지 오세요. 261
언제든지 와. 261
언제든지(요). 285
언제 철들래(요)? 118
얼떨떨해(요). 286
얼른(요)! 286
얼른 회복하세요. 230
얼마나 감사한지 몰라요. 275
얼마나 걸려(요)? 287
얼마나 드릴까요? 287
얼마나 맛있던지(요). 284
얼마나 필요하세요? 287
얼마야? 288
얼마예요? 288
엄마야! 288
엄살 좀 그만 부려(요). 288
엄살 좀 부리지 마(요). 288
엄청 반가운 소식이네(요)! 165
엉망이네(요)! 289
엉망진창이네(요)! 289
엉망진창이야. 187
엉망진창이에요. 187
여기 앉아도 괜찮을까(요)? 290
여기 앉아도 돼(요)? 312
여기 앉아도 될까(요)? 290
여기요! 291
여기 있네(요)! 290
여기 있잖아(요)! 290
여깄네(요)! 290
여보세요. 291
연락 줘(요). 291
연락해(요) 291

연세가 어떻게 되세요? 292
연세를 여쭤봐도 돼요? 292
열 내지 마(세요). 292
열받네(요). 293
염려돼(요). 372
염려 마(세요). 52
염려하지 마(세요). 52
예를 들면 293
예를 들어 293
예를 들어 말하면 294
예를 들자면 294
예쁘다! 185
예컨대 293, 294
오늘은 그만(요)! 294
오늘은 불가능하겠는데(요). 295
오늘은 안 되겠는데(요). 295
오늘은 여기까지(요)! 294
오늘은 힘들겠는데(요). 295
오른쪽으로 도세요. 295
오른쪽으로 돌면 돼요. 307
오히려 제가 죄송하죠. 296
오히려 제가 죄송해요. 296
옳은 말이야. 141
와우! 264
와 주셔서 감사합니다. 296
와 주셔서 고맙습니다. 296
완전 망했어! 180
완전 멋지다. 94
완전(요)! 297
완전 좋아(요). 133, 134
완전 찬성! 158
왜 그걸 나한테 물어(요)? 70
왜 그래(요)? 298

왜 그렇게 안절부절못하니? 298
왜 그렇게 좌불안석이야? 298
왜 신경질 내요? 299
왜 신경질이야? 299
왜 안 말렸어(요)! 113
왜 이렇게 신경질을 내(요)? 299
왜 이렇게 연락이 안 돼(요)? 299
왜 이렇게 전화를 안 받아(요)? 299
왜 자꾸 같은 잘못을 저질러(요)? 160
왜 전화하셨어요? 197
왜 짜증을 내(요)? 252
왜 짜증이야? 299
왜 짜증이에요? 299
왠지. 281
왠지 느낌이 안 좋아(요). 300
왠지 불길해(요). 300
왠지 예감이 안 좋아(요). 300
왼쪽으로 가세요. 300
왼쪽으로 도세요. 381
요리를 참 잘하시네요. 310
요새 별일 없어(요) 301
요새 어떻게 지내(요)? 301
요약하면 48
요약하자면 301, 303
요즘 같은 때에! 302
요즘 같은 세상에! 302
요즘 무슨 일 있어(요)? 302
요즘 왜 그래(요)? 302
요즘 왜 그러는데(요)? 302
요즘 힘들어(요). 303
요즘 힘들어 죽겠어(요). 303
요컨대 301, 303
용건이 뭐야? 111

용서가 안 돼(요). 304
용서할 수가 없어(요). 304
용서해 주세요. 304
용서해 주(시)면 안 될까(요)? 304
용서해 줘. 304
우리가 남이야? 305
우리가 남이에요? 305
우리가 이 정도 사이야? 305
우리가 이 정도 사이예요? 305
우리 그만 싸우자. 304
우리 그만 화 풀자. 304
우리 그만 화해하자. 304
우리 만난 적 있지 않아(요)? 272
우리 말 놓는 게 어때요? 305
우리 말 놓을까(요)? 305
우린 가족 같은 사이잖아(요). 306
우선 306
우와 259, 264
우측으로 가세요. 295
우회전하면 돼(요). 307
웃기고 있네! 307
원래 그런 거야. 308
원래 그런 거예요. 308
원수가 따로 없네(요). 308
원하는 대로 해(요). 83
웬일이니! 394
웬일이니? 309
웬일이래(요)? 309
웬일이야? 309
웬일이에요! 394
웬일이에요? 309
위하여! 54, 309
음료는 뭐로 할래(요)? 200

음식 솜씨가 참 좋으시네요. 310
음식이 정말 맛있네(요)! 310
음식이 참 맛있네(요)! 310
응원합니다! 391
의리를 지켜야지(요). 311
이거 별거 아닌데(요)... 312
이거 어떻게 된 거지(요)? 313
이거 왜 이렇게 된 거지(요)? 313
이건 말도 안 돼(요). 315
이건 아니야. 313
이건 아니에요. 313
이것 좀 해 줄래(요)? 314
이것 좀 해 줄 수 있어(요)? 314
이것 참! 281
이게 누구야? 259
이게 누구예요? 259
이게 다야? 314
이게 다예요? 314
이게 말이 돼(요)? 315
이게 맞는 건지 잘 모르겠어(요). 315
이게 맞는 건지 확신이 안 서(요). 315
이게 사과로 될 일이야? 316
이게 사과로 될 일이에요? 316
이게 사과한다고 될 일이야? 316
이게 사과한다고 될 일이에요? 316
이게 얼마 만이야? 316
이게 얼마 만이에요? 316
이게 전부야? 314
이게 전부예요? 314
이겨 내(요). 54
이래라저래라 하고 싶진 않지만 400
이래라저래라 하지 마(세요). 48, 316
이래봤자 아무 소용없어(요). 319

이랬다저랬다 하지 마(세요). 218
이러다간 망해(요). 317
이러다간 병나겠다. 317
이러다간 쓰러지겠다. 317
이러다 망해(요). 317
이러다 병나겠다. 317
이러지도 저러지도 못하겠어(요). 318
이런! 281
이런 건 첨 봐(요). 318
이런다고 달라질 건 없어(요). 319
이럴 수가! 240, 319
이럴 줄 몰랐어(요). 320
이럴 줄 상상도 못했어(요). 320
이렇게 결정하자! 331
이렇게 결정합시다! 331
이렇게 정하자! 331
이렇게 정합시다! 331
이렇게 하는 게 어떨까(요)? 320
이렇게 하면 어떨까(요)? 320
이렇게 하자! 331
이렇게 합시다 331
이를 어쩌나! 281
이만 끊을게(요). 320
이상으로 발표를 마치겠습니다. 321
이 신세를 어떻게 갚지요? 253
이야기 들었어(요)? 242
이 얘길 또 해야 돼(요)? 311
이 외에는 65
이 은혜를 어떻게 갚아야 할지
　모르겠어요. 275
이 자리 비었어(요)? 312
이 정도면 괜찮아(요). 312
이 정도면 됐어(요). 312

이제 가 봐야 할 것 같아(요). 321
이제 가야 해(요). 49
이제 그만 가 볼게(요). 322
이제 그만 가 봐야 할 것 같아(요). 321
이제 그만 일어날게(요). 322
이제 와 무슨 소용이에요? 322
이제 화 풀어(요). 95
이젠 가야 할 것 같아(요). 321
이젠 안 해! 111
이젠 질렸어(요). 323
이젠 쳐다보기도 싫어(요). 323
이해가 안 되는 건 아니야. 90
이해가 안 되는 건 아니에요. 90
이해하지 못했어(요). 192
이해했어(요)? 269
인과응보의 결과지(요). 331
인기척 좀 내(세요). 323
인생이 다 그런 거지(요) 233
인정 못하겠어(요). 323
일단 306
일단 한번 가 보자! 324
일단 한번 해 보자! 324
일등! 324
일은 어떻게 돼 가(요)? 325
일은 잘 돼 가(요)? 325
일이 꼬여서 325
일이 이렇게 커질 거라고 예상 못
　했어(요). 326
일이 이렇게 커질 줄 몰랐어(요). 326
일이 잘못되어서 325
입 다물어! 155
입맛이 없어(요). 327
입방정 떨지 마(세요). 320

입이 가벼워(요). 328
입이 무거워(요). 328
입이 싸(요). 328
입이 열 개라도 할 말이 없어(요). 384
있잖아 235
있잖아(요). 329
있지(요). 329
잊어버려(요). 77
잊어버렸어(요). 106
잊어버릴 뻔했다. 329
잊지 않을게(요). 330

자업자득이지(요). 331
자주 놀러 와(요). 332
자주 만나자! 332
자주 만납시다! 332
자주 보자! 332
자주 봅시다! 332
잘 가. 91, 155
잘 가(요). 333
잘 갔어? 395
잘나가네(요). 333
잘난 척 좀 그만해(요)! 340, 341
잘난 척하고 있네. 340
잘난 척하지 마(세요)! 341
잘난 체 좀 그만해(요)! 340
잘난 체하고 있네. 340
잘난 체하지 마(세요)! 341
잘 됐네(요)! 341
잘 들려(요)? 334
잘 들어갔니? 395

잘 들어(요). 334
잘 먹겠습니다. 50, 335
잘 먹었어요. 179
잘 먹을게요. 50
잘 모르겠는데(요). 99, 336
잘 모르겠습니다. 336
잘 모르겠어(요). 99
잘 모릅니다. 336
잘 몰라서 그랬어(요). 336
잘못했어(요). 341
잘 부탁드리겠습니다. 337
잘 부탁드립니다. 337
잘 안 들려(요). 337
잘 알고 있습니다. 337
잘 압니다. 337
잘 있어(요). 338
잘 있었어(요). 339
잘 자(요). 338
잘 지내세요. 338
잘 지내(요). 222, 338, 339
잘 지냈어(요)? 339
잘 팔리네(요). 333
잘하고 있어(요)! 342
잘하기는(요). 342
잠깐! 343
잠깐만! 343
잠깐만 기다려 주세요. 343
잠깐만 기다려 주시겠습니까? 344
잠깐만 기다려 주시겠어요? 344
잠깐만 기다리세요. 343
잠깐만(요). 344
잠깐 통화 가능해(요)? 343
잠깐 통화할 수 있어(요)? 343

잠시만! 343
잠시만 기다려 주시겠습니까? 344
잠시만 기다리세요. 343
잠시만 기다리시겠어요? 344
잠시만(요). 344
장난으로 하는 말이지(요)? 345
장난치지 마(세요). 345
장난하지 마(세요). 345
재미있게 놀다 와(요). 346
재밌게 놀아(요). 346
재밌는 시간 보내(요). 346
저것 좀 봐(요). 348
저게 뭐야? 348
저게 뭐예요? 348
저게 뭐지(요)? 348
저기요! 291
저기 있잖아요 346
저기 좀 봐(요). 348
저녁 같이 드실래요? 349
저녁 식사 같이 하실래요? 349
저는 그렇게 생각 안 하는데요. 349
저는 그렇게 생각하지 않는데요. 351
저는 그렇게 생각하지 않습니다. 349
저는 그렇게 생각하지 않아요. 364
저는 그 의견에 반대해요. 349
저는 못 받아들이겠어요. 350
저는 문외한이라서(요). 350
저는 뭐하면 좋을까요? 346
저는 뭐 할까요? 346
저는 생각이 좀 다른데요. 351
저는 생각이 좀 달라요. 364
저는 인정 못하겠어요. 350
저는 잘 모르는 분야라서(요). 350

저도 같은 생각이에요. 351, 352
저도 그래요. 352
저도 그렇게 생각해요. 352
저도 그 생각에 동의해요. 352
저도 다른 방법이 없네요. 352
저도 동감이에요. 352
저도 어쩔 수가 없어요. 352
저도요. 352
저도 한 말씀 드려도 될까요? 369
저러다 큰일 날 텐데 353
저러면 안 될 것 같은데 353
저런! 178, 353
저리 가(요)! 107, 354
저 뭐하면 될까요? 346
저 사람 정말 싫어(요)! 347
저 사람 짜증 나(요)! 347
저예요. 355
적극 찬성! 158
적당히 좀 해(요). 354
전데요. 355
전 아무래도 상관없어요. 381
전할 말씀 있으세요? 185
전혀 관심 없어(요). 355
전혀 그렇지 않아(요). 402
전혀 몰라(요). 326
전혀 몰랐어(요). 100
전혀 문제되지 않아(요). 72
전혀 중요하지 않아(요). 411
전화 부탁해요. 356
전화 잘못 거셨어요. 356
전화 잘못 거신 것 같은데요. 356
전화 잘못 하셨어요. 356
전화 주세요. 356

전화 줘(요). 357
전화해(요). 357
절대 못 잊을 거야. 384
절대 못 잊을 거예요. 384
절대 반대! 357
절대 반대야! 55, 130
절대 반대예요! 55
절대 안 돼(요)! 55, 109, 130, 357
점점 긴장되네(요). 246
정 그렇다면 358
정말 감사드립니다. 358
정말 고마워(요). 146
정말 고마웠습니다. 358
정말 굉장하다. 359
정말 근사하다. 359
정말 대단하다. 359
정말 맛있었어(요). 284
정말 멋있다. 359
정말 멋지다. 359
정말 몰라서 묻는 거야? 190
정말 몰라서 묻는 거예요? 190
정말 몰라(요)? 189
정말 솜씨가 대단하네(요). 283
정말 실망이야. 360
정말 실망이에요. 360
정말 실망했어(요). 360
정말 싫어! 255
정말 어이없는 사람이네(요). 262
정말 오랜만이네(요). 316
정말(요)? 82, 361, 394
정말 재미있었어(요). 360
정말 좋아(요). 134
정말 좋았어(요). 360

정말 즐거웠어(요). 360
정말 지긋지긋해(요). 386
정말 훌륭하다. 359
정상이야? 361
정신 나갔니? 361
정신이 나갔었나 봐(요). 127
정신 차려 봐(요). 362
정신 차려(요). 362
제가 계산할게요. 370
제가 귀가 좀 얇아요. 364
제가 낼게요. 367
제가 다시 전화 드리겠습니다. 365
제가 다음에 전화 드려도 될까요? 365
제가 도와드릴게요. 370
제가 도와드릴까요? 366
제가 드리고 싶은 말은 369
제가 드리고 싶은 얘기는 366
제가 뭐랬어(요)? 71
제가 받아들이기로는 368
제가 살게요. 367, 370
제가 쓸게요. 367, 370
제가 알고 있기로는 368
제가 연락드려도 될까요? 367
제가요? 371
제가 이따가 전화 드리겠습니다. 365
제가 이해하기로는 368
제가 전화드린 건 368
제가 전화드린 이유는 368
제가 조사한 바에 따르면 368
제가 조사한 바에 의하면 368
제가 팔랑귀예요. 364
제가 하고 싶은 말은 364, 366, 369
제가 한 말씀 드려도 될까요? 369

제가 한턱낼게요. 370

제가 해 드릴게요. 370

제격이야. 268

제격이에요. 268

제 말은 364

제 말이 맞다니까요. 363

제 말이 맞잖아요. 71

제 말이 맞지요? 71

제 말이 틀림없다니까요. 363

제 말이 확실하다니까요. 363

제 목소리 잘 들려요? 363

제 목소리 잘 들리세요? 363

제 발표는 여기까지입니다. 321

제 생각도 같아요. 351

제 생각은 다릅니다. 349

제 생각은 달라요. 349

제 생각은 반대예요. 349

제 생각은 조금 다른데요. 364

제 얘긴 364

제 의견은 다릅니다. 349

제일 먼저 306

제정신이 아냐! 162

제정신이 아니었나 봐(요). 127

조금 거북하긴 하지만 373

조금 더 고민해 볼게(요). 414

조금 더 생각해 볼게(요). 414

조금 더 크게 말씀해 주세요. 371

조금만 크게 말씀해 주시겠어요? 371

조마조마해(요). 372

조속히 쾌차하세요. 230

조심하느라고 했는데 372

조심하려고 했는데 372

조심한다고 했는데 372

조심히 가(요). 333

졸려. 259

졸린다. 259

졸업을 축하합니다. 372

졸업 축하해(요). 372

좀 깎아 주세요. 373

좀 깎아 주시면 안 될까요? 257

좀 꺼져 줄래? 107

좀 껄끄럽긴 하지만 373

좀 껄끄럽긴 한데 373

좀 더 드세요. 374

좀 더 드시지 그래요? 374

좀 더 생각해 보는 게 좋을 것 같아(요). 374

좀 더 생각해 볼게(요). 375

좀 더 일찍 할걸(요). 393

좀 봐주세요. 375

좀 봐줘. 375

좀 비켜 주세요. 377

좀 비켜 주시겠어요? 104

좀 비켜 줘(요). 377

좀 싸게 해 주세요. 373

좀 아파(요). 190

좀 잠자코 있어(요)! 376

좀 전에 말했듯이 375

좀 조용히 하라고(요)! 376

좀 조용히 해 주세요. 376

좀 조용히 해 주시겠어요? 376

좀 조용히 해 줄래? 376

좀 조용히 해 줘. 376

좀 지나갈게(요). 104, 377

좀 천천히 말씀해 주세요. 403

좀 천천히 말해 주세요. 377

좀 천천히 말해 주시겠어요? 377

좀 천천히 말해 줘. 377
좋기는 해(요). 378
좋긴 한데(요). 378
좋아(요)! 379
좋아(요). 59, 80, 339
좋아 죽겠어(요). 378
좋아 죽을 거 같아(요). 378
좋아하는 음식이 뭐야? 379
좋아하는 음식이 뭐예요? 379
좋아할지 모르겠어(요). 178
좋았어(요)! 214, 379
좋은 꿈 꿔(요). 338
좋은데(요)! 381
좋은 생각이다. 380
좋은 생각이야. 76
좋은 생각이에요. 76
좋은 생각인걸! 380
좋은 일 있나 봐(요)? 197, 380
좋은 일 있는 거 같은데(요)? 380
좋은 일 있지(요)? 380
좋은 주말 보내세요. 382
좋을 대로 하세요. 381
좋을 대로 해. 381
좌측으로 가세요. 300
좌회전하세요. 381
죄송해요. 341
주말에 시간 낼 수 있어요? 382
주말에 시간 되세요? 382
주말에 시간 있어요? 382
주말 잘 보내세요. 382
주문하시겠습니까? 383
주문하시겠어요? 383
주문할게요. 383

죽다 살아났어(요). 384
죽어도 못 잊을 거야. 384
죽어도 못 잊을 거예요. 384
죽을 만큼 아팠어(요). 384
죽을죄를 졌어(요). 384
준비 다 됐어! 385
준비 다 됐어(요). 385
준비 완료! 385
즐겨(요)! 386
지겨워 죽겠네(요). 386
지겨워 죽겠어(요). 390
지금 그게 중요한 게 아니잖아(요)! 387
지금 그게 중요해(요)? 387
지금 나한테 하는 말이야? 144
지금 나한테 하는 말이에요? 144
지금 당장! 387
지금 뭐라고 하셨어요? 74
지금 뭐라고 했어(요)? 204, 205
지금부터 발표를 시작하겠습니다. 389
지금 비웃는 거야? 388
지금 비웃는 거예요? 388
지금 싸우자는 거야? 415
지금 웃었어? 388
지금은 통화하기가 어렵습니다만 389
지금 통화 가능하세요? 388
지금 통화하기 좀 곤란합니다만 389
지금 통화할 수 있어요? 388
지금 하면 되잖아? 389
지금 한다, 해. 389
지금 할게, 한다고. 389
지긋지긋해(요). 390
지당하신 말씀입니다. 390
지루해. 259

지루해서 혼났어(요). 391
지루해 죽을 뻔했어(요). 391
지지합니다! 391
직업이 뭐예요? 196, 392
직업이 어떻게 되세요? 392
직진하세요. 392
진땀(이) 났어(요). 250
진심으로 하는 말 아니지(요)? 345
진작 할걸 그랬어(요). 393
진작 할걸(요). 393
진짜 그렇다고(요)? 278
진짜 신기해(요). 318
진짜 싫다! 393
진짜(요)? 82, 361, 394
진짜 원수 같아(요). 308
진짜 좋아(요). 133, 134
진짜 진짜 좋아해(요). 393
질문이 있는데(요). 395
질문이 있어(요). 395
질문 있어(요)? 362
질색이야! 98
집중해서 들어(요). 334
짜잔! 396
짜증나네(요). 293
짜증내도 아무 소용없어. 397
짜증낸다고 뭐가 달라지니? 397
짜증 좀 내지 마(세요). 396
짜증 좀 부리지 마(세요). 396
짠! 54

차이가 뭐야? 398
차이가 뭐예요? 398
차 한잔할까(요)? 398
착하게 살자! 399
참견하고 싶진 않지만 400
참견하지 마(세요). 48, 316, 401
참 당황스럽다. 399
참 멋져(요) 400
참아(요). 54
참 안됐다. 400
참 안타깝다. 400
참 어이가 없다. 399
참을 만큼 참았어(요) 401
참 좋네(요)! 400
처음 듣는 얘기인데(요). 100
처음 뵙겠습니다. 402
천만에요. 221, 402
천만의 말씀입니다. 221
천천히 말씀해 주시겠어요? 403
철 좀 들어(요)! 118
초면에 실례지만 404
초면에 죄송하지만 404
초췌해 보여(요). 189
최고지(요)? 100
추천 좀 해 주세요. 404
추천 좀 해 줘. 404
취미가 뭐야? 404
취미가 뭐예요? 404
치즈! 105

차가 너무 막혔어(요). 105

커피 한잔할까(요)? 398

큰 의미 없어(요). 262
큰 이상 없어(요). 60
큰일 나겠다. 406
큰일 났군(요). 406
큰일 났네(요). 406
큰일 났어(요). 274
큰일 아니야. 221
큰일 아니에요. 221
큰일이네(요). 406

통화 가능해(요)? 407
통화할 수 있어(요)? 407
투덜거리지 좀 마(세요). 407
투덜대지 좀 마(세요). 407
툴툴거리지 좀 마(세요). 407
특별한 계획 없어(요). 222
틀렸어(요). 46
틀림없을걸(요). 408
틀림없지(요)? 408

파이팅! 104, 423
판매 실적이 좋네(요). 333
편하게 있어(요). 409
편히 있어(요). 409
평생 못 잊을 거야. 384
평생 못 잊을 거예요. 384
포기하긴 일러(요). 409
피곤해 죽겠어(요). 135
핑계 대지 마(세요). 219, 410

하고 싶은 대로 하세요. 381
하고 싶은 말이 뭐야? 411
하고 싶은 말이 뭐예요? 411
하나도 몰라(요). 326
하나도 안 고마워(요). 147
하나도 안 중요해(요). 411
하는 일이나 잘해(요). 225
하늘의 별 따기야. 412
하늘의 별 따기예요. 412
하지 마(세요)! 58, 84, 412
하지만 192
하지 않을래(요). 266
하필이면 오늘 44
한가할 때 주로 뭐 해(요)? 248
한국말로 뭐라고 해(요)? 413
한국어로 어떻게 말해(요)? 413
한마디 덧붙이자면 413
한마디로 말해서 412
한마디로 요약해서 412
한마디만 더 하자면 413
한 번 더 말해 줄 수 있어요? 414
한 번 더 얘기해 줄래(요)? 414
한번 봐줄게(요). 146
한번 생각해 볼게(요). 414
한번 해 봐(요). 415
한판 뜨자는 거야? 415
한판 붙자! 160
한판 붙자는 거야? 415
할까 말까? 417
할까 하지 말까? 417
할 말이 없네 417

할 말이 없어. 417
할 수 없지(요). 282
할 수 있겠어(요)? 415
할 일이 너무 많아(요). 416
할 일이 산더미야. 416
할 일이 산더미예요. 416
함부로 얘기하지 마(세요). 328
항상 그런 건 아니야. 108
항상 그런 건 아니에요. 108
해가 서쪽에서 뜨겠네. 309
해가 서쪽에서 뜨겠다. 418
해결 방안은 다음과 같습니다. 418
핵심을 말하면 156
행운을 빌게(요)! 419
행운을 빌어(요)! 419
헐 419
헛소리하지 말고 419
현금으로 낼게요. 420
현금으로 할게요. 420
형편없었어(요). 420
호랑이도 제 말 하면 온다더니 421
혼내줄 거야(거예요). 45
혼자 있게 해 줘(요). 113
화 나네(요). 293
확실치는 않지만 421
확실하지는 않지만 421
확실하지(요)? 408
확실하지(요). 278
확실한 건 아니지만 421
확실할걸(요). 408
환상적이야. 94
환상적이에요. 94
황당하지(요)? 101

후회막급이다. 422
후회막급이야. 422
후회막급이에요. 422
후회막심이야. 422
후회막심이에요. 422
후회해도 아무 소용없잖아(요). 322
후회해도 어쩔 수 없어(요). 423
훌륭해(요)! 38, 184
힘내(세요)! 104
힘내(요)! 423
힘들 것 같아(요). 423
힘들겠어(요). 424
(그러고 싶으면) 그렇게 해(요). 83
(우리가) 어떻게 알겠어(요)? 97
(저도) 같은 거로 할게요. 51

1도 몰라(요). 326
119 부를까(요)? 327
119 불러드릴까요? 327

저자 소개

집필

지현숙

배재대학교 국어국문 · 한국어교육학과 교수

서울대학교 국어교육과 박사

『한국어 구어 문법과 평가—이론편』, 『한국어학습사전』(공저), 『한국언어문화사진집』(공저), 『한국언어문화듣기집』(공저), 『Korean Speaking-Beginner 1』, 『Korean Speaking-Intermediate 1·2·3·4』(공저), 『Korean Speaking-Advanced 1』(공저), 『한국 사회의 다중언어 의사소통』(공저), 『메트로링구얼리즘』(공역), 『수도자를 위한 한국어』 등

오승영

중원대학교 한국어교육문화학과 강사 · 충남대학교 국제언어교육원 한국어 강사

배재대학교 한국어교육학과 박사

『Korean Speaking-Intermediate 3』(공저), 『Korean Speaking-Advanced 1』(공저)

이기영

KAIST 디지털인문사회과학부 강사 · 한밭대학교 인문교양학부 강사 · (전) 이화여대 · 배재대학교 한국어 강사

배재대학교 한국어교육학과 박사

『Korean Speaking-Intermediate 1』(공저), 『Korean Easy Self-Study 1·2』(공저)

한선화

한국기술교육대학교 국제교육센터 대우교수 · (전) 배재대학교 한국어 강사

배재대학교 한국어교육학과 박사

박아름

우석대학교 한국어교육원 선임강사 · 우송정보대 한국어교육원 강사

배재대학교 한국어교육학과 박사 수료

김지영

University of New South Wales Sydney 인문언어학과 강사 · (전) 오사카 한국문화원 강사

UNSW Sydney 인문언어학 박사

허경원

서울대학교 영어영문학과 학사

『문법을 알아야 독해가 된다』, 『쎄듀 본영어 문법적용편』, 『교실에서 작업기억은 어떻게 작동 되는가』(역서) 등

영어 감수 ──────────────────────────────

Jocelyn Clark

배재대학교 아펜젤러국제학부 교수

Harvard University 박사(동아시아 언어 및 문명 전공)

『풀어쓴 정가』, 『풀어쓴 민요』, Joongang Ilbo Column: '조세린 클라크의 문화산책' 등

Korean
말말말
사전